박영선의
다시 보는
사도행전

2018년 11월 14일 초판 1쇄 발행
2024년 3월 29일 초판 4쇄 발행

지은이 박영선
펴낸이 최태준
펴낸곳 무근검
주소 서울특별시 송파구 올림픽로 4길 17 A동 301호
홈페이지 lampbooks.com **전화** 02-420-3155 **팩스** 02-419-8997
등록 2014. 2. 21. 제2014-000020호
ISBN 979-11-87506-12-6 (03230)

이 도서의 국립중앙도서관 출판시도서목록(CIP)은
서지정보유통지원시스템 홈페이지(http://seoji.nl.go.kr)와
국가자료공동목록시스템(http://www.nl.fo.kr/kolisnet)에서 이용하실 수 있습니다.
(CIP제어번호 : CIP2018033245)

다시 보는 사도행전

박영선 지음

무근검

이 예수를 하나님이 살리신지라 우리가 다 이 일에 증인이로다

행 2:32

사도행전은 예수의 승천, 즉 예수의 부재(不在)에서 시작합니다. 예수의 죽음 이후 실의에 빠진 제자들은 예수가 부활하자 인생의 반전과 이스라엘 나라의 회복을 기대합니다. 그러나 이런 기대와 달리 예수는 돌연 승천하고, 이를 목격한 제자들은 예수의 부재에 당황합니다. 그런데 예수의 부재는 오히려 오래 전부터 예언되어 온 성령의 임재라는 언약이 성취되는 계기가 됩니다.

성령의 임재로 촉발된 복음 증거는 한편으로는 기사와 이적과 함께 전파되며, 다른 한편으로는 박해와 순교라는 고난의 열매로 드러납니다. 사도행전은 기이한 성령의 역사와 고난으로 얼룩진 박해를 서술하면서도 담담한 어조를 잃지 않습니다. 복음 전파는 설득이나 감동의 문제가 아니라 진리와 사실에 속한 문제임을 시사하는 것입니다. 복음은 헌신된 순교자에 의해서만이 아니라 현실의 위협에 떠밀려 도망가는 자에 의해서도 증거됩니다. 또한 복음 전파가 보상이 따르는 길이 아니었듯, 박해와 거부가 있다고 해서 이 일이 가로막히지 않았다고 사도행전은 전합니다. 복음이 전파될 수 없는 수많은 장애를 말하면서도 사도행전은 '그리하여' 교회는 든든히 서 가며 주를 믿는 사람들이 많아졌다고 말합니다. 이를 통해 복음은 인간의 지혜와 능력이 아니라 전적인 하나님의 일하심에 달려 있음을 확인시키고 있습니다.

이십여 년이 흘러 사도행전을 다시 설교하게 되었습니다. 과거 부흥기에 선교적 시각으로 본 사도행전과 달리, 긴 시간을 지나 이 자리에서 다시 펼쳐 드는 사도행전에는 고난으로 가득 찬 현실을 걸어 온 교회가 보입니다. 오늘날 한국교회를 생각할 때 떠오르는 모습입니다. 어느 시대나 교회는 자기가 서 있는 세상과 역사 앞에 도전을 받아 왔습니다. 기적과 열매만이 성령의 증거가 아니듯, 오해와 경멸 속에서도 복음은 증거되며 교회는 늠름하게 서 있을 것입니다. 여전히 하나님이 일하고 계시기 때문입니다. 오늘도 하나님이 붙들고 계십니다. 이 하나님의 일하심과 붙드심을 기억하여 하나님의 교회가 든든히 서 가기 바랍니다.

2015년 봄
박 영 선

차례

2부
이방전도

3부
선교여행

4부
로마행로

1

처음교회

1.

세상 속에 남겨지다

사도행전 1:6-14

8_오직 성령이 너희에게 임하시면 너희가 권능을 받고
예루살렘과 온 유대와 사마리아와 땅 끝까지 이르러 내
증인이 되리라 하시니라

사도행전은 예전에 했습니다. 그런데 신앙생활을 이렇게 오래 해보니 조금 다른 안목이 생겼습니다. 그래서 '다시 보는 사도행전'입니다. 우리 한국 교회가 한창 부흥할 때는 사도행전을 선교적 안목으로 보았습니다. 그런데 이제 그것보다 조금 더 깊이 보게 되어서 같이 은혜를 나눌 수 있겠다는 생각이 들었습니다.

예수님이 승천한 현실

사도행전은 예수님이 승천하시는 이야기로 시작합니다. 제자들이 묻습니다.

주께서 이스라엘 나라를 회복하심이 이 때니이까(1:6)

사도행전은 이 질문으로 시작하는 셈입니다. 제자들은 아마 그것이 제일 궁금했을 것입니다. 그전에는 예수님이 십자가에 달려 죽으신 일이 제일 궁금했을 것입니다. 예수님의 부활도 처음에는 믿지 못하고 있다가 이제 부활이 사실인 것을 보았습니다. 그러니 이제야말로 기대했던 하나님 나라가 보란 듯이 선언되고, 큰 소리를 칠 수 있게 되지 않을까 하는 기대가 당연히 있었을 것입니다. 그런데 예수님의 답변은 참으로 의외였습니다.

이르시되 때와 시기는 아버지께서 자기의 권한에 두셨으니 너희가 알 바 아니요(1:7)

사실 우리는 이 부분에 대한 이해가 적기 때문에 6절에 있는 제자들의 질문 수준에서 신앙생활을 하느라 많은 어려움을 겪습니다. '어느 때까지입니까? 언제 하나님이 하나님의 백성들이 가지는 원한을 풀어주시겠습니까? 고난에 찬 인생을 바꿔주시겠습니까?' 등의 여러 질문이 나옵니다. 거기에 예수님이 '그것은 아버지의 권한이요. 너희가 알 바 아니다' 하는 이런 무서운 답변으로 사도행전을 시작해야 합니다. 그리고 8절에서 "너희가 권능을 받"을 것이라고 이야기합니다. 마태복음 28장으로 가보겠습니다. 권능을 받는 문제와 관련하여 조금 확인할 것이 있습니다.

예수께서 나아와 말씀하여 이르시되 하늘과 땅의 모든 권세를 내게 주셨으니 그러므로 너희는 가서 모든 민족을 제자로 삼아 아버지와

아들과 성령의 이름으로 세례를 베풀고(마 28:18-19)

너희가 권능을 받는 것은 모든 권세를 예수님이 가지고 계시기 때문이라고 합니다. 그리고 20절, 마태복음의 마지막 절은 이렇게 끝이 납니다.

내가 너희에게 분부한 모든 것을 가르쳐 지키게 하라 볼지어다 내가 세상 끝 날까지 너희와 항상 함께 있으리라 하시니라(마 28:20)

그 권세를 예수님이 가지고 계십니다. 그리고 제자들에게도 "너희가 권능을 받"는다고 합니다. 물론 제자들이 궁금해했던 권세는, '주의 나라가 임하실 때가 이 때입니까? 주께서 부활하셨으니 죽음을 이기신 그 권세로 이제 하나님의 나라가 하나의 커다란 세력으로 완성되는, 큰 증거로 그 소원하는 것들이 다 이루어지는 게 지금입니까?' 하는 그런 권세였습니다. 이에 대하여 예수님은 그것은 아니라고 하시고는 제자들을 보내신다는 이야기입니다. 땅 끝까지 모든 민족에게 보내시는데, 권세와 권능으로 보내십니다. 예수님의 권세, 부활의 권세와 성령의 임함으로 말미암아 주는 성령의 권능을 힘입어서 가게 됩니다. 그리고 예수님은 하늘로 올라가십니다.

이 말씀을 마치시고 그들이 보는데 올려져 가시니 구름이 그를 가리어 보이지 않게 하더라 올라가실 때에 제자들이 자세히 하늘을 쳐다보고 있는데 흰 옷 입은 두 사람이 그들 곁에 서서 이르되 갈릴리 사람들아 어찌하여 서서 하늘을 쳐다보느냐 너희 가운데서 하늘로 올

려지신 이 예수는 하늘로 가심을 본 그대로 오시리라 하였느니라(1:9-
11)

성경을 볼 때 우리가 잘 알고 좋아하는 결론을 가지고 본문을 읽으면 이
런 구절들을 그냥 지나치게 됩니다. 1장 9절 이하를 냉정함을 가지고 제
대로 보면 이런 뜻이 됩니다. "아니, 그렇게 그냥 가시면 우리는 어떻게 됩
니까?" 예수님이 때와 시기는 너희가 알 바 아니고, 권능을 받고 땅 끝까
지 이르러 내 증인이 될 것이라고 하니까, "아니, 부활하시고 그냥 가버리
시면 우리는 어떻게 합니까?" 하는 모습입니다. 이 장면을 그린 그림들은
전부 승천을 현란하게 묘사하는데 제가 보기에는 그렇지 않습니다. 제자
들은 전부 얼이 빠져있습니다. 그러니까 천사들이 "너희는 왜 그렇게 얼
이 빠져서 그러고 있느냐?" 제가 보기에는 이런 장면입니다.

여러분, 예수님을 믿고 나면 누구나 한 가지 비슷한 경험을 하는 것
이 있습니다. 처음 예수님을 믿고, 기쁘고 감동스럽고 모든 문제가 문제
로 느껴지지 않고, 예수님 안에 있다는 것과 하나님이 아버지시라는 사
실 때문에 눈물이 펑펑 나고, 평생을 이렇게 기쁘게 살 수 있을 것 같은
때가 있습니다. 그러나 그런 시기는 한 달이 채 안 됩니다. 바로 이런 질
문이 나옵니다. "아니, 도대체 어디 가시는 거예요? 그렇게 기쁘게 해주시
더니." 지금 사도행전 1장 처음에 나오는 제자들 모습이 바로 이 모습입
니다. 꼭 기억하십시오. 이것을 놓치면 사도행전은 여러분의 기대와 상상
속의 이야기가 되고 맙니다. 하나님이 일하시는 현실을 놓치게 됩니다.

우리가 그렇게 답답해 하고, 이해할 수 없는 현실이 바로 하나님이 요
구한 현실이라는 것을 놓치면 우리에게는 원망과 치성 외에는 남는 것이

없게 됩니다. 더 많은 치성을 드려 감동을 받아내거나 아니면 원망을 하
거나 체념해버릴 수밖에 없게 됩니다. 교회사 내내 이 싸움이 교회 안에
있습니다. 종교라는 허울로 현실을 직시하지 못하는 사람이 되거나 아니
면 공동체에 나와서는 신앙인이고 밖에 나가서는 세상의 방식으로 살
수밖에 없는 사람이 되고 맙니다. 이 현실이 하나님이 요구한 현실이라
는 것을 알아야 우리는 제대로 된 신앙을 이해하게 되고, 그것과 어떻게
마주쳐야 하는지도 알게 됩니다. 제 경우는 그랬습니다.

기도가 필요한 시대

그래서 제자들은 돌아와서 기도를 합니다. 기도란 무엇일까요? 함께 계
셔야 하는 주님이 없어서 남은 것이 기도밖에 없다는 뜻일 수도 있습니
다. 물론 이것은 대단히 부정적이고 소극적으로 말하는 것이지만, 사실
은 이것을 확인하고 나서야 기도가 우리가 기대하는 주문이 아니라는
것을 알게 됩니다. 떠나가신 주님, 약속과 하나님의 뜻만 우리에게 허락
하신 주님, 그의 백성으로 살아야 하는데 부활하시고 모든 권세를 가지
신 주님은 계시지 않는 현실에 처한 성도들에게 남겨진 것이 기도입니다.
그렇다면 이 기도는 분명히 우리가 보통 하듯이 무엇을 받아내기 위한
응답용은 아닐 것입니다. 만약 그런 응답용이었다면 주께서 우리에게 기
도를 줄 필요도 없이 주께서 부활하시고 다 해결하셨어야 맞습니다. 그
런데 주님은 그렇게 안 하셨습니다.

　　그래서 우리가 가장 먼저 이해해야 할 성경의 선언은 이것입니다. '예
수께서 부활하시고 모든 권세를 가지셨다고 이야기하는 것이 무슨 뜻인

가?' 또 '예수님이 오셔서 부활하시고 제자들을 보내신다는 것은 무슨 뜻인가?' 그리고 '신약시대란 구약시대와 무엇이 다른가?' 이런 질문들입니다.

예수님 이전 시대는 죽음으로 끝나버리는 시대였습니다. 그러나 예수님 이후로는 부활이 죽음을 이기는 시대가 되었습니다. 죽음으로 끝나는 시대가 구약시대고, 부활이 죽음을 이기는 시대가 신약시대입니다. 새로운 약속입니다. 옛 약속 속에는 이것이 없었다는 것이 아니라 옛 약속에도 예수님으로 말미암는 구원이 예언되어 있고 약속되어 있습니다. 다만 그때는 아직 죽음을 이긴 부활 승리가 현실과 역사 속에 사건으로는 주어지지 않았던 시대입니다. 그때나 지금이나 모두 믿음을 가져야 한다는 것은 동일하지만 그때는 역사적 사건으로 나타나지 않았기에 죽음이 끝인 시대였습니다. 그러나 예수님 이후로는 부활이 죽음을 이긴 시대가 되었습니다.

제자들은 이 시대를 살게 됩니다. 예수께서 모든 권세를 가졌다는 것은 그 전 시대와 이렇게 대비하라는 말입니다. 죽음이 모든 권세를 가졌던 시대와 다른 시대, 새로운 시대가 되었습니다. 여러분이 세상을 살다 보면 세상이 우리를 협박하고 위협하는 가장 큰 것은 '너 그렇게 살면 죽어', '너 약하면 죽어', '너 물러나면 죽어'입니다. 이런 시대에 살다가 이제 '예수님으로 인해 예수님을 믿으면 다 이겨'라는 시대에 온 것입니다.

예수님을 믿으면 다 이긴다는 것은 우리가 기대하는 것같이 옛 시대에 가졌던 힘, 사회적·정치적 권력이라는 의미에서의 힘을 가지게 되었다는 것이 아닙니다. 그것은 죽음을 이기는 부활 생명이 나타났듯이 하나님의 통치, 하나님의 나라, 하나님의 목적과 연결해서 자기의 인생과 생명을 보라는 말씀으로의 초대요 약속입니다. 다시 말해 옛 시대가 죽음이 끝인 시대라는 말은 살아있는 동안이 전부고, 세상에 보이는 것이 전부인 시대라는 말입니다. 그리고 새로운 시대가 시작되었다는 것은 그런 세상에서 보이지 않는 하나님, 창조주 하나님, 우리를 사랑하시는 하나님, 역사와 세계를 심판하실 하나님을 아는 시대가 되었다는 것입니다. 그래서 세계관, 인간의 의미와 운명을 보는 눈이 바뀐 시대를 살라는 그런 뜻입니다.

이것을 이해한다고 인생이 쉬워지는 것은 아닙니다. 그러나 분명한 것은 이 믿음을 가진다면 우리는 가장 먼저 우리가 부딪치는 현실에 대한 이해를 바꾸게 됩니다. 그렇게 될 수밖에 없습니다. 이런 것 없이 예수를 믿는다는 것은 가운데를 비워두는 것입니다. 현실을, 자기 인생을 비워놓습니다. 예수님을 믿고, 그다음은 비워두고, 그리고 죽은 다음에 천국으로 갑니다. 이렇게 가운데가 텅 빈 인생을 살게 됩니다. 예수님을 믿는다는 말로 이 가운데를 덮어버립니다. 구시대에는 세상이 전부이고 거기에서 권력과 보상을 찾았다면, 지금도 여전히 이름만 바꿔서 신앙이라는 방법으로 권력과 보상을 찾고 있습니다. 그렇게 현실을 덮으려고 합니다. 말이 안 되는 타협과 혼란의 시기를 살게 됩니다.

여러분, 죽어도 좋습니까? 죽어도 좋다는 말은 결사각오가 아닙니다. 죽는 것이 끝이 아닌, 죽음을 극복한 부활이 있습니다. 그 부활은 죽으면 살려준다는 뜻이 아닙니다. 죽으면 끝나는, 죽음이 최고의 권력인 세상이 아닌 세상을 산다는 말입니다. 그래서 신약시대를 사는 성도들의 최고의 무기는 기도입니다. 기도란 하나님의 뜻을 구하고 하나님의 인도하심을 구하는 것입니다. 그리고 이전과 동일한 조건과 동일한 환경 속에 살아갑니다.

> 내가 그리스도와 함께 십자가에 못 박혔나니 그런즉 이제는 내가 사
> 는 것이 아니요 오직 내 안에 그리스도께서 사시는 것이라 이제 내가
> 육체 가운데 사는 것은 나를 사랑하사 나를 위하여 자기 자신을 버리
> 신 하나님의 아들을 믿는 믿음 안에서 사는 것이라(갈 2:20)

내 안에 예수께서 사신다는 말은 예수께서 이 땅에 오신 목적, 예수께서
이 땅에서 사신 방식, 예수께서 가지신 인생에 대한 이해, 예수께서 이루
시고자 했던 목적으로 산다는 뜻입니다. 예수님 안에서 하나님이 이루려
고 했던 것은 세상이 전부인 것으로 사는 것과는 단순히 방식이 다른 것
이 아니라 그 원리와 내용과 목적과 가치가 다릅니다. 그것을 우리는 예
수님이 이 땅에 오셔서 사는 모습 속에서 보았습니다. 그는 성육신하여
아버지의 뜻을 따라 사셨습니다. 인간들을 섬기시고 죽으시고 그리하여
영광의 자리, 부활의 승리로 들어가셨습니다.

그래서 '나는 더 이상 내가 아니고 예수'라는 것은 어떤 신비롭고 종
교적인 존재가 되는 것이 아닙니다. 어떤 이상과 종교적 보상에 대한 희
열에 차서 어떤 고통도 고민도 없는 상태가 되는 것이 아닙니다. 인생관,
세계관, 역사관, 인간의 가치나 존재론과 같은 모든 것이 전부 달라집니
다. 바로 하나님이 인간에게 요구하시는 것에 대한 완벽한 구체적인 증거
인 예수님이 보여주신 것, 그의 성육신과 섬김과 죽음과 부활의 의미를
발견하고 거기에 맞게 내가 사는 것입니다.

권력이나 윤리가 아닌 실존

그렇다면 이렇게 사는 것이 예수께서 부활하신 후에 우리가 원하는 환경과 조건을 주시지 않고 승천하시고 떠나버리시고 성령을 보내어 우리에게 이 땅에서 계속 살라고 하시는 것과 무슨 관계가 있겠습니까?

> 너희는 사도들과 선지자들의 터 위에 세우심을 입은 자라 그리스도 예수께서 친히 모퉁잇돌이 되셨느니라 그의 안에서 건물마다 서로 연결하여 주 안에서 성전이 되어 가고 너희도 성령 안에서 하나님이 거하실 처소가 되기 위하여 그리스도 예수 안에서 함께 지어져 가느니라(엡 2:20-22)

하나님께서 그의 백성을 부르셔서 교회를 이루십니다. 교회란 건물이나 조직이 아니고 하나님의 백성, 하나님의 자녀들을 칭하는 신약시대의 이름입니다. 그런데 그 교회란 하나님의 자녀들을 예수님 안에서 불러서 예수님과 묶은 자들이라는 뜻입니다. 그래서 예수님 안에서 함께 지어져 간다고 합니다. 여기서 '함께'는 어디까지일까요? 가장 좁게 신앙의 동지들로 이해하기도 하고, 또 우리가 아직 고난 속에 살아야 하는 이 인생과 환경과 조건을 이야기하기도 하고, 가장 넓게 보면 역사입니다.

하나님의 일하심에 대하여 가지는 우리의 가장 큰 오해는 이것입니다. 제자들이 예수님의 부활로 인하여 예수님이 누구신지 알게 되고, 그래서 예수께서 부탁하신 복음을 예루살렘과 사마리아와 땅 끝까지 나가서 전하고 하나님 나라를 확장한다고 이해하는 것입니다. 그런데 성경을 자세히 종합적으로 보면, 예수님의 첫 제자들이 그 증인이 되어 그것을 전하는 것은 맞지만, 그들이 전하는 내용이 바로 '하나님께서 예수님 안에서 구원을 허락하셨다'였습니다. 제자들은 그 소식을 전하러 갑니다. 우리 먼저 믿은 자들을 통해 복음이 전해지는 것은 사실이지만 우리가 전해서 구원이 성립되는 것이 아니라 구원은 이미 십자가 위에서 성립되었습니다.

다시 말해 우리가 사람들을 붙잡고 예수님 믿으라고 강요하는 데서 복음이 증거되는 것이 아니라는 말입니다. 땅 끝까지 가서라도, 우리에게 요구되는 모든 조건과 환경과 사회와 배경 속에서 사는 것입니다. 아직 이 세상을 전부로 아는 구시대를 살아가는 세상 앞에서 먼저 믿은 자들이 '부활 생명을 가진 자는 무엇이 다른가, 삶을 어떻게 이해하는가, 무엇을 목적하는 삶을 사는가' 하는 차원에서 구별되게 존재하는 것입니다. 그것이 먼저 믿은 자의 사명입니다. 구체적으로 이런 뜻입니다. "너 예수 믿어! 안 믿어? 너 안 믿으면 지옥 가." "그래서 어떻게 하라고?" "내 말 듣고 나 따라서 기도해." 이렇게 하는 것이 신자로서의 최우선 책임이 아니라는 말입니다.

그러면 무엇이 우리의 최우선 사명입니까? 우리에게 주어진 평생을 지지고 볶아서 결국 죽음으로 몰아가는 고난에 찬 인생 속에서 구별되게 사는 것입니다. 세상 사람들이 "죽을 수는 없잖아" 하면서 발버둥을 치며 그저 생명을 연장하기 위해 윤리도 없고 이상도 없고 가치도 없이, 다만 존재를 위해 악하고 미련하고 어둡게 사는 것과 다르게 삽니다. '죽을 수는 없잖아'가 겁이 안 나는 삶을 삽니다. 인생에 주어진 실존적인 시험과 위협과 유혹 속에 살면서 그것들에 영향을 받지 않는 삶을 삽니다. 그것으로 채울 수도 없고 그것으로 방해도 받지 않는, 예수님의 부활 생명을 가진 자답게 고난을, 위기를, 유혹을, 시험을, 억울함을 극복하고 감수하는 자로 존재하는 것입니다.

그것을 어떻게 극복하고, 어떻게 감수하고, 그렇게 했을 때 보상이 무엇인가를 보여주는 삶을 삽니다. 쓸모가 있다는 차원이 아니라 존재 자체가 다른 삶입니다. "저 사람은 다르다." "저 사람은 도대체 왜 여기서 양보를 하는가?" "저 사람은 왜 저기서 질 수 있는가?" "무엇이 저 사람을 우리와 다른 존재로 만들었는가?" 그래서 이런 궁금증들이 산지사방에 존재하게 되어 있습니다. 그것이 성경이 말하는 빛이고 소금입니다.

그것이 권력이 아니라는 것을 기억하십시오. 예전에 한국 교회는 그것을 주로 윤리로 이해했는데, 윤리 정도로도 안 됩니다. 그것은 실존적입니다. 실존적이라는 말은 삶의 한가운데서 생명을 위협하고, 세상의 가치로 시험하는 현장에서 예수님을 믿는다는 이름으로 갈라디아서 2장 20절이 제시하는 바와 같이 살아가는 것입니다. 예수께서 십자가 위에서 '네가 남은 구원하였는데, 너는 왜 죽느냐? 네가 메시아라면 내려와 봐라' 하는 모욕을 당하는 것과 같은 삶을 우리가 사는 것입니다. 분명하게 '나는 크리스천이다'라고 쓰인 천을 두르고 나가서 시위를 하자는 말이 아닙니다. 우리는 세상에서 볼 때 미련한 사람들입니다. 세상이 보면 이해가 안 되는 사람들입니다. 그것은 말과 명분과 시위와 봉사 같은 것으로 대신할 수 없습니다. 여러분 각자의 존재가 갈라디아서 2장 20절에 순종하셔야 합니다.

로마서 4장에 가면, 이 이야기가 이미 아브라함에게 나타나 있다는 사실을 보게 됩니다.

기록된 바 내가 너를 많은 민족의 조상으로 세웠다 하심과 같으니 그
가 믿은 바 하나님은 죽은 자를 살리시며 없는 것을 있는 것으로 부
르시는 이시니라(롬 4:17)

아브라함이 누구입니까? 믿음의 조상입니다. 아브라함이 무엇을 했습니
까? 나그네로 살았습니다. 본토, 친척, 아비 집에서 부름을 받아 모르는
나라에서 나그네로 삽니다. 정치적·사회적 기반이 없어서 정치적·사회
적 권력이 없는 사람으로 살았다는 뜻입니다. 자기 고향에서 살았다면
그렇지 않았을 것입니다. 그러나 전혀 모르는 곳에서 그 인생 전체를 나
그네로 부름 받아 살았습니다. 아무런 정치적·사회적 권력을 가지지 못
한 자로 살았습니다. 그러나 그렇게 해서 무엇을 했다고 성경이 말합니
까? 그를 부르신 하나님이 창조의 하나님, 부활의 하나님이라는 것이 나
타났습니다. 자기 권력, 자기 기반이 있어야 무엇이라도 심고 거둘 수 있
는 것 아닙니까? 그러나 아브라함을 믿음의 조상으로 만든 것은 그가 기
반과 권력을 가져서가 아니라 하나님이 하시겠다는 일을 아브라함에게
약속했기 때문입니다. 그래서 과연 그의 자손이 하늘의 별 같고 바다의
모래 같게 되었습니다.

내가 너로 큰 민족을 이루고 네게 복을 주어 네 이름을 창대하게 하
리니 너는 복이 될지라 너를 축복하는 자에게는 내가 복을 내리고 너
를 저주하는 자에게는 내가 저주하리니 땅의 모든 족속이 너로 말미
암아 복을 얻을 것이라 하신지라(창 12:2-3)

아브라함은 창세기에 이렇게 등장합니다. 아무런 정치적·사회적 실권을 가지고 있지 않은 나그네가 모든 족속이 그로 인하여 복을 받는 존재가 됩니다. 고통스럽고 외로운 인생을 살지만 그가 복의 근원입니다. 그를 저주하는 자는 저주를 받고 그를 축복하는 자가 복을 받는 인생입니다. 그것이 빛이고 소금입니다. 그러나 어떤 시대나 그랬듯이 신자는 이 삶을 사는 데 어려움을 겪습니다. 믿음의 보상은 멀고 세상의 협박은 눈앞에 있기 때문입니다. 그 싸움을 평생 합니다.

얼마나 많은 일을 하고 얼마나 쓸모 있는 인생을 살았는지를 가지고 자기 인생을 돌아보는 것이 아닙니다. '결국 세상은 거짓말이었구나. 세상이 준다고 하는 보상은 결국 보상이 되지 않는구나'를 알아서 하나님이 나를 부르셨다는 것이 얼마나 복된가를 아는 자리에 오면 그것이 신자 인생의 답입니다. "이럴 줄 알았으면 그때 더 잘할 걸." 이런 실패가 없이는 이 자리에 못 옵니다. 여러분, 사업에 망하셨습니까? 망한 것이 복입니다. 안 망했으면 이 자리에 오셨겠습니까? "그러면 망하라는 말입니까?" 네. 맞습니다. 망하십시오. 예수님을 믿는다고 하셨기 때문입니다. 사업을 한다고 했으면 왜 망하라고 했겠습니까? 우리는 예수님을 믿습니다. 세상의 것으로 보상을 삼을 수 없는 자들입니다. 그 너머에 복이 있습니다.

이것이 사도행전의 시작입니다. 너희는 새 시대를 산다는 이야기입니다. '여러분이 싸워서 여러분의 인생 속에서 보상받거나 증명받으려고 하지 마라. 세상 속에서, 그들 옆에서 동일한 조건과 환경 속에서 살면서, 그들에게서 여러분이 다르다는 증언을 받아내라. 누구를 비난하고 정죄해서 네 위치를 확보하지 마라. 숨기고 감추어지고 세상에 떠밀려가는 속에서, 억울함과 누명과 오해와 욱여쌈과 비난 속에서, 세상이 전부가 아닌 사람으로 살라. 그들이 당신을 보고 왜 그들과 다른지 묻게 해라.'

예수님이 하늘로 올라가십니다. 부활하신 예수님이 자기들을 남겨두고 올라가시자 제자들은 얼이 빠져 있습니다. 그들에게 이야기합니다. '너희가 보고 있는 이 예수는 올라가심을 본 대로 다시 내려오실 것이다. 그러니 주어진 신앙의 내용을 너희 삶에서 순종해라.' 이렇게 사도행전은 시작합니다. 정신 차리고, 긴장하시고, 겁을 먹고, 그러나 도망가지 말고 사도행전이 끝날 때까지 집중해주시기 바랍니다.

기 도

하나님 아버지, 우리에게 하나님의 부활 생명을 주셨고, 우리의 삶 속에서 하나님의 자녀로 존재하며 살라고 하십니다. 그 삶을 살게 하옵소서. 예수님을 믿는 자는 어떻게 살아야 하는지, 무슨 권세를 가졌고, 무슨 위협과 시험과 유혹을 뿌리쳐야 하는지, 무슨 힘으로 살아야 하는지, 그래서 기도할 수밖에 없다는 것을 확인합니다. 겸손하고 순종하고 실천하는 우리가 되게 하여 주시옵소서. 예수님의 이름으로 기도합니다. 아멘.

2.
아무도 대신할 수 없다

사도행전 1:15-26

26_제비 뽑아 맛디아를 얻으니 그가 열한 사도의 수에 들어가니라

예수님은 부활하신 후에 제자들에게 성경의 약속과 그 성취를 분명하게 가르치셨습니다. 그리고 그들의 궁금증, 하나님 나라가 이제 완성되는가에 대해 '때와 기한은 아버지께 있다. 너희는 하나님이 그 나라를 완성하실 때까지 땅 끝까지 이르러 내 증인이 되라' 이렇게만 말씀하시고 승천하셨습니다. 그리고 2장에 가면 성령 강림이 나옵니다.

그런데 성령 강림 전에 우리의 기대와는 다르게, 가룟 유다의 배신으로 생긴 열두 사도 중의 한 자리를 보충하는 일을 합니다. 바로 맛디아를 사도로 뽑습니다. 맛디아가 어떤 사람이냐에 대해서는 전혀 설명이 없고, 그 이후에 그가 어떤 역할을 했느냐에 대해서도 전혀 설명이 없습니다. 그럼에도 맛디아를 뽑는 일이 제자들이 행한 첫 번째 실천이 됩니다. 이 사건이 중요한 이유는 제자들이 예수님의 분부를 수행하기로 결심했

다는 데 있습니다. 맛디아라는 사람을 그 열두 사도 중에 하나로 뽑아 전열을 정비했다는 뜻입니다. 제자들이 땅 끝까지 이르러 증인이 되는 일을 수행하겠다고 결심하고, 그 첫걸음을 뗐다는 의미입니다.

결정을 한다, 선택을 한다는 것은 자유인만이 가지는 특징적인 권리입니다. 제자들이 결정을 합니다. 그것은 누구에게 굴복하거나 강요되는 일이 아니고 본인들이 그렇게 하기로 결심하는 것입니다. 그런데 이 일은 동시에 분명히 순종적인 일이기도 했습니다. 주께서 제자들에게 맡기신 일을 감당하기 위하여 행한 순종적 행위입니다. 그러면서도 그것은 하나의 결정이요 결심이요 선택으로서 자유권이기도 합니다. 이 둘을 어떻게 병존시킬 수 있을까요? 어떤 의미에서 오늘 본문이 가르치려는 것이 바로 기독교 신앙에서 기독교인이 된다, 신앙인이 된다, 신앙적인 책임을 진다, 실천한다는 것을 어떻게 이해해야 하는가 하는 점입니다.

> 그러므로 예수께서 자기를 믿은 유대인들에게 이르시되 너희가 내 말에 거하면 참으로 내 제자가 되고 진리를 알지니 진리가 너희를 자유롭게 하리라(요 8:31-32)

어느 대학에 가든지 학문을 하는 기본적인 자세 혹은 가장 중심이 되는 내용과 목표로 진리, 자유 등을 내세웁니다. 아마도 대학에서 말하는 진리는 학문인 것 같습니다. 그래서 그 진리는 무지몽매한 사람들, 무식한 사람들을 계몽한다는 의미로 쓰입니다. 그러나 지금 성경에서 예수님이 말씀하시는 진리는 다릅니다. 진리가 우리를 자유롭게 한다고 합니다. 또 "내가 곧 길이요 진리요 생명"(요 14:6)이라고 합니다. 왜냐하면 하나님만이 가치를 만들고, 질서를 만들고, 의미를 창출하고 유지하고 완성할 수 있는 분이시기 때문입니다.

진리는 하나의 이론이나 이상이나 규칙이 아니라 인격입니다. 인격 안에 있는 것입니다. 그래서 그 진리가 우리를 자유롭게 할 것입니다. 예수님이 우리를 자유롭게 할 것입니다. 그러면 예수님이 우리를 자유롭게 한다는 것은 또 무슨 말입니까? 그것이 우리가 쉽게 생각하듯이 아무 생각 없이 단순히 구하고 매달려서 얻게 되는 어떤 초월적인 결과물일까요? 오늘 우리가 다루는 구체적 사건 속에서 이것을 어떻게 설명하는지 보겠습니다.

자유의 본질은 진리

자유를 가진다는 것은 가치 있는 존재가 되는 것입니다. 그리고 그 존재가 그 가치를 행사하는 것이 자유입니다.

> 그들이 대답하되 우리가 아브라함의 자손이라 남의 종이 된 적이 없거늘 어찌하여 우리가 자유롭게 되리라 하느냐 예수께서 대답하시되 진실로 진실로 너희에게 이르노니 죄를 범하는 자마다 죄의 종이라(요 8:33-34)

예수가 없는 사람은 죄의 종입니다. 그가 죄를 선택한 것이 아니라 죄의 권세에 붙잡혀 있습니다. 죄밖에 지을 게 없습니다. 죄밖에 지을 게 없다는 것은 예수를 모르면 생명이 없고 진리가 없고 의미와 가치를 가질 수도, 만들 수도 없고, 유지할 어떤 것도, 완성할 어떤 것도 없다는 말입니다. 그저 헛되게 살고 있습니다. 열심히 헛되든지, 성실하게 헛되든지, 정직하게 헛되든지, 어떻게 해도 헛될 뿐입니다.

자유인은 가치 있는 존재로서 선택권을 가집니다. 의존적이고 누구에게 붙잡혀있는 정도를 지나 본인이 자신의 결정을 행사할 권리를 가집니다. 그 권리는 그가 가진 신분과 가치의 높이를 말해줍니다. 우리가 생각하는 것처럼 자유가 결국 자기 마음대로 하는 것이라고 한다면 순종이라는 것과는 병존할 수 없는 것으로 보입니다. 그러나 자유는 선택권을 하나의 권리로 가지지만, 그 선택권이 자유의 본질은 아닙니다.

자유의 본질은 진리입니다. 가치와 생명의 문제입니다. 진리에 속할 때 비로소 선택권을 가집니다. 순종이란 이 가치, 곧 생명의 근원이시요 주인이신 하나님께 속하는 것을 말합니다. 거기에서만 가치와 생명이 나옵니다. 그래서 자유는 선택권을 가집니다. 그러나 그 선택권은 가치와 생명을 가지지 않고는 존재할 수도 없고 행사할 수도 없습니다. 그 자유를 초대교회가 제일 첫 번째 반응으로 행사하는 것이 오늘 본문의 사건입니다. 그들이 예수 그리스도의 부활로 말미암아 가지게 된 부활 생명의 권세를 행사하고 그 혜택을 누리는 자가 되었다는 것을 여기에 기록하고 있습니다. 그들은 주의 뜻에 순종하기로 결정하여 책임지기로 합니다.

선택과 순종이 위에 설명한 것처럼 말로는 병존이 가능한데, 실제 신앙생활을 해보면 선택과 순종 사이에는 늘 긴장과 불협화음이 있습니다. 우리는 지난 이천 년 동안의 교회사 속에서 완전한 교회를 본 적이 없습니다. 아무리 훌륭한 교회라도 늘 흠이 있고 실수를 합니다. 교회가 실수를 한다는 것은 교회사에 너무나 명백하게 나타나 있어서 부인할 수가 없습니다. 우리는 중세교회의 정치적 부패, 십자군 전쟁과 같은 턱없는 실수, 종교개혁 시대에 보았던 윤리적 부패에 대해 너무나 잘 알고 있습니다. 우리나라만 봐도, 1938년에 열린 장로교 총회에서 신사참배를 결의했습니다. 교회는 이런 실수를 합니다. 교회마저도 그렇습니다.

개인은 우리 모두가 경험하듯이 더더욱 그러합니다. 우리는 다 소원은 있지만 그만큼 살아내지 못합니다. 그래서 우리에게는 질문이 하나 있습니다. 우리에게 선택권을 허락하셨으면 우리가 완벽하게 되도록 힘을 주시든가, 선택이 틀리지 않게 해주시든가, 그것도 아니면 선택권을 주시지 말고 그냥 하시는 것이 낫지 않겠느냐는 것입니다. 이것이 고린도후서 12장에 사도 바울의 증언에서 이렇게 나타납니다.

여러 계시를 받은 것이 지극히 크므로 너무 자만하지 않게 하시려고 내 육체에 가시 곧 사탄의 사자를 주셨으니 이는 나를 쳐서 너무 자만하지 않게 하려 하심이라 이것이 내게서 떠나가게 하기 위하여 내가 세 번 주께 간구하였더니 나에게 이르시기를 내 은혜가 네게 족하도다 이는 내 능력이 약한 데서 온전하여짐이라 하신지라 그러므로 도리어 크게 기뻐함으로 나의 여러 약한 것들에 대하여 자랑하리니 이는 그리스도의 능력이 내게 머물게 하려 함이라 그러므로 내가 그리스도를 위하여 약한 것들과 능욕과 궁핍과 박해와 곤고를 기뻐하노니 이는 내가 약한 그 때에 강함이라 (고후 12:7-10)

사도 바울은 아마도 어떤 치명적인 질병을 갖고 있었던 것으로 추측됩니다. 그것은 병 자체의 문제보다 그 병의 증세가 사람들에게 대단히 불쾌하고 거부감을 느끼게 했던 것 같습니다. 사도 바울은 지금 자기 자신의 명예나 자존심을 위하여 기도한 것이 아니라 자기가 복음의 사도인데, 자기가 가진 개인적인 약점이 복음에 누가 될까 봐 주 앞에 세 번 기도했다고 합니다. 그런데 뜻밖에도 답은 "내 은혜가 네게 족하도다"였다고 합니다.

우리 한국교회 현실에서 이야기를 해봅시다. 지금은 한국교회가 사회적으로 비난도 받고 조롱도 받고 적잖이 협박도 받는 시기가 되었고, 또 실제로 교회 안에 그런 비난을 받을 만한 일들이 생기고 있습니다. 그래서 우리는 당연히 이렇게 기도할 수 있습니다. "하나님 아버지, 한국교회에 은혜를 베푸셔서 하나님의 증인으로, 그 영광된 기관으로 거룩하고 흠 없고 모두가 존경하고 감동하도록 은혜를 베풀어 주시옵소서." 그랬더니 하나님께서 "내 은혜가 네게 족하다. 그냥 그렇게 살아라" 이렇게 답하시더라는 이야기입니다. 납득하실 수 있겠습니까?

개인에게 적용해보면 이렇습니다. "하나님 아버지, 제가 저를 위하여 기도하는 것이 아닙니다. 제가 이렇게 너무 초라하게 사니까 저도 괴로울 뿐 아니라 예수 믿는다는 이름으로 하나님께 누를 끼치게 생겼으니 제발 빌린 돈만은 갚고 죽게 해주십시오." 이렇게 기도할 수 있을 것입니다. 그랬더니 하나님이 "내 은혜가 네게 족하도다. 그냥 구박받고 살다가 내게 오너라" 이렇게 응답을 하셨다는 것입니다. 이상합니다. 그런데 이것이 말하자면 순종입니다. 하나님이 당신의 일을 하시는 방법이 너무 신비하고 커서 우리는 다 알지 못합니다.

실패가 끝이 아님

알지 못할 뿐 아니라 고린도전서 2장에서는 이 문제를 이렇게 이야기합니다.

> 형제들아 내가 너희에게 나아가 하나님의 증거를 전할 때에 말과 지혜의 아름다운 것으로 아니하였나니 내가 너희 중에서 예수 그리스도와 그가 십자가에 못 박히신 것 외에는 아무 것도 알지 아니하기로 작정하였음이라 내가 너희 가운데 거할 때에 약하고 두려워하고 심히 떨었노라 내 말과 내 전도함이 설득력 있는 지혜의 말로 하지 아니하고 다만 성령의 나타나심과 능력으로 하여 너희 믿음이 사람의 지혜에 있지 아니하고 다만 하나님의 능력에 있게 하려 하였노라(고전 2:1-5)

사도 바울이 고린도 교회에서 전도할 때 떨었다고 합니다. 이것이 하나의 사상이나 하나의 이해로 나타날까 봐 떨었다고 합니다. 진정한 하나님의 구원이 나타나는 것이 아니라 그것과 비교할 수도 없고 그래서도 안 되는 이해의 내용에서 멈출까 봐 떨었다는 것입니다. 자기가 교만해질까 봐 떨었다거나 그 내용을 충분히 설명하지 못할까 봐 떨었던 것이 아닙니다. 이것이 어떤 내용을 설명하여 납득시키는 것일 수 없다는 것을 알기에, 하나님의 능력이 나타나 저들을 변화시켜야 하는데 자신이 그러한 하나님의 일하심을 가로막을까 봐 떨었다고 합니다.

그래서 그는 "나는 예수 그리스도와 그가 십자가에 못 박히신 것 외에는 아무 것도 알지 아니하기로 작정"합니다. 예수님의 죽으심을 이해한 사도는 아무도 없습니다. 그 제자들은 너무 놀라서 다 도망갔습니다. 당시 예수님을 따르던 군중도 배신감을 느껴 바라바를 놓아줄지언정 예수님은 죽이라고 고함을 질렀습니다. 그러나 하나님은 그 길을 통해서만 부활의 문을 여셨습니다. 그래서 우리가 신자로 살아갈 때 당황하는 것은, 내가 곧 죽을 것 같고 나를 보는 자들도 함께 그것으로 끝인 것 같은 상황들 앞에서 내가 그 상황을 바꿔놓으려고 애쓰지 말고 죽으러 들어가는 것이 하나님의 길이라는 사실입니다. 바울이 그렇게 가르칩니다. 그것을 기억해서 죽은 다음에 일어나는 부활을 향하여 책임 있게 가야 한다는 것을 기억하자고 합니다.

우리의 삶에서 가장 중요한 책임과 권세를 누가 가집니까? 나는 무엇을 해야 하며 누구에게 호소해야 합니까? 우리는 하나님 앞에 호소합니다. 무엇을 달라고 합니까? 세상의 것을 달라고 합니다. 그것이 그렇게 잘못된 것입니까? 그것 자체로 잘못된 것은 아닙니다. 그러나 하나님이 우리에게 맡긴 삶을 살아가는데 큰 약점, 큰 방해물이 됩니다. 왜냐하면 예수라는 이름을 거론하고 있고 기독교라는 신앙을 말하고 있지만, 실제적인 권세와 가치의 주인이 세상이라 여기고 사는 것이기 때문입니다.

그것을 넘어서는 방법으로 하나님은 세상이 줄 수 없는 더 큰 것을 주셨습니다. 눈에 보이는 어떤 큰 것이 아닙니다. 하나님이 우리의 아버지가 되시고 하나님이 우리를 사랑하사 우리를 당신의 자녀로 부르기 위하여 그 아들을 보내셨습니다. 하나님이 부활 생명으로 가는 영생의 축복이자 약속으로 우리에게 보상하시는 것 외에는 더 이상 아무것도 안 주신다는 말입니다. 약속하고 허락하십니다. 그것이 다입니다. 그래서 바울이 예수 그리스도와 그가 십자가에 못 박히신 것 외에는 기억하지 않기로 했다는 것입니다.

"내 은혜가 네게 족하도다" 하시는 주님의 말씀 속에서 우리는 이 세상의 어떤 오해나 반대에서 벗어나는 것을 구하거나 주를 위한 열심을 이뤄내기 위한 능력이나 성공을 구하는 것이 우리 삶에서 가장 중요한 일이 아니고 책임도 아니고, 내가 약한 그때에 주께서 강하시다는 것을 믿는 믿음으로 모든 것을 감수하는 인생을 실제로 살아야 한다는 것을 기억해야 합니다.

초대교회는 맛디아를 사도로 뽑습니다. 맛디아를 뽑아서 모든 짐을 그에게 떠넘겼다거나, 맛디아에게 능력이 있어서 그를 뽑음으로써 모두를 안심시켰다는 이야기가 아닙니다. 자기들이 할 수 있는 일을 합니다. 예수 그리스도로 말미암아 허락된 부활 생명을 사는 자들이 기쁜 순종을 선택하고 결정하고 결심한 것입니다.

지금까지 이야기한 것같이 하나님의 부르심과 허락하심에 대한 우리의 순종과 권리들은 하나님의 신비 속에 감추어져 있습니다. 우리가 진심과 최선을 다하는 것과 하나님이 답하시는 것 양자 사이에서 '하나님이 더 주셔야 합니다'와 '내가 더 보상을 받도록 열심히 해야 한다'는 것 중에 무엇이 옳은지는 우리가 다 알 수 없는 문제입니다. 그래서 우리는 '내가 약할 그때에 주께서 강하시다' 하는 데로 넘어가게 됩니다. 여기까지 오게 되면 우리에게 한 가지 커다란 문제가 남습니다. 바로 실제로 우리가 경험하는 실패는 무엇이냐는 것입니다. '우리가 약할 그때에 강하시다. 그래서 우리는 열악한 조건에 있거나 열등한 존재로 계속 있지만 겁을 낼 필요가 없다. 예수님을 믿는다는 것이 이미 그것까지 포함한 하

나님의 능력 안에 있기 때문이다.' 그렇다면 우리가 실제로 경험하는 실
패는 무엇입니까?

> 우리가 알거니와 하나님을 사랑하는 자 곧 그의 뜻대로 부르심을 입
> 은 자들에게는 모든 것이 합력하여 선을 이루느니라(롬 8:28)

모든 것이 합력하여 선을 이룬답니다. 실패하셔도 손해 보지 않는다고
합니다. 세상에서는 말이 안 되는 이야기입니다. 진 것은 그냥 진 것입니
다. 그런데 여러분, 여러분의 지난날을 한번 회고해 보십시오. 여러분이
경험하는 모든 일을 통해 여러분이 점점 하나님께로 떠밀려왔다는 것을
알게 됩니다. 하나님의 자녀들은 잘되면 잘돼서 하나님께로 한 걸음 더
오고, 안 되면 안 돼서 하나님께로 밀려옵니다. 그렇지 않은 자들은 성공
하면 성공해서 하나님을 찾을 일이 없고, 실패하면 실패해서 하나님으로
부터 도망갑니다. 안 그렇습니까?
  실패를 걱정하지 마십시오. 우리는 완벽해서 하나님 앞에 쓰임 받는
것이 아닙니다. 하나님께서 부활 생명을 허락한 자녀라는 약속과 실제적
인 능력 속에서 존재합니다. 예수께서 죽으셔서 끝난 것 같았는데 오히
려 그것이 무엇으로도 만들어낼 수 없는 부활의 길이었던 것같이 우리
의 실패와 부족은 결단코 하나님의 일과 그의 영광과 그의 자녀로 사는
우리 인생에 두신 하나님의 손길을 막을 수 없습니다. '내가 약할 그 때
에 강하다. 그래서 내가 약한 것을 자랑하리라.' '모든 것이 합력하여 선
을 이룬다.' 그러면 그만입니다. 무엇이 겁나십니까? 무엇이 더 필요하십
니까? 더 많은 실수, 더 많은 시행착오가 필요합니다. 흠 없고, 전능하고,

잘났고, 업적이 무한한 것은 다 필요 없습니다. '예수님을 믿습니다. 하나님은 제 아버지십니다.' 이 안에 다 들어있습니다.

오늘을 견디는 삶

이 일을 이렇게 말로 이해하고 선언하고 믿는 것으로는 부족합니다. 우리는 예수께서 우리에게 맡긴 이 신약시대가 아버지께서 정하신 완성의 날까지 모든 민족의 구원을 위하여 보류된 시간이라는 것, 기회라는 것을 알아야 합니다. 골로새서 1장에서 사도 바울은 골로새 교회에 보내는 편지 속에 자신의 사역을 이렇게 표현합니다.

> 나는 이제 너희를 위하여 받는 괴로움을 기뻐하고 그리스도의 남은 고난을 그의 몸된 교회를 위하여 내 육체에 채우노라(골 1:24)

살아내셔야 합니다. 인생은 고난으로 되어 있습니다. 예수 믿는다고 마음이 평안하고 감격스럽고 좋아서 미치겠고 하는 것은 없습니다. 물론 잠깐씩은 있습니다. 그러나 대부분은 괴롭습니다. 세상이 만만하지 않기 때문이고, 하나님이 우리에게 넉넉하게 주시지 않는 현실을 살아야 하기 때문입니다. 여기에서 말하는 '넉넉하게'는 우리가 말하는 건강, 지위, 재산 같은 것들입니다. 우리가 그런 것을 요구하는데 하나님은 결단코 넉넉하게 안 하십니다. 그래서 괴롭습니다. 그래서 그리스도의 남은 고난을 내 육체에 채운다고 사도 바울은 고백합니다. 육체에 채웁니다. 기도하고 성경 읽어서 넘어가는 것이 아니라 몸으로 살아내셔야 합니다.

무엇을 살아낸다는 것일까요? 여러분 각자에게 준 시간과 공간의 자리입니다. 누구의 남편이고 누구의 아내이고 누구의 아버지이고 누구의 어머니이고 하는 그 자리입니다. 시댁이 있고 처가가 있고 사돈의 팔촌이 있고, 어려운 정치 형편이 있고 경제의 위기가 있고, 취직이 안 되고 내가 응원하는 야구단은 계속 지는 이런 현실이 바로 자기 자리입니다. 그 자리에서 하나님의 일하심을 예수님 안에서 본 자, 십자가로 부활을 만드시는 하나님의 자녀, 그 부활 생명의 증거와 약속과 축복을 받은 자, 그것의 완성을 기다리는 자로서 이 세상이 주는 현실적 위협과 도전에 대응하는 것이 살아내는 것입니다.

모든 것 위에 십자가를 세우는 것을 말하는 것이 아닙니다. 어떤 아내가 남편이 출근할 때 '오늘도 열심히 사세요' 그러고는 등에다가 이렇게 십자가를 그었답니다. 이런 간증 많이 들어보셨을 것입니다. 그분의 진심은 알겠는데, 그렇게 해봐야 양복에 구멍만 납니다. 살아내셔야 합니다. 어떻게 살아냅니까? 유명한 마태복음 6장 33절에 그 답이 있습니다.

> 그런즉 너희는 먼저 그의 나라와 그의 의를 구하라 그리하면 이 모든 것을 너희에게 더하시리라 그러므로 내일 일을 위하여 염려하지 말라 내일 일은 내일이 염려할 것이요 한 날의 괴로움은 그 날로 족하니라(마 6:33-34)

하루하루의 괴로움을 견디셔야 합니다. 해결되지 않는 문제를 세상의 방식으로 해결하려고 하지 말고, 영원한 나라를 알고 있는 자로서 반응하십시오. 해도 해도 안 되는 것을 하나님의 신실하심을 믿고 견디는 겁니다. 울어야 할 때도 있고, 도저히 견디지 못해 화를 낼 때도 있습니다. 그러나 그것으로 끝이 아닌 하루를 사는 것입니다. '이래 놓고 무슨 답이 있다는 것입니까?' 다 그렇게 생각했습니다. '예수님, 지금 그럴 때가 아닙니다. 지금 귀신이나 쫓아내고 죽은 사람 살려내고 할 때가 아닙니다.' 예수님도 이런 도전을 계속 받으면서 공생애를 사셨습니다. 정치적 활동을 안 하시고 권력에 대한 의지가 없어 보여서 많은 이들이 실망했습니다. 오병이어의 기적을 이루시고, 많은 사람이 예수님을 좇아가며 우리가 기다리던 해방자가 왔다고 생각했으나 예수께서 도망가셨습니다. 배 타고 저편으로 넘어가 버리셨습니다.

신자로서 산다는 것, 자기의 인생을 신앙으로 책임진다는 것은 무엇을 해결해야 한다는 이야기가 아닙니다. 하나님이 주신 삶입니다. '내게서 이 가시를 빼주십시오'와 '내 은혜가 네게 족하도다'를 여러분이 감수하셔야 합니다. '제가 늘 틀리고 아무것도 아니고 아무 쓸모도 없는데 어떻게 합니까?' 모든 것이 합력하여 선을 이룬다는 것을 믿으십시오. '그런데 이 말만 하고 실천이 안 됩니다.' 그러니 멋있게 하려고 하시지 말고 오늘 주어진 삶에서 도망가지 마십시오. 여러분의 삶을 사십시오. 아무도 대신할 수 없습니다. 누군가에게 위로받을 수 있고, 누군가에게 넋두리할 수도 있지만, 여러분의 자리를 대신할 사람은 아무도 없습니다. 여러분이 거기에서 그 자리를 지키셔야 합니다. 우시고 신음하시고 그리고 기도하시면서 그 자리를 지키시면, 나머지는 하나님이 다 만드신다고 약속하셨습니다. 이것이 기독교 이천 년 역사의 증언입니다.

초대교회는 그렇게 하기로 결심합니다. 그리고 그렇게 살아냄으로써 오늘의 우리가 있습니다. 여러분의 인생을 하나님의 신비한 능력과 지혜의 인도함 속에 맡기십시오. 여러분, 하루에 일어나는 모든 일들 앞에 믿음을 가지고 정직하게 여러분의 삶에 직면하십시오. 도망가지 마십시오. 앉아서 울고, 앉아서 화를 내시고, 그 자리를 지키시면 하나님이 거기에서 기적의 나무를 키우실 것입니다.

기 도

하나님 아버지, 은혜를 감사합니다. 우리의 신앙이 부활 생명으로 확정되어 있습니다. 주께서 그 길을 걸어 우리 모두의 산 소망이 되신 것을 우리로 알게 하셨으니 우리의 자리를 지켜 우리가 죽어 나가는 그 자리에서 하나님이 부활 생명의 나무를 기르시는 것을 지켜보는 우리의 인생이 되게 하여 주시옵소서. 믿음을 가지고 기도하며 주 앞에 엎드리는 모든 것들이 우리에게 주어진 삶을 살겠다는 결심이요 실천이요 매달림이요 인내요 주안에서 순종이 되게 하여 주시옵소서. 예수님의 이름으로 기도합니다. 아멘.

3.
새로운 세상이 열리다

사도행전 2:1-13

4_그들이 다 성령의 충만함을 받고 성령이 말하게
하심을 따라 다른 언어들로 말하기를 시작하니라

오순절에 성령께서 이 땅에 오십니다. 성령께서 마가의 다락방에 모여 있
는 모든 제자들과 함께하셨습니다. 그런데 이 오순절 성령 강림 사건에
서 성경이 말하고자 하는 초점과 우리의 현실적인 필요가 달라서 중요
한 신앙의 문제가 되곤 합니다. 성령이 충만해짐으로써 확신과 감격에 차
고 새 힘을 얻고 또 큰 능력을 행하는 것이 다 사실입니다. 그러나 성경에
서 성령 강림 사건을 통해 말하려고 하는 이야기의 초점은 그것이 아닙
니다.

신약시대를 여는 증거

사도행전 1장 4절을 보시면 예수님이 승천하시기 직전에 이런 말씀을

하셨습니다.

사도와 함께 모이사 그들에게 분부하여 이르시되 예루살렘을 떠나지 말고 내게서 들은 바 아버지께서 약속하신 것을 기다리라 요한은 물로 세례를 베풀었으나 너희는 몇 날이 못되어 성령으로 세례를 받으리라 하셨느니라(1:4-5)

예수께서 약속하신 성령이 오신 것입니다. 이 말씀은 또한 구약성경 요엘 2장에 예언된 내용입니다.

여호와의 말씀에 너희는 이제라도 금식하고 울며 애통하고 마음을 다하여 내게로 돌아오라 하셨나니 너희는 옷을 찢지 말고 마음을 찢고 너희 하나님 여호와께로 돌아올지어다 그는 은혜로우시며 자비로우시며 노하기를 더디하시며 인애가 크시사 뜻을 돌이켜 재앙을 내리지 아니하시나니 주께서 혹시 마음과 뜻을 돌이키시고 그 뒤에 복을 내리사 너희 하나님 여호와께 소제와 전제를 드리게 하지 아니하실는지 누가 알겠느냐(욜 2:12-14)

요엘 선지자가 이스라엘 백성에게 회개를 촉구하는 장면입니다. 정확히 말하면 이스라엘이 남 유다와 북 이스라엘로 나뉘었을 때, 남 왕국 유다를 향한 회개의 촉구와, 그렇게 하면 하나님께서 용서하실 것이라는 권면의 말씀입니다. 당시 유다는 하나님께 대단히 불순종하는 길로 갔습니다. 하나님께서 요엘 선지자를 세워 남 유다 백성을 권면할 때는 이미

그들이 메뚜기 떼로 인한 극심한 재난을 받은 후였습니다. 그래서 그 재
앙은 너희가 하나님을 좇지 않아서 일어난 하나님의 경고요 심판이다,
계속 말을 듣지 않으면 더 심한 심판이 기다리고 있을 테니 지금이라도
회개하라고 권면하는 장면입니다. 15절 이하를 보십시오. 요엘 선지자는
이렇게 되기를 바랍니다.

> 너희는 시온에서 나팔을 불어 거룩한 금식일을 정하고 성회를 소집하
> 라 백성을 모아 그 모임을 거룩하게 하고 장로들을 모으며 어린이와
> 젖 먹는 자를 모으며 신랑을 그 방에서 나오게 하며 신부도 그 신방
> 에서 나오게 하고 여호와를 섬기는 제사장들은 낭실과 제단 사이에
> 서 울며 이르기를 여호와여 주의 백성을 불쌍히 여기소서 주의 기업
> 을 욕되게 하여 나라들로 그들을 관할하지 못하게 하옵소서 어찌하
> 여 이방인으로 그들의 하나님이 어디 있느냐 말하게 하겠나이까 할지
> 어다(욜 2:15-17)

북 왕국 이스라엘은 앗수르에 멸망했고, 남 왕국 유다는 곧이어 바벨론
에 멸망합니다. 아직은 멸망당하기 전이지만 회개하지 않으면 그 심판을
보게 될 것입니다. 그러니 요엘 선지자는 남 유다에 있는 하나님의 백성
에게 회개하라, 용서를 빌라, 구원을 구하라고 이야기합니다. 그리고 18
절에서 32절까지 앞으로 될 일에 대한 하나님의 뜻이 약속됩니다.

> 그 때에 여호와께서 자기의 땅을 극진히 사랑하시어 그의 백성을 불
> 쌍히 여기실 것이라 여호와께서 그들에게 응답하여 이르시기를 내가

너희에게 곡식과 새 포도주와 기름을 주리니 너희가 이로 말미암아
흡족하리라 내가 다시는 너희가 나라들 가운데에서 욕을 당하지 않
게 할 것이며 내가 북쪽 군대를 너희에게서 멀리 떠나게 하여 메마르
고 적막한 땅으로 쫓아내리니 그 앞의 부대는 동해로, 그 뒤의 부대는
서해로 들어갈 것이라 상한 냄새가 일어나고 악취가 오르리니 이는
큰 일을 행하였음이니라 하시리라 (욜 2:18-20)

그 때에 하나님께서 일어나 자기 백성이 더 이상 수치를 당하는 일
이 없도록, 이방 사람들에 의하여 멸망당하는 일이 없도록 그들을
대적하여 쳐들어오는 군대를 쫓아 보내고, 망하게 하고, 자기 백성
을 붙든다는 내용입니다. 그래서 "그 때에"를 읽으면 분명히 '회개
하면'이라고 들립니다. 회개하면 하나님께서 분명히 이렇게 하시리
라, 이런 말씀으로 들립니다. 그러나 우리가 잘 알다시피 북 왕국에
서와 마찬가지로 남 왕국 유다에서도 회개는 일어나지 않았습니다.
결국 북 이스라엘은 앗수르에 의해 망했고, 남 유다는 이후에 바벨
론에 의해 붙잡혀 갑니다. 앗수르나 바벨론은 모두 하나님이라는
신은 자기들이 섬기는 신만 못하다고 큰소리치며 잡아갔습니다.
　그런데 하나님께서 "그 때에" 이렇게 하리라고 하신 것은 우리가 본
역사적인 이 사건으로 이해해볼 때 요엘 선지자가 회개를 외치는 그 때
에 회개가 실제로 실천된 것이 아니라, 회개가 필요하다고 선언되는 그
시점에서 하나님의 구원 약속이 터졌다는 이야기입니다. 지금 읽은 18
절에서 20절을 어떻게 이어받는지 21절부터 봅시다.

땅이여 두려워하지 말고 기뻐하며 즐거워할지어다 여호와께서 큰 일
을 행하셨음이로다 들짐승들아 두려워하지 말지어다 들의 풀이 싹이
나며 나무가 열매를 맺으며 무화과나무와 포도나무가 다 힘을 내는도
다 시온의 자녀들아 너희는 너희 하나님 여호와로 말미암아 기뻐하며
즐거워할지어다 그가 너희를 위하여 비를 내리시되 이른 비를 너희에
게 적당하게 주시리니 이른 비와 늦은 비가 예전과 같을 것이라 마당
에는 밀이 가득하고 독에는 새 포도주와 기름이 넘치리로다 내가 전
에 너희에게 보낸 큰 군대 곧 메뚜기와 느치와 황충과 팥중이가 먹은
햇수대로 너희에게 갚아 주리니 너희는 먹되 풍족히 먹고 너희에게
놀라운 일을 행하신 너희 하나님 여호와의 이름을 찬송할 것이라 내
백성이 영원히 수치를 당하지 아니하리로다 (욜 2:21-26)

하나님께서 적군을 몰아내시고, 그리하여 이스라엘을 지키시고, 그리고
풍족한 것으로 주셔서 그의 백성으로 기뻐하며 감사하게 할 것이라고
약속합니다. 이렇게 약속하시는 이유가 무엇입니까? '너희가 회개해야
한다. 회개하지 않으면 심판을 받는다. 다들 나와서 회개해라.' 이렇게 회
개가 필요한 시점에 이러한 약속을 하십니다. 그들이 아직 순종하지 않
았던 그 시점에서 하나님이 구원을 이미 외치며 허락하실 축복을 그의
백성에게 너무나 풍성하게 약속합니다. 어떤 이유, 어떤 조건에서 그런
약속이 나옵니까? 27절을 봅시다.

그런즉 내가 이스라엘 가운데에 있어 너희 하나님 여호와가 되고 다
른 이가 없는 줄을 너희가 알 것이라 내 백성이 영원히 수치를 당하지

아니하리로다(욜 2:27)

'나는 이스라엘의 하나님이다. 이스라엘은 내 백성이다. 그러니 나는 내 백성을 망하게 놓아둘 수 없다.' 이렇게 말씀하십니다. 28절을 봅시다. "그 후에", 하나님이 그의 백성을 구원하여 축복하신 그 후를 말합니다.

> 그 후에 내가 내 영을 만민에게 부어 주리니 너희 자녀들이 장래 일을 말할 것이며 너희 늙은이는 꿈을 꾸며 너희 젊은이는 이상을 볼 것이며 그 때에 내가 또 내 영을 남종과 여종에게 부어 줄 것이며 내가 이 적을 하늘과 땅에 베풀리니(욜 2:28-30상)

'내 영을 만민에게 부어 주리라.' 오순절 성령 강림에서 성취된 예언입니다. 구약에서는 성령의 임재가 기능과 직무로 제한되었습니다. 제사장 직을 맡거나 선지자가 되거나 왕이 되었을 때 주시는 어떤 일시적이고 한정적인 임재였지 지금 신약시대에 가지는 것처럼 늘 함께하시는 성령으로는 허락하지 않았습니다. 그것이 허락된 사건이 오순절 성령 강림입니다. 성령 강림이라는 역사적 사건이 하나님이 신약시대를 여시는 증거인 것입니다. 고린도전서에서 말하는 바와 같이 "성령으로 아니하고는 누구든지 예수를 주시라 할 수 없느니라"(고전 12:3)입니다. 성령 시대가 되었습니다. 권능의 시대보다 훨씬 더 중요한 의미가 있습니다. 창세기 6장을 찾아보겠습니다.

인류를 하나로 묶다

사람이 땅 위에 번성하기 시작할 때에 그들에게서 딸들이 나니 하나
님의 아들들이 사람의 딸들의 아름다움을 보고 자기들이 좋아하는
모든 여자를 아내로 삼는지라 여호와께서 이르시되 나의 영이 영원히
사람과 함께 하지 아니하리니 이는 그들이 육신이 됨이라 그러나 그들
의 날은 백이십 년이 되리라 하시니라(창 6:1-3)

"나의 영이 영원히 사람과 함께 하지 아니하리니." 하나님이 죄짓는 인류
를 내버려두어, 그들이 선택하고 자초한 길이 무엇인지 보게 놔두겠다고
하십니다. 로마서 1장에 설명한 대로 사람의 정욕대로 버려둔 시절이 있
습니다. 인간의 욕심이 무엇을 낳는지, 인간이라는 존재가 무엇인지, 세
상이 무엇이며 삶이 무엇인지 보고 경험하는 시간 말입니다. 그런 자업
자득의 과정과 시간을 하나님이 허락하셨다고 합니다.

창세기는 세상의 기원, 인류의 기원, 그 존재의 가치, 의미, 현실에 대
한 단서를 제공하는 중요한 기록입니다. 어느 종교나 어느 학문도 밝히지
못한 사실들을 증언하고 있습니다. 하나님께서 버려두어 자기의 정욕대
로 살게 했던 시절에 하나님이 중요한 간섭을 하나 하십니다. 창세기 11
장의 바벨탑 사건입니다.

온 땅의 언어가 하나요 말이 하나였더라 이에 그들이 동방으로 옮기
다가 시날 평지를 만나 거기 거류하며 서로 말하되 자, 벽돌을 만들어
견고히 굽자 하고 이에 벽돌로 돌을 대신하며 역청으로 진흙을 대신

하고 또 말하되 자, 성읍과 탑을 건설하여 그 탑 꼭대기를 하늘에 닿게 하여 우리 이름을 내고 온 지면에 흩어짐을 면하자 하였더니 여호와께서 사람들이 건설하는 그 성읍과 탑을 보려고 내려오셨더라 여호와께서 이르시되 이 무리가 한 족속이요 언어도 하나이므로 이같이 시작하였으니 이 후로는 그 하고자 하는 일을 막을 수 없으리로다 자, 우리가 내려가서 거기서 그들의 언어를 혼잡하게 하여 그들이 서로 알아듣지 못하게 하자 하시고 여호와께서 거기서 그들을 온 지면에 흩으셨으므로 그들이 그 도시를 건설하기를 그쳤더라 그러므로 그 이름을 바벨이라 하니 이는 여호와께서 거기서 온 땅의 언어를 혼잡하게 하셨음이니라 여호와께서 거기서 그들을 온 지면에 흩으셨더라(창 11:1-9)

인류의 공멸을 막기 위해 하나님은 언어를 혼잡하게 하시고 인류를 흩으십니다. 사람들이 모이면 좋은 것을 하지 않습니다. 악이 더 크게 발생할 뿐입니다. 그래서 어느 모임을 가든지 조직이 커지면 법과 규칙을 만들 수밖에 없습니다. 교회라고 다르지 않습니다. 우리는 당연히 더 나아야 하는데도, 아직 완성된 성인들이 아니기 때문에 규칙이 있어야 합니다. 한 나라를 유지하려면, 사회를 유지하려면 법이 있고 질서가 있어야 하며 또 고급하게는 윤리가 있고 도덕이 있어야 합니다. 그러나 그 어느 것도 사람을 고치지 못합니다. 최소한의 질서를 유지하기 위한 것일 뿐입니다.

이렇게 흩어진 인류, 하나님과 단절된 인류에게 하나님이 찾아오십니다. 요엘에 이야기했던 대로 영원한 심판의 전조가 되는 재난을 당해서 회개가 필요한데도 불구하고 회개할 줄 모르는 인류에게 하나님이 오셔서 큰일을 이루십니다. 풍족하게 하십니다. 우리 신약시대에 와서 분명해진 것, 예수님으로 말미암은 구원을 허락하십니다. 그리하여 성령이 오십니다. 성령께서 오셔서 맨 처음에 하신 일이 무엇입니까?

> 그들이 다 성령의 충만함을 받고 성령이 말하게 하심을 따라 다른 언어들로 말하기를 시작하니라 (2:4)

성령께서 이 일을 맨 처음에 하십니다. '성령 충만 = 방언'이라는 등식이 성립하는 것이 아닙니다. 성령이 충만했는데, 그 성령께서 맨 처음에 하신 일이 외국어를 하게 하셨다는 것입니다. 9절 이하에 있는 바와 같이 "우리는 바대인과 메대인과 엘람인과 또 메소보다미아, 유대와 갑바도기아, 본도와 아시아, 부르기아와 밤빌리아, 애굽과 및 구레네에 가까운 리비야…", 이 지명들이 다 그 시대 지중해를 중심으로 한 온 세상입니다. 온 세상에서 온 경건한 유대인들이 지금 자기들이 살던 곳에서 듣던 그 언어들을 이 사도들을 통해 듣는 것입니다. 이것이 무슨 의미입니까? 하나님과 단절되고, 공멸을 면하게 하려고 하나님이 흩었던 인류에게 하나님이 찾아오사 우리로 화목하게 하시고 하나로 묶으신다는 것입니다. 예수님 안에서 하나님의 자녀로 묶으십니다. 이것이 성령 강림의 역사적 의미입니다.

역사적 사건으로 확증

우리가 만일 미쳤어도 하나님을 위한 것이요 정신이 온전하여도 너희를 위한 것이니 그리스도의 사랑이 우리를 강권하시는도다 우리가 생각하건대 한 사람이 모든 사람을 대신하여 죽었은즉 모든 사람이 죽은 것이라 그가 모든 사람을 대신하여 죽으심은 살아 있는 자들로 하여금 다시는 그들 자신을 위하여 살지 않고 오직 그들을 대신하여 죽었다가 다시 살아나신 이를 위하여 살게 하려 함이라 그러므로 우리가 이제부터는 어떤 사람도 육신을 따라 알지 아니하노라 비록 우리가 그리스도도 육신을 따라 알았으나 이제부터는 그같이 알지 아니하노라 그런즉 누구든지 그리스도 안에 있으면 새로운 피조물이라 이전 것은 지나갔으니 보라 새 것이 되었도다(고후 5:13-17)

우리가 잘 아는 구절입니다. 그런데 예수님을 믿기 전에는 자기를 위해 살던 이기적인 인생이었지만 예수님을 믿고는 이웃을 사랑하고 그리스도가 가신 길을 뒤좇는 순종하는 삶을 살자, 이렇게 자꾸 윤리적으로 읽습니다. 그 이야기를 하는 것이 아닙니다. '나를 미쳤다고 해도 좋다. 사실 나는 미친 것이 아니고 딴 세상에 산다는 이야기를 하려고 한다.' 사도 바울은 지금 이런 이야기를 하는 것입니다. '내가 나를 책임져야 했던 세상, 세상이 전부였던 곳에서 예수 안에서 하나님의 통치와 보호와 복 주심의 세상으로 하나님이 우리를 부르셨다. 나는 그 세상을 살고 있다. 하나님과 화목하게 된, 하나님의 자녀가 된 세상을 산다. 그래서 우리는 아무도 육체대로 보지 않는다.'

'그런즉 누구든지 그리스도 안에 있으면 새로운 피조물이라. 이전 것은 지나갔으니 보라 새 세상을 만났도다.' 세상의 보상이 전부인 세상, 내가 나를 보호하지 않으면 아무에게도 의지하거나 도움을 청할 수 없는 그 세상에서 하나님이 아버지인 세상, 언제든지 하나님을 아버지라 부를 수 있는 세상으로 옮겨왔다는 것입니다. 인류 역사의 주인이시요, 그 운명을 쥐시고 당신의 뜻을 이루시려는 하나님의 능력과 개입과 관심의 대상으로 사는 자가 되었다는 것입니다. 이것이 개인적인 체험 안에서 확증되는 것이 아니라 역사적 사건으로 확증됩니다. 성령의 오심으로 그 세상 자체를 만나게 되는 것입니다.

예수님을 믿으면 이 세상을 창조하신 하나님이 당신을 배반한 인류의 죄와 불순종을 어떻게 처리하셨는가를 깨닫게 됩니다. '예수 안에서 다시 화목하게 하시며, 예수 안에서 하나님의 자녀의 영광을 회복하셨도다. 그것을 이미 이루셨고 지금 세상에서 벌써 시작하셨도다. 하나님과의 화해를, 그 복 받고 사는 인생을, 하나님이 일하시는 권능에 참여함을 시작하셨도다.' 이것이 성령 강림의 의미입니다.

> 사도와 함께 모이사 그들에게 분부하여 이르시되 예루살렘을 떠나지 말고 내게서 들은 바 아버지께서 약속하신 것을 기다리라(1:4)

약속했던 성령이 오심으로써 이 세상 역사가 윤회하거나 공전하는 것이 아니라 하나님의 뜻을 따라 직선으로 전진하고 있고, 그 뜻의 성취를 위하여 진행되고 있다는 것을 깨닫게 됩니다. 우리는 신앙을 하나의 느낌이나 하나의 기능으로 이해하지도 않고, 그렇게 되기를 바라지도 않습니다. 우리는 영원한 가치와 존재의 진정한 영광을 약속받은 자로 역사 속에서 세상을 살며, 하나님께서 우리 인생을 인도하신다는 사실을 깨닫습니다. 인생은 풀어야 할 숙제가 아니라 걸어가야 할 길입니다. 우리

에게 닥친 모든 일을 해결하여 무슨 답을 만들어내어 위대해지거나 쓸
모 있게 된다거나 하는 것으로 부름을 받은 것이 아닙니다. 하나님의 일
하심 속에서 하나님이 그의 아들을 주실 만큼의 열심과 목적을 가진 하
나님의 거룩하심에의 참여를 배우고 채우고 증언하고 누리고 사는 인생
으로 부름을 받고 있습니다. 그 약속의 성취가 이 약속을 우리에게 하나
더 허락합니다.

> 오직 성령이 너희에게 임하시면 너희가 권능을 받고 예루살렘과 온
> 유대와 사마리아와 땅 끝까지 이르러 내 증인이 되리라 하시니라(1:8)

땅 끝입니다. 예루살렘에서 보면 우리가 사는 한국은 극동입니다. 변두
리 끝의 변두리입니다. 복음이 여기까지 왔습니다. 단순히 전해지는 차
원의 문제가 아닙니다. 물이 바다를 채움같이 하나님을 아는 지식과 그
믿음이, 하나님의 뜻이 어느 누구도 비켜가지 않고 외면하지 않고 모두
에게 충만히 이루어질 것입니다. 하나님의 일하심으로 "너희가 권능을
받고"입니다. 그 아들을 보내신 지극하심과 진정성과 능력과 모든 인류
를 향한 역사를 마무리 짓는 하나님의 거룩하신 능력과 은혜와 약속에
참여하는 것입니다. 우리는 큰 그림의 극히 작은 자리를 차지하고 있을
지 모르지만 우리는 하나님의 신비한 손길과 능력의 한 자리를 차지하
고 있는 인생이요 존재가 됩니다. 그것이 성령 강림의 의미입니다.
　'과연 하나님은 구원을 이루셨도다. 그의 뜻을 신실하게 지키셨도다.
우리의 무력함과 무능함과 무지함과 반역을 뚫고 당신의 약속을 이루셨
도다. 너희는 다 기뻐 찬송할지어다. 하나님께서 큰일을 행하셨도다 할지

니라.' 이것을 성령 강림에서 보게 됩니다.

성령님이 오셔서 이 문제를 해결해주시고, 내 마음을 기쁘게 해달라는 기도를 하지 말라는 것이 아닙니다. 얼마나 큰 그림 속에, 큰 우산 속에, 큰 능력 속에, 큰 품속에 여러분이 안겨있는가를 기억하여 여러분의 신앙을, 여러분의 인생과 존재를 감당하시라는 겁니다. 잘 울고, 잘 웃고, 도망가지 마시고, 하나님의 일하심을 지켜내십시오. 여러분이 여러분의 자리를 지켜야, 거기에 들어와 넘칠 것이 생깁니다. 바깥에 돌아다니면서 남의 집 문 두드리지 마시고, 여러분의 집안, 여러분의 마음, 여러분의 영혼을 먼저 하나님 앞에 바쳐 채우십시오. 여러분 각자의 자리와 인생의 소중함을 권능을 받은 자로 이해하시고 감사로 순종하시는 인생 되기를 바랍니다.

기 도

하나님 아버지, 은혜를 감사합니다. 우리가 어떤 능력과 어떤 뜻과 어떤 손길과 어떤 축복 속에 붙잡혀있는지 오늘 말씀으로 배웁니다. 우리의 작고, 아무도 거들 떠보지 않는 숨겨진 인생이 하나님의 신비한 손길이요 기적의 자리인 것을 인정합니다. 그러니 성경이 요구하듯이 하나의 빛이 되고 소금이 되는 일을 자기 자리에서 자기 안에 채우게 하옵소서. 남에게 떠들어 책임을 떠넘기지 말고, 고함 질러 도망가지 말고 자기 안에 찾아오시는 하나님을 만나고 넘쳐 흘러 하나님의 기적이 꽃피우는 인생을 누리게 하옵소서. 예수님의 이름으로 기도합니다. 아멘.

4.
회개를 촉구하다

사도행전 2:14-21

17_하나님이 말씀하시기를 말세에 내가 내 영을 모든 육체에 부어 주리니 너희의 자녀들은 예언할 것이요 너희의 젊은이들은 환상을 보고 너희의 늙은이들은 꿈을 꾸리라

성령 강림으로 인한 소동, 놀라움 또는 호기심, 비난 등이 일어나자, 베드로가 일어나 성령 강림이 가지는 의미를 설교하는 대목입니다. 사도행전 2장은 베드로의 설교가 대부분을 차지하고 있습니다. 그 설교에서 성령 강림의 의미를 설명할 때 인용하는 구절이 지난주에 보았던 요엘서 2장입니다. 오순절 성령 강림이 요엘서 2장에서 예언한 성령 강림에 대한 약속의 성취라고, 우연이나 돌발적인 사건이 아니라 하나님의 은혜에 의한 선물이라고 설명합니다.

말세의 증거

그런데 오늘 사도행전 2장에서 인용되고 있는 요엘서를 그대로 보시면

이렇게 되어 있습니다.

> 하나님이 말씀하시기를 말세에 내가 내 영을 모든 육체에 부어 주리
> 니 너희의 자녀들은 예언할 것이요 너희의 젊은이들은 환상을 보고
> 너희의 늙은이들은 꿈을 꾸리라 그 때에 내가 내 영을 내 남종과 여
> 종들에게 부어 주리니 그들이 예언할 것이요 또 내가 위로 하늘에서
> 는 기사를 아래로 땅에서는 징조를 베풀리니 곧 피와 불과 연기로다
> 주의 크고 영화로운 날이 이르기 전에 해가 변하여 어두워지고 달이
> 변하여 피가 되리라 누구든지 주의 이름을 부르는 자는 구원을 받으
> 리라 하였느니라(2:17-21)

즉 성령 강림은 이 전체 예언에서 어떤 증거 혹은 부분적인 약속에 불과
합니다. 어떤 증거 혹은 부분 증거라는 말을 쓰는 것은, 이 예언에서 가
장 크게 확신하는 대목은 세상에 종말이 있다는 것이기 때문입니다. 주
의 크고 영화로운 날이 이를 것이라, 그 전에 회개하라, 그 이야기입니다.
크고 놀라운 하나님의 심판입니다. 이것을 '심판'으로 이렇게 공포스럽게
표현하는 것은 그 대상이 죄인이기 때문입니다. 구원받는 입장에서 그날
은 영원한 나라의 완성이요 사망과 해하는 것이 끝나는 날입니다. 하나
님과 화목을 이루고, 감사와 영광 속에서 가는, 그래서 우리가 기다려야
할 날입니다. 그러나 성경은 그것을 심판과 진노로 표현합니다. 왜냐하면
그것이 구원이 필요한 현실에 있는 모든 인류를 향한 약속이기 때문입니
다. 말세가 있다는 것의, 다시 말해 하나님이 역사를 끝낼 계획을 가지고
있다는 것의 중요한 증거로 말세에 내 영을 너희에게 부어주겠다는 것입

니다.

하나님이 찾아오셔서 우리와 함께하시고, 그래서 그들이 예언을 한다고 합니다. 예언한다는 것은 앞날을 내다보고, 장래 일을 말하는 것입니다. 대표적으로 구약에 나오는 선지자들이 있습니다. 선지자라는 말 자체가 우리 한문 표기로 하면 먼저 아는 자라는 말입니다. 다른 표현으로는 예언자, 장래 일을 아는 자입니다. 그러나 그것은 다만 몇 년도에 IMF가 일어난다, 몇 년도에 히틀러가 죽는다 하는 예언은 아닙니다. 그것은 역사라는 것이 어디로 가느냐에 대한 이해, 하나님께 받은 가르침을 말하는 것입니다. 역사라는 것은 공전하거나 윤회에 붙잡혀 있지 않다고 그랬습니다. 하나님이 창조하신 시작이 있고, 하나님의 모든 백성에게 창조의 영광과 약속의 완성으로 승리하는 날이 있다는 것이 기독교가 말하는 직선적으로 가고 있는 역사입니다. 하나님의 뜻에 의한 시간이요 역사입니다.

장래 일을 말한다는 것은 세상과 시간과 인생과 역사의 주인인 하나님이 어떤 목적을 가지고 계시느냐, 무엇을 하려고 하시느냐를 안다는 뜻입니다. 성령이 오셔서 예언하는 그 예언을 우리가 다 해봤습니다. '예수천당! 불신지옥!' 이것이 예언입니다. '끝이 있다. 심판이 있다. 천국을 가거나 지옥을 가야 한다.' 이것이 예언의 가장 굵은 부분입니다. 그것을 확인시키기 위하여 소소한 예언들이 종속적으로 일어나는 것입니다. 내년에는 어려움이 있을 것이다, 올해는 더웠지만 내년에는 더 더울 것이다 하는 이런 예언들은 다 이 큰 예언을 증거하고 확인시키기 위하여 부차적으로 주어지는 소소한 예언들입니다.

큰 예언은 모든 이들에게 주어졌습니다. 우리는 다 해봤습니다. 한동

안 유행했습니다. "나는 알았어." 무얼 알아요? "인생이 죽으면 끝이 아니고, 천국을 가야 하든지 지옥을 가게 되든지 한다는 것을 알았어." 이런 때는 왜 꼭 영어를 쓰는지는 모르는데, 우리는 그때 다 훨씬 더 진지해 보였습니다. "I found it." 진정성을 가지고 한 개인의 이해와 인생을 넘어서는 깨달음에 놀라서, 그리고 감사한 표정으로 다 같이 눈물이 그렁그렁해서 외쳤습니다. "I found it." 좋지 않습니까? 예언을 합니다. 성령께서 오셔서 예언을 하게 됩니다.

그런데 그 예언이 증거하는 바가 바로 인류와 역사에 끝이 있다는 사실입니다. '하나님이 목적하시는 최종 목적지가 있다. 하나님이 지금 목적지를 향하여 역사를 움직이고 있다. 하나님이 하나님의 백성을 하나님의 백성답게 만들기 위하여 역사에 개입하고 있다.' 이러한 예언의 증거로 지금 성령 강림이 이루어지고 있는 것입니다. 그렇다면 "하나님이 개입한 것이 왜 이 모양이냐?" 하는 질문이 당연히 나오지 않겠습니까? 그래서 이 설교를 하는 것입니다.

약속을 따라 오심

성령이 오시는 것은 무작위로, 무차별적으로 아무에게나 소나기 쏟아지듯이 오는 것이 아닙니다.

> 이 예수를 하나님이 살리신지라 우리가 다 이 일에 증인이로다 하나님이 오른손으로 예수를 높이시매 그가 약속하신 성령을 아버지께 받아서 너희가 보고 듣는 이것을 부어 주셨느니라 (2:32-33)

'이 성령의 오심은 예수께서 부활하신 결과로 주신 것이다. 성령이 오셔서 예언하는 것을 보거든, 예수천당·불신지옥이라고 인생과 이 역사를 이해하는 자들을 만나거든, 바로 그 예언이 가능하게 된 근거를 봐라. 예수님이 오셔서 죽었다가 부활하여 하나님이 목적하시는 예수천당이 가능하게 했다. 인생에게 구원의 문을 열었다. 이와 같이 하나님이 이 세상과 역사에 두신 그의 뜻을 이루시기 위하여 역사에 개입하시고 반전을 이루셨다는 것을 기억해야 한다.' 이렇게 말하는 것입니다.

그러나 진리의 성령이 오시면 그가 너희를 모든 진리 가운데로 인도하시리니 그가 스스로 말하지 않고 오직 들은 것을 말하며 장래 일을 너희에게 알리시리라 그가 내 영광을 나타내리니 내 것을 가지고 너희에게 알리시겠음이라 무릇 아버지께 있는 것은 다 내 것이라 그러므로 내가 말하기를 그가 내 것을 가지고 너희에게 알리시리라 하였노라(요 16:13-15)

하나님이 종말을 향하여 역사를 움직이고 계십니다. 하나님이 의도하신 창조의 완성, 구원의 승리를 이루기 위하여 모든 영혼을 찾아오십니다. 그것이 가능하도록 그 아들을 보내어 죽음을 겪으셨습니다. 진리의 성령이 오셔서 진리를 말할 것입니다. 무엇이 진리입니까? '보이는 것이 전부가 아니다. 실제적인 세계와 역사의 주인은 하나님이시다. 법칙과 물질이 주인이 아니다. 그것은 사실이고 현실이지만 주인은 아니다. 주인은 하나님이시다.' 이것이 진리입니다.

하나님은 우리를 만드셨고, 우리를 사랑하시고, 우리를 하나님의 자녀라는 이름으로, 거룩으로 부르고 계십니다. 이를 완성하기 위하여 스스로 무덤을 판 인류를 구원하기로 작정하셨습니다. 그래서 그 아들을 보내셨습니다. 그래서 그 일을 완성하시고 승리하실 것입니다. 이 일을 우리가 어떻게 알 수 있습니까? 예수님을 보라는 것입니다. 그가 어떻게 우리 죄를 지고 죽어서 우리를 죄와 사망에서 꺼내 인류에게 구원의 문을 여셨는가를 보라는 것입니다. 사망을 이긴 부활의 승리를 보라는 것입니다.

> 그러나 진리의 성령이 오시면 그가 너희를 모든 진리 가운데로 인도하시리니 그가 스스로 말하지 않고 오직 들은 것을 말하며 장래 일을 너희에게 알리시리라(요 16:13)

여기서 "장래 일"은 하나님의 계획입니다. "그가 내 영광을 나타"낼 것입니다. 죽음과 사망을 깬 예수님의 영광입니다. 우리를 구원하기 위하여 하나님이 인간으로 찾아오신, 죽음 가운데 누운 우리를 구원하기 위하여 죽음을 뚫고 들어오신 하나님의 영광입니다. 우리가 스스로 해결할 수 없는 문제를, 하나님이 직접 찾아와 목숨을 내놓고 죽음을 받아들여 해결하셨습니다. 그리하여 죽은 자 가운데 누운 우리를 받아들여 부활 생명으로 함께 일으키신 그런 사랑과 은혜의 하나님의 영광을 드러내셨습니다. 이것이 성령 강림의 가장 큰 결과요 열매로, 바로 우리의 것이 됩니다.

그러나 우리는 성령 강림을 현실에 대한 해답으로 찾기에 급급합니다. 장래 일을 말하며, 예언을 하며, 하나님의 뜻을 가르치며, 장차 있을

심판에서 우리를 구원하실 예수님의 영광, 부활의 영광을 확인하는 것
으로 가지지 못합니다. 생각해보십시오. 성령께서 여러분의 마음에 있는
불안을 털어주시고, 필요를 채워주시고 하는 것이 성령의 주된 사역이
아니란 말입니다. 필요하다면 하십니다. 여러분의 간절한 기도에 물론 응
답하십니다. 그러나 성령께서 우리 모두에게 이미 했고, 하고 계시고, 이
미 충분한 성령의 사역은 우리가 이런 사실을 안다는 것입니다.

　　누가 이런 질문을 했습니다. "나는 아무리 기도해도 응답이 안 돼." 학
생들이 모인 신앙적인 모임이었는데, 거기에 있던 한 다른 회원이 곧바로
"간절히 하면 되더라" 하고 답했습니다. 그러자 질문했던 회원이 "나도
간절히 했다" 그러니까 다시 "그것보다 더 간절히 하면 된다. 될 때까지
간절히 하면 된다" 그랬습니다. 그런데 제가 심판관이어서, 그 답한 학생
에게 물었습니다. "간절히 기도해서 모든 것에 응답받았는가?" 그랬더니
가만히 있다가 꼭 그렇지는 않다고 답을 했습니다. 간절히 기도해서 다
응답받은 것은 아니고 하나 받았답니다. 그런데 그 하나가 중요한 거였을
것입니다. 그러니까 그것이 모든 것을 대표한 경험이 된 것입니다. 그래서
제가 그랬습니다. "간절히 해서 된 게 아니라, 간절히 하면 하나님이 들어
줄 필요가 없는 것에 응답을 주신다. 간절해서 주신 게 아니라 하나님은
그 간절함 때문에 쓸데없는 것에도 응답을 해주시는 자상한 분이시다.
당신이 간절히 했어야 되었다는 것은 그것이 쓸데없는 기도였다는 증거
일 것이다."

　　우리가 간절히 구하지 않은 것에 대해 하나님이 가장 중요한 것을 하
셨고 결과를 주셨습니다. 주께서 오셨고 성령이 오십니다. 성령은 기도해
서 오시지 않고 간절해서 오시지 않고, 약속으로 오십니다. 하나님이 하

신 약속입니다. 구하지 말라는 뜻이 아닙니다. 잘 구하십시오. 장래 일
을 알게 되었으니 잘 구하십시오. 어떻게 인생을 살아야 하는지, 내가 살
아 숨 쉬는 시간과 공간이 무엇인지 그 의미와 평가에서 다른 이해를 가
져야 합니다. 기독교인의 이해를 가져야 한다는 뜻입니다. 그래서 회개가
촉구됩니다.

회개는 커다란 깨달음

회개란, 하나님을 모르고 살던 자리와 운명에서 하나님의 뜻과 부르심으
로 돌아서서 성령을 보내신 하나님, 우리를 부르시는 하나님께 나아와
내 인생을 맡기는 것입니다. 윤리적으로 씻어내는 것이 회개가 아닙니다.
우리가 가진 아주 크게 잘못된 버릇 중에 하나입니다. 신앙생활이 어려
워지면 다시 목욕탕에 가서 때를 씻듯이 회개를 합니다. 너무 낱낱이 벗
겨내는 것을 회개로 생각한다는 말입니다. 늘 못된 생각만 하고 한번도
신앙적으로 못 살았다고 되뇌는 것으로 회개하는 것이 아닙니다.

돌아서서서 여러분이 사는 인생을 하나님의 사람으로 이해하고 순종
하고 살아야 합니다. 하나님이 다 가르쳐주시지 않습니다. 그래서 우리는
이 길이 맞는지 자주 혼란스럽습니다. 또 때로는 하나님이 나를 기억하
지 않으시는 것 같기도 합니다. 이런 길을 가면서, '이게 다가 아니다. 세
상이 할 수 있는 것은 나를 죽이는 것밖에 없는데 죽는 것이 끝이 아니
다. 죽이려면 죽여라' 하고 계속 가는 것, 이것이 신앙이요 회개입니다.

회개란 훨씬 큰 것입니다. 나이가 들면 여러분 인생이 무엇인 줄 알게
됩니다. 나이가 들면 우리가 감각하고 우리가 간절한 부분들이 지극히

작은 것이라는 것을 알게 됩니다. 지극히 작다는 것은 훨씬 큰 것들에 종
속되어 있다는 말입니다. 어렸을 때는 청바지, 기타, 연애가 전 인생이었
습니다. 그러나 조금 나이가 들어 보면 사회가 건강해야 하고, 나라가 튼
튼해야 하고, 윤리와 정의가 있어야 한다는 것을 알게 됩니다. 이런 큰 틀
이 있어야 합니다. 집에는 지붕이 있고 벽이 있어야 합니다. 난로가 있어
야 하고 에어컨이 필요합니다. 그래야 그 안에 다른 것들이 있을 수 있습
니다. 이렇게 인간이라는 존재가 훨씬 큰 조건들 속에 있을 때 비로소 자
기 생각을 하고 선택을 하는 존재라는 것을 알게 됩니다.

　나이가 들면 당연히 이 기도를 합니다. '하나님, 이 나라와 이 민족을
불쌍히 여겨주시옵소서. 이 나라가 정치, 경제, 사회, 국방, 교육에 의존
하고 있는 것이 아니라 하나님께 의존해야 한다는 것을 제가 압니다. 그
러니 우리가 행한 대로 갚지 마시고, 우리의 실력대로 처치하지 마시고,
하나님의 은혜와 긍휼로 지켜주시옵소서.' 그리고 차근차근 내려옵니다.
'내 손자, 손녀 건강하게 크게 해주십시오.' 그러면 기도가 끝나게 됩니
다. 그런데 젊었을 때는 나에서부터 출발해서 보이는 것으로 가서 간절
하고 간절하다가 끝납니다. 그 위는 모릅니다. 지붕이 있는지, 벽이 있는
지, 기후가 어떤지 모릅니다. 이런 것이 회개입니다. 회개는 감상적인 것
이 아닙니다. 회개는 몰랐던 것을 알게 된 놀라운 깨달음입니다. 놀라운
이해입니다. 놀라운 사실에 직면하는 것입니다. 그래서 세례를 받으라고
합니다.

　세례가 무엇입니까? 사도행전에서 계속 반복해서 나올 것이기 때문에
확실히 해두어야 합니다. 요한은 물로 세례를 주었거니와 예수님은 불로
세례를 주리라(눅 3:16 참조). 물 세례는 우리가 죄인이고, 죄를 씻어내야 하

는 부패한 자라는 것을 인정하는 예식입니다. 결례입니다. 불 세례는 그 죄인을 구원할 수 있는 이는 예수님뿐이라는 의미입니다. 불 세례는 성령 세례를 가리키는데 성령 세례란 하나님과 연합된 자, 곧 구원으로 부를 수 있는 분의 세례입니다. "너희가 회개하여 각각 예수 그리스도의 이름으로 세례를 받고 죄 사함을 받으라 그리하면 성령의 선물을 받으리니" (2:38). 성경이 이렇게 말하는 이유가 그것입니다. '예수를 믿어 구원을 얻으면, 그 세례를 받으면 하나님과 연합하게 된단다. 하나님의 백성이 된단다' 그런 뜻입니다. 그리고 이런 차원에서 요한복음 15장의 가치를 확인하게 됩니다.

나는 포도나무요 너희는 가지라 그가 내 안에, 내가 그 안에 거하면 사람이 열매를 많이 맺나니 나를 떠나서는 너희가 아무 것도 할 수 없음이라 사람이 내 안에 거하지 아니하면 가지처럼 밖에 버려져 마르나니 사람들이 그것을 모아다가 불에 던져 사르느니라 너희가 내 안에 거하고 내 말이 너희 안에 거하면 무엇이든지 원하는 대로 구하라 그리하면 이루리라 너희가 열매를 많이 맺으면 내 아버지께서 영광을 받으실 것이요 너희는 내 제자가 되리라 아버지께서 나를 사랑하신 것 같이 나도 너희를 사랑하였으니 나의 사랑 안에 거하라 내가 아버지의 계명을 지켜 그의 사랑 안에 거하는 것 같이 너희도 내 계명을 지키면 내 사랑 안에 거하리라 내가 이것을 너희에게 이름은 내 기쁨이 너희 안에 있어 너희 기쁨을 충만하게 하려 함이라 (요 15:5-11)

예수님을 믿는 것이 왜 힘들까요? 예수님과 함께 사는 기쁨이 없기 때문입니다. 예수님과 함께 살면 많은 열매를 맺습니다. 그 열매는 물론 세상 것과 다릅니다. 그것이 기쁜 열매라고 약속하십니다. 그 열매를 맺기 위하여 계명을 지키라고 합니다. 계명은 구원을 얻는 조건이 아닙니다. 순종의 조건이요, 예수님과 연합한 자의 책임입니다. 여러분의 마음을 기쁘게 하는 일을 위하여 기도하지 마시고 아버지의 뜻을 이루기 위한 일로 기뻐하십시오. 주께서 그리하신 것같이, 우리의 평안과 우리의 자랑을 위하여 기도하지 마시고 주께서 나를 부르신 그 부름에 충성할 수 있게 해달라고 기도하십시오.

사도행전 3장, 4장, 5장, 계속 가면서 이 싸움, 하나님의 사람으로 예수님을 십자가에 못 박은 세상에서 사는 신자의 현실에 대해서 배울 것입니다. 그러나 기본은 동일합니다. 사랑하는 것입니다. 이 사랑의 가치를 이렇게 설명할 수 있습니다. 옛날에는 여행을 가면 내가 모르는 곳, 내가 살던 나라의 기후와 풍습과 문화와 다른 곳으로 갔답니다. 그렇게 다른 것을 보는 재미로 여행을 다녔답니다. 현대화되면서 그 여행이 바뀌어서 이제는 다른 곳에 가서 자기 나라를 즐기고 온다고 합니다. 어느 나라를 가든지 다 서구화되었습니다. 백화점, 쇼핑몰, 자동차, 오락 시설, 음료, 어디를 가든지 '파리바게뜨', 어디를 가나 '피자' 이렇게 되어 있습니다.

그래서 무슨 동남아시아 좋은 여행지에 가서 에어컨 나오는 리조트 같은 데서 한 발짝도 밖으로 나가지 않고는, 그곳에 여행을 다녀왔다고 합니다. 재미가 없습니다. 그런데 이렇게 재미없는 여행을 가도, 여행을 가면 어디를 갔느냐, 무엇을 했느냐 이런 것들이 다 이렇게 상품화되고 재미없어졌는데도 하나만은 변하지 않고 있습니다. 누구랑 가느냐입니다. 누구랑 가느냐! 중요한 문제입니다. 에베레스트를 가자, 누구랑 가느냐, 누구랑! 남산을 가자, 누구랑 가느냐! 오죽하면 혼자들 다니시겠습니까. 그 누구랑이 없어서 ….

우리 인생 속에서 지금 우리가 가지는 가장 행복한 특권은 인생이라는 길을 예수님과 함께 여행한다는 것입니다. 인생은 해결해야 할 숙제가 아니라고 했습니다. 인생은 하나의 여행입니다. 주님과 함께 이 길을 걸으면 각종 돌발 상황 속에서 예수님이 누구인지, 예수님과 함께 있다는 것이 무엇인지, 예수님을 믿는다는 것이 어떤 영광인지를 알게 됩니다. 그것은 가만히 앉아서 필요한 것을 주고받는 거래가 아니며, 서로 옳은 것을 확인하는 심사도 아닙니다. 그것은 함께 여행하는 달콤한 그리고 기대와 희열로 가득한 뭉게구름이 피어오르는 모험입니다. 그 인생을 산다는 것을 기억하시기 바랍니다.

아슬아슬합니다. "주여"가 나오게 되어 있습니다. 그러나 이만큼 와서 돌이켜 보면 얼마나 놀라운 길을 왔는지, 얼마나 깊은 교제와 이해를 가지게 되었는지 보고 놀라게 됩니다. 세상 사람들이 결코 알 수 없는, 결코 이해하고 체험할 수 없는 길을 하나님께서 우리 인생에 허락하셨습니다. 고통스럽다고요? 히말라야 갔다 온 사람들을 보십시오. 손가락, 발가락이 다 잘라졌는데도 다시 그곳으로 갑니다. 그 재미, 산이 부르는 소리가 있답니다. 찬송가에도 나옵니다. "예수가 우리를 부르는 소리 …" 여러분이 가진 특권과 영광을 기억하시고, 여러분이 예수님을 믿는다는 고백 안에서 가지고 있는 종말관을 놓치지 마시고, 힘 있게 살아 승리하시는 모험을 사는 인생이 되시기를 바랍니다.

기 도

하나님 아버지, 인생의 끝이 있고 그것이 영광으로 약속되어 있다는 사실을 압니다. 세상이 무섭고 세상이 크지만, 세상은 사실 아무것도 아니라는 사실도 깨닫습니다. 세상은 마치 저 큰 산 같고 저 깊은 바다 같아서 쳐다볼수록 두려운 것이지만, 사실은 아무것도 아닙니다. 우리가 올라가야 할 산이고, 건너가야 할 바다입니다. 주께서 우리와 함께하십니다. 주를 의지하여 우리가 그 길을 걸으면, 그 속에서 하나님을 아는 기쁨과 자랑이 꽃을 피우는, 우리가 누구인가를 아는 것과 하나님의 자녀로 사는 것이 어떤 복인가를 주렁주렁 열매 맺는 길이 될 것입니다. 그 길을 걷게 하옵소서. 믿음으로 발을 내딛고 성령의 인도하심에 자신을 맡기는 순종과 믿음의 승리도 주시옵소서. 예수님의 이름으로 기도합니다. 아멘.

5.

표적을 보이다

사도행전 3:1-10

6_베드로가 이르되 은과 금은 내게 없거니와 내게 있는
이것을 네게 주노니 나사렛 예수 그리스도의 이름으로
일어나 걸으라 하고

오늘 본문에는 베드로와 요한이 성전에 올라가다가 나면서부터 앉은뱅이 된 사람을 고친 기적의 사건이 기록되어 있습니다. 놀라운 일입니다. 아무도 고칠 수 없는 병을 가지고 태어난 사람을 예수 그리스도의 이름으로 일으킵니다. 이것을 지켜본 사람들이 다 놀라서 베드로와 요한을 경이롭게 쳐다봤을 것은 너무나 뻔한 일입니다.

두 가지 기적

베드로가 이 사건이 가지는 의미를 설명하는 내용이 그 뒷부분에 나와 있습니다.

베드로가 이것을 보고 백성에게 말하되 이스라엘 사람들아 이 일을 왜 놀랍게 여기느냐 우리 개인의 권능과 경건으로 이 사람을 걷게 한 것처럼 왜 우리를 주목하느냐 아브라함과 이삭과 야곱의 하나님 곧 우리 조상의 하나님이 그의 종 예수를 영화롭게 하셨느니라 너희가 그를 넘겨 주고 빌라도가 놓아 주기로 결의한 것을 너희가 그 앞에서 거부하였으니 너희가 거룩하고 의로운 이를 거부하고 도리어 살인한 사람을 놓아 주기를 구하여 생명의 주를 죽였도다 그러나 하나님이 죽은 자 가운데서 그를 살리셨으니 우리가 이 일에 증인이라 그 이름을 믿으므로 그 이름이 너희가 보고 아는 이 사람을 성하게 하였나니 예수로 말미암아 난 믿음이 너희 모든 사람 앞에서 이같이 완전히 낫게 하였느니라 (3:12-16)

베드로의 설명을 보면 그 뒷부분에 예수님의 죽음과 부활이 나옵니다. 그리고 이스라엘의 구원자로 오신 메시아를 이스라엘 백성이 거부한 사건을 기록하고 있습니다. 오늘 본문에 나온 앉은뱅이를 일으킨 사건은 누구나 다 놀랄 만한 기적의 사건이었습니다. 이 두 사건 사이에 사실 적지 않은 불협화음이 생길 수 있습니다. 예수의 이름 하나로 앉은뱅이를 일으킬 수 있다는 것은 모든 믿는 사람에게 참으로 복된 약속입니다. 모든 문제를 해결하는 능력이 예수 안에 있다, 믿음 안에 있다, 그것은 분명히 무한한 특권입니다. 그러나 그쪽에 너무 치우치게 되면 예수님의 죽음은 아무래도 우리가 기대하는 굉장한 능력과는 조화되지 않습니다. 또 예수님의 죽음을 강조하면, 감수하고 순종하고 희생하는 쪽으로 가니까 굉장한 기대, 욕심 같은 것들은 아무래도 함께 자리하기 어려울 것입니다.

왜 예수님의 죽음과 부활이 또 이스라엘 백성의 거부가 이 앉은뱅이
를 일으킨 사건과 연결되어야 하는가? 그것이 오늘 사도행전 3장의 중요
한 논제입니다. 로마서 1장에 가면 사도 바울은 복음에 대한 정의를 이
렇게 무시무시하게 표현합니다.

> 내가 복음을 부끄러워하지 아니하노니 이 복음은 모든 믿는 자에게
> 구원을 주시는 하나님의 능력이 됨이라 먼저는 유대인에게요 그리고
> 헬라인에게로다(롬 1:16)

복음이 능력이라고 증거합니다. 여러분, 능력이라고 하면 예수님의 죽음
이 먼저 떠오르십니까, 아니면 오늘 앉은뱅이를 일으킨 사건이 먼저 떠오
르십니까? 앉은뱅이가 일어난 것이 능력에 가까울 것입니다. 죽음은 능
력으로 보이지 않습니다. 우리가 예수님을 믿으면 기본적으로 아는 복음
의 본질적 내용에서 우리 죄를 속하러 오신 예수님의 수난과 죽음을 외
면할 수 없고 빼놓을 수 없다는 것은 다 알고 있습니다. 그래도 능력이라
고 하면 앉은뱅이가 일어나는 사건이 먼저 떠오르지 죽음이 떠오를 리
는 없습니다. 그러나 사도행전의 진행을 보면 이해가 되실 겁니다. 사도행
전은 논리적인 진행이 아니라 하나의 역사의 진행입니다. 하나님의 일하
심을 초대교회에 그리고 두고두고 하나님이 일하실 모든 교회에 알리고,
일련의 사건들을 통해 복음의 기본적인 내용을 설명합니다.

예수님이 부활하셔서 제자들에게 아버지께서 약속하신 성령을 기다
리라고 하고 승천하시는 것으로 사도행전은 시작합니다. 예수님의 부재

로부터 시작합니다. 복음서가 예수님의 임재였다면 사도행전은 예수님의 부재입니다. 그가 승천했지만 더 이상 우리와 함께하시지 않습니다. 대신 성령이 오십니다. 사도행전 1장은 예수님의 승천에 따른 예수님의 부재였습니다. 그리고 2장은 성령의 임재였습니다. 그리고 3장에 기적이 등장합니다. 이 기적이 어떤 의미를 가지느냐를 살펴볼 것입니다. 우리가 2장에서 확인한 대로 성령 강림은 요엘 2장에 나온 예언의 성취였습니다. 그 예언은 말세에 관한 것이었습니다. 말세에 하나님이 그 영을 하나님의 남종과 여종들에게 주실 것이라는 것이었습니다. 즉 성령의 강림은, 이 세상 역사가 그의 강림으로 말미암아 끝판에 다가와 있다는 증거였습니다.

이 세상이 끝판을 가지고 있다는 것은 매우 충격적인 선언입니다. 보통 우리가 가지고 있는 세상과 역사에 대한 이해는 자연주의적이고 허무주의적입니다. 이 세상은 무한히 반복된다고 이해합니다. 그래서 무상합니다. 그런데 세상은 우리가 이해하듯이 스스로 존재하거나 스스로 반복하고 있는 것이 아니다, 시작과 끝이 있고 그 시작과 끝을 쥐고 있는 주권자가 있다, 바로 하나님이시다 하는 이야기입니다. 바로 이런 충격적인 선언을 빼놓고는 말세라는 말은 할 수가 없게 됩니다.

세상이 끝을 가질 수는 없습니다. 그것은 인격이 아니며 의지가 없습니다. '하나님이 세상과 역사의 주인이시다. 그가 이 세상을 시작하셨고 이 세상의 끝을 당신의 계획과 뜻 가운데 작정하고 계시다. 그 끝판을 향한 마지막 증거가 성령 임재다.' 이것이 요엘 2장이었습니다. 그리고 사도행전 2장에서 성령 강림을 실제로 초대교회가 체험합니다. 그래서 이 세상은 하나님의 목적과 뜻과 계획의 완성을 향하여 가는 시간이요 과정이라는 것을 확인했습니다. '하나님은 자신이 지은 세계와 자신의 형상으로 만든 인류를 죄 가운데 방치하지 아니하시고 당신의 창조를 완성하기 위하여 인류를 죄와 사망에서 구원하기로 하셨다. 그렇게 해서 진정한 창조의 완성을 성취하기로 작정하셨다. 그래서 예수를 보내셨다.' 따라서 성령의 오심은 종말의 최종적 증거입니다. 동시에 그 증거자, 성령은 그 종말이 하나님의 뜻이 이루어지는 하나님의 약속과 계획의 성취라고 말합니다. 그리고 그 성취를 위하여 예수께서 오셔서 우리를 하나님의 백성으로 구원하기 위해 죽고 부활하셨다고 합니다.

정상으로의 회복

> 그 이름을 믿으므로 그 이름이 너희가 보고 아는 이 사람을 성하게 하였나니 예수로 말미암아 난 믿음이 너희 모든 사람 앞에서 이같이 완전히 낫게 하였느니라 (3:16)

그래서 지금 일어나고 있는 사건은 회복입니다. 보통 사람, 정상적인 사람에게 어떤 초월적인 복을 주는 것이 아니라 정상이 아닌 상태에 있는 사람을 정상으로 회복시킨 것입니다. 구원이 바로 그것입니다. 하나님이 당신의 영광을 목표로 지은 인류를 원래 목적답게 회복시키는 것입니다. 하나님의 자녀로 회복시킵니다. 그래서 구원입니다. 우리가 자초한 멸망과 실패, 사망의 자리에 하나님이 예수님을 보내십니다. 그래서 우리를 원래의 하나님의 자녀의 자리로, 하나님의 형상의 자리로, 하나님의 영광의 존재로 회복시키십니다. 이것이 이 앉은뱅이를 고치는 기적에 들어 있는 진정한 초점입니다.

더 가지고, 더 잘되고, 더 욕심내는 것에 관한 능력이 아닙니다. 하나님이 목적하시는 정상적인 인간이 되는 것, 하나님의 형상과 성품에 참여하는 능력입니다. 요즘 치유, 회복 같은 말을 사용하는 것을 보면 기독교적인 의미보다는 심리적 의미로 많이 쓰이는 것 같습니다. 좀 미묘한 구석이 있습니다. 이 회복이 능력이 되는 것은 이렇게 설명할 수 있습니다. 우리가 종말과 예수 그리스도로 말미암는 구원을 이야기하고 나면 마지막에 꼭 무슨 권면이 따라오는가 하면 바로 회개입니다. 왜냐하면 우리가 믿지 않으면, 다시 말해 정상적인 자리에 오지 않으면 하나님의 약속과 뜻이 성취되는 구원의 완성이 아니라 심판과 멸망과 저주로 가게 되기 때문입니다. 이것이 우리가 잘 아는 구원에 관한 설명이고, 또 마지막에 회개가 촉구되는 이유입니다. 그 이유에 대해 조금 더 살펴보겠습니다.

> 모든 사람이 죄를 범하였으매 하나님의 영광에 이르지 못하더니 그리스도 예수 안에 있는 속량으로 말미암아 하나님의 은혜로 값 없이 의롭다 하심을 얻은 자 되었느니라 이 예수를 하나님이 그의 피로써 믿음으로 말미암는 화목제물로 세우셨으니 이는 하나님께서 길이 참으시는 중에 전에 지은 죄를 간과하심으로 자기의 의로우심을 나타내려 하심이니 곧 이 때에 자기의 의로우심을 나타내사 자기도 의로우시며 또한 예수 믿는 자를 의롭다 하려 하심이라 (롬 3:23-26)

우리가 범죄하여 하나님의 영광에 이르지 못했다고 합니다. 하나님의 창조의 원래 목적에서 벗어났다는 말입니다. 그것을 회복하기 위하여 하나님이 그 아들을 보내십니다. 그 아들의 죽음이 우리 스스로 벗어나서 자초한 멸망과 심판에서 우리를 구합니다. 이 내용이 오늘 함께 읽은 본문에서는 이렇게 표현됩니다.

> 아브라함과 이삭과 야곱의 하나님 곧 우리 조상의 하나님이 그의 종 예수를 영화롭게 하셨느니라 너희가 그를 넘겨 주고 빌라도가 놓아 주기로 결의한 것을 너희가 그 앞에서 거부하였으니 너희가 거룩하고 의로운 이를 거부하고 도리어 살인한 사람을 놓아 주기를 구하여 생명의 주를 죽였도다(3:13-15상)

하나님의 뜻을 거부하고, 하나님이 보내신 구원자를 배척했을 뿐 아니라 죽여 버렸습니다. 그런데 하나님께서는 자신이 보낸 아들을 죽여 버린 자들에게 어떻게 하십니까? 그들이 한 대로 갚지 않고, 우리가 한 것을 고스란히 감수하고 그의 구원의 목적과 약속을 이루셨습니다. 그것이 능력이라는 것입니다. 그래서 기독교에서 말하는 능력은 은혜를 빼놓고는 이야기할 수가 없습니다.

여러분, 우리는 흔히 이렇게 이야기합니다. "내 말 들으면 이렇게 해줄게." "네가 미흡했지만 성의를 봐서 편들어주마." 그리고 이렇게도 이야기합니다. "말을 해도 듣지 않더라. 내가 무엇 때문에 해주겠느냐?" "아무리 편들어줘도 바락바락 덤비는데 누가 해주겠느냐? 자기 복을 자기가 찬 거지." 이런 것은 우리 모두가 가지고 있는 정당한 반응입니다. 그런데 하나님은 무엇을 하셨다고 합니까? 영화로운 하나님의 창조 목적, 그것을 이루기 위하여 예수님 안에서 거부하고 반대하고 발악하는 자들을 하나님의 자녀로 구원하셨습니다. 그것이 앉은뱅이를 일으키는 기적입니다. 하나님의 능력이 바로 거기에 나타납니다. 그 사람이 자기가 기대도 하지 않고, 하지도 않고, 바라지도 않은 일인데, "예수 그리스도의 이름으로 일어나 걸으라"를 한 것입니다. 우리 모두에게 일어난 일입니다.

여러분은 무엇을 더 원하십니까? 돈을 더 버셔야 되겠습니까, 더 건강하셔야 되겠습니까, 더 높은 자리에 올라가셔야 되겠습니까? 그런 것들과 전혀 상관없는 능력입니다. 하나님이 여러분에게 당신의 자녀라는 신분과 인생을 주십니다. 영원한 영광의 운명을 허락하십니다. 그것이 시작된 표입니다. 내가 복음을 부끄러워하지 아니하노니 이 복음은 모든 믿는 자에게 구원을 주시는 하나님의 능력이 됨이라. 모든 사람에게 허락된 신약시대의 복입니다. 모든 믿는 자들이 누리는 복들입니다. 예수님을 믿는 자라면 누구나 가지는 복입니다. 바로 하나님의 자녀로 사는 것입니다.

은혜로 주어진 구원

요한의 제자들이 이 모든 일을 그에게 알리니 요한이 그 제자 중 둘을 불러 주께 보내어 이르되 오실 그이가 당신이오니이까 우리가 다른 이를 기다리오리이까 하라 하매 그들이 예수께 나아가 이르되 세례 요한이 우리를 보내어 당신께 여쭈어 보라고 하기를 오실 그이가 당신이오니이까 우리가 다른 이를 기다리오리이까 하더이다 하니 마침 그 때에 예수께서 질병과 고통과 및 악귀 들린 자를 많이 고치시며 또 많은 맹인을 보게 하신지라 예수께서 대답하여 이르시되 너희가 가서 보고 들은 것을 요한에게 알리되 맹인이 보며 못 걷는 사람이 걸으며 나병환자가 깨끗함을 받으며 귀먹은 사람이 들으며 죽은 자가 살아나며 가난한 자에게 복음이 전파된다 하라(눅 7:18-22)

예수님이 무엇을 하셨다고 합니까? 정상으로 돌이키는 일을 하셨다고 합니다. 신자가 된 것은 비로소 창조주 하나님의 영광과 형상을 입은 신분과 정체성으로 회복되는 것입니다. 얼마나 자랑스럽고 얼마나 많이 성취하는 인생을 사느냐 하는 세상의 잣대에 묶여 있지 않고 고급한 영원한 가치의 존재로 살게 되는 것입니다. 그것이 회개입니다.

윤리적 문제가 아닙니다. '지난 한 주 동안 죄 많이 지었습니다'의 문제가 아니라 내가 예수님 안에서 하나님의 백성이라는 것을 알고, 하나님의 백성으로서 자기를 인식하고 하나님의 자녀로 사는 자유와 특권 속에 있다는 것을 아는 것이 회개입니다. 예수께서 이미 오셔서 죽고 부활하여 그의 영을 보내사 이루고 허락하고 우리가 믿어 고백하여 가지게 된 현실입니다. 이것을 어떤 초월적 성취나 윤리적으로 이해하기 때문에 자꾸만 믿은 것이 안 믿는 것하고 구별되지 않습니다. 윤리적으로 제대로 신자생활을 못하는 것 같으니까, "이럴 줄 알았으면 늦추었다 믿을 걸. 양심의 가책이나 없게" 하는 말을 합니다. 또 실제로 많은 사람이 이 기도를 한다고 합니다. "갑자기 죽여주지 마세요. 회개할 시간을 주고 죽이세요." 이렇게 어처구니없는 것이 또 없습니다.

우리가 우리를 바라볼 때 이 능력의 눈으로 봐야 합니다. 밖에서부터 온 구원입니다. 예수님으로 인한 구원입니다. 내가 가치 있고, 무엇을 잘해서 얻은 것도 아니고 무엇을 함으로써 유지하는 자리가 아닙니다. 이해할 수 없는, 우리가 거부하고 우리가 원치 않았던 일을 하나님께서 하신 능력으로, "은과 금은 내게 없거니와 내게 있는 이것을 네게 주노니 나사렛 예수 그리스도의 이름으로 일어나 걸으라"가 우리에게 이루어진 겁니다. 참으로 놀라운 일입니다. 예수님을 믿게 됐다니! 영생을 향한 하나님의 축복과 약속의 운명을 가지게 되었다니! 하루에도 몇 번씩 '이게 말이 되나' 이렇게 생각하신다면 여러분은 참 성도입니다. 훌륭한 성도입니다. 이 크고 비교할 수 없는 이것을 다른 작은 것과 비교해서 놀라지 마십시오.

한국전쟁 당시 파병 나온 러시아 군인들 중에는 상당히 야만스러운 수준의 사람들이 많았던 모양입니다. 그중에 팔목부터 어깨까지 시계를 차고 돌아다니는 사람들이 있었답니다. 전쟁 중에 자기가 얻은 전리품을 이렇게 자랑하는 것입니다. 좋은 예화가 아닐 수 있지만 실상은 성도들의 모습과 매우 비슷합니다. 성도들은 양손에 시계 차고 으스대며 걸어다니는 것이 신앙의 전부인 것으로 생각하고 삽니다. 그것을 흠보자는 것이 아닙니다. 다만 거기에 목을 매는 사람들이 있는데, 큰일 날 일입니다. 거기에 목을 매지 마시고, 우리가 누구인가, 구원이 무엇인가, 능력이 무엇인가에 대하여, 그것을 받은 자로서의 확인과 감사와 이해가 있어야 합니다.

마태복음 28장을 보면 예수님께서 승천하시기 직전에 이 말씀을 하십니다. 오늘 우리가 살펴보는 맥락에서 중요한 내용입니다.

예수께서 나아와 말씀하여 이르시되 하늘과 땅의 모든 권세를 내게 주셨으니 그러므로 너희는 가서 모든 민족을 제자로 삼아 아버지와 아들과 성령의 이름으로 세례를 베풀고 내가 너희에게 분부한 모든

것을 가르쳐 지키게 하라 볼지어다 내가 세상 끝날까지 너희와 항상
함께 있으리라 하시니라(마 28:18-20)

'땅 끝까지 가라. 제자를 삼으라.' 물론 중요한 내용입니다. 그러나 이 약
속은 예수 그리스도의 권세를 전제로 하는 것입니다. 하늘과 땅의 권세
를 가지신 주께서 주시는 명령이요, 항상 함께 계시겠다는 약속 속에서
주어지는 것입니다. 우리는 땅 끝까지 가는 것을 정복하러 가는 것으로
생각했습니다. 정복하되 힘을 가지고 큰소리치고 가는 것이라고 생각했
습니다. 그런데 지나와 보니 땅 끝까지 떠밀려갈 수 있다는 것이 현실이
었습니다. 우리 스스로가 우리의 신앙생활과 신앙인이 된 현실에 대하여
늘 마음이 답답할 때가 많습니다. '이게 예수 믿는 게 맞나? 하나님이 정
말 그 아들을 보내신 구원이 이 정도밖에 안 되나?' 하는 답답함 속에 있
는 것이 정상이라는 말입니다.

세상이 알지 못했던 예수

이사야 53장에 가면, 메시아에 관한 예언이 이렇게 나와 있습니다. 예수
께서 오셨을 때 아무도 그를 메시아라고 이해하지 못할 것이라는 예언입
니다.

우리가 전한 것을 누가 믿었느냐 여호와의 팔이 누구에게 나타났느냐
그는 주 앞에서 자라나기를 연한 순 같고 마른 땅에서 나온 뿌리 같
아서 고운 모양도 없고 풍채도 없은즉 우리가 보기에 흠모할 만한 아

름다운 것이 없도다 그는 멸시를 받아 사람들에게 버림 받았으며 간
고를 많이 겪었으며 질고를 아는 자라 마치 사람들이 그에게서 얼굴
을 가리는 것 같이 멸시를 당하였고 우리도 그를 귀히 여기지 아니하
였도다(사 53:1-3)

놀랍습니다. 예수님은 영광과 권세를 두르고 오시지 않았답니다. 아무도
그가 그렇게 중요한, 그렇게 두려워해야 할 분인 줄 몰랐답니다. 여러분이
예수 믿고 살면, 예수 믿고 사는 일에 대하여 여러분 스스로도 납득이
되지 않을 수 있습니다. 주변에서도 "당신은 예수를 믿는데, 예수를 믿으
면 복 받는다는데, 너는 왜 그 꼴이야?" 하는 소리를 적잖이 들었을 것입
니다. 큰 문제 중의 하나입니다. 기도하면 다 된다는데, 선착순에서 밀려
서 그러는지 늘 응답도 못 받고, 예수 믿는다 그래도 아무도 거들떠 보지
도 않고, 차라리 핍박이라도 한번 받아봤으면 좋겠다고 생각하신 적이
있지 않습니까? 나 같은 것은 믿든지 말든지 아무도 신경을 안 쓰는 것
같고, 나라는 존재가 있는지 아무도 모르는 것 같습니다. 존재감이 없게
느껴집니다.

　예수님이 그런 모습으로 오셨답니다. 놀라운 일입니다. 우리의 거부와
외면과 죽임이라는 방법을 가지고 일하시는 하나님의 능력입니다. 누가
그랬듯이 그 능력이 어떤 가능과 불가능의 효능에 관한 것이 아니라 어
떤 기술적인 것이 아니라, 하나님의 의지, 하나님의 성품과 직결된 용어
로 쓰인 능력입니다. "예수를 영화롭게 하셨느니라"(3:13). 베드로의 설교
의 일부분인데, 그의 볼품없는 성육신, 죽임을 당하시는 그 고난들로 일
하셔서 이루셨습니다. 그것과 동일한 방법으로 하나님의 자녀라는 영광

과 그 목적을 이루십니다. 그러니 우리의 하잘것없음, 실패, 막막함, 한계, 묻혀 있는 것 같은 상실된 존재감, 또는 그런 자리 같은 것들로 하나님이 얼마든지 능력을 행하신다는 이야기입니다. 그것이 "나사렛 예수의 이름으로 명하노니"로 모든 것이 가능하다고 말하는 이유입니다. 이것이 예수 믿는 신자의 특권입니다. "하늘과 땅의 모든 권세를 내게 주셨으니"(마 28:18)가 무슨 뜻입니까? 어디까지 밀리던지, 땅 끝까지 쫓겨날지라도 내가 너와 항상 함께 있다, 걱정 마라, 그렇게 읽으십시오.

여러분을 확인해 주는 것은 세상이 아닙니다. 세상은 예수님을 알지 못했고, 예수님을 멸시했고, 그가 세상을 위해서 왔으나 그를 조롱하고 그를 죽여 버렸습니다. 그런데 죽어서 끝나지 않았습니다. 그 죽음을 받아들여 하나님은 하나님의 영광을, 그의 목적을, 그의 신실함을 너무나 충만히 보여주셨습니다. 그래서 우리 예수 믿는 자들로 하여금 어떤 모습, 어떤 자리, 어떤 경우에도 놀랄 수밖에 없는 기독교의 믿음을 증언하셨습니다. 그러니 여러분, 오늘 제가 베드로 흉내를 한 번 내어 이 설교를 마무리 짓겠습니다. 은과 금은 내가 없거니와 나사렛 예수의 이름으로 명하노니 일어나 걸으라! 자기 자리를 지켜라! 복된 인생을 살라!

기 도

하나님 아버지, 우리의 미천한 것, 우리의 볼품없는 것, 우리 인정합니다. 그러나 바로 그런 식으로 하나님은 일하십니다. 우리가 만들어낼 수 없는 것, 우리 힘으로 할 수 없는 것, 예수님 안에서 하십니다. 그러니 우리는 어떤 자리, 어떤 경우, 어떤 모습이든 하나님의 능력으로 축복받고 살아가는 존재인 것을 인정합니다.

그 믿음 갖고 예수 그리스도의 뒤를 따라 우리 인생을 걷게 하여 주시옵소서. 그리하여 우리가 있는 곳에 예수 그리스도의 영광이 나타나고 그 기적도 반복되게 하여 주시옵소서. 예수님의 이름으로 기도합니다. 아멘.

6.

권력으로 맞서지 않다

사도행전 4:23–31

27_과연 헤롯과 본디오 빌라도는 이방인과 이스라엘 백성과 합세하여 하나님께서 기름 부으신 거룩한 종 예수를 거슬러

사도행전 4장과 5장은 초대교회가 받은 어떤 기적과 또 어떤 핍박에 관해 이야기합니다. 지난주에 살펴본 대로 베드로가 앉은뱅이를 주목하고 "은과 금은 내게 없거니와 내게 있는 이것을 네게 주노니 나사렛 예수 그리스도의 이름으로 일어나 걸으라"(3:6)의 기적을 일으킵니다. 그러자 사람들은 놀라고, 모든 지켜보는 사람들이 하나님을 찬양하게 됩니다. 그런데 그 결과로 교회가 핍박을 받게 되었다고 사도행전이 기록하고 있습니다.

세상 권력의 핍박

4장 17절을 보시면 당시의 사회적·정치적·경제적 지도자였던 제사장들과 장로들이 이렇게 위협했습니다. "이것이 민간에 더 퍼지지 못하게

그들을 위협하여 이 후에는 이 이름으로 아무에게도 말하지 말게 하자 하고." 그리고 21절에도 "관리들이 백성들 때문에 그들을 어떻게 처벌할지 방법을 찾지 못하고 다시 위협하여 놓아 주었"다고 기록하고 있습니다. 그리고 5장에 가면 실제로 베드로가 잡히는 일까지 생깁니다. 예수의 이름으로 앉은뱅이를 고치는 권세가 세상 정치 지도자들의 권력을 이기지 못한다는 것은 교회가 꼭 알고 이해해야 하는 내용이라 이렇게 사도행전이 가르치는 것입니다. 이러한 세상의 반대와 세상 권력의 위협은 오늘 본문대로 표현하자면 이렇습니다.

> 그들이 듣고 한마음으로 하나님께 소리를 높여 이르되 대주재여 천지와 바다와 그 가운데 만물을 지은 이시요 또 주의 종 우리 조상 다윗의 입을 통하여 성령으로 말씀하시기를 어찌하여 열방이 분노하며 족속들이 허사를 경영하였는고 세상의 군왕들이 나서며 관리들이 함께 모여 주와 그의 그리스도를 대적하도다 하신 이로소이다(4:24-26)

세상이 예수님과 예수님을 따르는 이들을 대적할 것이라고 예언했던 사실을 초대교회가 알고 있었습니다. 그러면서 그 일을 어떻게 마무리 짓습니까?

> 과연 헤롯과 본디오 빌라도는 이방인과 이스라엘 백성과 합세하여 하나님께서 기름 부으신 거룩한 종 예수를 거슬러 하나님의 권능과 뜻대로 이루려고 예정하신 그것을 행하려고 이 성에 모였나이다(4:27-28)

세상 권력은 예수님과 그의 뜻을 거스르려고 모였습니다. 그런데 교회는 '그리하여 하나님의 뜻을 이룰 것입니다'라고 알고 있었다는 말입니다. 어느 시대나 교회가 가지는 큰 위협과 시험 중에 하나가 세상 권력보다 더 큰 힘으로 세상 권력을 굴복시켜 하나님의 뜻이 이루어지기를 바란다는 것입니다. 우리가 우리의 신앙현실의 어려움이나 시대의 어려움에 직면할 때마다 우리가 해결하고 또 하나님께 요구하는 방식은 세상의 위협과 적대보다 더 큰 세력을 가지게 해달라는 것입니다. 그런데 본문은 하나님이 그렇게 하지 않는다고 예언되어 있고, 초대교회도 실제로 그 형편을 경험했고, 그 속에서 하나님이 일하시는 방법을 이해하고 승리했다고 기록합니다.

'세상은 하나님과 하나님의 일에 대해 언제나 대적하는 세력이 되고 정신이 되며, 세상은 그것을 회개하지 않는다. 세상은 하나님의 일하심과 언제나 충돌할 것이다.' 그것을 증명하는 것이 예수님의 죽음과 부활입니다. 하나님은 예수님을 통하여 일하시려 하시고, 세상은 예수를 죽여서 하나님의 뜻을 이루지 못하게 하려고 합니다. 그래서 세상은 예수님을 죽여서 하나님의 뜻에 반대함을 명백하게 드러냈고, 하나님은 세상이 죽인 예수님을 다시 살려서 '내가 예수 안에서 예수를 보낸 뜻을 이루고야 말겠다'고 궁극적으로 하나님의 신실하심을 증명했다는 것입니다.

예수님으로 말미암은 승리

그리고 또 하나가 있습니다. 하나님이 일하시는 방법은 세상을 힘으로 이기는 것이 아닙니다. 죽이려고 덤비는 세상을 죽이는 것이 아니라, 죽음으로 하나님이 승리를 이루어내셨습니다. 그 증거도 예수님입니다. 그래서 끊임없이 예수님이 등장합니다. 모든 사건마다, 모든 일마다 '이 일을 왜 하는가? 이 일이 왜 벌어졌는가? 이 일이 뜻하는 바가 무엇인가?' 이야기하자면, 예수님의 죽음과 그의 부활, 너희가 죽인 예수님, 하나님이 일으키신 예수님, 그의 죽음과 그의 부활을 거듭거듭 이야기해야 합니다. 하나의 구호에 그치는 것이 아닙니다.

우리는 '예수'라는 표현이나 믿음, 진심 같은 명분적인 것들을 구호로 삼아서 그냥 스스로를 몰아갑니다. 그렇게 해서 하나님이 우리의 열심에 답을 주셔야 한다고 스스로를 안심시키고, 하나님을 막 강요하는 듯이 보입니다. 그렇게 예수님 믿고 하나님의 일을 하는 것도 쉬운 일이 아닙니다. 그러나 우리의 진심이나 믿음이라는 말이 얼마나 어려운 말이냐면, 그것은 그냥 하나의 현상에 불과합니다. 방향도 실제 내용도 없는 것이 될 때가 많습니다. 진심 그러면 무슨 진심, 헌신 그러면 무슨 헌신, 그래서 그것이 어떤 내용, 어떤 근거, 어떤 방법, 어떤 목적을 가지는가를 이야기해야 합니다.

기독교 용어에서 '진심', '믿음' 등을 이야기할 때는 예수님이 늘 전제되어야 합니다. 유일한 근거가 나와야 합니다. 예수님이 누구십니까? 우리를 구원하기 위하여 육신을 입고 이 땅에 오신 분입니다. 하나님의 의지, 하나님의 구체적인 찾아오심이 예수님입니다. 그의 죽으심은 세상이 그를 반대하고 죽여버리는 것까지 감수하신 하나님의 진심입니다. 하나님의 기다리심, 하나님의 양보하심입니다. 그러면 믿음은 무엇입니까? 하나님이 이렇게 하신다고 해도 절대 항복하지 않는 세상, 궁극적인 결과를 만들어낼 수 없는 이 세상을 하나님이 이기는 방식이 믿음입니다. 이런 것들이 생략되니까 나중에는 이 현상에 대한 태도 같은 것들만 남아서 우리를 혼란스럽게 합니다.

마태복음 16장에 가면 여러분이 잘 아시는 중요한 성경의 기록이 있습니다. 예수께서 제자들에게 묻습니다.

> 이르시되 너희는 나를 누구라 하느냐 시몬 베드로가 대답하여 이르되 주는 그리스도시요 살아 계신 하나님의 아들이시니이다 예수께서 대답하여 이르시되 바요나 시몬아 네가 복이 있도다 이를 네게 알게 한 이는 혈육이 아니요 하늘에 계신 내 아버지시니라 또 내가 네게 이르노니 너는 베드로라 내가 이 반석 위에 내 교회를 세우리니 음부의 권세가 이기지 못하리라 내가 천국 열쇠를 네게 주리니 네가 땅에서 무엇이든지 매면 하늘에서도 매일 것이요 네가 땅에서 무엇이든지 풀면 하늘에서도 풀리리라 하시고(마 16:15-19)

굉장한 약속입니다. 교회는 '주는 그리스도시요 살아계신 하나님의 아들'이라는 사실 위에 서 있습니다. 예수님이 그리스도시요 하나님이십니다. 예수는 성육신하신 하나님의 이름입니다. 구체적으로, 현실로, 육체로 시간과 공간 속에 찾아오신 하나님의 이름입니다. 그의 낮아지심, 찾아오심, 죽으심 그리고 승리하심, 이 모두가 그분의 약속, 의지, 능력, 목적, 방법에 대하여 우리가 믿는다는 말에 실제적인 권능을 주는 우리를 향한 하나님의 열심입니다. 이것은 예수님이 누구신지 아는 고백, '예수는 그리스도시요 하나님의 아들이십니다'라는 고백 위에 있습니다. 다른 권세는 하나도 없습니다.

그러나 이 고백 위에 권세를 주십니다. 음부의 권세가 이기지 못한다는 약속이 주어집니다. 그래서 우리에게 천국 열쇠를 맡기십니다. 우리가 매면 하늘에서도 매고, 우리가 풀면 하늘에서도 풀립니다. 이것이 초대교회가 이해했던 예수님과 예수님에 의해 허락된 교회입니다.

권력으로의 유혹

교회는 어느 시대나 바로 이 권력에 대한 시험을 받습니다. 예수님의 성육신, 고난과 죽음을 통한 부활로 이기는 것보다 힘으로 이기는 것이 쉽기 때문입니다. 우리는 교회가 권력이기를 바랍니다. 오늘날 교회가 자주 공격 받는 예를 들어보겠습니다. '왜 교회가 큰 교회를 새로 지어서 욕을 먹느냐?' '왜 교회를 아들에게 물려줘서 욕을 먹느냐?' 왜 이렇게 욕을 합니까? 그렇게 하지 말자고 그러는 것입니다. 그런데 이것이 사실은 속는 것입니다. 그렇게 하지 않음으로써 세상 사람들을 항복하게 할 수 없습니다. 여기에는 '주는 그리스도시요 살아계신 하나님의 아들이십니다'가 없습니다. 세상 사람들이 확인하는 청렴, 정직, 공평 이런 것들을 위해서 교회가 있는 것이 아닙니다. 물론 이런 것들이 필요하지 않다는 것이 아닙니다. 그것과는 전혀 다른 이야기입니다.

주는 그리스도시요 살아계신 하나님의 아들이십니다. 교회가 잘못하는 것을 잘했다고 하자는 것은 물론 아닙니다. 잘못해서 욕먹는 것은 물론 안타까운 일이지만, 그렇다고 그 잘못을 안 하는 것이 전부인 것같이 행하는 것, 그것이 바로 시험에 빠지는 것입니다. 세상에 대하여 겁을 내는 것이 또 시험에 빠지는 것입니다. 교회는 그런 곳이 아닙니다. 교회의 책임을 알아야 하고, 무엇을 감수해야 하고 무엇을 지켜야 하는지 알아야 합니다. 그렇게는 안 하고, 욕 안 먹고 세상에서 점수를 받으려고 하면, 그것은 이미 사단법인, 재단법인 같은 단체이지 교회는 아닙니다. 이 싸움에 대한 초대교회의 가장 중요한 증거 중에 우리가 놀랍게 여기고 부러워하는 것이 있습니다.

> 믿는 무리가 한마음과 한 뜻이 되어 모든 물건을 서로 통용하고 자기 재물을 조금이라도 자기 것이라 하는 이가 하나도 없더라 사도들이 큰 권능으로 주 예수의 부활을 증언하니 무리가 큰 은혜를 받아 그 중에 가난한 사람이 없으니 이는 밭과 집 있는 자는 팔아 그 판 것의 값을 가져다가 사도들의 발 앞에 두매 그들이 각 사람의 필요를 따라 나누어 줌이라(4:32-35)

초대교회에는 기쁨과 찬송과 능력 그리고 유무상통이 있었답니다. 재물에 대해 이기적이지도 않고 욕심도 없었답니다. 그래서 오늘날에도 교회에 오면 재산 다 팔아서 필요한 대로 나누어 가지자는 그런 말들을 가끔 듣게 됩니다. 이 말씀의 뜻을 이해 못해서 그러는 것입니다. 누가복음 4장을 보면 예수께서 공생애를 시작하시기 전에 광야에서 기도하시고 시험을 받으시는 장면이 나옵니다. 세 가지 시험을 받으시는데 그 중에 하나가 이것입니다.

> 마귀가 또 예수를 이끌고 올라가서 순식간에 천하 만국을 보이며 이르되 이 모든 권위와 그 영광을 내가 네게 주리라 이것은 내게 넘

겨 준 것이므로 내가 원하는 자에게 주노라 그러므로 네가 만일 내게 절하면 다 네 것이 되리라 예수께서 대답하여 이르시되 기록된바 주 너의 하나님께 경배하고 다만 그를 섬기라 하였느니라(눅 4:5-8)

'내게 절하면 이 세상을 주겠다.' '나는 세상을 빼앗으러 온 것이 아니라 모든 피조물과 인류로 하여금 하나님을 경배하고 섬기게 하러 왔노라.' 이 싸움이 예수님의 재림 때까지 계속됩니다. 세상은 그의 힘으로 예수를 십자가에 못 박았고, 하나님은 그 예수를 일으켜 부활시키십니다. 이로써 하나님의 승리, 죽음으로 끝날 수밖에 없는 인간에게 하나님의 백성이 되는 구원과 권능과 은혜를 베푸십니다. 이 싸움이 계속됩니다. 교회에서도 계속 이 싸움이 있습니다.

이 싸움은 오늘날 돈으로 표현됩니다. 돈은 세상 권력을 대표하는 성격을 가집니다. 돈은 돈으로 할 수 있는 것을 대표합니다. 경제 사회가 되자 돈의 위력은 더 커졌습니다. 돈은 만물의 척도가 되었습니다. 돈을 경시하거나 돈을 하찮게 여기라든가, 돈을 배척해야 한다는 이야기를 하는 것이 아닙니다. 돈으로 대표되는 것, 돈으로 살 수 있는 것, 그것이 세상이라는 말입니다. 돈은 세상이 할 수 있는 것을 대표합니다. 돈을 통해 우리는 많은 것을 할 수 있습니다. 그러나 하나님이 하시려고 하는 것 중에는 세상이 가진 것으로 만들 수 있는 것은 없습니다. 그래서 초대교회의 능력과 감격과 증언 속에는 이 이야기가 반복적으로 나옵니다. 성령이 오신 사도행전 2장에도 이 이야기가 나오고, 이 위협과 핍박 앞에서 4장에도 이 이야기가 반복해서 나옵니다. 그러니까 우리 모두가 이 싸움

위에 서 있습니다.

헌금은 예배 행위

이 싸움은 사도행전 5장으로 넘어가면서 심한 핍박으로 이어지는 현실 속에서 아나니아와 삽비라 사건으로 그 사건의 의미와 가장 중요한 본질을 증언합니다.

> 아나니아라 하는 사람이 그의 아내 삽비라와 더불어 소유를 팔아 그 값에서 얼마를 감추매 그 아내도 알더라 얼마만 가져다가 사도들의 발 앞에 두니 베드로가 이르되 아나니아야 어찌하여 사탄이 네 마음에 가득하여 네가 성령을 속이고 땅 값 얼마를 감추었느냐(5:1-3)

참 이상합니다. 헌금할 것 중에 얼마를 감추었다고, 약속한 것을 다 내지 않았다고 "어찌하여 사탄이 네 마음에 가득하여"라고 말하고 있습니다. 이 사건이 지금 보는 누가복음 4장 사건을 생각하게 합니다.

아나니아와 삽비라가 헌금을 내겠다고 했던 의미가 무엇이었을까요? 헌금이란 무슨 행위일까요? 성수주일을 한다는 것은 우리가 어떤 날을 구별하여 우리가 하나님의 백성이며 하나님의 부르심 앞에 나와 그를 경배하는 날로서 '우리의 시간과 공간을 모두 하나님의 통치 아래 두고 있는 자입니다' 하는 고백입니다. 헌금은 '이 세상이 보이는 권력과 질서 앞에 있지 않고 하나님의 통치와 권세 아래 있습니다' 하는 것을 증언하는 표입니다. 그러니까 헌금이란 중요한 신앙 행위입니다. 그래서 예배 시간에는 헌금 순서에 헌금함을 돌려서 내는 것이 마땅합니다. 그런데 제가 자라는 시절에 한국교회가 너무 기복적으로 헌금을 설명하는 것에 저도 거부감을 가지고 있어서 그 방법을 제외했습니다. 또한 헌금을 준비하지 않고 교회에 와서 헌금 순서가 되면 깜짝 놀라서 더듬더듬 지갑을 꺼내 돈을 뽑는 모습에 대한 반감 때문이기도 합니다.

헌금은 중요한 예배 행위입니다. 그런데 지금 이 장면에서 어떤 생각이 드느냐 하면, 아나니아와 삽비라는 마치 자기가 가지고 있던 것 중에 얼마를 교회에 기부하는 것같이 행동한다는 것입니다. 이런 것이 우리가 무기명으로 드리는 헌금에서 제일 잘 나타납니다. 이름을 안 쓰고 헌금을 내는 행위 속에는 무엇이 들어올 수 있느냐 하면, 이게 선행이고 잘난 행위이기 때문에 이름을 감춤으로써 나는 잘난 척하지 않는다는 게 들어갑니다.

그러면 어떻게 하라는 말입니까? 이름을 쓰십시오. 헌금을 하는 것은 하나님 앞에 '나 아무개가 우리의 모든 권세와 궁극적인 권위가 하나님 앞에 있음을 시인합니다' 하는 고백입니다. 거기에 이름을 빼는 것은 어떤 면에서도 옳지 않습니다. 하나님의 백성으로 하나님 앞에 나와 하나님의 자녀인 것과 믿음을 가진 자인 것을 증언하고 실천하는 행위 속에 이름을 뺄 이유가 없습니다. 잘 생각해 보십시오. 이름을 안 쓰고 헌금하는 행위 속에 무엇이 들어있는지 말입니다. 마치 선행을 베풀 듯이 헌금합니다. 아나니아와 삽비라 사건에서 가장 중요한 것은 더 큰 권력의 일부를 떼어서 교회를 돕듯이 되었다는 것입니다. 그래서 죽어버렸습니다. 무시무시한 사건입니다. 여러분, 예수님을 믿는 것은 훨씬 큽니다. 두려움과 그 본심을 가지지 않으면 안 됩니다.

여러분에게 아직 정당한 헌금을 할 실력이 없다면 이렇게 하십시오. '하나님, 마땅한 십일조 헌금을 내야 옳지만 지금은 제가 믿음이 그렇지 못합니다. 조금만 기다려 주시면, 온전한 신앙을 갖게 되면 온전한 십일조를 하겠습니다. 그러니 올해는 그냥 절반만 받아주십시오.' 얼마든지 좋습니다. 진심으로 하는 말입니다. 저는 모태신앙이었고, 어려서부터 교회 다녔고, 어려서 집에서 준 헌금 다 낸 적이 없습니다. 이런 이야기라면 저는 그때 벌써 죽었을 것입니다. 그런 이야기가 아닙니다. 그러나 명심하십시오. 예수님을 믿는다는 것이 무엇인지, 왜 여러분이 벌벌 떠는지, 예수님을 믿으면 어디까지 가야 하는지, 본문은 그것을 가르치는 것입니다.

그래서 이 사건의 발단이 되는 첫 번째 선언을 보십시오. '은과 금은 내게 없거니와 내게 있는 것으로 네게 주노니 곧 나사렛 예수의 이름으로 일어나 걸으라.' 이 고백에 여러분이 부름 받고 있습니다. 그 고백을 외우고는 있지만 실천할 수 없는 것을 탓하지 않겠습니다. 하나님이 이 자리에 오게 하실 줄로 믿습니다. 시작하게 하셨으니 당연히 이 자리에 올 것입니다. 그러나 중간에 세상의 권세에 져서 망설이다가 체념하다가 방심하고 있지는 마십시오. 두려운 사건입니다. 초대교회가 이 사건을 분명하게 기록하여 오늘 우리에게 주고 있습니다.

세상은 현실적 힘입니다. 그러나 그 힘은 우리가 가진 힘과 다릅니다. 주는 그리스도시요 살아계신 하나님의 아들이십니다. 그 고백이 우리 현실과 우리의 인생과 우리의 영원과 운명을 쥐고 있으며, 예수 그리스도를 죽인 이 세상의 권세를 하나님이 부활로 이기신다는 것을 믿는 믿음으로 여러분의 고백과 여러분이 신앙인이 된 현실을 힘 있게 사시는 여러분들 되시기 바랍니다.

기 도

하나님 아버지, 은혜를 감사합니다. 하나님의 자녀로 산다는 것이 얼마나 굉장한 것인가 확인했습니다. 은과 금은 없을 지라도 나사렛 예수의 이름이 있습니다. 무엇이 두렵겠습니까? 앉은뱅이를 일으키며 소경을 보게 하며 죽은 자를 살리는 하나님의 영생의 능력입니다. 이 인생을 살게 하옵소서. 이 인생에 기적을 누리게 하옵소서. 세상을 이기는 부활의 능력을 힘입어 우리와 우리 인생을 하나님 앞에 바쳐 기적의 삶을 사는 복된 우리의 인생 되게 하여 주시옵소서. 예수님의 이름으로 기도합니다. 아멘.

7.

억울함을 받아들이다

사도행전 5:17-32

28_이르되 우리가 이 이름으로 사람을 가르치지 말라고 엄금하였으되 너희가 너희 가르침을 예루살렘에 가득하게 하니 이 사람의 피를 우리에게로 돌리고자 함이로다

사도행전 5장에서 우리는 놀라운 사건을 만납니다. 이 사건이 놀랍다고 표현하는 이유는 베드로와 요한이 성전 미문에 앉았던 앉은뱅이를 예수의 이름으로 고친 결과로 생겼다는 면에서 그렇습니다. 그들이 행한 일은 놀라운 일이었습니다. 기뻐하고 자랑할 만한 놀라운 일이었는데, 그로 인해 부정적이고 곤란한 결과를 받게 되었다는 차원에서 놀랍습니다. 사도행전 5장의 마지막 부분을 봅시다.

그들이 옳게 여겨 사도들을 불러들여 채찍질하며 예수의 이름으로 말하는 것을 금하고 놓으니 사도들은 그 이름을 위하여 능욕 받는 일에 합당한 자로 여기심을 기뻐하면서 공회 앞을 떠나니라(5:40-41)

예수를 증거하지도 말고 예수의 이름으로 무엇을 하지 말라고 위협했습니다. 그뿐 아니라 채찍질해서 놓아주었습니다. 그런데 초대교회 제자들은 그것을 기쁜 일로 받아들였다고 합니다. 이것이 오늘 우리가 이해해야 할 성경의 가르침입니다.

예수의 이름

성전 미문에 앉았던 앉은뱅이를 고치는 장면에는 우리가 좋아하는 성경의 선언이 나옵니다. "은과 금은 내게 없거니와 내게 있는 이것을 네게 주노니 나사렛 예수 그리스도의 이름으로 일어나 걸으라"(3:6). 여기에 이 이름이 등장합니다. "예수 그리스도의 이름." 그리고 사도행전 4장 8절을 보십시오.

> 이에 베드로가 성령이 충만하여 이르되 백성의 관리들과 장로들아 만일 병자에게 행한 착한 일에 대하여 이 사람이 어떻게 구원을 받았느냐고 오늘 우리에게 질문한다면 너희와 모든 이스라엘 백성들은 알라 너희가 십자가에 못 박고 하나님이 죽은 자 가운데서 살리신 나사렛 예수 그리스도의 이름으로 이 사람이 건강하게 되어 너희 앞에 섰느니라(4:8-10)

여기에도 이름이 나옵니다. 17절에 가시면, "이것이 민간에 더 퍼지지 못하게 그들을 위협하여 이 후에는 이 이름으로 아무에게도 말하지 말게 하자 하고", 그래서 21절에는 "관리들이 백성들 때문에 그들을 어떻게 처

벌할지 방법을 찾지 못하고 다시 위협하여 놓아 주었으니" 이렇게 되어
있습니다. 그리고 5장 28절에서 이 이름으로 무엇을 하지 말라고 했다
는 데에 대한 답을 합니다.

> 이르되 우리가 이 이름으로 사람을 가르치지 말라고 엄금하였으되 너
> 희가 너희 가르침을 예루살렘에 가득하게 하니 이 사람의 피를 우리
> 에게로 돌리고자 함이로다 베드로와 사도들이 대답하여 이르되 사
> 람보다 하나님께 순종하는 것이 마땅하니라 너희가 나무에 달아 죽
> 인 예수를 우리 조상의 하나님이 살리시고 이스라엘에게 회개함과 죄
> 사함을 주시려고 그를 오른손으로 높이사 임금과 구주로 삼으셨느니
> 라(5:28-31)

본문을 보시면 그냥 예수라고 하면 되는데 예수의 이름이 강조되고 있
습니다. 둘 사이에 무슨 큰 차이가 있는 것은 당연히 아닙니다. 그러나 이
사도행전이 이름을 반복해서 강조하는 데는 그만한 이유가 있습니다. 예
수라는 이름은 예수라는 한 개인의 이름입니다. 성자 하나님이 인간의
몸을 입으시고 실존 속에 들어오신 역사적 사실, 하나님이 그가 만드신
당신의 형상을 닮은 인류를 구원하기 위하여 우리가 도망간 자리까지
쫓아 들어오신 구체적 사실을 가리키는 이름입니다.

기독교 신앙은 다만 도에 관한 것도 아니고 소원에 관한 것도 아니고
다만 치성과 진심에 관한 것이 아니라 하나님의 의지에 관한 것입니다.
하나님의 어떠하심과 그 어떠하심이 가지는 하나님의 성실하심에 관한
증언입니다. 예수는 우리를 구원하기 위하여 찾아오신 하나님의 구체적

인 역사요 우리가 자초한 죽음의 자리까지 쫓아 들어오신 하나님의 열심입니다. 그래서 '예수의 이름'은 기독교가 가지는 신앙 고백의 가장 중요한 핵심이 하나님을 배반하고 도망쳐서 자초한 멸망의 자리에 있는 모든 인류를 구하기 위해 하나님이 힘을 다하여 찾아 들어오시고 정성을 다하시고 능력과 진심으로 일하셨다는 것을 나타내는 표입니다.

동시에 그것은 하나님이 당신의 뜻을 이루심에 있어서 그가 가진 진심과 능력과 성의를 다 동원하였는데, 그것은 세상이 알고 있는 권력이 아니라, 자기 백성을 찾아오신 하나님을 그들이 거절하고 배반하고 죽이는 그 방법으로 이루신 하나님의 기적과 신비와 이해할 수 없는 은혜의 방법이라는 것입니다. 이런 것이 예수의 이름에 묻어 있습니다. 우리가 죽인 예수, 우리가 나무에 못 박아 죽인 예수로 하나님은 그 구원을 이루셨습니다.

사도행전 5장 41절에 제자들이 "그 이름을 위하여 능욕 받는 일에 합당한 자로 여기심을" 받았다는 이해는 다만 어떤 신앙적인 헌신과 비장함과 장렬함을 묘사하는 것이 아닙니다. 그것은 하나님의 일하심의 신비를 이해한 기독교인들만이 할 수 있는 고백입니다.

희생이 아니라 순종

우리가 전한 것을 누가 믿었느냐 여호와의 팔이 누구에게 나타났느냐 그는 주 앞에서 자라나기를 연한 순 같고 마른 땅에서 나온 뿌리 같아서 고운 모양도 없고 풍채도 없은즉 우리가 보기에 흠모할 만한 아름다운 것이 없도다 그는 멸시를 받아 사람들에게 버림 받았으며 간

고를 많이 겪었으며 질고를 아는 자라 마치 사람들이 그에게서 얼굴
을 가리는 것 같이 멸시를 당하였고 우리도 그를 귀히 여기지 아니하
였도다(사 53:1-3)

이사야서는 메시아의 오심을 예언하는 구약의 중요한 예언서입니다. 많
은 예언의 내용 중에 이사야 53장의 가치는 그가 메시아일 것이라고 상
상할 수 없는 모습으로 오실 것이고, 하나님이 우리를 구원하실 것으로
예상하는 모든 방법과 다른 하나님의 방법으로 그가 와서 일하신다고
말하는 점입니다. '우리가 전한 것을 누가 믿었느냐', '여호와의 팔이 누
구에게 나타났느냐'입니다. "아니, 이분이 메시아라고?" "이게 하나님의
뜻이라고?" 우리가 이해할 수 없는 방법입니다.

그는 "연한 순 같고 마른 땅에서 나온 뿌리 같아서 고운 모양도 없고
풍채도 없은즉 우리가 보기에 흠모할 만한 아름다운 것이 없"는 분입니
다. 그래서 하나님이 교회와 성도들을 불러 일하실 때 세상 앞에 '예수
믿는 거 봐라' 하고 자랑할 만한 것을 안 주신다고 이해하셔야 합니다. 여
러분의 자녀가 성공하고 승리해야 하나님이 영광을 받으시는 것이 아닙
니다. 그것은 여러분이 생각하는 방식입니다. 예수님은 그렇게 나타나시
지 않았습니다. 그래서 어떻게 되셨습니까?

그는 실로 우리의 질고를 지고 우리의 슬픔을 당하였거늘 우리는 생
각하기를 그는 징벌을 받아 하나님께 맞으며 고난을 당한다 하였노
라(사 53:4)

사람들은 메시아를 하나님이 버린 자라고 생각했답니다. 하나님이 이렇게 일하실 리가 없다고 생각했습니다. 어느 시대에나 교회는 자기가 존재하는 시대의 사회와 세상 앞에 도전을 받습니다. 세상이 가는 길로 가려고 하는 타협의 위협과 시험을 당하고, 동시에 세상에서 인정을 받고자 하는 유혹을 받습니다. 우리가 사는 이 시대도 마찬가지라서, 여러분이 근자에 많이 듣고 경험하다시피 '교회가 좀 잘해서 세상에서 욕을 안 먹었으면 좋겠다' 하는 생각을 가지는 것은 너무나 당연한 일입니다.

　그런데 여러분, 여러분이 잘해도 욕먹게 되어 있습니다. 왜냐하면 기독교는 다른 무엇으로도 이해할 수 없는 것이기 때문입니다. 교회가 도덕성에 있어서 완벽하면 세상이 지원해주는 것이 아닙니다. 교회가 사회적으로 쓸모 있다고 해서 세상이 호감을 가지는 것도 아닙니다. 세상은 우리가 예수를 믿어 하나님의 자녀가 됐다는 말을 듣기가 싫은 것입니다. 사도행전 5장에서 보다시피 예수라는 이름에 권력자들은 질색합니다. 다 예수가 싫은 것입니다. 하나님을 믿는 방식, 신앙을 가지는 방식을 통해 하나님을 알고 하나님의 부름 앞에 순종할 마음이 없습니다. 그것은 은혜를 입기 전에는, 그래서 예수로 말미암는 구원과 화목과 교제로 들어가지 않고서는 알 수 없는 것들입니다. 그러니 세상이 그렇게 하는 것이 무슨 문제겠습니까?

　하지만 하나님이 바로 그 세상을 꺾지도 않고, 그 세상을 항복시키거나, 그 세상에서 호감을 받는 방식이 아닌 식으로 일하신다는 것이 우리에겐 문제가 됩니다. 왜냐하면 그로 인해 우리가 능욕을 받기 때문입니다.

　너희 안에 이 마음을 품으라 곧 그리스도 예수의 마음이니 그는 근본

하나님의 본체시나 하나님과 동등됨을 취할 것으로 여기지 아니하시
고 오히려 자기를 비워 종의 형체를 가지사 사람들과 같이 되셨고 사
람의 모양으로 나타나사 자기를 낮추시고 죽기까지 복종하셨으니 곧
십자가에 죽으심이라 이러므로 하나님이 그를 지극히 높여 모든 이름
위에 뛰어난 이름을 주사 하늘에 있는 자들과 땅에 있는 자들과 땅
아래에 있는 자들로 모든 무릎을 예수의 이름에 꿇게 하시고 모든 입
으로 예수 그리스도를 주라 시인하여 하나님 아버지께 영광을 돌리
게 하셨느니라(빌 2:5-11)

여기 또 예수의 이름이 나옵니다. 모든 무릎을 예수의 이름에 꿇게 하십
니다. 무슨 일로 이 일이 생겼다고 합니까? 예수님의 순종입니다. 예수님
의 희생이라는 말도 그 자체로 성립을 하지만 이 희생과 순종은 엄밀하
게 보자면 다릅니다. 희생이라는 말 속에는 내가 나의 권리를 포기했다,
그래서 손해를 자초했다는 가치가 크게 부각됩니다. 그래서 예수를 믿는
것은 희생하는 것이고 헌신하는 것이다, 그래서 기독교의 가치가 이런 마
땅한 권리, 당연한 권리를 포기하여 가지는 덕목으로 이해되면 큰일납니
다. 예수님은 희생하신 것이 아니라 순종하셨습니다. 하나님이 요구하는
길로 가셨습니다. 그 순종이 희생의 길이었던 것입니다. 그러나 희생하는
것에 가치가 있는 것이 아니라 순종하는 것이 가장 중요한 핵심입니다.
우리가 잘 아는 예수님의 겟세마네 기도는 이렇게 되어 있습니다. "내 아
버지여 만일 할 만하시거든 이 잔을 내게서 지나가게 하옵소서 그러나
나의 원대로 마시옵고 아버지의 원대로 하옵소서"(마 26:39). 이것이 순종
의 길입니다.

지금 보는 사도행전 5장에서 제자들이 고백하는 "그 이름을 위하여 능욕 받는 일에 합당한 자로 여기심을" 받았다는 이해는, 그들이 능욕 받는 길로 인도함을 받은 것을 하나님의 부르심으로 인하여 순종하는 길로 이해하고, 능욕, 오해, 억울함 같은 것들은 문제가 아니라고 고백하는 것입니다. 무엇 때문에 이렇게 고백합니까? 예수의 이름으로 강조된 이것, 하나님께서 예수를 보내어 우리의 거부와 반역과 모욕과 죽임을 감수하여 그것을 뒤집어엎은 반전, 바로 부활을 기억하기 때문입니다. 이것이 없다면 기독교인들은 끊임없이 예수의 이름이 강조하고 있는 하나님이 일하시는 구체적인 방법, 하나님이 베푸는 은혜와 자비를 배반하고 오히려 선을 악으로 갚는 방식을 끌어안아 만드시는 하나님의 기적, 그 은혜의 반전을 이해하지 못하게 됩니다.

우리의 진심, 우리의 소원, 우리의 믿음이 클수록 자기 방식을 고집하고 그 방식에 힘을 더해 달라는 기도만 하게 됩니다. 그것으로 사람들을 항복시키고 압도하려고 듭니다. 거기에 예수님은 사라집니다. 빌립보서에 나오는 "죽기까지 복종하"시는, 그리하여 "십자가에 죽으"신 순종, 오늘 읽은 사도행전 분문 식으로 이야기하면 "능욕"입니다. 우리가 그렇게 살아야 합니다.

우리는 예수 믿고 나서 사실 적잖이 당황하게 됩니다. 예수를 믿고 세상과 타협하지 않고 세상의 욕심과 세상의 유혹을 극복하고 하나님께 나를 의탁했는데, 말하자면 우리의 욕심을 버리고 하나님께 나를 바쳤는데, 하나님이 보상하시지 않기 때문입니다. 제일 당황스러운 것이 이것입니다. 내가 나를 위하여 기도하는 것이 아니라 내 욕심과 영광을 포기하고 내가 사는 날 동안 내 인생과 내가 사는 곳에서 하나님의 영광을 드러내기를 소원하는데, 하나님은 아무 답이 없으십니다. 왜 답이 없을까요? 예수께서 걸으신 길이 그것이 아니었기 때문입니다.

예수님이 모든 것을 포기하고 영광의 자리를 놓고 내려오시자 하나님이 그에게 세상을 주셨습니까? 아닙니다. 예수님은 세상이 자기의 죄와 권력으로 예수를 죽이는 자리에 하나님의 뜻을 따라 순종해 들어가 죽으셨습니다. 예수님은 자살하신 것이 아니고 죽임을 당하셨습니다. 억울한 자리, 능욕의 자리입니다. 오해받는 자리입니다. 그 길을 통해 전세를 역전시키는 하나님의 구원과 하나님의 뜻을 이루셨다는 증거가 부활입니다. 그 부활을 만들어내는 예수의 이름을 인하여 그들은 능욕 받는 일이 이제 겁이 안 나는 것입니다. 이것은 고통이 없어진다는 뜻도 아니요, 그렇게 해서 늠름해지고 남들이 놀라게 된다는 뜻도 아닙니다. 세상은 끝까지 예수가 누군지를 몰랐고 우리도 몰랐었습니다. 그러나 하나님은 그렇게 일하시기를 기뻐하십니다. 우리의 이해와 우리의 생각과 다릅니다. 그것을 받아들였다는 것입니다.

신비한 하나님의 붙드심

그러니 여러분은 여러분에게 주어진 인생에서 예수 믿는 자로서 하나님의 인도하심을 구하고 순종하셔야 합니다. 세상 사람들은 "너는 그렇게 열심히 예수를 믿는데 뭐 나아진 게 하나도 없느냐?" 그럴 것입니다. 그러면 여러분은 할 말도 없고 분하고, 그래서 하나님 앞에 와서 이렇게 기도할 수 있습니다. "하나님, 저까짓 거 하나 오해받는 것은 상관없지만 하나님의 이름이 더럽혀지는 것은 제가 못 참겠습니다." 예수님은 그렇게 안 하셨다는 말입니다. '네가 만일 하나님의 아들이어든 내려와 보라'에 대해 한 답이 '아버지여 저들을 사하소서 저들이 자기가 하는 일들을 알지 못하나이다'였습니다. 이것은 예수님만 입 밖에 내는 거고, 우리는 내면 안 됩니다.

"하나님, 이렇게 살면 아무것도 안 됩니다." 그 방식으로 하나님이 일하신다고 합니다. 주 예수의 이름으로 허락한 구원, 다른 이름을 주신 적이 없는 그 이름입니다. 그러니 그냥 죽으십시오. 죽는다고 끝나지 않습니다. 부활이 있습니다. 그냥 죽어버리십시오. 병신이 되십시오. 각오 같은 것은 하지 마십시오. 각오는 꼭 각오한 그 자리에서 끝납니다. 순교란 장렬하게 죽는 것이 아닙니다. 병신이 돼서 죽습니다. "너희가 하나님을 믿고 이렇게 고문도 당하고 죽는데 왜 너희가 믿는 하나님은 가만히 계시느냐?" 그것을 감수하는 것입니다. 죽어 나가는 것입니다.

마치 아무것도 아닌 것같이, 그가 믿는 하나님이 없는 것같이, 저가 스스로 속아서 저 자리에 온 것같이 그렇게 가는 길입니다. 우리는 도저히 가고 싶지 않은 길입니다. 그러나 그것이 명예요 기적이라는 것을 초대교회가 알았고, 그 유산 속에 오늘 우리가 있습니다. 그것이 얼마나 큰 힘인가는 여러분과 제가 예수를 믿고 있다는 데서 드러납니다. 여러분의 모든 기도에 하나님이 한번도 답을 안 주셨는데도, 하나님을 놓을 수가 없는 것이 바로 그 증거입니다.

제가 자라난 교회의 선배들 중에 믿음이 좋았던 선배가 몇 분 있습니다. 사실 대학교 다니고 졸업하고 하는 이십대 무렵에 신앙을 갖고 있는 사람은 드뭅니다. 방황기입니다. 그런데 이 선배들은 좋은 믿음을 가지고 있었습니다. 같이 모여 열심히 기도하는 네다섯 명 되는 무리였습니다.

어느 날 함께 기도하다가 회원 중에 한 사람이 신유의 은사를 받은 것을 알게 되었습니다. 그 사람이 기도하면 병이 낫는 겁니다. 나머지 사람들이 시험에 들었습니다. '같이 열심을 냈는데 왜 저 친구한테는 하나님이 함께 하시는 표를 주고 우리는 안 주었는가?' 이런 식이 되었습니다. 그래서 그 친구에게 이 공격을 했습니다. '네가 받은 능력은 하나님께서 준 것이 아니라 사단이 준 것이다.'

신유의 은사를 받은 선배는 당황했습니다. 그런데 아무리 확인을 하려고 해도 알 수가 없습니다. 하나님한테 물어 보니 답을 안 주십니다. "하나님이 주신 겁니까 아니면 악한 영의 장난입니까?" 이 년 동안을 고민했습니다. 그래서 사람이 깡마르고 체중이 십이 킬로그램이 줄었고 완전히 사경을 헤맬 즈음에 성경을 보다가 요나 2장 4절을 보게 되었습니다. 요나 선지자가 물고기 뱃속에서 "내가 주의 목전에서 쫓겨났을지라도 다시 주의 성전을 바라보겠다" 하는 회개를 들었습니다.

오늘날의 방식으로 이야기하면 이런 내용이 됩니다. 어느 날 여러분이 "하나님, 신자답게 살기를 원합니다. 쓸모 있기를 원합니다. 힘을 주시고 이 시대에 빛이요 소금이 되게 하옵소서" 그러고 있는데 갑자기 밝은 빛이 비취더니 천사가 내려와서 "아무개야, 내가 네 기도를 듣고 미안해서 찾아왔다. 사실 나는 너를 택하지 않았다. 너는 죽으면 지옥 가게 되어 있는데, 네가 하도 정성스럽게 신앙생활을 해서 내가 살아있는 동안이라도 잘 살라고 가르쳐주려고 왔다." 그러면 어떡하시겠습니까? 그럼 안 믿을 겁니까?

여러분이 이해관계와 다른 모든 조건을 떠나서 예수를 믿고 있다는 것을 아십니까? 여러분의 선택이기 이전에 붙잡혀 있다는 것을 아십니까? 그 신비한 하나님의 붙잡으심으로 우리가 여기에 붙들려 와 있습니다. 여러분을 하나님의 자녀로 붙잡아 낸 하나님의 방법은 예수의 죽음이었습니다. 그래서 우리는 예수님을 믿는 것이 영광스럽다거나 자랑스럽지 못합니다. 어쩌다 이렇게 되었는지 모르게 붙잡혀 와 있습니다.

이런 우리에게 하시는 말씀입니다. '내가 일하는 방식을 네가 알겠느냐? 내가 어떻게 사망을 뒤집어 거기서 생명을 다시 만들어내는 줄 알겠느냐? 나에게는 능치 못할 일이 없단다. 내가 베푸는 것은 은혜요 자비요 긍휼이요 용서요 구원이요 능력이란다. 왜 네가 내 편을 들고 나를 도우려고 하느냐? 내가 내 아들을 보내어 어떻게 일했는지, 내가 이렇게 분명하게 세상 역사와 성경 속에 밝혀놓지 않았느냐? 너는 무엇을 두려워하느냐?' 고린도후서 4장 7절부터 보겠습니다.

> 우리가 이 보배를 질그릇에 가졌으니 이는 심히 큰 능력은 하나님께 있고 우리에게 있지 아니함을 알게 하려 함이라 우리가 사방으로 욱여쌈을 당하여도 싸이지 아니하며 답답한 일을 당하여도 낙심하지 아니하며 박해를 받아도 버린 바 되지 아니하며 거꾸러뜨림을 당하여도 망하지 아니하고 우리가 항상 예수의 죽음을 몸에 짊어짐은 예수의 생명이 또한 우리 몸에 나타나게 하려 함이라 우리 살아 있는 자가 항상 예수를 위하여 죽음에 넘겨짐은 예수의 생명이 또한 우리 죽을 육체에 나타나게 하려 함이라 그런즉 사망은 우리 안에서 역사하고 생명은 너희 안에서 역사하느니라(고후 4:7-12)

예수께서 하신 것처럼 우리가 매일 사망에 넘겨집니다. "예수 믿는 것은 고사하고 하루를 살기도 바쁜데, 하나님 어떻게 하라는 겁니까?" 제가 대신 대답을 하겠습니다. 죽으라는 겁니다. 쌀이 떨어졌습니까? 굶으라는 겁니다. 병이 나셨습니까? 아프라는 겁니다. "아니, 이래가지고 뭘 하라는 겁니까?" "내가 한다. 두고 봐라." 그 싸움을 합니다. 조금 극단적으로 이야기했습니다.

우리는 살기 위하여 발버둥을 쳐야 합니다. 그것은 우리의 기본적인 책임입니다. 그러나 그것이 전부는 아닙니다. 존재하기 위하여 발버둥을 치는 것이 아니라 생명이 그 위협 앞에서 발버둥을 쳐야 합니다. 먹고 살고 하루를 버티기 위한 우리의 가장 기본적인 책임을 감당하고 성의를 보이고 노력을 해야 합니다. 그러나 그것이 우리가 보듯이 허탈함, 억울함, 낙심은 아닙니다. "그것으로 내가 한다. 그것으로 내가 한다." 이것이 오늘 사도행전 5장의 선언입니다. 제자들은 주의 이름을 인하여 능욕 받는 일에 합당한 자로 여김을 기뻐하면서 물러 나옵니다.

이것을 믿지 못하면 우리는 신앙의 진위를 확인하는 일에 전생애를 소진하게 됩니다. '과연 하나님이 내 하나님이 맞는가? 내 인생이 쓸모가 있긴 한 건가? 이게 뭔가?' 여기에 붙잡혀 있지 마십시오. 우리에게 넘겨진 기독교는 나라가 가르친 것도 아니고 무슨 훌륭한 사람들이 가르친 것도 아니고 죽어 넘어간 사람들에 의해서 전달된 것입니다. 신기한 일입니다. 그것이 오늘날 우리가 기억해야 하는 신자의 자기 정체성과 우리의 인생과 현실에 함께하시는 하나님에 대한 이해입니다. 이 승리를 하십시오. 이 믿음을 가지십시오.

나라와 사회와 무슨 교육기관, 교회에 여러분의 책임을 떠넘기지 마십시오. 그래서 여러분이 이 고민과 이 고난과 이 갈등을 겪지 않는 조건 속에서 살기를 바라지 마십시오. 그런 것은 약속되어 있지 않습니다. 여러분이 처한 자리는 하나님이 정한, 붙드시고 요구하시는 십자가의 길입니다. 그 길에서 예수님에게서 부활의 승리를 만드신 그 능력으로 여러분을 통하여 하나님은 생명을 만드실 것이요, 주 예수의 이름 앞에 모든 무릎을 결국 꿇게 하실 것입니다. 그 힘 있는 신앙의 승리가 여러분에게 허락되어 있는 것을 아는 감사로 사도행전 5장에 나오는 제자들의 고백에 동참하시는 오늘의 말씀이기를 바랍니다.

기 도

하나님 아버지, 하나님의 자녀라는 이름으로 사는 귀함과 자랑과 능력과 그 기이함을 기억하게 하여 주시옵소서. 우리의 헌신과 희생과 소원 속에 일하시는 것보다 크게, 하나님의 뜻과 하나님의 기적과 하나님의 성실하심과 하나님의 거룩하심으로 일하고 계시고, 우리가 있는 이 자리가 그 일에 동참하도록 부르시고 있는 우리 각자의 자리요 인생인 줄 알게 하시옵소서. 저 제자들에게 허락한 주의 이름을 위하여 능욕 받는 일에 합당한 자로 여김을 받았다는 말씀을 아멘으로 받게 하시옵소서. 예수님의 이름으로 기도합니다. 아멘.

8.

구제가 복음을 대신하지 않는다

사도행전 6:1-7

3_형제들아 너희 가운데서 성령과 지혜가 충만하여 칭찬 받는 사람 일곱을 택하라 우리가 이 일을 그들에게 맡기고

초대교회의 모습은 5장까지는 늠름하고 멋있고 굉장했는데, 6장에 오자 드디어 분란이 일어납니다. 헬라파 유대인이라는 것은 아마 헬라어를 쓰는 유대인들, 우리 식으로 말하면 이민을 갔거나 해서 삶의 터전을 옮겼다가 다시 돌아온 사람들을 말하는 것 같습니다. 아마도 남아있던 사람들과 관계된 과부들은 잘 돕고, 다른 나라로 흩어졌다가 다시 와서 합세한 사람들은 구제에 빠지게 되어 원망하는 일이 벌어진 것 같습니다. 그러자 사도들은 직접 이 문제를 해결하지 않고 집사를 뽑아 그 일을 맡기고, 자기들은 말씀에 전념하겠다고 선언하는 장면입니다. 그런 의미에서 구제는 기독교 신앙에 있어서 본질적인 것은 아니라는 것을 보여주는 본문이기도 합니다.

구제의 오용

구제는 우리가 믿는 기독교 복음이 은혜에 속한 것임을 나타내는 아주 중요한 구체적인 형식입니다. 교회가 구제를 해야 하는 것은 그것이 복음을 구체적으로 실천하는 것이기 때문입니다. 그럼에도 구제는 그것 자체가 복음을 대신할 수 있는 대표적 형식은 아닙니다. 다음에 살펴보겠지만 그것은 말씀입니다. 그러나 이 구제는 매우 중요하고 또 그 중요성 때문에 매우 오해되기도 합니다. 예를 들면, 기독교 신앙이 부패하면 제일 먼저 나타나는 부작용이 도덕성의 부패입니다. 그러나 도덕적으로 부패했을 때, 도덕성을 회복해야 한다는 식으로는 신앙이 회복되지 않습니다. 신앙이 회복되어야 도덕성이 회복됩니다. 다시 말해 기독교 신앙은 도덕성을 가지고 있지만 도덕성이 기독교 신앙의 핵심이 아닌 것과 같이 구제는 예수 믿는 사람들이 가지는 은혜에 대한 이해요 그것을 나누는 구체적인 책임이지만, 그것이 복음의 내용을 대신하거나 복음의 진정한 내용을 가리게 해서는 안 됩니다.

그런데 이 구제가 자주 논란이 되는 이유는 당연히 해야 할 것인데 제대로 안 하기 때문이기도 하고, 또 그것이 복음을 가리는 문제로 잘못 쓰이고 왜곡되기도 하기 때문입니다. 예를 들면, 교회에는 이런 식의 요구가 있습니다. '교회 예산의 절반을 뚝 떼어서 사회에 봉사하자.' 멋있는 말입니다. 멋있는 말이고 당연히 그런 식으로 기독교 신앙이 가지는 나눔이 있어야 합니다. 그러나 그렇게 함으로써 사회 앞에 기독교를 납득시키고 예수 믿는 것을 인정받으려고 해서는 안 됩니다. 또 교회 형편상 그렇게 많은 액수를 구제에 할당할 수 없을 수도 있습니다. 그런데 그렇게 하면 마치 교회가 아닌 것처럼 이야기하는 것은 본말이 전도되는 것입니다.

예수님은 공생애를 사시는 내내 참으로 놀라운 일들을 행하셨지만 우리가 기대했던 그 기적들이 예수님의 궁극적인 목적이 아니었다고 자주 말씀하십니다. 그래서 당시 유대인 지도자들과 언제나 충돌하셨습니다. 유대인 지도자들이라는 말은 그들이 민족적이고 종교적이었다는 면을 드러냅니다. 유대인은 하나님을 알고 율법을 받았고 믿음이 있고 하나님의 자녀로서의 정체성을 가지고 있던 사람들입니다. 예수님은 이들과 언제나 충돌하셨습니다. 왜냐하면 그들이 기대했던 메시아는 하나님이 보낸 해방자로서 자신들이 하나님 편에 서 있는 것에 대해 보상해주는 사람으로 오신다고 생각했는데, 예수님은 오셔서 죄인들의 친구가 되셨기 때문입니다.

예수님이 죄인들의 친구가 된다는 것은 그들에게는 난처한 일이었습니다. 옳은 이들에게 보상하고 죄인들을 심판해주셔야 되는 해방자가, 옳다고 인정하는 사람들에겐 보상해주지 않고 당연히 멸시받고 정죄 받아야 옳은 자들과 친구가 되셨으니 난감한 일이었을 것입니다. 이런 싸움이 그의 생애 내내 반복해서 일어납니다.

> 그러므로 예수께서 자기를 믿은 유대인들에게 이르시되 너희가 내 말에 거하면 참으로 내 제자가 되고 진리를 알지니 진리가 너희를 자유롭게 하리라 (요 8:31-32)

이 말씀은 자기를 믿은 유대인들에게 한 이야기입니다. 그런데 계속해서 보겠지만 매우 신랄한 적대적 대화가 오갑니다. 예수님이 진리를 알지니 진리가 너희를 자유롭게 하리라, 말씀하시자 바로 유대인들의 응답이 나옵니다.

> 그들이 대답하되 우리가 아브라함의 자손이라 남의 종이 된 적이 없거늘 어찌하여 우리가 자유롭게 되리라 하느냐 예수께서 대답하시되 진실로 진실로 너희에게 이르노니 죄를 범하는 자마다 죄의 종이라 종은 영원히 집에 거하지 못하되 아들은 영원히 거하나니 그러므로 아들이 너희를 자유롭게 하면 너희가 참으로 자유로우리라 나도 너희가 아브라함의 자손인 줄 아노라 그러나 내 말이 너희 안에 있을 곳이 없으므로 나를 죽이려 하는도다 나는 내 아버지에게서 본 것을 말하고 너희는 너희 아비에게서 들은 것을 행하느니라(요 8:33-38)

"진리가 너희를 자유롭게 하리라." "우리가 왜 자유가 필요하냐? 우린 하나님의 백성이다." "죄를 짓는 자는 죄의 종이다. 나를 믿지 아니하면, 내가 구원을 베풀지 않으면 아무도 자유롭게 될 수가 없다." "우린 아브라함의 자손이다. 무슨 소리냐?" "너희가 아브라함의 자손이냐?" 이제 39절을 보십시오.

> 대답하여 이르되 우리 아버지는 아브라함이라 하니 예수께서 이르시되 너희가 아브라함의 자손이면 아브라함이 행한 일들을 할 것이거늘 지금 하나님께 들은 진리를 너희에게 말한 사람인 나를 죽이려 하는도다 아브라함은 이렇게 하지 아니하였느니라 너희는 너희 아비가 행한 일들을 하는도다 대답하되 우리가 음란한 데서 나지 아니하였고

아버지는 한 분뿐이시니 곧 하나님이시로다 예수께서 이르시되 하나
님이 너희 아버지였으면 너희가 나를 사랑하였으리니 이는 내가 하나
님께로부터 나와서 왔음이라 나는 스스로 온 것이 아니요 아버지께
서 나를 보내신 것이니라 어찌하여 내 말을 깨닫지 못하느냐 이는 내
말을 들을 줄 알지 못함이로다 너희는 너희 아비 마귀에게서 났으니
너희 아비의 욕심대로 너희도 행하고자 하느니라 그는 처음부터 살인
한 자요 진리가 그 속에 없으므로 진리에 서지 못하고 거짓을 말할 때
마다 제 것으로 말하나니 이는 그가 거짓말쟁이요 거짓의 아비가 되
었음이라 내가 진리를 말하므로 너희가 나를 믿지 아니하는도다(요
8:39-45)

이 얼마나 살벌한 대치입니까? 31절은 "예수께서 자기를 믿은 유대인들
에게" 이렇게 시작하는데, 저들은 무엇을 믿었을까요? 그것이 문제입니
다. 무엇을 믿었기에 예수께서 저들을 이토록 신랄하게 비판하십니까?
또 그들은 왜 그 비판에 대하여 정말 악의를 드러내고 적대감을 가지고
반발하고 자신들을 변호하는 것일까요? 우리 신약시대 성도들은 너무
쉽게 유대인들을 평가합니다. 그들이 바보라서 예수님을 죽인 것같이, 그
들이 바보라서 제대로 된 신앙을 못 가진 것같이 이야기하지만 사실 우
리 모든 인류가 본성상 가지고 있는 문제를 저들이 대표적으로 여기 등
장하여 드러내고 있는 것입니다. 이것은 다 우리들의 문제입니다.

오늘 구제에서 보는 것과 같이 우리는 믿음을 모두가 이해하고 인정
하는 것으로 축소시키려는 본성을 가지고 있습니다. 제가 자주 드린 말
씀인데, 우리가 보통 하는 기도가 어떤 기도라고 했습니까? '더 이상 하

나님을 찾아올 필요가 없게 해주십시오. 애들이 말 잘 듣고, 오래 오래 형통하고 다시는 하나님 앞에 와서 귀찮게 굴지 않도록 오늘 한꺼번에 해결해 주시옵소서.' 이것을 넘어가는 기도는 드뭅니다. 물론 직접 이렇게 기도하기 민망하니까, 먼저 민족과 국가와 자녀를 위해서 기도합니다. 이기심과 믿음 없음을 이런 기도로 가립니다.

제가 구제에 대해서 이렇게 펄펄 뛰는 것은 구제가 잘못되었다는 것이 아니라 그것을 이런 식으로 넘어가는 용도로 쓰기 때문입니다. 복음이 무엇인지가 구제라는 훨씬 값싼 것에 가려집니다. 값싸다는 것은 상대적인 평가입니다. 구제는 귀한 것이지만 예수님과 비교하면 상대가 안 됩니다. 그런 것 때문에 예수님이 가려집니다. 그래서 이런 자랑들을 합니다. '우리 교회는 선교사를 몇 명 보내. 우리 교회는 구제를 얼마나 해. 우리는 구제금도 어디 믿을 만한 기관에 줘.' 이런 것이 다 무슨 이야기입니까? 한점의 의혹도 없이 우리가 얼마나 괜찮은 사람인지를 인정받고 싶은 것입니다. 모두가 이해할 수 있는 방법으로 기독교 신앙을 인정받아서, 편하고 싶은 것입니다. 싸우지 않고 오해받지 않고 싶어서, 그 오해와 적대 속에서 예수님을 붙잡기 위하여 목숨도 버릴 수 있는 그런 각오까지 못갑니다. 그것은 각오의 문제가 아니라 기독교 신자로서 그 신앙의 본질에 관한 이해의 문제입니다.

구제는 하나의 표적

지금 이 구제에 대한 싸움이 어디서부터 시작되었나 보면, 사도행전 3장부터 시작됩니다. 초대교회 초기에 일어난 가장 유명한 사건은 성령 강림과 앉은뱅이를 고친 사건입니다. 성령 강림으로 충만한 능력과 확신 속에서 초대교회가 시작되어 자신들이 가진 권세를 은과 금이 아닌 예수의 이름으로 앉은뱅이를 일으킴으로써 많은 사건을 불러 일으켰습니다. 위협을 받고 반대를 받고 그 속에서 기독교 신앙의 진정한 정체성과 지켜야 할 내용과 지키는 방법이 능력 받는 것으로 잘못 갈 수도 있다는 것을 확인하는 중입니다. 그리고 오늘 구제가 등장합니다. 무엇과 연결해야 합니까? 사도행전 5장으로 갑시다.

> 사도들의 손을 통하여 민간에 표적과 기사가 많이 일어나매 믿는 사람이 다 마음을 같이하여 솔로몬 행각에 모이고 그 나머지는 감히 그들과 상종하는 사람이 없으나 백성이 칭송하더라 믿고 주께로 나아오는 자가 더 많으니 남녀의 큰 무리더라 심지어 병든 사람을 메고 거리에 나가 침대와 요 위에 누이고 베드로가 지날 때에 혹 그의 그림자라도 누구에게 덮일까 바라고 예루살렘 부근의 수많은 사람들도 모여 병든 사람과 더러운 귀신에게 괴로움 받는 사람을 데리고 와서 다 나음을 얻으니라(5:12-16)

다들 좋아하시는 부분입니다. 그런데 본문에서 이 사건을 처음에 어떻게 설명하느냐 하면, 12절에서 "사도들의 손을 통하여 민간에 표적과 기사가 많이 일어"났다고 하고 시작합니다. "기사", 기적이라는 것은 다들 아실 것입니다. 그런데 "표적"이라는 말은 얼른 이해를 못 하실 수 있습니다. 언제나 이 두 단어는 평행법적으로 쓰입니다. 그런데 예수께서 하시는 기적을 전부 표적이라고 일관되게 쓴 사람이 바로 사도 요한입니다. 요한복음 6장에 가시면 이 표적이 무슨 뜻인지가 나타나 있습니다. 보리떡 다섯 개와 물고기 두 마리로 오천 명을 먹이고 남은 것이 열두 광주리가 넘었던, 그 기적 바로 다음에 일어난 일입니다.

> 이튿날 바다 건너편에 서 있던 무리가 배 한 척 외에 다른 배가 거기 없는 것과 또 어제 예수께서 제자들과 함께 그 배에 오르지 아니하시고 제자들만 가는 것을 보았더니 (그러나 디베랴에서 배들이 주께서 축사하신 후 여럿이 떡 먹던 그 곳에 가까이 왔더라) 무리가 거기에 예수도 안 계시고 제자들도 없음을 보고 곧 배들을 타고 예수를 찾으러 가버나움으로 가서 바다 건너편에서 만나 랍비여 언제 여기 오셨나이까 하니 예수께서 대답하여 이르시되 내가 진실로 진실로 너희에게 이르노니 너희가 나를 찾는 것은 표적을 본 까닭이 아니요 떡을 먹고 배부른 까닭이로다 썩을 양식을 위하여 일하지 말고 영생하도록 있는 양식을 위하여 하라 이 양식은 인자가 너희에게 주리니 인자는 아버지 하나님께서 인치신 자니라 (요 6:22-27)

그 많은 사람이 예수께 왜 왔다고 합니까? 떡을 먹어서 왔답니다. 표적을 보고 온 것이 아니라고 합니다. 이 표적이라는 의미가 무엇입니까? 우리가 이해하기 좋게 표현하면 이런 것입니다. 우리가 흔히 하는 말로 손가락으로 이렇게 달을 가리키면서, 손가락을 보지 말고 그 가리키는 달을 봐라, 그러잖습니까? 표적이란 이런 것입니다. 그 기적으로 인하여 그 기적을 베푸신 이가 누군가를 알아보도록 하는 것입니다. 예수께서 일으키신 기적이 이런 표적이었습니다.

그런데 사도행전에서 일어난 것도 표적이라고 합니다. 표적과 기적은 평행법적으로 같은 내용을 다른 특징으로 설명하는 것입니다. 기적이면서 그 기적이 예수가 누구인가를 가리키는 표적입니다. 그런데 표적은 못 보고 다 떡에 빠져 있습니다. 그래서 예수께서 뭐라고 하셨습니까? "썩을 양식을 위하여 일하지 말고 영생하도록 있는 양식을 위하여 하라 이 양식은 인자가 너희에게 주리니 인자는 아버지 하나님께서 인치신 자니라" (요 6:27). 이것이 이 기적이 가리키는 주인공, 내용, 하나님의 일하심들입니다.

오늘 보는 구제도 마찬가지입니다. 구제를 하면 그것이 하나의 표적이라는 것을 서로 알아야 합니다. 행하는 자와 보는 자가 '저들은 누구기에 저렇게 하는가' 하고 따라 들어오게 만들어야 합니다. 이것을 행함으로써 우리의 책임을 여기에 다 넘길 수 있다고 생각하면 안 된다는 말입니다. 예수께서 병든 자를 고치러 세상에 오신 것이 아니요 말씀을 잘해서 모두를 납득시키려고 오신 것이 아니라, 우리가 보았듯이 결국 죽을 수밖에 없는 길에 오셨습니다. 그가 어떤 능력과 어떤 고귀한 뜻을 가지셨을지라도 결국 그가 하셔야 했던 일은 당신의 죽음이라는 순종으로야 결과를 얻을 수 있었습니다. 마찬가지로 교회란 결국 예수님의 뒤를 따라 죽을 각오를 해야 합니다. 어떤 것으로도 대체할 수 없습니다. '예수가 누구냐? 역사와 운명의 주인이 누구냐?' 하는 싸움에서 자기의 자리를 지키는 책임을 다른 것으로 떠넘길 수 없다는 것을 알아야 합니다.

교회의 일원으로 책임지기

아직 기독교의 깊은 신앙의 경지에 이르지 못했을 때는 기독교를 사랑,
희생과 같은 단어들로 설명할 수밖에 없다는 것을 충분히 이해합니다.
'교회에 오면 마음이 훈훈하다. 모두가 따뜻하게 대해준다.' 이런 것들 말
입니다. 그런데 그런 것으로 시작해서 행복해지고, 그렇게 인생이 종결되
는 것으로 사람은 만족하지 못합니다. 모두가 나를 사랑해 주고 모두가
형통하면 인간이 행복하지 않습니다. 이것은 인류 역사의 증언입니다. 인
간이란 그런 것으로 만족할 수 있는 존재가 아닙니다. 예수 안에서 하나
님을 만나기까지는 평안이 없습니다. 어거스틴의 고백입니다. 우리 모두
가 그것을 알기 때문에 여기까지 온 것입니다. 그러니 이 밑바닥에 뭐가
있느냐, 왜 이런 일이 있느냐, 하는 것을 알아야 합니다.

　우리가 자꾸만 세상이 알 수 있는 것들로 신앙을 확인하려는 것은 근
본적으로 세상의 위협을 겁내기 때문입니다. 자기의 신앙에 대해 자신이
겁을 먹습니다. 그래서 누군가에게 확인을 받으려고 합니다. 특히 세상
과 적대적으로 서서 신앙을 지키는 것에 대해 대단히 겁을 냅니다. 그래
서 자꾸 세상 앞에 설명을 하려고 합니다. 우리가 좋은 사람이라는 것을
말입니다. '너희가 예수 믿지 않아도 결국 교회가 있는 게 세상에 유익하
다.' 그것을 위해서 구국기도회를 합니다. 그것은 해야 할 일이지만, 세상
앞에 설명하려는 것이 점점 더 커집니다. 그래서 나중에는 그 교회가 애
국심을 얼마나 갖고 있느냐로 자신의 정체성을 증명하는 데까지 나갑니
다. 미국의 극우파 교회들에 가면 강대상에 국기가 있습니다. 그것은 잘
못 간 겁니다. 기독교가 필요한 존재라는 것을 모두가 납득할 수 있는 것

으로 끌고 가는 것인데, 그렇게 해서 되지 않습니다.

우리가 겁이 나니까 기도할 때마다 이 기도를 하는 것인지 모르겠습니다. 마땅히 해야 하는 기도지만, 한번 잘 생각해 보십시오. '정치를 잘하게 해주시고, 나라가 평안하게 해주시고, 교육을 잘 받게 해주시고, 지도자들이 정신 차리게 해주시옵소서.' 그래서 '내가 걱정 안 하게 해주시옵소서' 이렇게 가는 것은 아닙니까? 그렇게 가지 말고 실제로 걱정해야 합니다. 제 나이가 되면 나라 걱정을 안 할 수가 없습니다. '하나님, 우리나라를 인간의 손에 맡기지 마시고 하나님의 은혜로 붙들어 주십시오.' 이런 기도는 당연히 할 수밖에 없습니다. 그러나 그렇게 책임을 넘기면 안 됩니다. 우리는 하나님이 어떻게 하실지 모릅니다. 그의 신실하심과 그의 자비하심을 믿습니다. 그러나 걱정스러운 현실에 대해 더 깊은 경험이 있기 때문에 하나님 앞에 무릎 꿇고 기도해야 합니다. 그러나 그렇게 해서 책임을 넘기지는 말라는 것입니다.

구제를 하고 기도를 하는 것은 해야 할 일입니다. 다만 그것으로 자기 할 일을 다 한 것같이 생각하지는 마십시오. 여러분, 교회의 일원이 되시면 교회에서 함께 책임을 나누셔야 합니다. 신앙을 지키는 일과 이 시대, 우리가 속한 시대에서 빛이고 소금인 역할이 무엇인지를 구체적으로 책임을 지셔야 합니다. 무슨 명분과 구호를 외치는 식이 아니라 한 교회를 교회답게 하는 것으로 책임을 질 수 있어야 합니다. 그런데 그 일에서 현대 사회는 슬쩍 도망가는 시대가 되었습니다. 대형교회가 생기면서 숨을 수 있는 틈이 생겨 버렸습니다. 들어와서 책임을 같이 나누어 한 교회를 제대로 교회답게 만드는 일을 해야 합니다. 비판만 하고 비난만 하고 고함만 지르고 도망가는 것 말고 실제로 교회의 일원이 되는 그 일을 해야 합니다.

　그러니 우리는 이 두 가지의 문제에 분명하게 직면하고 있습니다. 겁내지 않아야 합니다. 그리고 환상에 젖지 않아야 합니다. 겁내지 않아야 한다는 것은 이해하시겠지요. 세상이 우리를 반대하는 것이 왜 그런지 근본적인 이유를 알고 있어야 합니다. 공격은, 할 만한 것으로 합니다. 도덕성을 가지고도 공격할 수 있고, 요즘은 세습 같은 것으로 합니다. 또 여러 가지 욕먹을 만한 일들을 가지고 공격합니다. 그러나 거기에 답하기에 급급함으로써 정작 해야 할 일에서 빗나가는 일들에 말려들면 안 됩니다.

　그 욕을 먹게 된 것은 분명히 잘못한 일이지만 우리가 지켜야 하는 진짜 싸움은 따로 있습니다. 욕먹는 일은 외면하고 이것만 해야 한다는 것이 아니라 그 욕도 먹지 않도록 노력해야 하지만 그것이 전부가 아닌 줄 알아야 합니다. 지금 우리 사회에 일어나는 현상이 욕먹는 교회들을 향해 손가락질하니까, 자꾸만 그러지 말라고 합니다. 그렇게 하는 이유가 무엇입니까? '나 편하게 제발 그러지 마! 똑바로 해!' 겁이 나서 그러고 있습니다. 그러지 말고 들어오십시오. 들어와서 신앙생활을 하십시오. 자기 자리를 지키십시오, 겁먹지 말고.

　예수님은 그 큰 권능을 가지고 십자가를 향하여 가기 때문에 그를 따르던 무리가 분노하는 겁니다. 지금 요한복음 6장에서 본 바와 같이 예수님이 어디 갔는지 찾아 헤매고, 쫓아오고, '랍비여 어디 계십니까?' 하던 사람들 입에서 나중에 '저를 십자가에 못 박으소서. 바라바를 주고 예수를 십자가에 못 박으소서'가 왜 터져 나왔겠습니까? 기대가 무너진 겁니다. 예수님이 저들의 기대와 다르게 가니까 그 기대가 무너진 겁니다. 죽은 자를 살리고 중풍병자를 고치고 오병이어의 기적을 일으키고 바다를 잠잠하게 했는데, 이것 하나 안 하고 죽어 버리니까 그 꼴을 못 보겠다는 겁니다.

기독교 신앙이 세상에서 어떻게 이해되고 있는지 아시는 겁니까? 하나님의 자녀로 산다는 것이 무엇을 의미하는지 아시는 겁니까? 그 책임의 중심에 들어오셔야 합니다. 그것이 교회입니다. 한 사람이 가지는 신앙 고백과 신앙 행위가 교회라는 공동체로 모이면 관계성이라는 폭을 가지게 되고 차원을 가지게 됩니다. 그리하여 믿음이 가지는 진정한 내용을 스펙타클하게 보여줄 수가 있습니다. 거기에 참여하십시오. 비겁한 자리에서 일어나십시오. 우리가 맡은 일과 우리가 하는 고백의 진정한 내용의 자리에 들어오십시오. 우리가 존재하고 우리가 살아가는 신앙인이라는 이름이 갖는 본질에 직면하십시오. 그리하여 여러분의 인생이 하나님의 자녀라는 이름으로 사는 것임을 실제로 누리십시오. 책임 있게 사십시오. 자랑할 것이 있는 인생이 되십시오.

기 도

하나님 아버지, 은혜를 감사합니다. 하나님의 자녀로 살고, 우리를 위하여 십자가를 지신 예수님을 믿고 사는 인생이 무엇인지 말씀 앞에서 직면합니다. 도망가지 말게 하옵소서. 책임을 떠넘기지 말게 하옵소서. 쉬운 것으로 예수를 대체하지 말게 하옵소서. 그리고 내가 사는 인생이 되게 하옵소서. 다른 사람들에게 이 책임을 떠넘기고 비난하지 말게 하옵소서. 내 인생을 책임 있게 사는 특권과 명예를 누리게 하옵소서. 예수님 이름으로 기도합니다. 아멘.

9.

말씀을 살아내다

사도행전 6:1-7

4_우리는 오로지 기도하는 일과 말씀 사역에 힘쓰리라
하니

지난주에 우리는 사도행전 6장 1절에서 7절까지의 말씀 속에서 구제에
관한 부분을 생각했습니다. 본문은 그 구제를 어떻게 할 것인가에 집중
하지 않고, 구제보다 말씀이 더 본질적이고 전무해야 할 일이라고 사도들
이 결정하는 내용을 보았습니다. 그래서 오늘 다룰 주제는 말씀을 맡는
다는 것이 무엇이냐, 그것이 왜 구제와 함께 등장해서 성경이 이 본문을
남겼느냐 하는 것입니다.

말씀 사역은 인생 전체

구제는 지난주에 설명한 대로 기독교 신앙과 은혜가 거저 받은 것임을
증거하는 구체적인 형식입니다. 그래서 교회가 구제를 하는 것은 우리가

가진 신앙의 본질의 한 특징을 나타내는 것입니다. 사랑이라는 것이 큰 특징이듯이 구제라는 것이 큰 특징이고, 그래서 구체적으로 실천해야 하는 일입니다. 그럼에도 구제는 하나의 선행에 불과합니다. 하나의 선행에 불과하다는 것은 그것이 인생 자체는 아니라는 말입니다.

말씀을 맡는다는 것은 보다 다른 의미입니다. 우리가 믿는 것을 선포하고 설명하고 권면하고 하는 전도가 아니고, 어떤 내용을 가지고 설득하는 것이 아닙니다. 말씀을 맡는다는 것은 요한복음 1장 14절에서 말하듯이 이런 뜻입니다.

> 말씀이 육신이 되어 우리 가운데 거하시매 우리가 그의 영광을 보니 아버지의 독생자의 영광이요 은혜와 진리가 충만하더라(요 1:14)

말씀을 맡는다는 것을 사도행전 6장에서의 구제와 비교해보면 이렇습니다. 말씀을 맡는다는 것은 한 인간의 전체, 존재의 전체와 인생을 신앙으로 담아내는 것을 말합니다. 구제는 다만 하나의 선행입니다. 구제는 내 호주머니에 있던 것을 하나 꺼내주는 정도고, 말씀을 맡는다는 것은 나를 내놓아야 하는 것입니다. 나라는 존재와 내 인생을 내놓아야 합니다.

제가 젊었을 때 가졌던 큰 의문 중의 하나가 기독교 신앙을 도덕이나 선행에 불과하다고 보는 것이었습니다. 제가 보기에 기독교 신앙은 삶이어야 했습니다. 물론 그때는 이런 분명한 표현도 없었고, 이렇게 엄밀하게 구별하지도 못 했습니다. 그런데 우리 모두는 신앙생활을 한다는 것을 기도하는 것으로, 짬을 내서 봉사하고, 짬을 내서 전도하는 것으로 생각했습니다. 기도가 삶일 수 없고, 성경 보는 것이 삶은 아닙니다. 삶이

라는 것은 여러분이 잘 아시는 대로 지지고 볶는 것입니다. 삶이라는 것
은 내가 시간을 구별하여 어떤 임무에 나를 잠시 맡기는 것이 아니라 살
아있는 모든 자가 가진 어떤 숙제들입니다. 누구의 자식이 되고, 누구의
부모가 되고, 어느 나라에 태어나고, 어떤 상황 속에 있는 것입니다. 시간
과 공간의 구체적인 어떤 그물망 속에 하나가 되는 것입니다. 내가 만들
지 않은 내 지위, 내 위치, 내 책임, 내게 주어진 어떤 도전 앞에 서게 됩
니다.

　말씀이 육신이 되었다는 것은 하나님께서 바로 당신의 약속과 당신
의 목적과 원하시는 내용을 시간과 공간과 육체와 인생 속에 담아내신
다는 뜻입니다. 그렇게 예수께서 오셨습니다. 그것이 말씀을 맡는다는 뜻
입니다. 우리의 믿음과 우리가 가진 복음을 얼마나 잘 설명하느냐, 얼마
나 감동을 주느냐 하는 것은 좀 다른 문제입니다. 여러분, 우리가 가진 신
앙을 다른 사람들에게 어떻게 전합니까? 이에 대한 답은 여러분이 믿는
사람으로서 믿지 않는 사람들과 동일한 환경과 시대와 조건 속에서 살
아가는 것이 바로 그 일이라는 것입니다. 하나님을 믿는 사람으로서 동
일한 환경과 조건 속에 살면서, 세상과는 구별되는 삶의 기준과 방법과
가치와 선택을 담아내야 합니다. 그것을 담아낸다고 해서 그 일들이 해
결된다든가 개선된다든가 면제되는 것이 아닙니다. '짐을 왜 이렇게 지느
냐? 억울함을 어떻게 이해하느냐? 어떤 이유로 그런 해석과 분별과 결정
이 나오느냐?' 비로소 이 싸움 앞에 서게 됩니다.

　우리는 기독교 신앙을 쉽게 이렇게 생각합니다. 예수 안 믿었을 때는
자기 힘으로 해결해야 했던 것을 예수 믿어서는 자기 힘으로 해결하지
않고 예수께 기도해서 해결한다고 말입니다. 기독교 신앙은 해결하는 것

이 아니라 짐을 지는 싸움입니다. 세상 사람들이 다른 방법이 없어서 이기는 싸움밖에 할 수 없는 짐을 지고 있다면, 우리는 질 수 있는 힘을 가진 자로서 짐을 집니다. 여러분이 예수님을 믿어서 많은 문제에서 해결을 얻고, 세상과는 다른 어떤 자랑을 할 수 있게 되었다면 그것도 여러분이 짐 지는 방법이요 신앙일 것입니다. 그러나 다수가 경험하다시피 그런 일들은 보편적인 응답이 아닙니다. 우리가 경험하는 보편적인 기도와 신앙에서의 응답은 우리의 기대와 다릅니다. 그러나 이것만은 보편적입니다. '어떻게 되겠지.' 막연한 체념이 아니라 하나님이 약속하신 일들이 일어날 것이라고 믿는 것은 신앙의 깊이와 크기와 상관없이 모든 신자의 근본적인 어떤 근거이자 힘입니다.

> 형제들아 내가 너희에게 나아가 하나님의 증거를 전할 때에 말과 지혜의 아름다운 것으로 아니하였나니 내가 너희 중에서 예수 그리스도와 그가 십자가에 못 박히신 것 외에는 아무 것도 알지 아니하기로 작정하였음이라 내가 너희 가운데 거할 때에 약하고 두려워하고 심히 떨었노라 내 말과 내 전도함이 설득력 있는 지혜의 말로 하지 아니하고 다만 성령의 나타나심과 능력으로 하여 너희 믿음이 사람의 지혜에 있지 아니하고 다만 하나님의 능력에 있게 하려 하였노라(고전 2:1-5)

사도 바울이 처음 고린도 교회의 교인들을 만났을 때 있었던 일입니다. 교회가 세워진 다음에 만난 것이 아니라 그 만남과 하나님의 구원 역사로 인하여 고린도 교회가 생기게 되었습니다. 그 처음 만날 때 사도 바울

이 두려워 떨었다고 합니다. 사도 바울이 두려워하고 떨었다는 것은 그
가 이 일을 할 때 하나님이 다른 어떤 무기를 주시지 않았다는 뜻입니다.
아무런 보장 없이 오직 복음이 무엇인지를 아는 것과 그 일을 하나님께
서 바울 자신에게 이루었듯이 온 인류에게 이루려한다는 믿음 하나 가
지고 고린도 교회를 시작하는 것입니다.

　복음을 설명하고 설득하고 납득시키러 나가는 것이 아니라 하나님이
일하신다는 사실 하나 때문에 아무런 가진 것도, 보장된 것도 없지만 고
린도 교회 앞에 섰다는 이야기입니다. 창조주 하나님이 인간을 구하기
위하여 우리의 몸과 우리의 인생에 들어오신 것같이, 모든 권세와 영광
과 힘을 놓아 두고 한 인생으로 들어오신 것같이 그렇게 신자들이 세상
속에 보냄을 받습니다. 하나님이 아무것도 주시지 않은 채로, 그래서 세
상 사람들보다 더 가진 것도, 자랑할 것도, 증거할 것도 없는 모습으로 세
상 속에 이렇게 버려지듯이 보냄을 받습니다.

하나님의 일하심에 순종

우리가 인생을 살면서 예수를 믿을 때나 믿지 않았을 때나 공통으로 느
끼는 것은 세상이 참 무심하다는 사실입니다. 내가 위기 속에 있고 앞이
보이지 않는데도 가을은 멋있습니다. 세상은 생각하지 않습니다. 무심합
니다. 그런데 예수님을 믿게 되면 어디까지 생각하게 됩니까? 하나님이
무심하십니다. 하나님이 정말 그 아들을 보내신 분이 맞나 하는 생각이
듭니다. 무심해 보이십니다. 하지만 더 깊이 들어가면 무심하신 것이 아
니라 하나님의 일하심의 기본이 얼마나 탄탄한지를 알게 됩니다. 우리가

보통 쓰는 표현으로 '컵 안의 태풍'이라는 말이 있습니다. 컵 안의 태풍이 별거겠습니까? 컵 안의 태풍은 우리가 커피 타먹을 때마다 일어나지 않습니까? 우리가 살짝 휘젓기만 해도 토네이도가 일어납니다. 그래봤자 컵 안의 태풍입니다. 그래봤자 컵이고, 그래봤자 태평양이고, 그래봤자 지구입니다. 이렇게 우리가 느끼는 무심이 사실은 하나님의 신실하심과 두터움의 한 증거일 뿐입니다.

우리는 아무것도 가지지 않은 채로 도대체 무엇을 어떻게 어디까지 하라는 것인지도 모르는 인생을 살고 있는 것 같습니다. 바로 거기가 최전선이요 여러분이 부름을 받은 자리라는 뜻입니다. 우리는 이 인생을 사는 것을 자주 거부합니다. 선행이 쉽습니다. 나를 주고 인생을 맡기는 것이 아니라 호주머니를 털면 되는 것이기 때문입니다.

요한복음 14장에 보면 아주 유명한 빌립의 질문이 나옵니다.

빌립이 이르되 주여 아버지를 우리에게 보여 주옵소서 그리하면 족하겠나이다 예수께서 이르시되 빌립아 내가 이렇게 오래 너희와 함께 있으되 네가 나를 알지 못하느냐 나를 본 자는 아버지를 보았거늘 어찌하여 아버지를 보이라 하느냐(요 14:8-9)

빌립이 요구한 것은 무엇이었을까요? 하나님의 초월성을 보여 달라는 것입니다. 그러면 예수님의 답은 무엇이었습니까? 피조물인 우리에게는 자연과 초월이 구별되지만 하나님께는 초월과 자연이 다 당신의 통치 아래 있는 영역입니다. 그래서 우리는 자연 속에서 일하시는 하나님은 못 봅니다. 초월이신 하나님이 자연에 들어온 정도가 아니라, 이 자연이 전부 다 하나님의 영역이요 하나님이 일하시는 장소입니다. '내가 이렇게 들어와서 너희 눈앞에서 보이는 몸을 입고 너희와 동일하게 시간 속에서 인생을 사는데 무엇을 어떻게 더 보이라는 말이냐?' 이 말씀을 하십니다.

여러분, 선행이나 구호로 여러분 자신과 여러분의 인생을 사는 것을 대체해서는 안 됩니다. 사랑이라는 말이 아무리 좋아도 대상이 없는 사랑은 말이 안 되는 이야기입니다. 대상이 없는 사랑은 거짓말입니다. 안 그렇습니까? 믿음도 마찬가지입니다. 대상이 없는데, 믿음이라는 말은 등장할 수 없습니다. '우리가 말씀을 맡았다.' 사도들이 이렇게 굳이 구제와 구별해서 이렇게 선언하는 이유는 구제를 약화시키자는 것이 아닙니다. 구제는 다만 부분에 불과하고 복음의 전부가 아니라는 이야기를 하는 것입니다.

우리는 지난 시간에 이런 식으로 생각했습니다. 복음을 드러내지 않고도 선행을 통해 세상에서 기독교가 인정받도록 하는 우를 범하지 말자는 것이었습니다. 선행이나 도덕이 필요 없다는 말이 아닙니다. 선행이나 도덕으로 항복을 받으면 기독교의 진정한 내용으로 들어오지 못하게 된다는 것입니다. 그래서 구제를 굉장히 조심해서 해야 한다고 이야기했습니다. 구제는 당연히 해야 합니다. 그러나 우리는 거기에서 한 걸음 더 나가야 합니다. 우리의 실존과 인생을 맡기는 자리까지 가야 합니다.

우리가 헌신한다는 것이 무슨 뜻입니까? 어떤 특별한 인생을 사는 것이 아닙니다. 하나님이 보내신 예수께서 우리 인생에 들어오신 것처럼, 바울이 고린도 교회에 가는 것같이 자기 고향이 아니며 자기 친지가 있는 곳이 아니며 자기를 아는 사람이 아무도 없는 곳에 외부인으로 들어가서 사실상 아무런 도움이 없는 곳에 마치 내버려진 듯이, 하나님이 우리에게 살라고 하신 인생을 사는 것입니다. 그 인생 속에 우리가 들어감으로써 예수님이 하시는 말씀, "빌립아 내가 이렇게 오래 너희와 함께 있으되 네가 나를 알지 못하느냐"를 기억하는 것입니다. 그 뒤를 조금 더 보겠습니다.

> 내가 아버지 안에 거하고 아버지는 내 안에 계신 것을 네가 믿지 아니하느냐 내가 너희에게 이르는 말은 스스로 하는 것이 아니라 아버지께서 내 안에 계셔서 그의 일을 하시는 것이라 내가 아버지 안에 거하고 아버지께서 내 안에 계심을 믿으라 그렇지 못하겠거든 행하는 그 일로 말미암아 나를 믿으라(요 14:10-11)

"행하는 그 일"이 무엇이겠습니까? 사는 것입니다. 예수님이 공생애 기간에 사람들을 감동시키지 않고 가난한 자를 다 부자 되게 하시지 않습니다. 모든 환자를 다 고치지 않습니다. 그의 인생을 사십니다. 어떤 인생입니까? '하나님의 나라가 가까이 왔느니라. 회개하라. 진정한 아브라함의 자손 노릇을 하라.' 이 설교를 하십니다. 그러면서 하루하루의 삶 속에서 일어나는 일들에 반응하십니다. 당신이 무엇을 하러 가는 것이 아니라 하나님이 보내신 이 일을 다 하고 예루살렘에 올라가 죽으십니다. 그 길을 걸으셔야지요. 조금 더 이어봅시다.

> 내가 진실로 진실로 너희에게 이르노니 나를 믿는 자는 내가 하는 일을 그도 할 것이요(요 14:12상).

우리에게 그 길을 걸어오라고 하십니다. "내가 하는 일을 그도 할 것이요." 어떤 일이라고 생각하십니까? 죽어나가는 인생을 사는 것입니다. 거기에서 하나님이 일하십니다. 여러분이 충성과 영광과 가치를 위하여 일하는 것이 아니라 믿음을 가지고 여러분이 보내진 자리를 지키고 살아야합니다. 지지고 볶는 속에서 하나님이 일하십니다. 그것을 믿으십시오. 이것이 하나님의 일이다, 이런 말씀 하지 마시고 여러분에게 주어진 인생을 사십시오. 자기 자리를 지켜 자기 인생을, 그 누구도 설명할 수 없는 아슬아슬한 인생을 사십시오. 포기하지 마십시오. 하나님이 일하십니다.

바울이 뭐라 그랬습니까? '내가 두렵고 떨었다. 내가 이것을 다른 것으로 때울까 봐. 그들에게 무엇인가를 보여주고 싶고, 내가 하나님의 종이라는 것을 증거하는 것으로 실제로 하나님이 하는 일을 내가 방해할까 봐 두렵고 떨었다. 아무것도 가지지 않은 채로 보내져서 약했다.' 그 말을 기억하십시오. 예수님을 믿는다는 것은 예수라는 이름 자체에 있듯이 하나님의 일하심의 신비와 능력과 지혜와 반전에 관한 충성입니다. 그래서 여기에도 그렇게 나옵니다.

내가 진실로 진실로 너희에게 이르노니 나를 믿는 자는 내가 하는 일을 그도 할 것이요 또한 그보다 큰 일도 하리니 이는 내가 아버지께로 감이라 너희가 내 이름으로 무엇을 구하든지 내가 행하리니 이는 아버지로 하여금 아들로 말미암아 영광을 받으시게 하려 함이라(요 14:12-13)

"내 이름으로." 사도행전 3장에서 앉은뱅이를 일으킨 사건에서부터 계속 등장한 것이 무엇입니까? 예수라는 이름이었습니다. '은과 금은 내게 없거니와 내게 있는 이것을 네게 주노니 나사렛 예수 그리스도의 이름으로 일어나 걸으라'였습니다. 대제사장들이 왜 이런 일을 행했느냐고 힐문하자 뭐라고 그랬습니까? '너희가 죽인 나사렛 예수의 이름으로 우리가 이 일을 하노라. 예수가 하나님이 보내신 구원자니라. 우리는 이 일의 증인이로다.' 그 이름 예수, 인간으로 오신 하나님, 육신이 되신 하나님, 그 이름 예수입니다.

예수를 믿는다는 말 속에 감추어진 이 하나님의 일하심, 너희가 내 이름으로 무엇을 구하든지 예수라는 이름이 가지는 성육신의 고난과 희생과 순종을 이해하지 못하고는 '예수의 이름으로 기도합니다'가 성립되지 않는다는 이야기입니다. "이는 아버지로 하여금 아들로 말미암아 영광을 받으시게 하려 함이라"(요 14:13하). 하나님은 이 방법을 좋아하신다, 그렇게 성경이 이야기하고 있습니다. 그러니 다른 것으로 기독교를 세우려고 하지 마십시오. 여러분이 훌륭해지고 여러분이 능력이 생겨서 하나님을 도우려고 하지 마십시오. 그의 일하심과 부르심과 신비한 십자가의 비밀에 순종하십시오.

쩔쩔매며 걷는 인생

히브리서 5장에 가면 이 예수라는 이름이 가지는 구체적인 인생의 고통, 고난에 대한 기록이 나옵니다.

그는 육체에 계실 때에 자기를 죽음에서 능히 구원하실 이에게 심한 통곡과 눈물로 간구와 소원을 올렸고 그의 경건하심으로 말미암아 들으심을 얻었느니라 그가 아들이시면서도 받으신 고난으로 순종함을 배워서 온전하게 되셨은즉 자기에게 순종하는 모든 자에게 영원한 구원의 근원이 되시고 하나님께 멜기세덱의 반차를 따른 대제사장이라 칭하심을 받으셨느니라(히 5:7-10)

여러 가지 질문이 떠오릅니다. 제사장이란 무엇인가요? 하나님과 인간 사이의 중재자입니다. 그러면 전도는 또 무엇인가요? 하나님과 인간 사이의 중재자가 되는 것입니다. 구제는 왜 하는 것입니까? 우리가 받은 것을 구체적으로 표현하는 선행입니다. 말씀이란 무엇일까요? 그것을 삶으로 담아내는 것입니다. 그러면 삶은 무엇일까요? 함께 사는 시간과 공간 속에서 서로 부딪히고 외면할 수 없는 실존들입니다. 예수께서 우리 안에, 우리 가운데 오신 것같이 보냄을 받는 신자의 임무입니다.

예수님이 어떻게 걸으셨다고 합니까? 쩔쩔매면서 걸으셨습니다. 육체에 계실 때에 자기를 죽음에서 능히 구원하실 이에게 심한 통곡과 눈물로 간구와 소원을 올렸답니다. 여러분은 예수님을 믿으면 고민도 없고 고통도 없고 갈등도 없는 길을 걷게 될 것이라고 혹시 생각하고 있지 않습니까? 아니, 한 걸음 더 나아가서 고난이 있고 고통이 있고 쩔쩔매면 신앙이 아니라고 생각하는 것은 아니십니까? 그 두 가지가 우리에게 다 걸림돌이 됩니다. 그래서 우리를 보면, 말하자면 산전수전을 다 겪은 베테랑의 모습들이 적습니다. "이렇게 해봐!"만 있습니다. 문제를 해결하는 것만 있지, 모든 짐을 지고 일어나 걸어온 자의 늠름함은 적습니다.

이사야 53장을 보면 구원자로 오실 예수님의 모습, 그의 사역, 그의 일하심에 대하여 이런 무시무시한 표현이 있습니다.

> 그가 곤욕을 당하여 괴로울 때에도 그의 입을 열지 아니하였음이여
> 마치 도수장으로 끌려가는 어린 양과 털 깎는 자 앞에서 잠잠한 양
> 같이 그의 입을 열지 아니하였도다 그는 곤욕과 심문을 당하고 끌려
> 갔으나 그 세대 중에 누가 생각하기를 그가 살아있는 자들의 땅에서
> 끊어짐은 마땅히 형벌 받을 내 백성의 허물 때문이라 하였으리요 그
> 는 강포를 행하지 아니하였고 그의 입에 거짓이 없었으나 그의 무덤
> 이 악인들과 함께 있었으며 그가 죽은 후에 부자와 함께 있었도다(사
> 53:7-9)

실제 인생을 사셨다는 이야기입니다. 구름 위로 날아다니시지 않고, 인
생 속에 들어오시자 이 고난을 겪으실 수밖에 없었다는 말입니다. 괴로
울 때도 그의 입을 열지 아니하고 도수장으로 끌려가는 어린 양과 털 깎
는 자 앞에서 잠잠한 양같이 그의 입을 열지 아니하셨습니다. 여러분이
좋아하는 성경구절이 되길 바랍니다. 여러분이, 형통하고 모든 것이 해결
되는 신앙의 길을 걷고 있다고 오해하고 있으면 이 구절은 쓸데없는 구절
이 될 것입니다. 여러분이 진정 예수님의 뒤를 따라 하나님의 일하심에
제대로 순종하게 되면 이 말씀이 없으면 견딜 수가 없게 됩니다.
  '하나님의 말씀을 제쳐놓고 구제를 일삼을 수 없다. 우리는 말씀에 전
념하리라.' 그것은 어떤 학식이나 지위나 직책의 문제가 아니라 기독교 신
앙을 증거하시는 하나님의 방법입니다. 십자가로 승리하시는 하나님의
요구입니다. 거기에만 하나님의 영광이 있고 예수의 이름의 영광이 있고

성도들의 영광이 있습니다. 그 길을 걸으십시오. 그것을 지켜내는 교회 되십시오. 그렇게 여러분의 인생을 사십시오. 약하고 두렵고 떨림으로 사십시오. 여러분을 이길 자 없습니다. 하나님은 바로 그런 여러분을 요구하시고, 여러분을 보내어 이 시대와 이 사회 앞에서 일하십니다.

기 도

하나님 아버지, 은혜를 감사합니다. 하나님께서 그 아들을 보내신 것같이 우리를 보내셨습니다. 그 아들을 십자가에서 죽이시되 부활시키시듯이 우리의 실패와 약함과 고난의 인생을 뒤집어 하나님이 영광을 받으신다는 사실을 믿습니다. 그 책임을 지는 우리 교회, 우리 교우들, 한국의 교회들 되게 하여 주시옵소서. 하나님의 일하심이 어떻게 신비하고 놀랍고 영광된 지 우리가 사는 세대에 우리 자신과 우리를 통하여 하나님의 뜻과 영광이 드러나도록 순종하는 우리의 인생이 되게 하사 예수의 이름으로 말미암는 기도에 응답받는 우리 되게 하여 주시옵소서. 예수님의 이름으로 기도합니다. 아멘.

10.

세상과 타협하지 않는다

사도행전 7:49–53

52_너희 조상들이 선지자들 중의 누구를 박해하지 아니하였느냐 의인이 오시리라 예고한 자들을 그들이 죽였고 이제 너희는 그 의인을 잡아 준 자요 살인한 자가 되나니

사도행전 7장은 스데반의 설교입니다. 스데반이 이 설교를 하고 나서, 어떤 의미에서는 보이는 결실 없이 돌에 맞아 죽습니다. 사도행전 7장에 스데반의 설교가 자세하게 기록되어 있습니다. 그런데 아무런 도움 없이 혼자 읽어서는 이렇게 기록해 놓은 뜻을 이해하기가 어려운 내용입니다.

스데반의 설교

우리가 먼저 기억해야 할 것은 사도행전 6장에서 일곱 집사를 뽑는 바람에 스데반이 등장했다는 사실입니다. 구제를 위해서 집사를 세웠습니다. 그런데 뜻밖에도 스데반은 구제하는 일로 소개되는 것이 아니라 설교로, 사도들이 전념하겠다고 했던 말씀 사역으로 그 사역이 묘사되어

있습니다. 그가 표적과 기사를 행하고 성경을 풀어내는 일로 기독교에 적대적인 무리들과 맞서게 됩니다. 그래서 6장 마지막 부분에 그와 맞선 세력이 거짓 증인을 세워 예수와 또 모세에 관한 문제로 스데반을 고발해서 대제사장 앞에 세웁니다.

7장 2절에서 "스데반이 이르되 여러분 부형들이여 들으소서"라고 하여 설교를 시작합니다. 그리고 마지막 60절에 돌에 맞으며 "주여 이 죄를 저들에게 돌리지 마옵소서" 하고는 죽습니다. 이 시작과 끝의 표현이 매우 중요합니다. 적대적인 발언을 하는 것이 목적이 아니었다는 것입니다. 정죄를 하고, 심판을 하는 그런 내용이 아니었다는 것을 알게 됩니다. 시작과 끝에 하나의 괄호같이 "여러분 부형들이여 들으소서"와 "주여 이 죄를 저들에게 돌리지 마옵소서"로 분명하게 본문을 묶고 있습니다. 그러나 그 내용은 대단히 공격적입니다.

아주 옛날이야기부터 합니다. 이스라엘의 선조인 아브라함부터 쭉 읊어오면서 솔로몬이 성전을 지은 때까지의 이야기를 간략하게 나열합니다. 그 모든 나열에서 공통적으로 하는 지적은 '너희가 늘 하나님이 하시는 일에 순종하지 않고 반대하고 거부했었다'는 것입니다. 이런 공통된 지적이 나오는 까닭은 '지금 너희가 예수를 죽인 것과 나를 반대하는 것도 동일선상에서 반복되는 고집이다' 하는 뜻입니다. 어떤 고집입니까? 하나님이 하시는 일을 너희가 오해하고 있다는 이야기입니다.

대표적인 것만 보면 이렇습니다. 7장 9절을 보면 "여러 조상이 요셉을 시기하여 애굽에 팔았"다고 합니다. 그랬더니 하나님이 요셉을 총리대신으로 세우고, 전 세계에 흉년이 들었을 때 이스라엘 민족을 애굽으로 이주시켜 거기에서 이스라엘 나라를 만드셨답니다. 그것을 유대인들의 믿음의 조상들이 순종하여 이룬 것이 아니라 요셉을 시기하여 팔아먹은 일로 그 일을 만들었다고 합니다.

또 27절에 가면 모세에 관한 이야기가 나오는데, 우선 모세는 버려진 사람입니다. 어렸을 때 부모는 그를 버릴 수밖에 없었습니다. 그리고 나중에 모세가 장성해서 자기가 히브리 사람인 줄 알고 동족 편을 드느라고 애굽 관원을 죽입니다. "그 동무를 해치는 사람이 모세를 밀어뜨려 이르되 누가 너를 관리와 재판장으로 우리 위에 세웠느냐"(7:27). 히브리 사람들이 종이 되었을 때 이스라엘 민족은 모세를 지도자로 인정하지 않았습니다.

> 그들의 말이 누가 너를 관리와 재판장으로 세웠느냐 하며 거절하던 그 모세를 하나님은 가시나무 떨기 가운데서 보이던 천사의 손으로 관리와 속량하는 자로서 보내셨으니 이 사람이 백성을 인도하여 나오게 하고 애굽과 홍해와 광야에서 사십 년간 기사와 표적을 행하였느니라(7:35-36)

'모세가 이 일을 했다. 너희도 다 아는 사실 아니냐? 그때도 너희가 거절했었다.'

> 우리 조상들이 모세에게 복종하지 아니하고자 하여 거절하며 그 마음이 도리어 애굽으로 향하여(7:39)

그래서 금송아지를 만들었습니다. 그때도 이스라엘은 모세를 반대하고,

말하자면 하나님의 일하심을 거절했습니다. 이것이 스데반 설교의 중요
한 내용입니다.

> 솔로몬이 그를 위하여 집을 지었느니라 그러나 지극히 높으신 이는 손
> 으로 지은 곳에 계시지 아니하시나니 선지자가 말한 바 주께서 이르
> 시되 하늘은 나의 보좌요 땅은 나의 발등상이니 너희가 나를 위하여
> 무슨 집을 짓겠으며 나의 안식할 처소가 어디냐 이 모든 것이 다 내
> 손으로 지은 것이 아니냐 함과 같으니라(7:47-50)

성전을 멋있게 지었다고 너희가 하나님께 무슨 분깃을 갖고 있고, 권리를
갖고 있다고 생각하지 말라는 내용입니다. 그리고 이 말에는 그들이 결
국 성전을 지었지만 하나님을 섬기지 않고 우상을 섬겨서 나라가 망했다
는 의미가 함축되어 있습니다. 그리고 결론을 내립니다.

> 목이 곧고 마음과 귀에 할례를 받지 못한 사람들아 너희도 너희 조상
> 과 같이 항상 성령을 거스르는도다 너희 조상들이 선지자들 중의 누
> 구를 박해하지 아니하였느냐 의인이 오시리라 예고한 자들을 그들이
> 죽였고 이제 너희는 그 의인을 잡아 준 자요 살인한 자가 되나니 너희
> 는 천사가 전한 율법을 받고도 지키지 아니하였도다 하니라(7:51-53)

스데반이 이 설교를 적개심을 가지고 하는 것이 아니라고 서두에 이야기
했습니다. '왜 믿지를 않느냐? 예수를 못 박은 이 원수들아. 너희 조상들
도 그러더니. 너희는 이런 족속이야. 너희는 희망이 없어. 너희가 뭐한 줄

알아?' 이 나열이 이런 내용이 아니란 말입니다. 우리가 서둘러 결론을 이야기하자면, 우리가 만들거나 우리가 이해하지 않는 방식으로 하나님은 그의 뜻을 이루셨다는 이야기를 하는 것입니다.

거절로도 일하시는 하나님

시편 105편을 보겠습니다. 사도행전 7장을 제대로 이해하려면 이 짝을 찾아야 하는데, 시편 105편에 우리가 지금 보고 있는 스데반의 설교를 이해할 수 있는 표현이 나옵니다. 같은 내용을 다르게 표현하고 있습니다.

여호와께 감사하고 그의 이름을 불러 아뢰며 그가 하는 일을 만민 중에 알게 할지어다 그에게 노래하며 그를 찬양하며 그의 모든 기이한 일들을 말할지어다 그의 거룩한 이름을 자랑하라 여호와를 구하는 자들은 마음이 즐거울지로다 여호와와 그의 능력을 구할지어다 그의 얼굴을 항상 구할지어다 그의 종 아브라함의 후손 곧 택하신 야곱의 자손 너희는 그가 행하신 기적과 그의 이적과 그의 입의 판단을 기억할지어다 그는 여호와 우리 하나님이시라 그의 판단이 온 땅에 있도다 그는 그의 언약 곧 천 대에 걸쳐 명령하신 말씀을 영원히 기억하셨으니 이것은 아브라함과 맺은 언약이고 이삭에게 하신 맹세이며 야곱에게 세우신 율례 곧 이스라엘에게 하신 영원한 언약이라 이르시기를 내가 가나안 땅을 네게 주어 너희에게 할당된 소유가 되게 하리라 하셨도다 그 때에 그들의 사람 수가 적어 그 땅의 나그네가 되었고 이 족속에게서 저 족속에게로, 이 나라에서 다른 민족에게로 떠돌아다녔도다 그러나 그는 사람이 그들을 억압하는 것을 용납하지 아니하시고 그들로 말미암아 왕들을 꾸짖어 이르시기를 나의 기름 부은 자를 손대지 말며 나의 선지자들을 해하지 말라 하셨도다 그가 또 그 땅에 기근이 들게 하사 그들이 의지하고 있는 양식을 다 끊으셨도다 그가 한 사람을 앞서 보내셨음이여 요셉이 종으로 팔렸도다(시 105:1-17)

스데반의 설교에서 요셉은 형들이 시기하여 팔아먹은 동생입니다. 시편 105편에서 요셉은 하나님이 자신의 약속을 이루기 위하여 먼저 보낸 하나님의 뜻의 실천입니다. 이 둘은 같이 갑니다. 우리의 순종과 충성과 헌신으로만 일하시는 것이 아니라 우리의 무지와 반대와 몰이해와 거부, 이런 모든 것에도 불구하고 하나님은 그의 일을 행하십니다. 그것이 예수님의 오심입니다. 우리는 예수께서 오신다고 전한 선지자들을 다 죽인 자들이지만 그럼에도 예수님은 오셨습니다. 예수님은 우리를 위하여 오셨지만 우리는 그를 십자가에 못 박아 죽였습니다. 그러나 그는 부활하사 그의 아버지의 뜻을 이루어 그 구원을 이루십니다. 이것이 지금 스데반의 설교입니다.

우리가 예수님을 믿을 때 먼저 나를 바치고, 먼저 이해하고 시작을 합니까? 먼저 시작되고, 그러고 나서 이해합니다. 나중에 돌아보니까 하나님이 먼저 일하셨다는 것을 알게 됩니다. 늘 그렇습니다. 이해가 뒤따라옵니다. 그런데 그 한 번의 결심이나 이해를 가지고 평생 하나님을 옭아매는 것으로 사용합니다. '내가 이해하는 하나님, 내가 항복한 하나님, 이렇게 해주십시오.' 이 시편 105편이나 스데반의 설교인 사도행전 7장의 가치가 여기에 있습니다. 구약 역사는 적어도 천칠백 년 혹은 천팔백 년의 긴 시간입니다. 그 기간 내내 하나님은 약속하신 것을 이루시는데, 그 약속에서 제일 중요한 역할을 맡았던 이스라엘은 늘 이해하지 못하고 반대합니다. 그 반대를 극복하고 하나님은 그 일을 이루어 내시고야 맙니다. 그 사실을 스데반이 설교로 이렇게 내놓습니다. '생각해보라. 우리가 언제 하나님의 일하심을 이해한 적이 있는가. 그러나 하나님이 그의 신실하심과 성실하심을 따라 일하신 덕분에 오늘 우리가 그의 은혜를 입어 그의 자녀가 되어 하나님의 일하심에 동참하게 되었느니라. 그러니 너희 생각과 고집을 한 수 접고 하나님의 일하심을 다시 한 번 생각하고 은혜를 구하라.' 이런 이야기가 생략되어 있습니다.

시편 105편은 계속 그 내용이 이어집니다. 모세가 이스라엘을 구해서 출애굽하는 이야기까지 계속됩니다. 스데반의 이야기와 굉장히 흡사하지 않습니까? 아브라함부터 모세까지, 가장 중요한 이스라엘 민족의 형성 이야기입니다. 가장 많은 내용이 들어있는 곳입니다. 그 모든 이야기에서 우리가 무엇을 확인합니까? 시편 105편에서는 '하나님이 그리하셨다'입니다. 모세가 하는 일을 바로가 거부했지만 시편 105편에서는 하나님이 바로의 반대를 어떻게 꺾으셨는가가 중요한 내용으로 등장합니다.

그들이 그들의 백성 중에서 여호와의 표적을 보이고 함의 땅에서 징조들을 행하였도다 여호와께서 흑암을 보내사 그곳을 어둡게 하셨으나 그들은 그의 말씀을 지키지 아니하였도다 그들의 물도 변하여 피가 되게 하사 그들의 물고기를 죽이셨도다 그 땅에 개구리가 많아져서 왕의 궁실에도 있었도다 여호와께서 말씀하신즉 파리 떼가 오며

그들의 온 영토에 이가 생겼도다 비 대신 우박을 내리시며 그들의 땅
에 화염을 내리셨도다 그들의 포도나무와 무화과나무를 치시며 그
들의 지경에 있는 나무를 찍으셨도다 여호와께서 말씀하신즉 황충
과 수많은 메뚜기가 몰려와 그들의 땅에 있는 모든 채소를 먹으며 그
들의 밭에 있는 열매를 먹었도다 또 여호와께서 그들의 기력의 시작
인 그 땅의 모든 장자를 치셨도다 마침내 그들을 인도하여 은 금을 가
지고 나오게 하시니 그의 지파 중에 비틀거리는 자가 하나도 없었도
다(시 105:27-37)

'세상이 하나님의 뜻을 방해할 수 없었도다. 그리고 없으리라.' 이런 이야
기입니다. 스데반이 한 이야기와 시편 105편은 동일한 내용을 강조하고
있는데, 다른 식으로 하고 있습니다. 시편 105편이 다 지나간 후에 하나
님이 일하신 것을 되돌아보는, 하나님의 신실하심과 능력과 그 승리를
송축하는 입장에 서 있다면, 스데반은 현실, 하나님이 일하시고 하나님
을 반대하는, 지금 보이는 권세의 반대 앞에서 하나님의 일하심과 우리
의 무지함을 대비하고 있습니다. '너희가 누구를 죽였는가 생각해보라.
선지자들이 왜 왔었는가 생각해보라. 그 선지자들을 너희가 어떻게 대접
했었는지 생각해보라. 지금도 너희는 그러고 있다. 그러나 하나님은 너희
의 반응에 따라 움직이시지 않는다. 그의 뜻을 이루어 너희가 죽인 예수
를, 그 죽임의 방법으로 그의 뜻을 기어코 이루신다. 그래서 오늘 내가 여
기 서있느니라'라는 설교를 하게 된 것입니다.

죽음을 통과해야 가는 길

처음부터 초대교회는 이 싸움에 직면했고, 이 싸움에 대한 넉넉한 이해를 가지고 있었습니다. 사도행전 4장 23절입니다.

> 사도들이 놓이매 그 동료에게 가서 제사장들과 장로들의 말을 다 알리니 그들이 듣고 한마음으로 하나님께 소리를 높여 이르되 대주재여 천지와 바다와 그 가운데 만물을 지은 이시요 또 주의 종 우리 조상 다윗의 입을 통하여 성령으로 말씀하시기를 어찌하여 열방이 분노하며 족속들이 허사를 경영하였는고 세상의 군왕들이 나서며 관리들이 함께 모여 주와 그의 그리스도를 대적하도다 하신 이로소이다 과연 헤롯과 본디오 빌라도는 이방인과 이스라엘 백성과 합세하여 하나님께서 기름 부으신 거룩한 종 예수를 거슬러 하나님의 권능과 뜻대로 이루려고 예정하신 그것을 행하려고 이 성에 모였나이다(4:23-28)

이 27절과 28절을 이해하지 못하면 기독교 신앙의 현실을 이해하지 못합니다. 세상을 항복시키려고 들지 마십시오. 세상을 이해시키려 들지 마십시오. 그리하여 여러분의 책임을 쉽게 회피하려고 하지 마십시오.

예수님이 공생애를 시작하기 직전에 받은 세 가지 시험 중에 하나가 이것입니다. 사탄이 예수님을 높은 산으로 데리고 가서 온 천하를 보여 주면서 말하기를 "내게 절하면 천하를 네게 주겠노라" 그럽니다. 예수님의 대답은 무엇입니까? "사탄아 물러가라. 다만 하나님을 경배하고 그에게 복종하라"였습니다. '사탄을 꺾고 심판하고 쫓아내는 것이 아니다. 권세의 싸움을 하러 오지 않았다. 나는 하나님의 백성을 불러내러 왔다.' 다시 말해 사탄이 아직도 가지고 있는 현실에서의, 이 시대에서의 그의 권세, 반대와 핍박과 유혹과 시험 속에서 하나님의 백성을 부르기 위하여 아버지의 뜻을 따라 그의 생애를 살아간 것이 결국 십자가 죽음입니다. 그 길이 하나님이 그의 백성을 애굽에서 꺼내기 위하여 바로를 꺾으신 것처럼 그렇게 영적 전쟁으로 우리 현실 속에 반복될 것입니다.

바로를 죽여서 애굽을 가나안으로 만드는 것이 아닙니다. 바로의 핍박과 위협, 유혹과 시험 속에서 하나님의 일하심을 보여줍니다. 그래서 그 모든 백성이 하나님이 누구시며 하나님의 백성이 된다는 것이 무엇인가를 세상이 아닌 하나님의 약속과 일하심 속에서 배우며 알게 됩니다. 그리고 그의 자녀가 된 것을 인하여 세상의 위협을 극복하고 타협을 거절할 것입니다. 그래서 어디로 갑니까? 죽음으로 갑니다. 그래서 스데반은 죽습니다. 예수께서 그리하신 것처럼 스데반도 죽습니다. 그가 구제를 맡은 집사로서 한 일의 위대함으로 사회가 그에게 호의적으로 돌아서지 않습니다. 교회에 호의적이 되지 않습니다.

사람들에게 칭송을 받고 그의 얼굴이 천사처럼 빛났으나 이 문제에서는 타협안이 없습니다. 하나님의 일하심과 세상의 약속은 근본적으로 다르고 목적지가 전혀 다릅니다. 그 주인이 다릅니다. 거기에는 타협이 있을 수 없습니다. 세상도 타협할 수 없고 우리도 타협할 수 없습니다. 세상은 그 일을 하는 자들을 잡아 죽일 수밖에 없고 우리는 죽어도 놓을 수 없습니다. 그 일은 교묘하게 일어납니다. 쉽게 '너 예수 믿으면 죽인다' 이런 식으로만 일어나지 않습니다. 삶의 모든 정황 속에서 늘 이 싸움에 직면합니다. 그 일들은 나중에 또 봅시다. 예수 믿는 사람은 누구나 아는 요한복음 3장 16절입니다.

> 하나님이 세상을 이처럼 사랑하사 독생자를 주셨으니 이는 그를 믿
> 는 자마다 멸망하지 않고 영생을 얻게 하려 하심이라(요 3:16)

이 말씀의 위대함이 어떻게 오해되느냐 하면, '나는 그 사랑을 입었고 믿
은 자요, 너는 모르고 안 믿은 나쁜 놈이다'로 갈립니다. 정말 잘못된 이
해입니다.

> 하나님이 그 아들을 세상에 보내신 것은 세상을 심판하려 하심이 아
> 니요 그로 말미암아 세상이 구원을 받게 하려 하심이라(요 3:17)

왜 이 이야기를 덧붙이느냐 하면 여러분이 스데반이 될 것이기 때문에
그렇습니다. '나는 하나님의 아들이다. 너는 마귀의 아들이다' 이런 자리
에 서서 '너희 조상들이 선지자를 핍박하고 하나님의 뜻에 불순종하는
일을 너희도 하는도다' 하는 식으로 이렇게 갈라서서 자신의 신앙의 정
체성을 확인하지 마십시오. 우리가 거기에 있었을 때, 우리 조상들이 그
렇게 하는 것같이 우리도 무지와 반역 속에 있었을 때, 예수님이 찾아와
기꺼이 우리 손에 죽으신 것처럼 내가 보냄을 받은 시대라는 것을 기억
하십시오. 세상이 그러는 것을 당연한 것으로 알고, 그 속에서 우리를 죽
여 그들을 구원하시는 하나님의 방법으로 내가 존재하고 살아가도록 부
름 받았다는 것을 이해하십시오.

「십계」라는 영화를 보셨습니까? 거기에서 제일 연기 못하는 사람이

찰톤 헤스톤(모세 역)입니다. 연기는 율 브린너(람세스 역)가 더 잘했습니다. 사실 모세는 할 게 없습니다. "가라." "못 갑니다." "너 죽을래?" 그래서 이제 갑니다. "뭐라고 할까요?" "너 바로한테 내 백성을 보내라고 해라." 거기에 무슨 담력이 있겠습니까? 조그만 소리로 그랬지 않겠습니까? "내 백성을 보내랍니다." "야, 안 들린다. 뭐라고 그러느냐?" 그러니까 옆에 있던 환관이 그랬을 겁니다. "자기 백성을 보내랍니다." "저거 미친 놈 아니냐? 내보내라." 그래서 쫓겨났을 겁니다. "가서 말했어?" "네. 했습니다." "뭐라고 하더냐?" "쫓아내던 대요." 그래서 하나님 앞에 와서 불평합니다. "거봐요. 제가 안 간다고 했잖아요." "가라." 그래서 늘 갑니다.

다시 한 번 보십시오. 늘 멀대같이 서 있기만 합니다. 멋있는 데가 한 군데가 없습니다. 홍해를 가르던 때도 지팡이 들고 손 든 것 외에 모세가 할 일이 있습니까? 그저 막막하게 서 있습니다. 힘을 가지지 않습니다. 하나님이 하시는 일이 이해도 되지 않고, 자기 성질대로 해주시지도 않습니다. 그런데 그렇게 사는 겁니다. 그러나 하나님이 그 속에서 예수님의 죽음과 부활을 반복하신다는 것을 이해하십니까? 이것을 이해하지 못하시면 아무것도 못 합니다. 어떤 일 하나 하는 것으로, 선행으로, 교회가 수재의연금 내고 구국기도회 한 것으로 넘어갈 수 없습니다. 이것은 교회의 본질이 아닙니다. 어떻게 하시겠습니까? 그래서 이사야 53장으로 다시 돌아옵니다. 이사야 53장에 있는 메시아에 관한 예언이 이렇게 놀라울 수 없습니다. 어떻게 보면 모든 답이 거기에 응축되어 있습니다.

그는 실로 우리의 질고를 지고 우리의 슬픔을 당하였거늘 우리는 생각하기를 그는 징벌을 받아 하나님께 맞으며 고난을 당한다 하였노

라 그가 찔림은 우리의 허물 때문이요 그가 상함은 우리의 죄악 때문
이라 그가 징계를 받으므로 우리는 평화를 누리고 그가 채찍에 맞으
므로 우리는 나음을 받았도다 우리는 다 양 같아서 그릇 행하여 각기
제 길로 갔거늘 여호와께서는 우리 모두의 죄악을 그에게 담당시키셨
도다(사 53:4-6)

메시아와 인류입니다. 메시아의 가는 길, 그의 구원의 길을 우리는 전혀
몰랐습니다. 우리는 오해했습니다. 그러나 이제 신약시대가 되면 모든 신
자들이 "그"가 됩니다. 신약시대의 성도들은 "그"가 되고, "우리"는 아직
믿지 않는 사람들, 세상입니다. 우리는 그들의 질고를 지고 그들의 구원
을 위하여 우리 인생을 예수님이 걸으신 것처럼 걸어야 합니다. 어떻게
하시겠습니까? 예수님이 그 길을 포기하셨으면 어떻게 하실 뻔했습니
까?

　동일한 명령이 신약시대의 성도들에게 주어집니다. 그러니 다시 읽으
십시오. 세상 사람들이 나중에 이런 고백을 하도록 되어 있습니다. 그러
니 이 말씀을 기억하십시오. 그는 실로 우리의 질고를 지고 우리의 슬픔
을 당하였거늘 세상은 생각하기를 그가 징벌을 받아 하나님께 맞으며
고난을 당한다고 할 것입니다. 예수 믿는다는 것의 기이함을, 그 놀라움
을, 도망갈 수 없는 하나님의 자녀 된 믿음을 이해하시겠습니까? 이 구절
을 읽고 다 같이 죽읍시다. 그리고 충성합시다.

기 도

하나님 아버지, 우리가 가는 길은 예수님이 걸으신 길입니다. 그것은 죽음의 길이
되 부활로 가는 유일한 길입니다. 하나님이 그 뜻을 이루시는 길이요, 은혜롭고
자비롭고 노하기를 더디하되 인자와 진실이 많으신 하나님의 복된 길이요, 하나
님의 자녀와 그 뜻을 이루는 승리와 영광의 길입니다. 주께서 그리하셨던 것처럼
아버지의 기쁘신 뜻을 위하여 순종하는 인생 되게 하사, 세상의 위협과 시험과 유
혹에 지지 말고, 그 거짓됨에 타협하지 말고, 하나님의 뜻을 이루는 하나님의 손
길과 자녀로서 이 길의 신비와 자랑과 성공과 승리와 기적을 누리는 우리와 우리
생애 되도록 축복하여 주시옵소서. 예수님의 이름으로 기도합니다. 아멘.

2

이
방
전
도

11.

도망간 자리에서도 일하신다

사도행전 8:1-13

5_빌립이 사마리아 성에 내려가 그리스도를 백성에게
전파하니

사도행전 8장에는 빌립 집사의 전도 활동이 기록되어 있습니다. 앞 장에
서는 스데반의 순교가 나왔고, 뒤이어 빌립의 전도가 소개됩니다. 우리
는 이 사건을 보며 빌립이 얼마나 큰일을 했느냐, 사마리아까지 복음이
전파되었구나 하는 것을 주로 생각합니다. 그러나 그것 이상으로 빌립의
사역이 스데반의 사역과 중요한 대조를 가진다는 것을 기억해야 합니다.
스데반의 설교, 스데반의 담대함, 스데반의 성령과 지혜의 충만, 스데반이
백성들에게 받는 칭찬 그리고 결국 순교 같은 것들이 이제 복합적으로
미화되어서 신앙의 표준이 되지 않아야 한다는 뜻으로 빌립을 소개받으
셔야 합니다.

북 이스라엘과 남 유다

스데반이 훌륭한 사람이라는 것은 재론의 여지가 있을 수 없습니다. 우리는 모두 그렇게 되어야 하고, 그렇게 되기를 소원해야 옳습니다. 그러나그 자리까지 가는 과정이 있습니다. 처음부터 스데반을 목표로 한다고해도 그것이 하나의 방향이고 목적지이지, 소원하면 그 즉시 갈 수 있는것은 아닙니다. 그리고 하나님이 우리를 스데반이 되게 하시는 데 우리의생애 전부를 사용하십니다. 그러니까 젊어서부터 스데반같이 되는 사람들은 하나님이 빨리 데려갈 사람들입니다. 하나님이 오래 써먹으실 사람들은 빙빙 돌게 하십니다.

저는 왜 빌립의 사역을 스데반의 사역과 대조되는 것으로 이해할까요? 그 당시에 유대인들에게 사마리아는 제일 외면된 곳입니다. 빌립은스데반의 순교로 인해 예루살렘 교회에 일어난 박해를 견디지 못하고 도망간 사람 중에 하나인 것입니다. 8장 1절에서 보듯이 말입니다.

> 사울은 그가 죽임 당함을 마땅히 여기더라 그 날에 예루살렘에 있는
> 교회에 큰 박해가 있어 사도 외에는 다 유대와 사마리아 모든 땅으로
> 흩어지니라(8:1)

사도 외에는 다 도망갑니다. 빌립은 도망간 사람입니다. 순교하지 못한 사람입니다. 기억하십시오. 스데반만 찾고 빌립은 다 죽이는 일은 하지 마십시오. 사마리아는 북왕조 이스라엘의 수도입니다. 북왕조 이스라엘은앗수르에게 멸망당하고, 남왕조 유다는 바벨론에게 망했습니다. 먼저 북

왕조를 멸망시킨 앗수르는 그 나라에서 쓸 만한 인재는 다 잡아가고 평
민들만 남겨두고, 그 자리에 다른 민족을 이주시키는 혼합정책을 폈습니
다. 민족성을 말살하기 위해서입니다. 그런데 그 앗수르가 바벨론에게 또
멸망당해서 바벨론이 큰 제국을 이루고 남유다는 바벨론의 포로가 되었
습니다.

나중에 남왕조 유다는 바벨론에서 귀환을 하는데, 북왕조 이스라엘
은 회복이 안 되고 이제 유다라는 이름으로 이스라엘이 회복됩니다. 그
때 회복된 이 이스라엘이 사마리아에 남았던 사람들을 동족으로 취급하
기를 거부합니다. 혼혈이라고 해서 이방인과 똑같이 외면하고 차별했습
니다. 사마리아를 지나서 북쪽으로 갈 일이 있으면, 사마리아를 밟지 않
으려고 옆 지방으로 돌아서 갔을 정도였습니다.

그러니까 사마리아는 아마 예루살렘에서 쫓아오지 않을 곳이었을 것
입니다. 그래서 사마리아로 도망갔다는 것은 빌립이 어지간히 겁을 먹고
도망갔다는 뜻이 되는 것으로 보입니다. 그러나 이 도망간 자리에서 두
려워하고 비겁한 빌립과도 하나님이 일하십니다. 그것이 사도행전 8장의
놀라운 증언입니다. 여러분이 스데반 같아야만 하나님이 쓰시는 것이 아
니라 빌립 같아도 쓰신다는 의미입니다. 그런데 그 쓴다는 뜻을 좀 더 깊
이 이해하시면 여러분의 신앙 현실에 대하여 깊은 기독교 신앙의 이해와
자신감이 생길 것입니다. 이 이해를 위해서 호세아 12장으로 갑니다.

에브라임은 바람을 먹으며 동풍을 따라가서 종일토록 거짓과 포학을
더하여 앗수르와 계약을 맺고 기름을 애굽에 보내도다 여호와께서
유다와 논쟁하시고 야곱을 그 행실대로 벌하시며 그의 행위대로 그에

게 보응하시리라(호 12:1-2)

이스라엘은 모세를 통해 애굽의 종살이에서 해방되고, 광야 40년을 지나서 가나안 땅에 들어가 그 땅을 정복하고 사사 시대를 보냅니다. 그리고 사울 왕을 시작으로 왕국이 됩니다. 그러나 사울, 다윗, 솔로몬까지만 통일 왕국이었고 그 이후에 남북 왕조로 분열됩니다. 북왕국은 이스라엘 열두 지파 중에 열 개 지파가 연합해서 세웠기 때문에 이스라엘이라는 국호를 가져갔고, 남왕국은 유다와 베냐민 두 지파만 남았기 때문에 상대적으로 훨씬 컸던 지파인 유다의 이름을 따서 유다가 되었습니다. 그리고 나중에 포로에서 돌아와 회복된 다음에는 이스라엘이라는 이름보다 유다라는 이름이 더 우세해졌고, 우리도 오늘날까지 그들을 유대인이라고 부르게 되었습니다.

에브라임은 북왕조 열 지파 중에 우두머리 역할을 했던 지파입니다. 그래서 북왕국을 가리킬 때 에브라임이라는 표현이 자주 나옵니다. "에브라임은 바람을 먹으며 동풍을 따라가서 종일토록 거짓과 포학을 더하여 앗수르와 계약을 맺고 기름을 애굽에 보내도다"(호 12:1). 그러니까 여기서 에브라임은 북이스라엘을 가리키는 말입니다. 호세아 선지자가 활동하던 당시에 북왕국 이스라엘은 정치적, 경제적 번영을 누렸습니다. 그러나 하나님께 순종하여 받은 복으로 얻은 것이 아니라 정치, 경제, 외교를 통해 얻은 번영이었습니다. 하나님을 모르는 나라들, 특히 앗수르, 애굽과 화친을 맺고 국제 정세에 민감한 타협책으로 그 나라를 지켜내고 있었기 때문에 호세아 선지자를 통하여 하나님의 엄중한 경고를 받습니다. 곧 망할 것이라는 경고입니다.

남왕조는 유다입니다. 유다는 북왕조보다는 늦게 망하지만 역시 불순종의 길을 걸어서 하나님을 섬기는 일에 성실하지 못하여 바벨론에 망할 것입니다. 북 이스라엘은 앗수르에 의해 기원전 722년에 망했고, 또 남왕국은 바벨론에 의해 기원전 586년에 망합니다. 그런데 이 남북 왕조가 공통되게 잘못한 것을 2절에서 이렇게 지적합니다. "여호와께서 유다와 논쟁하시고 야곱을 그 행실대로 벌하시며 그의 행위대로 그에게 보응하시리라"(호 12:2). 이스라엘이라는 국호는 야곱의 나중 이름입니다. 하나님이 야곱의 이름을 나중에 이스라엘로 바꿔 주셨습니다.

압복 나루터에서 야곱이 천사, 말하자면 나타나신 하나님과 겨루어 저항하여 그 고집을 꺾지 않습니다. 그러자 하나님이 그의 허벅지 관절을 쳐서 어긋나게 하고 떠나겠다고 하니까, 그때 야곱이 비로소 무릎을 꿇고 하나님 앞에 축복을 간구하게 됩니다. 하나님이 묻습니다. "네 이름이 무엇이냐?" "야곱입니다." "네 이름을 다시는 야곱이라 하지 말고 이스라엘이라 하라. 이는 네가 사람으로서 하나님과 겨루어 이기었기 때문이다." 이렇게 해서 야곱에게 이스라엘이라는 이름을 주어 그것이 나라의 이름이 되었습니다. 그런데 이스라엘이라는 이름, 하나님과 겨루어 이기었다는 이름이 무슨 뜻인지는 야곱이라는 이름과 야곱의 인생을 이해해야만 알 수 있습니다.

벧엘과 압복

호세아 12장 2절에서 "야곱을 그 행실대로 벌하시며 그의 행위대로 그에게 보응하"신다고 했는데, 야곱이 무엇을 잘못했을까요?

야곱은 모태에서 그의 형의 발뒤꿈치를 잡았고 또 힘으로는 하나님과 겨루되 천사와 겨루어 이기고(호 12:3-4상)

여기서 겨루었다는 것은 저항했다, 거부했다는 뜻입니다. 야곱의 아버지 이삭은 쌍둥이를 낳게 되었는데, 이 쌍둥이가 태에서 서로 싸웁니다. 먼저 나오려고, 장자가 되려고 싸웁니다. 그래서 태어난 다음에 보니까 에서가 먼저 나오고 야곱이 나중에 나옵니다. 야곱이 진 겁니다. 그런데 그 싸움이 얼마나 치열했는지 야곱이 나올 때 형의 발뒤꿈치를 붙잡고 나와서, 처음에 발뒤꿈치를 잡았다는 뜻으로 야곱이라는 이름을 주었습니다. 발뒤꿈치를 잡는다는 말은 이스라엘 사람들, 히브리인들에게는 '속이는 자, 약탈하는 자'라는 뜻입니다. 그래서 야곱은 자기 이름대로 기만적이고 배신하고 자신의 욕심대로 사는 인생을 대표하는 자로 살게 됩니다.

천사와 힘을 겨루어 이기고 울며 그에게 간구하였으며 하나님은 벧엘에서 저를 만나셨고 거기서 우리에게 말씀하셨나니(호 12:4)

이 야곱이 천사와 겨루어 울며 그에게 간구합니다. 창세기 32장에 나타난 얍복 나루 사건인데, 이 사건은 야곱이 장자가 가지는 축복권을 얻기 위하여 형을 속여 팥죽 한 그릇에 장자권을 빼앗은 사건과 아버지를 속여 형 대신 축복을 받은 것으로 인해 형의 미움을 받아 고향집을 떠나 하란에 있는 외삼촌 집으로 가는 일을 포함하고 있습니다. 자신의 인생을 자신의 방법대로, 자신의 생각대로, 세상의 조건대로 확보하려던 인생, 그것이 야곱입니다.

외삼촌 집에 가서 거부가 됩니다. 그러나 그 일로 인하여 외삼촌과
도 서로 반목하게 되어 더이상 거기서 살 수 없게 되어 돌아옵니다. 다
른 곳으로는 갈 데가 없으니까 고향으로 돌아오게 되었는데, 돌아오면
서 알아보니까 이십 년이나 지났는데도 형은 여전히 칼을 갈고 기다리
고 있습니다.

그래서 이제 고향 근처 얍복 나루터에서 모든 소유물을 앞서 보내고
본인은 전전긍긍하며 밤을 새웁니다. 그때 하나님이 나타나서 그와 씨름
을 합니다. 하나님이 요구하시는 항복을 야곱이 거절하고 있다는 뜻입니
다. 그렇게 해서 동이 트게 되자 하나님이 그의 허벅지 관절을 쳐서 꺾으
시고 '나는 그만 가겠다. 나는 이제 너를 버리겠다' 하는 의미로 떠나겠
다고 하자, 비로소 '나를 축복하지 않으면 보낼 수 없습니다' 하면서 울
며 기도하게 됩니다. 하나님이 묻습니다. "네 이름이 뭐냐?" "나는 야곱입
니다." 무슨 의미입니까? '그래 너는 약탈자다. 네가 필요한 것을 언제나
네 손으로 얻었던 사람 아니냐? 그런데 왜 나에게 축복을 달라 하느냐?'
힐문하는 것입니다. 그러나 그 대답, "나는 야곱입니다" 하는 고백 속에
는 '저는 두 손 들었습니다. 이제는 제가 제 인생의 주인이 되지 않겠습
니다' 하는 고백이 묻어 있습니다. 그래서 이스라엘이라는 이름을 주시
는 겁니다.

하나님과 더불어 겨루어 이기었음이라. 이것이 도대체 무슨 축복이요
무슨 뜻일까요? 4절에서 보는 대로 "천사와 힘을 겨루어 이기고 울며 그
에게 간구하였"다는 것입니다. 그런데 누구에게 간구한 겁니까? 자기 하
나 믿고 모든 사람의 것을 빼앗아서 자기의 욕심을 채우던 자가 복을 빌
어주기를 요구했던 대상이 누구입니까? 4절 하반절에서 "하나님은 벧엘

에서 저를 만나셨"답니다. 벧엘 사건은 이 얍복 나루 사건보다 이십 년이나 앞서 일어난 사건입니다. 시간적으로 앞서 있습니다. 창세기 28장에 나옵니다. 야곱이 집을 떠나 하란을 향하여 걸어가던 중에 일어난 일입니다.

> 야곱이 브엘세바에서 떠나 하란으로 향하여 가더니 한 곳에 이르러는 해가 진지라 거기서 유숙하려고 그 곳의 한 돌을 가져다가 베개로 삼고 거기 누워 자더니 꿈에 본즉 사닥다리가 땅 위에 서 있는데 그 꼭대기가 하늘에 닿았고 또 본즉 하나님의 사자들이 그 위에서 오르락내리락 하고 또 본즉 여호와께서 그 위에 서서 이르시되 나는 여호와니 너의 조부 아브라함의 하나님이요 이삭의 하나님이라 네가 누워 있는 땅을 내가 너와 네 자손에게 주리니 네 자손이 땅의 티끌 같이 되어 네가 서쪽과 동쪽과 북쪽과 남쪽으로 퍼져나갈지며 땅의 모든 족속이 너와 네 자손으로 말미암아 복을 받으리라 (창 28:10-14)

지금 야곱은 하나님을 의지하여 사는 신앙의 길을 외면하고 자신의 인생을 자기의 욕심을 따라 살기로 하여 이미 두 가지 기만을 행하고 이제 도망가는 중입니다. 아직도 하나님을 찾을 마음은 전혀 없는 때입니다. 그때 하나님이 나타나십니다. 얍복 나루에서의 씨름에서 그를 축복하신 하나님, 야곱이 울며 간구하는 하나님은 누구신가 하면, 그 일이 있기 전에 야곱의 하나님이 되시기로 하고 야곱에게 복을 약속하신 하나님이라는 것입니다. 그 하나님은 야곱에게 이렇게 약속하셨습니다.

내가 너와 함께 있어 네가 어디로 가든지 너를 지키며 너를 이끌어 이 땅으로 돌아오게 할지라 내가 네게 허락한 것을 다 이루기까지 너를 떠나지 아니하리라(창 28:15)

야곱은 지금 자기가 가는 길을 스스로 결정했습니다. 하나님을 의지하여 결정한 것이 아니며, 물어보지 않은 선택입니다. 그러나 하나님은 야곱이 그리한 것과는 다른, 은혜와 신실하심과 사랑과 긍휼로 야곱과 의논하지 않고 이 약속을, 이 축복을 그에게 선언하십니다. 그리고 야곱이 그것을 받아들이는데 이십 년이 걸립니다. 얍복 나루에서 비로소 울며 간구하는 자리에 오는데, 그 하나님은 이미 이십 년 전에 야곱에게 이 약속을 했던 그 하나님이라고 호세아서가 지금 이야기하고 있습니다.

야곱이 울며 간구한 하나님이 누구냐, 울며 간구한 것이 무엇이냐 하는 문제를 사실은 사도행전 8장에서 빌립을 다루면서 중첩되어 증거됩니다. 빌립이 간 자리, 빌립의 선택, 빌립의 실력은 야곱과 방불한데 거기서 하나님은 일하고 계십니다. 어떻게 그런 일이 가능한가? 여기에 기독교 복음의 영광이 있습니다. 히브리서 2장을 보겠습니다. 이런 일들이 가능한, 그래서 이스라엘이라는 이름이 가지는 성경적 의미를 확인할 필요가 있습니다.

오직 우리가 천사들보다 잠시 동안 못하게 하심을 입은 자 곧 죽음의 고난 받으심으로 말미암아 영광과 존귀로 관을 쓰신 예수를 보니 이를 행하심은 하나님의 은혜로 말미암아 모든 사람을 위하여 죽음을 맛보려 하심이라 그러므로 만물이 그를 위하고 또한 그로 말미암은 이가 많은 아들들을 이끌어 영광에 들어가게 하시는 일에 그들의 구원의 창시자를 고난을 통하여 온전하게 하심이 합당하도다 거룩하게 하시는 이와 거룩하게 함을 입은 자들이 다 한 근원에서 난지라 그러므로 형제라 부르시기를 부끄러워하지 아니하시고 이르시되 내가 주의 이름을 내 형제들에게 선포하고 내가 주를 교회 중에서 찬송하리라 하셨으며 또 다시 내가 그를 의지하리라 하시고 또 다시 볼지어다 나와 및 하나님께서 내게 주신 자녀라 하셨으니 자녀들은 혈과 육에 속하였으매 그도 또한 같은 모양으로 혈과 육을 함께 지니심은 죽음을 통하여 죽음의 세력을 잡은 자 곧 마귀를 멸하시며 또 죽기를 무서워하므로 한평생 매여 종 노릇 하는 모든 자들을 놓아 주려 하심이니 이는 확실히 천사들을 붙들어 주려 하심이 아니요 오직 아브라함의 자손을 붙들어 주려 하심이라 그러므로 그가 범사에 형제들과 같이 되심이 마땅하도다 이는 하나님의 일에 자비하고 신실한 대제사장이 되어 백성의 죄를 속량하려 하심이라 그가 시험을 받아 고난을 당하셨은즉 시험 받는 자들을 능히 도우실 수 있느니라(히 2:9-18)

중요한 한 가지만 확인하겠습니다. 예수님은 우리와 동등한 자리, 동일한 처지, 동일한 실존에 찾아오셔서 우리와 하나가 되십니다. 그리하여 예수 그리스도에게 성부 하나님이 아버지이신 것같이 우리 모두가 성자 하나님이 성부 하나님을 부르신 그 아버지라는 호칭을 가지게 하십니다. 이것이 기독교 신앙의 핵심 되는 복음입니다. 그 일을 누구에게 허락했다고 합니까? 천사들을 붙들러 온 것이 아니라 죄인들을 붙들러 온 것입니다.

십자가 안에서

복음이라는 말은 바로 이것을 근거로 하여 성립합니다. 우리는 성경을 읽을 때 아브라함, 모세, 요셉, 다윗, 엘리야 이런 사람들을 기준으로 삼습니다. 우리가 훌륭해져야 복음이 소용이 있고 가능한 것처럼 말입니다. 그러니까 자책이 많습니다. 늘 자책합니다. 복음이 무엇인지 전혀 모르는 것입니다. 아버지와 자녀의 관계는 이해관계도 아니며 유능함과 무능함의 문제도 아닙니다. 그것은 사랑의 관계입니다. 훌륭한 사람이 되지 마시고 하나님의 자녀가 되십시오. 그런데 우리는 늘 하나님 앞에 자기가 훌륭해야 한다고 생각합니다. 훌륭하다는 것은 하나님과의 관계성에 근거한 훌륭함이어야 합니다. 그것은 자비롭고 따뜻하고 온유하고 순종하는 자리에 가는 것이지 백 살에 난 아들을 바친 아브라함의 훌륭함이나 홍해를 가른 모세의 훌륭함 같은 것으로 기준을 삼아서 복음을, 예수께서 우리를 위하여 오신 것을 놓치지 말아 달라는 것입니다.

그리고 우리는 스데반이 아닙니다. 우리는 빌립입니다. 우리는 야곱같이 우리의 연약함과 비겁함에 늘 휘둘리는 자이지만 예수 안에서 우리의 못난 선택, 못난 현실, 실패 같은 것들이 우리를 흔들 수 없는 자라고 사도행전은 증거하고 있습니다. 그러나 우리는 끊임없이 스데반과 빌립을 나누어 놓거나, 빌립은 사마리아까지 가서 복음을 전했다고 하면서 스데반 옆에 이렇게 '랭킹 1위 스데반, 도전자 빌립' 이렇게 써놓습니다. 그러면 예수가 누군지 사도행전이 무엇인지 하나도 모르는 것이 됩니다. 우리 시대, 모든 기독교 신앙인이 사는 자기 시대의 자기라는 자리는 다 사도행전의 연속입니다.

하나님은 여러분을 스데반으로 부르실 것이요 빌립으로도 부르실 것입니다. 우리가 도망간 어느 곳엔들 하나님이 함께하시지 않는 자리가 없습니다. 내가 너와 함께 있어 네가 어디로 가든지 너를 지키며 내가 네게 약속한 것을 다 이루기까지 너를 떠나지 아니하리라. 이 약속을 어디에서 주셨습니까? 벧엘에서 주셨습니다. 얍복에서 준 것이 아닙니다. 울며 간구해서 준 것이 아니라 도망가고 생각 없는 야곱에게 주었습니다. 빌립의 소심함과 두려움과 도망간 인생을 통해 하나님은 당신의 복음을 증거했다는 것이 사도행전 8장입니다.

여러분의 실제 현실이 겁나십니까? 누가 여러분을 겁먹게 합니까? 어떤 명분, 어떤 자랑이 여러분을 겁먹게 해서 스스로 입을 닫고 자기 생을 살지 못하고 그저 남을 기웃거리고 큰소리치는 사람 앞에서 꼼짝 못하게 합니까? 여러분 자신입니다. 복음이 왜 복음인지 모르는 것입니다. 복음은 복된 소식입니다. 멋대가리 없는 소식이 아닙니다. 선착순 5명 뽑는다는 식이 아닙니다. 히브리서 5장으로 넘어가 보겠습니다. 거기에 예수께서 울며 기도한 내용이 나옵니다.

> 그는 육체에 계실 때에 자기를 죽음에서 능히 구원하실 이에게 심한 통곡과 눈물로 간구와 소원을 올렸고 그의 경건하심으로 말미암아 들으심을 얻었느니라 그가 아들이시면서도 받으신 고난으로 순종함을 배워서 온전하게 되셨은즉 자기에게 순종하는 모든 자에게 영원한 구원의 근원이 되시고(히 5:7-9)

그의 심한 통곡, 눈물의 간구, 이것은 야곱의 그 일과 방불한 것입니다.

야곱의 눈물과 간구는 뭐였겠습니까? 자신을 돌아보고 자신의 실체를 안 그 탄식이요 회개였을 것입니다. '내가 뭔가? 무얼 했는가? 하나님이 누구신가' 하는 것을 깨우친 눈물과 통곡이었을 것입니다. 예수님은 그렇지 않습니다. 당신의 잘못으로 인한 눈물과 통곡이 아니라 하나님이 야곱에게 약속한 것을 다 이루기까지 그를 떠나지 않기로 한 약속을 이루신 실존입니다. 찾아와 야곱이 걸어 망친 모든 실패와 배신과 좌절과 그 기만과 절망, 눈물과 탄식의 자리를 따라 들어와 하나님의 축복으로 다시 회복하십니다. 눈물의 자리까지 들어오십니다. 그래서 거기에 하나님의 임재를 불러들이십니다. 어느 자리까지 가십니까? 심한 통곡과 눈물의 간구 자리까지, 야곱이 갈 때까지 간 그 자리까지, 벧엘에서 나타난 하나님의 약속 '네가 어디로 가든지 내가 너를 지키며 내가 너에게 약속한 것을 다 이루기까지 떠나지 아니하리라'의 완성까지 가십니다. 호세아 12장을 다시 한 번 보겠습니다.

> 천사와 겨루어 이기고 울며 그에게 간구하셨으며 하나님은 벧엘에서 그를 만나셨고 거기에서 우리에게 말씀하셨나니(호 12:4)

하나님은 십자가에서 우리를 이미 만나셨습니다. 그러면 우리는 지금 어디에 있을까요? 하란으로 가고 있을까요, 얍복 나루에 있을까요? 그러나 이미 야곱에게 벧엘에서 먼저 나타나셨고 약속하셨던 것같이 하나님은 예수의 십자가 안에서 이미 우리를 만나고 약속하신 분입니다. 우리는 우리가 서 있는 자리를 근거로 해서 통곡하고 낙심하는데, 그 전에 하나님이 먼저 만나셨습니다.

여호와는 만군의 하나님이시라 여호와는 그를 기억하게 하는 이름이
니라(호 12:5)

그를 기억하게 하는 이름 여호와, 여호와는 출애굽기 3장에서 모세를 만
나신 하나님이 가르쳐준 이름입니다. 모세가 묻습니다. "내가 가면 백성
들이 내가 만난 하나님의 이름이 무엇이냐고 물을 텐데, 하나님의 이름
이 무엇입니까?" "나는 스스로 있는 자니라." 이것이 여호와입니다. 여호
와라는 이름은 '스스로 있는 자'의 히브리식 발음입니다. 스스로 있는 자
란 하나님이시기를 잠시도 멈추지 않는 분, 언제나 하나님이신 분, 우리
에게 의존하거나 우리의 조건에 좌우되지 않는 분입니다. 여호와는 만군
의 하나님입니다. 여호와는 그를 기억하게 하는 이름입니다.

그러면 이스라엘이라는 이름은 무엇입니까? 야곱이 하나님으로 더불
어 겨루어 끝까지 고집을 부렸으나 승자가 되었다는 것은, 하나님이 야곱
의 반역과 거부를 받고도 예수님을 보내셔서 승리로 만든 하나님의 승
리를 우리 모두에게 주시는 것입니다. 예수님을 죽음으로 몰아서, 스스
로 죽음으로 몰고 있는 인류를 위하여 그 죽음을 감수하심으로 부활 생
명에 우리를 동참시키는 예수님의 부활의 능력, 그것이 이스라엘입니다.
우리가 하나님과 더불어 싸워 이겼습니다. 고집이 이긴 게 아니라 하나
님을 향한 우리의 거부와 배신을 뒤집어 바로 거기에 승리를 세우셨습
니다. 무엇을 겁내시겠습니까? 여러분의 못난 것과 거부를 자책해서 하
나님 앞에 당당하려고 하지 마시고, 기독교 신앙이 복음인 것처럼 '맞다.
나는 하나님의 자녀다. 하나님은 나의 아버지시다. 나의 못난 것이, 나의
보잘것없는 인생이 손해 볼 것도, 값싼 것도 아니다'라는 자신을 가지게

하는 예수님을 기억하라는 말입니다.

앞으로는 빌립을 존경하십시오. 여러분의 인생이 귀한 줄을 아십시오. 유명해지고 능력이 많은 것은 신앙 세계에서 사람을 채점하는 기준이 아닙니다. 그것은 일하시는 하나님 쪽의 선택일 뿐입니다. 모두가 하나님을 아버지라 부르는 것으로 만족하는 것, 예수님을 믿는다는 고백으로 언제나 모든 일에 믿음을 가지고 자신할 수 있는 자로 살게 되었음을 기뻐하는 것, 이것이 신앙인의 특권입니다. 이 특권을 놓치지 않는 여러분들 되십시오.

기 도

하나님 아버지, 예수를 믿는다는 것이 얼마나 큰 것입니까? 하루에도 수십 번씩 우리 자신을 자책하고 두려워하고 떱니다. 보잘것없음으로 인하여 한숨을 쉽니다. 그러나 우리는 얼마나 귀한 존재입니까? 세상이 몰라주는 것 같아 펄펄 뛸 일이 아니라 하나님이 나를 사랑한다는 사실로 기뻐 뛰게 하시옵소서. 예수님의 이름으로 기도합니다. 아멘.

12.

죄인에게 복음의 문이 열리다

사도행전 8:14-25

17_이에 두 사도가 그들에게 안수하매 성령을 받는지라

지난 시간에, 아마도 빌립은 예루살렘 교회에 닥친 핍박을 피해서 도망을 간 것 같다고 말씀드렸습니다. 사마리아는 유대인들에게 외면당한 지역이고, 그 사람들은 외면당한 백성입니다. 유대인들이 자기네 동족으로 인정하지 않는, 이방인 취급을 받는 이곳에 빌립이 핍박을 피해서 간 셈입니다. 거기서 복음을 전하자 뜻밖에도 사마리아 사람들이 그 복음을 받아들입니다. 그 소식을 예루살렘에 있는 사도들이 듣고 사도들을 보냅니다. 그런데 이 기사의 내용을 보면 우리말에도 느껴지는 미묘한 점이 있습니다.

예루살렘에 있는 사도들이 사마리아도 하나님의 말씀을 받았다 함을 듣고 베드로와 요한을 보내매(8:14)

사마리아'도'라고 해서 약간 의아하다는 뉘앙스를 풍깁니다. 이후에 고넬료라는 백부장에게 베드로가 복음을 전한 것을 가지고 나중에 사도들이 비난하는 장면이 나옵니다. 어찌하여 이방인에게 전도를 했느냐고 그렇게 비난할 만큼 예루살렘 교회, 초대교회는 아직 구원이 모든 인류에게 허락되었다는 것을 깨닫지 못하고 있을 때입니다. 그러니까 빌립도 적극적인 의미에서 사마리아로 간 것이 아니라 내몰려서 간 셈이고, 그 사마리아가 복음을 듣고 구원을 얻는 것을 보고 이제 사도들을 통해 확인하고 싶었던 것으로 보입니다.

구원의 대상은

사도들이 가서 그들을 위하여 기도하고 안수했더니, 성령이 임하셨습니다. 그래서 무엇이 확인되었는가 하면, 예루살렘에 있는 초대교회 성도들이 받은 구원과 동일한 구원을 하나님이 사마리아에도 허락하셨다는 사실입니다. 이 간단한 일이 보기보다 만만치 않은 내용을 갖고 있어서 사도행전에 특별히 이 사건을 기록하고 있는 것입니다. 우리는 여기에 등장하는 중요한 인물들을 기억해야 합니다. 빌립이 있고 사마리아가 있고 시므온이 있고 두 사도가 있고 성령님이 계십니다. 이런 등장인물들은 어떤 의미와 어떤 증언을 위하여 여기에 서 있는지 그 배경들을 잘 이해해서 성경이 오늘 우리에게 가르치는 내용을 우리가 추적할 수 있어야 합니다.

성령의 임하심과 관련하여 오늘날에도 구원과 성령이 임하시는 것이 다른 것인가 하는 문제로 교회 내에 적잖은 논란이 있습니다. 그리고 그 근거 구절로 오늘 이 본문과 19장에서 에베소 교회에 동일한 사건이 발생한 것을 듭니다. 그러나 이 본문은 그렇게 이해할 본문이 아니고, 다른 초점과 다른 이유가 있다는 것을 먼저 깨닫게 됩니다. 성령께서 오시는 이유가 무엇이었습니까? 사도행전 2장으로 가보겠습니다. 처음 성령께서 임한 오순절 성령 강림에서 성령이 임하신 가장 중요한 목적은 이것이었습니다.

> 베드로가 열한 사도와 함께 서서 소리를 높여 이르되 유대인들과 예루살렘에 사는 모든 사람들아 이 일을 너희로 알게 할 것이니 내 말에 귀를 기울이라 때가 제 삼 시니 너희 생각과 같이 이 사람들이 취한 것이 아니라 이는 곧 선지자 요엘을 통하여 말씀하신 것이니 일렀으되 하나님이 말씀하시기를 말세에 내가 내 영을 모든 육체에 부어 주리니 너희의 자녀들은 예언할 것이요 너희의 젊은이들은 환상을 보고 너희의 늙은이들은 꿈을 꾸리라 그 때에 내가 내 영을 내 남종과 여종들에게 부어 주리니 그들이 예언할 것이요(2:14-18)

여기서 중요한 것은 말세에 하나님이 "내 영을 모든 육체에게 부어" 준다고 해서 하나님의 구원이 이스라엘에 한정되는 것이 아니라 모든 인류에게 허락되는 것이며, 그 구원은 다름 아닌 하나님으로부터 도망간 인류와 함께 다시 거하시겠다는 화목과 회복과 구원의 약속의 증거라는 것입니다. 그러므로 우리가 성령 강림에 대해 어떤 경험, 어떤 감동, 어떤 다른 이유를 댈지라도 성경이 이야기하는 것보다 작습니다. 하나님이 하나님을 떠난 인류, 불순종하고 죄를 자초한 인류를 회복시키겠다, 그 모두를 내 은혜와 능력으로 다시 내 자녀로 붙들겠다는 약속을 대신할 다른 것이 없습니다. 이것이 가장 큰 약속이요, 이것이 오순절에 내린 성령의 의미입니다. 그런데 이 약속이 어떻게 이루어집니까?

> 이 예수를 하나님이 살리신지라 우리가 다 이 일에 증인이로다 하나님이 오른손으로 예수를 높이시매 그가 약속하신 성령을 아버지께 받아서 너희가 보고 듣는 이것을 부어 주셨느니라 (2:32-33)

하나님과 인간의 관계 회복, 성령께서 찾아오셔서 함께하시는 임마누엘의 성취, 이것이 어떤 식으로 가능해졌느냐 하면 바로 예수님으로 말미암아 된 것입니다. 그러니까 성령 강림은 그 감동과 그 충만함이라는 경험에 중요성이 있는 것이 아니고 그 증언, 예수님으로 말미암는 하나님의 약속의 구체적 실현의 증거라는 점이 중요합니다. 이 일이 오늘 사도행전 8장에서 가장 중요한 내용입니다.

이렇게 보면 빌립이 그 복음을 전했다는 것부터 의미가 달라집니다. 복음을 전하는 것이 사도들만의 특별한 임무, 특별한 권한이 아니라 누구를 통해서나 복음이 증거되고 결실한다는 말입니까? 또 그 대상에 사마리아도 포함된다는 것인데, 사마리아는 어떤 의미에서 그 조건이 제일 나쁜 데보다 더 나쁜 조건의 대표입니다. 한국 사람에게는 다 양보해도 일본에게만은 양보 못 한다고 하는 이런 정서가 있지 않습니까? '일본 사람하고 같이 예수 믿기는 싫다', 예수 믿는 사람이 이런 이야기를 하면 안 되지만, 정서를 이야기하자면 이런 정서가 있습니다. 외국에서 예를 찾으면 잉글랜드와 스코틀랜드입니다. 그 둘은 견원지간입니다. 스코틀랜드 사람 만나서 당신 영국 사람이냐고 물어보면 뺨 맞습니다. 스코틀랜드 사람은 지금도 독립을 요구하고 있고, 우리와 일본 사이가 나쁜 것보다 훨씬 더 나쁩니다. 그래서 지금 빌립에 의한 전도의 실질적인 효과 그리고 그 대상의 엄청난 확대, 이런 것들이 본문에서 가장 중요한 내용입니다.

그 일을 확인하러 사도들이 옵니다. 사도란 예수님의 제자들을 지칭하는 말입니다. 그래서 예수님의 제자들인 사도들이 등장하여 안수하여 성령이 임함으로써, 빌립에 의한 전도와 그것을 받아들인 사마리아의 구원이 예수님으로 인한 구원의 효과요 결과라는 것을 인치는 것입니다. 이를 위해 이 사건에서 구원을 받은 것과 성령이 임하는 것 사이에 시간적인 간격이 있게 된 것입니다. 이 구원이 하나님이 예수님 안에서 이루신, 약속하신 그 구원이라는 것을 증언하기 위하여 사도들이 오게 되고, 그다음에 성령이 임합니다.

예수로 인한 보편성

그러면 여기에서 시몬은 어떤 역할을 하는지 봅시다. 시몬은 이 문제를 오해하는 인물로 등장합니다. 시몬은 이 성령의 임하심을 하나의, 자기가 그동안 가졌던 마술의 효과로 이해하는 것입니다.

시몬이 사도들의 안수로 성령 받는 것을 보고 돈을 드려 이르되 이 권능을 내게도 주어 누구든지 내가 안수하는 사람은 성령을 받게 하여 주소서(8:18-19)

우리가 봐서는 이게 그렇게 큰 잘못일까 싶은데, 사도들에게 무시무시한 경고를 받게 됩니다.

> 베드로가 이르되 네가 하나님의 선물을 돈 주고 살 줄로 생각하였으니 네 은과 네가 함께 망할지어다(8:20)

성경에 좀처럼 나오지 않는 엄한 경고가 등장합니다. "네 은과 네가 함께 망할지어다." 사도행전 5장에서 아나니아와 삽비라가 헌금을 약속한 후 얼마를 숨기고 내어놓았다가 베드로에게 꾸중받는 내용이 무엇입니까? "네가 성령을 속이고"였습니다. 네가 성령을 속였으니 너 죽어야겠다는 것입니다. 지금 시몬이 등장해서 가르쳐주는 내용은 이것입니다. '성령의 임하심이 다만 어떤 만족, 어떤 감동, 어떤 충만, 어떤 행복의 문제가 아니다. 역사적으로 증명된 하나님의 뜻과 목적과 연속성을 가지고 이해하지 않으면 큰일 난다.' 예수님의 오심과 그 오심이 가지는 구체적인 증거들, 하나님과 분리된 인간들을 구원하기 위하여 찾아오신 하나님의 은혜와 사랑과 희생과 신실하심과 의지를 놓치면 어떻게 됩니까?

20절에 나와 있습니다. "베드로가 이르되 네가 하나님의 선물을 돈 주고 살 줄로 생각하였으니 네 은과 네가 함께 망할지어다." '이것은 하나님이 하시는 일이다. 그런데 너는 네가 할 수 있는 일로 이 일을 좁히고 있다.' 이것이 그렇게 중요합니까? 네, 중요합니다. 사도행전 3장에서 베드로와 요한이 성전에 기도하러 올라가다가 미문에 앉은 앉은뱅이를 일으킵니다. 그때 베드로가 사용한 표현이 무엇이었습니까? 은과 금은 내게 없거니와 내게 있는 이것을 네게 주노니 곧 나사렛 예수의 이름으로 일어나 걸으라. 나사렛 예수란 역사적 예수를 말합니다. 기독교 신앙에서 우리가 제일 많이 실수하는 것이, 하나님이 가지신 목적과 그 목적을 이루시는 구체적인 사실을 말할 때 모호한 단어를 사용하여 실질적인 기독교를 막연하게 만드는 것입니다. 대표적인 표현이 아마 진심이 아닐까 싶습니다.

진심이라는 말이 무슨 뜻입니까? 우리는 보통 사욕을 갖지 않는다, 사심을 갖지 않는다, 거짓말을 하지 않는다는 뜻으로 진심이라는 표현을 사용합니다. 그러나 무엇을 하지 않는 것은 그릇이 비어있는 것과 똑같은 것입니다. 거기에 무언가가 담겨있어야 하는데, 그저 다만 나는 거짓말을 하지 않았다, 다만 나는 사기를 치지 않았다 하는데 그칩니다. 진심이라는 표현이 이렇게 쓰여서는 안 됩니다. 기독교 신앙에서 진심이라고 할 때는 '예수 그리스도의 뜻을 받들어'라는 뜻이어야 합니다. 내 뜻이 아니라 예수님의 뜻을 받드는 것이 진심입니다.

사랑이란 말은 또 얼마나 오해됩니까? 사랑은 그것을 받는 대상을 빼놓고는 홀로 서지 못하는 개념입니다. 사랑이 혼자 돌아다니면 '나는 사랑하는 사람이야'를 증명하는 것이 되는데, 이 말이 언제 쓰이는가 보십시오. '나는 사랑하는 사람이야'라는 말은 '나는 사랑하는 사람인데 너를 사랑하지 못하는 것은 나도 너를 감당할 수 없기 때문이야'라는 말이 됩니다. 그것은 내 책임이 아니고 네 책임이라는 뜻입니다. 이럴 때 써먹습니다. 사랑, 진심 이런 것을 다 어디에 씁니까? 상대방을 포용할 수 없을 때 쓰지 않습니까? 막연한 자기 증명입니다.

그러나 교회 안에서 사랑이나 믿음을 이야기하려면 사랑은 분명히 예수님을 사랑하는 것이요, 믿음은 분명히 예수님을 믿는 것입니다. 그러니까 당연히 예수님을 사랑해야 하는데, 예수님을 사랑하면 예수께서 원수를 끌어안으시는 사랑으로 가야 합니다. 그래서 예수께서 용서하신 사람을 끌어안아야겠다는 각오로 사랑을 이야기해야 합니다. 또 믿음이라고 이야기할 때는 하나님께서 예수 안에서 우리를 구원하셨다, 그러므로 아무도 불가능한 사람은 없다고 믿는 것입니다. 누구든지 끌어안아야합니다. 우리는 감당하지 못할 때가 많습니다. 예수께 맡기십시오. 내가정죄하거나 내가 경계선을 긋지 말고 말입니다. 이것이 오늘 본문의 사건에서 말하는 중요한 내용입니다. 시몬의 사건을 통해 우리가 이 일을 현실적인 신앙에 어떻게 적용할 것인가 하는 문제를 확인하게 됩니다.

교회의 정체성, 교회의 가장 근본적인 책임이 무엇이냐면 예수님으로인한 보편성입니다. 예수님으로 인한 보편성이란 말은 예수님을 믿어서우리가 공동체를 이뤘다는 것입니다. 예수님을 믿어서 얼마나 훌륭해졌느냐는 조건이 아닙니다. 그렇게 되면 보편성이 사라집니다. 예수님을 믿었으면 가장 기본적인 조건이 갖춰지는 것입니다. 예수님을 믿었는데 마음에 안 드는 사람이 가득한 곳이 교회입니다. 그래서 이차적인 조건을일차적인 조건보다 더 왕성하게, 더 강하게 요구합니다.

이차적인 조건에는 어떤 것들이 있습니까? '쓸모 있는 교회가 되자'가아마 가장 많이 한국교회에 영향을 준 것 같습니다. '도덕적으로 좀 낮고 사회에 쓸모가 있자.' 이것은 당연히 추구해야 할 것이지만 그것이 기본 조건이 되면 보편성이 사라집니다. '잘난'이 먼저고 그다음에 '와라'가되는 것입니다. '수준이 된 다음에 와라'가 됩니다. 이런 것은 안 된다는것입니다. 시몬이 돈 주고 성령 강림을 요구한 것과 같이 우리 모두가 어떤 실력을 확인받기 위하여 공동체를 만들고 그 회원이 된 것이 어떤 일

정한 자격을 갖춘 것으로 전락하는 것입니다. 여기가 가장 많이 교회가
시험을 받는 데입니다.

성령이 하나 되게 하심

교회에는 누구나 올 수 있습니다. 누구나입니다. 예수를 필요로 하는 사
람은 누구나 오는 곳입니다. 그래서 교회는 어렵습니다. 다른 것으로는
합일이 되지 않는 곳입니다. 무엇이 더 중요한지, 무엇을 먼저 해야 하는
지, 어떠해야 하는지가 다 다릅니다. 그러나 그것이 교회 공동체를 성립
시킨 것이 아니라 예수님이 성립시켰다는 것을 증언하는 것이 오늘의 사
건입니다. 우리는 시몬같이 굴지 않았고, 시몬이 당한 이 실수에는 우리
가 절대 빠지지 않을 것으로 생각하지만 사실은 우리는 너무나 자주 시
몬이 됩니다.

　우리는 한동안 이런 기도를 했었습니다. 김일성을 죽여 달라는 기도
도 했고 김정일을 죽여 달라는 기도도 했습니다. 둘 다 죽었습니다. 기도
의 응답인지 아닌지 모르겠지만 이런 일이 있었습니다. 그런데 잘 생각
해보십시오. 교회는 그런 기도를 하는 데가 아닙니다. 교회는 이렇게 기
도해야 합니다. '김일성을 회개시켜 주십시오. 김정일의 마음에 하나님
을 아는 은혜를 베풀어주십시오.' 그러나 우리는 죽여 달라고 기도했고,
그 이유는 예수님을 안 믿고 기독교를 박해했으니 죽여달라는 것이었습
니다. 이것은 기독교 공동체에서 할 기도가 아닙니다. 초대교회가 핍박을
받을 때, 기껏 했던 기도가 무엇이었습니까? 사도행전 4장 23절에 있습
니다.

사도들이 놓이매 그 동료에게 가서 제사장들과 장로들의 말을 다 알리니 그들이 듣고 한마음으로 하나님께 소리를 높여 이르되 대주재여 천지와 바다와 그 가운데 만물을 지은 이시요 또 주의 종 우리 조상 다윗의 입을 통하여 성령으로 말씀하시기를 어찌하여 열방이 분노하며 족속들이 허사를 경영하였는고 세상의 군왕들이 나서며 관리들이 함께 모여 주와 그의 그리스도를 대적하도다 하신 이로소이다 과연 헤롯과 본디오 빌라도는 이방인과 이스라엘 백성과 합세하여 하나님께서 기름 부으신 거룩한 종 예수를 거슬러 하나님의 권능과 뜻대로 이루려고 예정하신 그것을 행하려고 이 성에 모였나이다 주여 이제도 그들의 위협함을 굽어보시옵고 또 종들로 하여금 담대히 하나님의 말씀을 전하게 하여 주시오며 손을 내밀어 병을 낫게 하시옵고 표적과 기사가 거룩한 종 예수의 이름으로 이루어지게 하옵소서 하더라(4:23-30)

대적들에 대한 저주가 없습니다. '저들이 대적해서 결국은 하나님의 뜻을 이룰 것입니다. 그것은 저들의 몫이고 우리는 우리 몫을 하게 하옵소서. 손을 내밀어 병자를 낫게 하옵시며 주 예수의 이름으로 살게 하옵소서.' 이것이 기독교 공동체입니다. 보편성을 가진다고 여러 번 이야기합니다. 누구에게도 자격의 시비가 없습니다. 모든 죄인에게 허락된 구원입니다. 그러나 우리는 보편성을 제거하고 특별하게 만들고 싶어 합니다. 그래서 교회에서 무엇이 없어집니까? 교회 안에 안심이 없습니다. 불안해합니다. 걱정합니다. 우리가 할 수 있는 것은 우리가 확인하는 어떤 세력이 아닙니다. 그것이 지금 시몬이 돈 주고 사려는 것입니다. 돈 주고 무엇인

가 확보하고 싶습니다. 그런 것은 교회에 주지 않았습니다. 이 기도하는
것과 순종하는 것 외에 준 것이 없습니다. 이 길로 가면 아무것도 안 될
것 같습니까? 그렇지 않습니다. 갈라디아서 5장에 가시면 우리는 놀라
운 말씀에 직면하게 됩니다. 성경의 분명한 약속입니다.

> 내가 이르노니 너희는 성령을 따라 행하라 그리하면 육체의 욕심을
> 이루지 아니하리라(갈 5:16)

단 하나입니다. 성령을 따라 행하라. 성령을 따라 행하는 일이 무엇입니
까?

> 오직 성령의 열매는 사랑과 희락과 화평과 오래 참음과 자비와 양선
> 과 충성과 온유와 절제니 이같은 것을 금지할 법이 없느니라 그리스
> 도 예수의 사람들은 육체와 함께 그 정욕과 탐심을 십자가에 못 박았
> 느니라 만일 우리가 성령으로 살면 또한 성령으로 행할지니 헛된 영
> 광을 구하여 서로 노엽게 하거나 서로 투기하지 말지니라(갈 5:22-26)

이것이 교회 공동체의 유일한 사명입니다. 서로 헛된 영광을 구하여 노
엽게 하거나 투기하지 말라고 합니다. 왜 그렇습니까? 에베소서 4장에서
그 이유를 이야기합니다.

> 그러므로 주 안에서 갇힌 내가 너희를 권하노니 너희가 부르심을 받
> 은 일에 합당하게 행하여 모든 겸손과 온유로 하고 오래 참음으로 사

랑 가운데서 서로 용납하고 평안의 매는 줄로 성령이 하나 되게 하신
것을 힘써 지키라(엡 4:1-3)

이것이 우리가 해야 할 전부입니다. 하나 되게 하셨습니다. 모두를 끌어
안으시고 용서하시고 기다리셔야 합니다. 그러면 무엇이 이루어집니까?
성령의 하나 되게 하신 것을 지키느라고 성령을 따라 성령의 열매를 맺
습니다. 세상이 알아주는 것이 아닙니다. 사랑과 희락과 화평과 오래 참
음과 온유와 절제들입니다. 그런 것들은 세상에서 값없는 것들입니다.

　우리는 교회가 멋있어지기를 바랍니다. 세상이 항복하도록 말입니다.
세상이 꼼짝 못할 일을 교회가 해주었으면 좋겠다고 생각합니다. 그러나
교회는 그런 곳이 아닙니다. 우리 각자는 전혀 다른 근거와 이유를 가지
고 모인 자들입니다. 우리가 교회에 모일 수 있는 것은 하나님의 일하심
때문입니다. 그런데 정치적 시각을 갖고 서니까 '김정일을 죽여주십시오'
가 나온 것입니다. 신앙인이라면 당연히 했어야 할 이 기도, '김정일의 마
음에 하나님이 은혜를 베푸소서'를 우리는 할 수 없었습니다. '저들이 자
기 일을 하듯 우리는 우리 일을 해야만 합니다'라는 기도는 하지 못하고
이렇게 책임을 누군가에게 덮어씌워 각각의 책임을 외면하는 일로 시험
을 받곤 했습니다. 교회사 내내 받은 시험입니다.

　그러니 여러분은 교회에 오실 때마다 무슨 기대를 해야 합니까? 오늘
은 가면 얼마나 멋대가리 없는 사람을 만날까를 기대하셔야 합니다. 거기
서 확인하십시오. 사마리아'도' 구원을 받았다. 성경에 나오지 않습니까?
"사마리아도." 다 보면 우리는 누구입니까? 사마리아인입니다. 그러니 우
리가 용납하고 예수님으로 인한 우리의 존재의 근거와 이유와 내용을 알

지 못한다면 교회는 정체성을 잃어버립니다. 그리하면 그 속에 회원으로 부름 받은 사람들의 유익과 훈련은 불가능해집니다. 매주일 오실 때마다 하나님이 어떤 사람까지도 부르시는가 보시고, 그중의 하나가 자신이라는 사실을 확인하시고, 하나님이 예수님 안에서 부르셨다는 것이 얼마나 무시무시한 일인가를 보십시오. 그리고 그를 십자가에 못 박아 구원하신, 죽음에서 부활을 만들어내신 하나님과 함께하여 "볼지어다. 세상 끝 날까지 내가 너희와 항상 함께 할지니라"를 기억하는 자로 주일에 교회에 오십시오. 이 자리에 앉으십시오.

여러분의 한 자리가 무엇을 증언하는 자리인가를 마음 깊이 이해하셔서 감격하십시오. 여러분을 이 자리에 앉히신 하나님께서 여러분의 생애를, 성령께서 오신 바로 그 사실로 인하여 우리 생애 내내 지키십니다. 여러분이 앉은 그 자리가 바로 인류 역사를 하나님의 뜻으로 끌고 가시는 하나님, 지금 일하시는 하나님의 손길인 줄로 확인하는 여러분의 고백, 여러분의 출석, 여러분의 교회 공동체의 회원 됨을 확인하는 오늘의 말씀이기를 바랍니다.

기 도

하나님 아버지, 은혜를 감사합니다. 하나님이 우리 모두를 예수님의 이름으로 부르셨습니다. 우리가 각각 다릅니다. 성격이 다르고 취향이 다르고 배경이 다른데 오직 예수님의 이름 하나로 한 교회, 한 형제가 되게 하셨습니다. 예수님의 넓은 품을 기억하게 하옵소서. 우리가 사는 세상에서 우리가 어떤 품을 품고 살아야 하는지 깨닫게 하옵소서. 예수님의 가슴과 사랑과 능력으로 살고 있는 존재인 줄 알게 하옵소서. 감사하게 하시고 담대하게 하시고 우리 안에서 일하시는 하나님의 손길을 바라보는 신령한 눈을 가지므로 자랑할 수 있는 용기도 주시옵소서. 예수님의 이름으로 기도합니다. 아멘.

13.

하나님의 손에 붙잡히다

사도행전 9:1-22

15_주께서 이르시되 가라 이 사람은 내 이름을 이방인과 임금들과 이스라엘 자손들에게 전하기 위하여 택한 나의 그릇이라

바울이 회심하는 장면입니다. 회심이라고 하면 우리는 당연히 그 회심한 당사자의 어떤 동기, 어떤 경험, 어떤 결단, 어떤 감동들을 예상할 것입니다. 그러나 사도행전 9장에 나오는 바울의 회심에는 그런 이야기는 전혀 없습니다. 주관적인 이야기는 없고 오직 객관적인 사실만 기록되어 있습니다. 9장 1절에서 보는 바와 같이 사울이 주의 제자들에 대하여 여전히 위협과 살기가 등등하여 대제사장에게 가서 다메섹 여러 회당에 가져갈 공문을 청해서 예수 믿는 사람들을 결박하여 잡아가려고 하고 있습니다. 살기가 등등해서 가고 있었는데 돌연히 주께서 그를 만나십니다. "네가 어찌하여 나를 핍박하느냐"라고 주께서 그 길을 막아서신 것입니다. "주여 누구시니이까?" "나는 네가 핍박하는 예수라. 시내로 들어가 너를 찾아갈 사람을 기다리라." 이것이 전부입니다. 당시에 사울은 정신이 하

나도 없었을 것입니다. 이게 뭔지, 여태껏 내가 산 게 뭔지, 지금 일어난 일이 뭔지, 혼란과 불안과 두려움 속에 있었을 것입니다.

그리고 주님은 아나니아에게 나타나셔서 그에게 직가라 하는 거리로 가서 사울을 만나 세례를 주라고 하십니다.

> 아나니아가 대답하되 주여 이 사람에 대하여 내가 여러 사람에게 들 사온즉 그가 예루살렘에서 주의 성도에게 적지 않은 해를 끼쳤다 하 더니 여기서도 주의 이름을 부르는 모든 사람을 결박할 권한을 대제 사장들에게서 받았나이다 하거늘 주께서 이르시되 가라 이 사람은 내 이름을 이방인과 임금들과 이스라엘 자손들에게 전하기 위하여 택한 나의 그릇이라 그가 내 이름을 위하여 얼마나 고난을 받아야 할 것을 내가 그에게 보이리라 하시니(9:13-16)

이 반전의 크기가 얼마나 대단한지 보이십니까? 예수 믿는 자들을 박해하고 예수를 반대하러 가던 자가 예수를 이방인에게 전하기 위한 그릇으로 준비되어 있고, 그가 예수 믿는 자들을 박해하려 했던 그 의도가 주를 위하여 박해를 받는 인생으로 반전되는 그림을 그리고 있습니다. 이것이 기독교입니다. 기독교는 하나님이 일하시는 종교입니다. 우리는 본성상 종교를 초월자에게 간절히 빌어 우리의 소원을 이루어내는 것으로 생각합니다. 치성을 바쳐 신이 감격하여 우리의 소원을 들어주는 것으로 생각하여 인간이 만든 모든 종교의 중심에는 신이 있는 것이 아니라 신을 감동시킨 믿음을 가진 자신이 있을 뿐입니다.

그러나 기독교는 그렇지 않습니다. 하나님이 주인공이십니다. 하나님은 창조주시고 구원자시며 인류의 역사를 마감할 심판자십니다. 주께서 일하고 계십니다. 우리의 자격과 우리의 성의와 우리의 조건을 앞질러 하나님께서 그 뜻을 정하시며 선하심과 자비하심과 능력으로 그 일을 이루십니다. 이것이 기독교가 주장하는 기독교 복음의 특징입니다. 우리가 아직 죄인 되었을 때 그 아들을 보내시는 하나님이요, 우리가 알지 못하고 우리를 위하여 오신 구세주를 십자가에 못 박는 일에 그 아들을 내어주시는 종교입니다. 우리의 죄를 위하여 죽었으나 우리는 알지 못했고, 그는 그 죽음을 뛰어넘어 반전시켜 부활로 우리를 불러 모으십니다. 이것이 기독교입니다.

그래서 이 이야기의 가장 중요한 핵심은 이 사건의 객관성입니다. 하나님의 일하심, 그 철저하심, 그 완벽하심, 그 신적 의도와 성실함과 관철하시는 의지가 돋보이는 장면입니다. 그 뒤에 오고 오는 세대에 이루어지는 하나님의 자녀로 부름 받는 모든 사람은 바로 여기 증명된 이 하나님의 능력과 은혜와 성실하심과 구원에 의해 결실되었다고 우리를 항복시키는 것입니다. 우리는 얼마나 많이 이것이 우리가 가지는 어떤 조건들, 선행하는 어떤 이해들, 어떤 요구들에 의해 좌우된다고 생각합니까? 그렇지 않다는 것입니다. 요한복음 15장에 가시면 예수께서 제자들에게 이렇게 말씀하시는 장면이 나옵니다.

너희는 내가 명하는 대로 행하면 곧 나의 친구라 이제부터는 너희를 종이라 하지 아니하리니 종은 주인이 하는 것을 알지 못함이라 너희를 친구라 하였노니 내가 내 아버지께 들은 것을 다 너희에게 알게 하였음이라 너희가 나를 택한 것이 아니요 내가 너희를 택하여 세웠나니 이는 너희로 가서 열매를 맺게 하고 또 너희 열매가 항상 있게 하여 내 이름으로 아버지께 무엇을 구하든지 다 받게 하려 함이라(요 15:14-16)

놀라운 선언입니다. 우리가 예수님을 택한 것이 아닙니다. 예수께서 먼저 우리를 택하셨습니다. 예수 믿는 자들에게는 배짱이 하나 있습니다. 목사에게는 이 배짱이 꼭 필요합니다. 주일마다 과연 성도들이 믿음을 계속 지켜 하나님 앞에 예배하러 나올까, 또 새로운 영혼들이 예수님의 은혜 가운데서 하나님의 자녀로 부름 받는 일이 일어날까, 사실 마음 깊은 곳에 기대와 의심이 늘 교차하는 법입니다. 잘 믿고 있어도 그렇습니다. 사실 예수 믿는 것은 만만치 않아서 얼마든지 중간에 그만둘 수 있는 일 아닙니까?

그러나 제가 이제까지 살면서 배운 것이 있습니다. 저를 힘들게 했던 큰 질문 중의 하나는 예수님을 믿는 것에 대해 납득이 되지 않는다는 점입니다. 이것이 제일 이해가 안 됩니다. 납득이 안 가니 이해가 안 될 수밖에요. 믿는 것은 분명한데 속 시원하게 예수 믿는 것이 증명되지 않는 것, 내가 믿는 식으로 누구를 항복시킬 수 없고 상대방이 항복하게 된 설명이 나에게는 항복이 되지 않는 것, 이것이 기독교 신앙입니다. 같은 고백을 하고 있지만 서로의 설명이 다르고 서로의 강조가 다릅니다. 그런데 배짱이 생긴 것은 이것 때문입니다. 납득이 안 가서, 이해가 안 가서, 마음에 들지 않아서 그만두려고 해도 그만두어지지 않는다는 사실입니다.

여러분이 그 마음에 시험을 받는 일은 저와 동일할 것입니다. 이렇게 믿느니, 이렇게 믿는 둥 마는 둥 하느니, 이렇게 뜨뜻미지근 하느니, 술에 물탄 듯 물에 술탄 듯하느니, 나갔다가 화끈해져서 돌아오자. 눈물을 줄 줄 흘리면서 갈 때까지는 이건 아니지 않는가? 아닙니다. 여러분은 끌려 나온 것입니다. 여러분의 자발성과 넘치는 감격 속에서 나오지 않았습니다. 그것은 몇 년에 한 번씩밖에 없습니다. 여러분이 항복하지 않고 여러분이 납득하지 않았을 때, 도망가지 못하게 여러분을 붙잡는 손이 있습니다. 무언가 불안한 마음에 붙들려 나옵니다. 하나님의 일하심입니다. 다메섹 도상에서 사울을 마중 나와 그를 꺾으신 하나님이 매주, 매일, 매 순간 우리를 붙잡고 계십니다. 그것이 성경이 하는 이야기입니다. '너희가 나를 택한 것이 아니요. 내가 너희를 택하였느니라'입니다.

아담과 예수

이 놀라운 말씀들은 우리로 하여금 도대체 예수님을 믿는다는 것이 무엇이기에 성경은 이런 식으로 주장을 하며 우리를 붙드는가 생각하게 합니다. 로마서 5장에 가보시겠습니다. 이런 이유 때문이요, 이런 법칙 때문이요, 이런 하나님의 일하심 때문입니다.

그러므로 한 사람으로 말미암아 죄가 세상에 들어오고 죄로 말미암아 사망이 들어왔나니 이와 같이 모든 사람이 죄를 지었으므로 사망이 모든 사람에게 이르렀느니라 죄가 율법 있기 전에도 세상에 있었으나 율법이 없었을 때에는 죄를 죄로 여기지 아니하였느니라 그러나 아담으로부터 모세까지 아담의 범죄와 같은 죄를 짓지 아니한 자들까지도 사망이 왕 노릇 하였나니 아담은 오실 자의 모형이라 그러나 이 은사는 그 범죄와 같지 아니하니 곧 한 사람의 범죄를 인하여 많은 사람이 죽었은즉 더욱 하나님의 은혜와 또한 한 사람 예수 그리스도의 은혜로 말미암은 선물은 많은 사람에게 넘쳤느니라 또 이 선물은 범죄한 한 사람으로 말미암은 것과 같지 아니하니 심판은 한 사람으로 말미암아 정죄에 이르렀으나 은사는 많은 범죄로 말미암아 의롭다 하심에 이름이니라 한 사람의 범죄로 말미암아 사망이 그 한 사람을 통하여 왕 노릇 하였은즉 더욱 은혜와 의의 선물을 넘치게 받는 자들은 한 분 예수 그리스도를 통하여 생명 안에서 왕 노릇 하리로다(롬 5:12-17)

아담을 보라고 합니다. 너희가 가진 비극적인 운명은 아담 때문에 생긴 것이라고 합니다. 어떤 비극입니까? 역사의 진실, 모든 생명은 죽는다는 것입니다. 세종대왕도 죽었고 이순신도 죽었습니다. 이토 히로부미도 죽었고 안중근도 죽었습니다. 이와 같이 우리는 모두 죽습니다. 성경은, 사망은 죄를 지어야만 주어지는 형벌이랍니다. 죄의 삯은 사망입니다. 그러나 아담의 후손 중에 죄를 짓지 아니한 자들에게도 사망이 이르렀다고 합니다. 갓난아기들이 그렇습니다. 육체적인 힘이 없을 때에도 죽습니다. 왜 그렇습니까? 죄인이기 때문이랍니다. 죄를 짓지 않았는데 왜 죄인이라고 합니까? 아담의 후손인 탓이랍니다. 인류의 조상 아담이 죄를 짓는 바람에, 그가 죄인이 되어 그 후손은 죄인의 후손이 되어 죄인이 되었다는 것입니다.

그런 면에서 아담은 오실 자의 모형, 표상이랍니다. 어떤 표상입니까? 예수님도 동일하게 인류의 대표로 보냄을 받았다는 것입니다. 아담이, 자

신이 죄인이 되어 모든 후손에게 죄인이라는 굴레를 씌웠던 것과 같이
예수님의 한 의로움과 죽음에 대한 승리로 말미암아 예수님의 후손들은
다 영생과 승리의 존재가 된다는 것입니다.

> 그러나 이 은사는 그 범죄와 같지 아니하니 곧 한 사람의 범죄를 인하
> 여 많은 사람이 죽었은즉 더욱 하나님의 은혜와 또한 한 사람 예수 그
> 리스도의 은혜로 말미암은 선물은 많은 사람에게 넘쳤느니라(롬 5:15)

죄가 죄의 후손에게 했었던 것같이 예수님의 생명과 승리가 그 후손에
게 그 권리를 적용하리라는 것입니다. 이것이 당연한 것 아니냐는 것입니
다. 한 사람 아담이 실패한 것이 그 후손들에게 미치는 것이 하나님의 법
칙이었다면, 한 사람 예수님이 그 공적을 그 후손에게 적용하는 것은 더
큰 하나님의 법칙이지 않겠느냐는 것입니다. 왜 그렇습니까? 예수는 성
자 하나님이시기 때문입니다. 이것이 로마서 5장의 논리입니다.

> 한 사람의 범죄로 말미암아 사망이 그 한 사람을 통하여 왕 노릇 하
> 였은즉 더욱 은혜와 의의 선물을 넘치게 받는 자들은 한 분 예수 그
> 리스도를 통하여 생명 안에서 왕 노릇 하리로다(롬 5:17)

이렇게 이야기할 수 있습니다. 우리가 죄를 짓지 않아도 죄인이었던 것같
이 예수님의 후손이 되면, 예수님을 믿어 하나님의 자녀가 되면 예수님
에게 일어난 일이 우리의 것이 됩니다. 우리가 예수님만큼의 순종과 예
수님만큼의 믿음과 예수님만큼의 어떤 헌신에 모자람이 많을지라도 앞

에서 보았던 법칙대로 그렇게 됩니다. 아담의 후손으로 태어나는 바람에 죄를 짓지 아니하고, 죄가 무엇인지 모르는 때에 죽는 어린아이들이 있었던 것과 같이 예수님 안에서 그의 백성으로 부름을 받는 자들에게는 모든 것이 합력하여 선을 이루며 궁극적인 승리를 방해할 수 있는 것은 아무것도 없다는 것입니다.

> 그런즉 이 일에 대하여 우리가 무슨 말 하리요 만일 하나님이 우리를 위하시면 누가 우리를 대적하리요 자기 아들을 아끼지 아니하시고 우리 모든 사람을 위하여 내주신 이가 어찌 그 아들과 함께 모든 것을 우리에게 주시지 아니하겠느냐(롬 8:31-32)

이 중요한 로마서 8장 31절과 32절을 기억하셔야 합니다. 그가 죽음을 이기셨으니 우리는 사망이 어떻게 할 수 없는 자가 됩니다. 그렇게 이어진 유산이 우리를 더 이상 죄 가운데 붙잡아 놓지 못하게 하며, 예수님으로부터 우리를 분리시키지 못하게 합니다. 그리하여 우리 인생은 원하는 때는 물론이지만 원하지 않을 때에도 예수님을 놓을 수가 없습니다. 우리가 예수님을 붙잡고 있는 것이 아니라 예수님이 우리를 붙잡고 있기 때문입니다. 그래서 사도 바울의 등장은 대단히 중요합니다. 우리는 그가 이루어낸 교회사 안에서의 너무나 큰 업적들 때문에, 그의 성공과 승리 때문에 그에게서 자꾸 어떤 조건과 이유를 찾으려고 하는데, 사실은 그렇지 않습니다.

바울에 대한 두 가지 오해

사울은 못난 사람이었습니다. 스스로가 그것을 고백합니다. 사도 바울의 육성으로 들어봅시다, 자신에 대한 이해가 무엇인지.

> 나를 능하게 하신 그리스도 예수 우리 주께 내가 감사함은 나를 충성
> 되이 여겨 내게 직분을 맡기심이니 내가 전에는 비방자요 박해자요 폭
> 행자였으나 도리어 긍휼을 입은 것은 내가 믿지 아니할 때에 알지 못
> 하고 행하였음이라 우리 주의 은혜가 그리스도 예수 안에 있는 믿음
> 과 사랑과 함께 넘치도록 풍성하였도다 미쁘다 모든 사람이 받을 만
> 한 이 말이여 그리스도 예수께서 죄인을 구원하시려고 세상에 임하셨
> 다 하였도다 죄인 중에 내가 괴수니라 (딤전 1:12-15)

이 구절을 읽으면서 많이들 오해하는 구절이 있습니다. 12절과 13절입니다. '나를 능하게 하신 그리스도 예수 우리 주께 내가 감사함은 나를 충성되게 여겼기 때문이다.' 사도 바울이 예수를 박해한 것은 잘못이지만 그에게 충성심이 있어서 사도로 불렀다는 오해가 있습니다. '또 내가 전에는 비방자요, 박해자요, 폭행자였으나 도리어 긍휼을 입은 것은 내가 믿지 아니할 때에 알지 못하고 행하였기 때문이다.' 모르고 그런 일이라 넘어가주셨다고 하는 오해입니다. 이 두 가지가 늘 우리를 오해하게 합니다. 전혀 그런 뜻이 아닙니다.

12절은 '나를 충성되도록 주께서 능력을 베푸사'라는 뜻입니다. 나를 충성되도록 능하게 하신 예수 그리스도의 은혜로 내게 직분을 맡기셨다

는 것입니다. 13절은 '내가 박해자요 비방자였을 뿐 아니라 그때는 무식했었다'라는 말입니다. 무능할 뿐만 아니라 무지했었다는 것입니다. 내가 훼방하고 박해했을 뿐만 아니라 아무것도 모르는 주제에 그랬었다는 과거의 자기반성이고 과거의 악덕들에 대한 고백입니다. 그렇지 않으면 14절로 이어질 수가 없습니다. "우리 주의 은혜가 그리스도 예수 안에 있는 믿음과 사랑과 함께 넘치도록 풍성하였도다"(딤전 1:14). 이 말을 쓸 수가 없습니다. 충성심이 있고, 그때는 몰라서 그런 것이지 알고는 안 그랬다, 이렇게 갖다 붙이면 은혜는 반 토막이 날 것입니다. "미쁘다 모든 사람이 받을 만한 이 말이여 그리스도 예수께서 죄인을 구원하시려고 세상에 임하셨다 하였도다 죄인 중에 내가 괴수니라"(딤전 1:15). 그러니까 최대한의 한계까지 은혜의 범위를 넓히는 것입니다.

　사도행전 9장에서 보는 것이 바로 이것입니다. 사울이 여전히 살기가 등등하여 예수 믿는 자들을 결박하여 예루살렘으로 끌어오려고 다메섹으로 가는 중에 예수님과 만납니다. 그가 만나러 간 것이 아니라 예수께서 막아서십니다. 예수께서 그를 거꾸러뜨리고 분질러버립니다. 반전이 일어납니다. '나도 긍휼을 입었다. 하물며 너희이겠느냐? 내가 죄인 중의 괴수다. 너는 아무리 잘해도 이등일 것이다. 아무리 잘못해도 나만큼까지는 아닐 것이다.' 우리 중의 누구도 사울보다 더할 수는 없다, 그런 뜻입니다.

　　그러나 내가 긍휼을 입은 까닭은 예수 그리스도께서 내게 먼저 일체
　　오래 참으심을 보이사 후에 주를 믿어 영생 얻는 자들에게 본이 되게
　　하려 하심이라(딤전 1:16)

'저 사람도 구원을 얻는 종교로구나. 저런 사람에게도 베푸는 은혜가 기독교의 복음이구나.' 이렇게 본으로 삼으셨다고 합니다. 제가 대학생 시절에 우리 교회 성가대에 들어가려고 오디션을 봤습니다. 저는 음정이 정확하지 않습니다. 그날 기압에 따라 늘 3도씩 오르기도 하고 내려가기도 합니다. 그리고 박자도 틀립니다. 그런데 합격을 받았습니다. 그래서 제가 제 자신을 너무 과소평가했다고 생각하게 되었습니다. 그러던 어느 날 부활절 성가 연습을 하는 중에 지휘자가 연습을 끊고 나를 쳐다보더니 "박 선생은 이 부분에서는 소리를 내지 말아주십시오" 그러는 겁니다. 그날 저는 거듭났습니다. 저를 성가대에 세움으로써 교회 앞에 이렇게 광고를 한 셈이었습니다. '저 박 선생도 들어오는 성가대입니다. 겁을 내지 마십시오.' 다들 성가대에는 전문가만 들어오는 줄 아시는데, 오늘 이 설교에 은혜를 받고 많은 분들이 지원하시기 바랍니다.

바울은 정확히 그렇게 자기 위치를 압니다. 여러분, 성경에 있는 인물들, 아브라함, 모세, 다윗 다 불러와 보십시오. 아브라함은 거짓말쟁이요, 모세는 살인자요, 다윗은 부도덕한 사람입니다. 그렇지 않습니까? 나중에 우리가 좋게 갖다 붙인 것이지 사실은 그렇습니다. 그 반열에 사울이 올라갑니다. 무식한 놈으로 올라갑니다. 무식하면 용감한 자의 대표 바울입니다. 성경의 인물들은 어느 하나도 자기를 증명하기 위하여 서 있지 않습니다. 하나님이 누구신가를 증명하기 위하여 부름 받으며 자기의 자리를 감사로 지키고 있습니다. 하나님의 놀라우심, 예수님 안에 있는 하나님의 신실하심에 대한 증인으로 기꺼이 올라가 '내가 죄인 중의 괴수니라' 하고 자기 자리를 지키는 것입니다. 그것이 교회의 사명입니다.

우리는 하나님의 값없는 은혜로 말미암아 하나님의 자녀가 된 사람이라, 그렇게 믿고 주일을 지켜 나와 하나님이 사울을 불러 바울을 만드시는 일을 위하여 기도하는 아나니아가 되는 것입니다. 아나니아가 사울을 위하여 기도한 것이 아닙니다. 하나님의 일하심을 위해 기도하는 것입니다. 그 기도에 누가 포함되었다고 합니까? 사울이 포함되었습니다. 우리 예수 믿는 사람들은 각각 마음에, 우리 서두에 이야기한 것같이 지성이면 감천인 무속신앙으로 인하여 우리가 쓸모 있고 우리가 신앙적으로 어떤 정도를 넘어서야 한다는 자책감에 시달리곤 합니다. 그리고 우리가 쓸모 있어야 한다고 생각합니다. 그런 차원에서 우리 모두가 자신의 보잘 것없음에 대하여 늘 낙심합니다. 나 같은 것 하나가 무슨 쓸모가 있겠느냐는 것입니다.

여러분은 아나니아입니다. 5장에 나온 죽어버린 아나니아 말고, 9장에 나오는 아나니아, 기도하는 중에 하나님이 우리를 통하여 일하시는 아나니아 말입니다. 또 바울입니다. 교회에 와서 앉아 있는 나를 보고 세상 사람들이 '저 사람도 구원을 받는구나' 여기는 바울 말입니다. 우리가 이런 바울의 역할을 할지, 아니면 아나니아가 될지 우리는 모릅니다. 그렇게 하나님이 일하신다는 것만 알고 있을 뿐입니다. 그래서 우리는 정한 날, 주일에 모입니다. 기도하며 찬송합니다.

하나님께서 우리 인생을 통하여 일하실 것입니다. 바울을 만나신 것같이, 아나니아의 기도에 찾아오신 것처럼 그렇게 일하심을 우리가 다 기억하고 우리 자리를 지킬 것입니다. 귀중한 존재인 줄 아는 것입니다. 하나님의 기적의 손길이요 인생인 줄 아는 것입니다. 그것이 없다면 예수 믿는 것이 무엇인 줄 모르는 것이 됩니다. 여러분의 사소한 자리, 감추어진 인생이 얼마나 극적인 자리인 줄 기억하는 오늘의 말씀이 되기를 바

랍니다. 그래서 이 아무것도 아닌, 하나의 자리에 불과한 여러분의 존재
와 여러분의 인생이 지극한 것을 기억하는 예수 믿는 자의 인생 되시기
를 바랍니다.

기 도

하나님 아버지, 은혜를 감사합니다. 하나님의 자녀로 산다는 것은 얼마나 놀라운
것입니까. 이미 많은 기적을 얻은 것이요, 진행하는 것이요, 쓰임 받는 것임을 새
삼스레 깨닫습니다. 우리의 감춰진 인생, 남들이 모르는 존재로서의 우리의 가치
를 기억하여 하나님의 일하심의 신비, 예수의 신비, 바울의 신비, 아나니아의 신
비를 배워 충성하는 우리 모두 되게 하여 주시옵소서. 예수님의 이름으로 기도합
니다. 아멘.

14.
우리의 약함도 감싸신다

사도행전 9:23-31

31_그리하여 온 유대와 갈릴리와 사마리아 교회가 평안하여 든든히 서 가고 주를 경외함과 성령의 위로로 진행하여 수가 더 많아지니라

오늘 본문에는 변화된 사울이 등장합니다. 그가 다메섹에서 하려고 했던 바는 예수 믿는 사람들을 잡는 것이었습니다. 그러나 이제 변화되어 예수님을 증언하는 자가 됩니다. 그래서 오늘 본문 23절에 나오듯이 여러 날이 지난 후에는 유대인들이 사울 죽이기를 공모합니다. 사울에게는 다른 대책이 없어서 밤중에 광주리를 타고 성을 탈출합니다. 그렇게 해서 예루살렘으로 돌아옵니다.

예루살렘에 와서 사도들을 만나려고 하자 사도들이 안 만나줍니다. 믿지 않는 것입니다. 그가 얼마나 무서운 대적이었습니까. 믿기 힘들었을 것입니다. 바나바가 나서서 주선을 하고 그가 회심한 사실을 제자들에게 확인시킵니다. 그래서 제자들과 함께 예루살렘에 와서 또 열심히 예수를 전파합니다. 그러자 예루살렘에 있는 유대인들이 이제 사울을

죽이려고 합니다. 그래서 형제들이 그를 다소로 피난시킵니다.

복음은 하나님의 일하심

사도행전에서 스데반을 죽이고 살기가 등등하여 다메섹으로 가던 사울이 예수를 만나고, 그리고 회심하고 즉시로 하나님의 사람으로 힘 있게 나서고 하는 일들을 보면 참 놀랍습니다. 이렇게 상상을 뛰어넘는 변화와 맹렬한 그의 궤적을 보게 되는데, 저는 마치 이런 것을 보는 것 같습니다. 성가대나 오케스트라를 지휘하는데, 지휘자는 없고 지휘봉이 혼자 춤추는 모습 말입니다. 어떻습니까? 지휘봉이 사람 없이 이리저리 흔들립니다. 그럴 수는 없는 일입니다. 저게 뭔가 싶고, 뭐가 이리 요란하고 맹렬한가, 어리둥절하지 않겠습니까? 말하자면 오늘 본문이 우리에게 그려 주고 있는 것이 바로 그것입니다. 그 지휘봉을 든 이가 하나님이시다!

로마서 1장으로 가보겠습니다. 로마서 1장 16절은 바로 이 사울이, 나중에 바울이라는 이름으로 바꾼 사울이 로마에 보낸 편지입니다. 그가 복음을 어떻게 이해하고 있는가, 로마서에서는 이렇게 등장합니다.

> 내가 복음을 부끄러워하지 아니하노니 이 복음은 모든 믿는 자에게 구원을 주시는 하나님의 능력이 됨이라 (롬 1:16)

복음은 이론도 아니고 하나의 약속도 아니고 선포도 아닙니다. 복음을 갖다 대면 무슨 일이 일어나고, 복음을 설명하면 무엇이 되고, 그 문서를 갖고 있으면 어떤 혜택을 보는 것이 아니라 복음은 하나님의 일하심입니다. 사울을 붙잡고 있는, 사도행전을 역사로 이루시는, 오늘날까지 예수를 보낸 일들을 하고 계시는, 우리 안에 이루시는 그 주인이 하나님이신 것을 보여주고 있습니다. 고린도전서 2장을 보시면 사도 바울이 이런 식으로 자기의 사역을 이해하도록 이야기합니다.

형제들아 내가 너희에게 나아가 하나님의 증거를 전할 때에 말과 지혜의 아름다운 것으로 아니하였나니 내가 너희 중에서 예수 그리스도와 그가 십자가에 못 박히신 것 외에는 아무 것도 알지 아니하기로 작정하였음이라 내가 너희 가운데 거할 때에 약하고 두려워하고 심히 떨었노라 내 말과 내 전도함이 설득력 있는 지혜의 말로 하지 아니하고 다만 성령의 나타나심과 능력으로 하여 너희 믿음이 사람의 지혜에 있지 아니하고 다만 하나님의 능력에 있게 하려 하였노라(고전 2:1-5)

사도 바울은 복음의 사자가 되어 복음을 전할 때, 그것을 설명하고 증거하기 위한 어떤 수단과 능력 위에 서 있지 않다는 것을 너무나 잘 이해했다고 합니다. 복음이 전파되는 것은 오직 하나님의 능력입니다. 하나님의 능력이란, 우리가 할 수 없는 것을 하시는, 하나님만이 하실 수 있는 능력이며 하나님의 성의입니다. 우리가 하나님을 돕는 것이 아니요, 우리가 복음을 나르는 것마저도 아닙니다. 우리가 복음을 날라야만 그것이 어디에 도달하는 것이 아니라 하나님이 하신다, 우리를 세우고 우리 입에 담으시고 우리를 보내신다, 이것을 이해하고 있습니다.

바울이 고린도 교회에 갈 때 제일 조심했던 것이 무엇입니까? "내가 너희 중에서 예수 그리스도와 그가 십자가에 못 박히신 것 외에는 아무 것도 알지 아니하기로 작정하였음이라"(고전 2:2). 이 말씀에 나타난 대로 바울은 하나님이 하신다, 나에게 그리 하신 것같이 이 고린도 교회에 하 나님이 지금 찾아가신다고 이해하고 있습니다. 그래서 "내가 너희 가운 데 거할 때에 약하고 두려워하고 심히 떨었노라"(고전 2:3). 무엇 때문에 두려워하고 떨었을까요? 이것이 하나의 말로 이해될까봐 떨었다는 것입 니다. 말로 이해되는 것은 무엇입니까? 더 깊은 하나님의 역사가 우리의 이해의 범위로 약화되거나 오해되거나 대체될까 봐 두려워하고 떨었다 는 것입니다.

혹 여러분이 어떤 회심의 순간, 누구의 증언이나 설교 혹은 기도를 통 해 어떤 변화가 일어난 그때의 정황을 기억하고 있을지라도, 그 모든 것 에 이유가 있는 것이 아니고, 그런 것은 하나님이 여러분을 찾아왔을 때 의 무대에 불과하며, 하나님이 찾아오신 방법에 불과합니다. 어느 누구도 하나님에 의하여 예수님 안에 허락된 부활의 능력으로 구원을 받지 않 고는 하나님을 알 수가 없으며, 예수님이 누구신지를 이해할 수 없으며 믿을 수가 없습니다. 그것이 바울의 이야기입니다. 왜 이런 이야기를 고 린도전서에 썼을까요? 고린도 교회 교인들 중에는 자기네들이 똑똑해서 예수님을 믿을 수 있었다고 생각하는 이들이 있었기 때문입니다.

그래서 여러분도 의도하지 않고 이와 동일한 실수를 합니다. 우리가 회심했을, 예수님을 믿었을 첫 번째 경험, 잊을 수 없는 경험을 가진 분들 이 주로 설명하는 중에 '이렇게 이야기하면 알아들을 것이다'라는 것이 여러분에게 올무가 됩니다. '이렇게 하면 된다'와 같은 것은 없습니다. 그 것은 하나님만이 하십니다. 그것은 가끔 지나가는 사람이 준 전도지 한

장이기도 하고, 어느 날 길 가다가 들은 교회 종소리이기도 합니다. 어머니가 머리맡에서 한 기도이기도 하고, 예수 믿는 친구와 싸우다가 끝에 "너는 지옥에나 가라"고 하는 저주일 수도 있습니다. 우리가 할 줄 아는 욕과 저주를 서로 다 퍼부었는데, 예수님을 믿는 사람들은 본인이 모르는 저주를 하더랍니다. 그래서 이게 뭔가 해서 찾다가 예수를 믿었더랍니다.

납득되지 않는 신앙 현실

하나님이 일하시면, 하나님이 찾아가겠다고 하시면, 하나님이 그 아들을 십자가에 못 박으신 분이시라면 우리가 그를 보충할 것이 남아있지 않다, 하나님의 일하심에 맡겨라, 이것이 사도 바울의 고백입니다. 그런데 오늘 군이 이런 이야기를 들춰내야 하는 이유가 무엇일까요? 고린도후서 6장입니다. 이 당연한 이야기를 왜 강조해야 하느냐 하면, 예수님을 믿고 산다는 것이 무엇인지 신자들이 끊임없이 오해하기 때문입니다.

우리가 하나님과 함께 일하는 자로서 너희를 권하노니 하나님의 은혜를 헛되이 받지 말라 이르시되 내가 은혜 베풀 때에 너에게 듣고 구원의 날에 너를 도왔다 하셨으니 보라 지금은 은혜 받을 만한 때요 보라 지금은 구원의 날이로다 우리가 이 직분이 비방을 받지 않게 하려고 무엇에든지 아무에게도 거리끼지 않게 하고 오직 모든 일에 하나님의 일꾼으로 자천하여 많이 견디는 것과 환난과 궁핍과 고난과 매 맞음과 갇힘과 난동과 수고로움과 자지 못함과 먹지 못함 가운데서

도 깨끗함과 지식과 오래 참음과 자비함과 성령의 감화와 거짓이 없
는 사랑과 진리의 말씀과 하나님의 능력으로 의의 무기를 좌우에 가
지고 영광과 욕됨으로 그러했으며 악한 이름과 아름다운 이름으로
그러했느니라 우리는 속이는 자 같으나 참되고 무명한 자 같으나 유명
한 자요 죽은 자 같으나 보라 우리가 살아 있고 징계를 받는 자 같으
나 죽임을 당하지 아니하고 근심하는 자 같으나 항상 기뻐하고 가난
한 자 같으나 많은 사람을 부요하게 하고 아무 것도 없는 자 같으나 모
든 것을 가진 자로다(고후 6:1-10)

희한한 설명입니다. 우리는 누구인가? 여기서 '우리'는 사도 바울과 그의
동료들만 이야기하는 것이 아니고 예수님을 믿어 하나님의 자녀가 된 모
든 자를 일컫는 말입니다. 기독교인이란 누구인가, 무엇인가? 누구인가
는 분명한데, 무엇이란 무엇일까요? '하나님의 자녀라는 이름을 가지고
이렇게 사는 건 뭔가?'에 대한 답일 것입니다. 우리가 원하는 것은 이런
것입니다. "깨끗함과 지식과 오래 참음과 자비함과 성령의 감화와 거짓이
없는 사랑과 진리의 말씀과 하나님의 능력으로 의의 무기를 좌우에 가
지고"(고후 6:6-7). 여기까지는 영광입니다. 그런데 8절, "영광과 욕됨으로
그러했으며" 이하로 넘어가지 않으려고 합니다. 이것이 우리가 믿는 자의
어떠함에 대한 기대요, 자신이 믿는 자라는 데서 기대하는 내용입니다.

　그러나 지금 읽은 본문은 한 면입니다. 또 다른 면이 있습니다. 4절에
보듯이 "오직 모든 일에 하나님의 일꾼으로 자천하여 많이 견디는 것과
환난과 궁핍과 고난과 매 맞음과 갇힘과 난동과 수고로움과 자지 못함
과 먹지 못함 가운데서도"(고후 6:4-5)입니다. 그리고 다시 8절, 9절, 10절

로 와서 "영광과 욕됨으로 그러했으며 악한 이름과 아름다운 이름으로
그러했느니라 우리는 속이는 자 같으나 참되고 무명한 자 같으나 보라 우
리가 살아 있고 징계를 받는 자 같으나 죽임을 당하지 아니하고 근심하
는 자 같으나 항상 기뻐하고 가난한 자 같으나 많은 사람을 부요하게 하
고 아무 것도 없는 자 같으나 모든 것을 가진 자로다"입니다. 그러니까 여
러분이 원하는 자리에 있을 때만 하나님의 자녀요 하나님의 길인 것이
아닙니다. 여러분이 원하지 않는 자리에 있는 것도 하나님이 함께하는
자리고, 그것이 하나님의 길이라는 이야기입니다. 이것을 우리가 거부해
서 우리가 하나님의 손에 잡힌 지휘봉이라는 것을 거부하는 것입니다.

　하나님이 무엇을 하시는지, 어떻게 일하시는지가 복음에 이미 분명하
게 드러났습니다. 그것은 하나님이 하신 일입니다. 그리고 하시는 일입니
다. 사도 바울이 고린도전서 2장에서 한 이야기가 정확하게 예수님의 생
애에서도 어떻게 역사적으로 증거되었는가를 보십시오. 예수님은 납득
시키러 오시지 않습니다. 예수님은 기적으로 우리를 압도하시지도 않습
니다. 그리고 십자가에 죽어서 우리를 감동시키지도 않습니다. 그것은 하
나님의 방법이었습니다. 우리에게도 동일한 것을 요구하십니다. '너희가
가는 그 길을 내가 원하고 내가 정한 것이다. 너와 함께하고 있다. 걱정
마라' 하십니다. 그러나 이것이 우리에게는 납득이 안 됩니다. 그러니 성
경이 하는 이야기는 납득이 되는 이야기가 아니라는 것입니다.

'그리하여'에 담긴 신비

오늘 사도행전 본문으로 가보겠습니다. 납득되지 않는다는 것이 어떻게

본문에 쓰여 있을까요? 다시 한 번 본문을 찬찬히 읽어봅시다.

> 여러 날이 지나매 유대인들이 사울 죽이기를 공모하더니 그 계교가
> 사울에게 알려지니라 그들이 그를 죽이려고 밤낮으로 성문까지 지키
> 거늘 그의 제자들이 밤에 사울을 광주리에 담아 성벽에서 달아 내리
> 니라(9:23-25)

드라마틱하고 흥미진진하고 아슬아슬합니다. 사울이 예루살렘에 가서
제자들을 사귀고자 하나 다 두려워하여 그가 제자가 되었다는 사실을
믿지 않습니다. "저거 프락치야. 저가 회개했다고? 그거 못 믿어." 당연히
그랬을 것입니다. 그래서 바나바가 데려갑니다. 그래서 조금씩 확인이 됩
니다.

> 사울이 제자들과 함께 있어 예루살렘에 출입하며 또 주 예수의 이름
> 으로 담대히 말하고 헬라파 유대인들과 함께 말하며 변론하니 그 사
> 람들이 죽이려고 힘쓰거늘(9:28-29)

사울의 말을 아무도 알아주지 않고, 오히려 죽이자고 합니다. 그래서 사
울은 다소로 피난길에 오릅니다. 여기에 무슨 낙관적인 기미가 있습니
까? '그리하여 흐지부지되었더라.' 그다음에 이렇게 나와야 되는 것 아닙
니까? 그러나 31절은 이렇게 되어 있었습니다.

> 그리하여 온 유대와 갈릴리와 사마리아 교회가 평안하여 든든히

서 가고 주를 경외함과 성령의 위로로 진행하여 수가 더 많아지니
라(9:31)

이런 접속사는 없습니다. '그리하여'라고 했으면 앞과 뒤가 같아야 합니
다. 그런데 앞에서는 흐지부지될 것처럼 이야기하다가 '그리하여' 잘됐
다고 이야기하는 이 접속사를 어떻게 이해하느냐는 말입니다. 여러분, 옛
날에 수학 시험을 보면 답은 맞았는데 풀이하는 과정이 틀렸으면 틀렸다
고 했던 것 기억나십니까? 분명히 풀이에 과정이 있어야 했습니다. 과정
이 맞으면 답이 틀려도 점수를 줬지만, 답은 맞는데 과정이 틀리면 점수
를 주지 않았습니다. 우리는 하나님의 일하심에 대해 사실 더 깊은 성경
적인 이해를 가져야 합니다. 하나님을 이해하지 못하면 하나님이 그의 백
성을 인도하시는 인생을 이해하지 못하기 때문입니다. 이런 '그리하여'에
대한 이해가 있어야 합니다.

　제가 예전에도 한번 소개했던 예화를 오늘의 본문에 적용해 봅시다.
일본 사람들은 성실합니다. 책임감이 있고 국민성이 좋습니다. 우리나
라 사람들은 독특합니다. 융통성이 많습니다. 그래서 일본 사람하고 우
리나라 사람하고 사업을 같이 하게 되면 일본 사람들이 펄펄 뜁니다, 박
자가 안 맞아서. 제가 아는 친구 공장에 일본 회사에서 미국에 납품하는
어떤 기계의 부속품을 맡기기로 했습니다. 어떤 표준과 기준을 요구하고
기한을 정했습니다. 석 달 기한을 지켜야 한다고 말입니다. "꼭 지켜야 합
니다." "걱정 마십시오." 우리나라 사람들이 얼마나 너그럽습니까? "아니,
그 기간이 촉박하지 않겠습니까?" "걱정하지 마십시오" 그러고는 잘 대
접해서 보냅니다. 중간에 확인을 합니다. "진행은 잘 되고 있습니까? 진척

이 얼마나 되고 있습니까?" "다 됐습니다. 걱정 마십시오." 넉넉한 우리 민족입니다.

그리고 기한이 임박하면 훨씬 더 다그칩니다. "다 됐습니까?" "다 됐습니다." "그럼 보내주십시오." "알았습니다." 일주일 후에 연락이 옵니다. "왜 안 옵니까?" "보냈습니다. 출발했습니다." 짜장면 시켜본 분은 이 말이 무슨 뜻인지 다 압니다. "왜 안 옵니까?" "출발했습니다." 그러고는 주방에 대고 고함을 지릅니다. "야, 남포교회 짜장면 열 그릇 어떻게 된 거야?" "네?" "야, 빨리 만들어라. 전화 왔다." 그거 아닙니까? 안 옵니다. 만들었어야 보내지 않겠습니까. 몇 번 그러다가 급하니까 책임자가 옵니다. "어떻게 된 일입니까?" "미안합니다. 거의 다 됐습니다. 일주일이면 됩니다." "아니, 그렇게까지 기한을 얘기했는데?" "그러니까" 하고는 여러 이유를 댑니다. 여기에 '그러니까'가 나옵니다. "왜 약속을 안 지키십니까?" "그러니까" 일본 사람들은 이 '그러니까' 앞에 어쩔 줄을 모릅니다. '그러니까'는 책임져야 하는 사람은 쓰면 안 되는 말 아닙니까? 구박하는 사람이 써야 될 말입니다. 바로 31절에 "그리하여"가 바로 이 '그러니까'입니다.

> 그리하여 온 유대와 갈릴리와 사마리아 교회가 평안하여 든든히 서 가고 주를 경외함과 성령의 위로로 진행하여 수가 더 많아지니라(9:31)

앞에서는 전혀 기미가 안 보였습니다. 우리는 알 수가 없습니다. 우리 인생이 그렇습니다. '이게 뭔가?' 어떤 때는 믿은 것이 잘한 것 같기도 하고 감동도 있다가, 또 어떤 때는 전혀 아니고 믿는 것과 안 믿는 것이 구별도 안 됩니다. 어떤 날은 '차라리 이럴 바에는 …' 하는 생각도 듭니다. 그런데 어떻게 됩니까? 그러니까 "온 유대와 갈릴리와 사마리아 교회가 평안하여 든든히 서 가고 주를 경외함과 성령의 위로로 진행하여 수가 더 많아지니라." 아멘입니다. 얼마나 다행입니까? 우리한테 맡기지 않습니다. 하나님이 친히 일하십니다. 그 손에 붙잡힌바 돼서 이렇게 도망을 못 가고 있는데, 그 우리를 통해서 하나님이 일하신답니다. 아멘 아닙니까? 걱정 마십시오. '그러니까.' 무엇을 걱정하십니까? 그렇게 자신의 인생을 확인하십시오.

마태복음 28장에서 예수님이 제자들을 떠나시면서 마지막으로 이 약속을 주십니다.

> 예수께서 나아와 말씀하여 이르시되 하늘과 땅의 모든 권세를 내게 주셨으니 그러므로 너희는 가서 모든 민족을 제자로 삼아 아버지와 아들과 성령의 이름으로 세례를 베풀고 내가 너희에게 분부한 모든 것을 가르쳐 지키게 하라(마 28:18-20상)

이 임무에 너무 묶여있는 것 아닙니까? 이 임무는 우리가 해야 할 임무이기 이전에 하나님이 하시겠다는 선언이요, 우리 인생의 가치를 말하는 것입니다. 그리고 마지막에 이렇게 붙입니다.

> 볼지어다 내가 세상 끝날까지 너희와 항상 함께 있으리라 하시니라(마 28:20하)

여러분이 보기에 여러분 자신이 마음에 들지 않을 때도 주께서 함께 하십니다. 여러분이 실패했을 때도 주께서 그 일로 일하십니다. 걱정하지 마십시오. '그러니까'입니다. 누가 "당신, 예수 믿는 거 맞아?" 그러면 그 때 이렇게 답하십시오. "그러니까…." 예수 믿는 사람들의 자랑, 결코 정죄함이 없는 예수님 안에 있는 축복, 그것이 우리의 인생인 줄 아시는 자랑과 감사가 넘치는 인생 사시기를 권합니다.

기 도

하나님 아버지, 은혜를 감사합니다. 하나님, '그러니까'의 하나님, 할 말이 없습니다. 그러니 이제 믿음을 가져야겠습니다. 무엇을 겁내겠습니까? 무엇을 걱정하겠습니까? 기도해야겠습니다. 그리고 감사해야겠습니다. 그리고 우리 인생이 마음에 안 들 때에도, 부족할 때에도 하나님이 쓰신다는 사실에 놀라야겠습니다. 그리고 깨어 있어야 하고, 당연히 충성해야 할 줄 압니다. 붙들어주시옵소서. 이기고 승리하게 하여 주시옵소서. 예수님의 이름으로 기도합니다. 아멘.

15.
사랑 받는 자녀로 삼으신다

사도행전 10:34-48

45_베드로와 함께 온 할례 받은 신자들이 이방인들에게
도 성령 부어 주심으로 말미암아 놀라니

사도행전 10장은 그 유명한, 고넬료에게 복음이 전파되는 순간을 잘 설명하는 장입니다. 고넬료는 이방인입니다. 유대인이 아닌 이방인에게 복음이 전파된 이 사건으로 인해, 11장에 가면 예루살렘 교회에서는 논란이 일어나게 됩니다. 이방에 복음이 전파된다는 것은 이천 년 동안 신약 시대를 살아온 우리에게는 너무나 당연한 것으로 여겨지지만 당시에는 매우 이례적이고 상상할 수 없는 일로 생각되었습니다.

원인은 하나님께

유대인들 쪽에서 보자면, 구원자인 예수님이 유대인으로 나셨고 유대인을 위해서 온 자라고 당연히 생각을 했습니다. 유대인들의 역사 내내 그

들은 선민으로서 하나님 앞에 특별한 대접을 받았고 특별한 약속을 가진 민족이었습니다. 지금까지도 유대인들은 자신들의 정체성을 다른 민족들과 구별해서 확인하지 않습니까? 하나님의 특별한 약속을 가진 민족, 유일하게 하나님과 관계된 민족이라고 스스로 생각합니다. 그런데 그런 것과는 상관없는, 하나님을 알지도 못하고 하나님을 기다리는 어떤 준비도 없었고 어떤 약속도 훈련도 없었던 이방에 복음이 전파되고 있습니다.

이방으로 복음이 전파된다는 것은 사실 그 이전에 구약 내내 예언되었고 예수님도 그렇게 말씀하셨지만, 유대인들은 그때는 그 말이 무슨 뜻인지 몰랐습니다. 오늘 본문의 사건 자체에서도 이 이방으로 복음이 들어가는 것은 당연한 것으로 이미 나타납니다. 베드로가 부름 받은 것이 우선 그렇습니다. 베드로는 가룟 유다와 어떤 차이가 없는 사람이었습니다. 가룟 유다가 스승을 팔아먹었다면 베드로는 세 번이나 부인한 사람입니다. 그러나 그가 돌이킴을 받습니다. 그의 배신이 회복됩니다. 역전이 됩니다. 그래서 대사도가 됩니다. 바울도 그랬습니다. 스데반이 죽고 그를 죽인 사울이 하나님의 중요한 일꾼으로 부르심을 받습니다. 이 두 사건은 이 복음이 우리에게서 출발한 것이 아니요 우리의 어떤 자격 때문에 주어진 보상이 아니라는 것을 이미 나타내고 있습니다. 그것은 하나님의 뜻이었습니다.

하나님의 뜻이었다는 것은 이런 것입니다. 여러분, 우리가 기독교를 이해할 때 보면 우리 마음에 분명하긴 하지만 너무 단순하게 갖고 있을 수 있는 신앙을 이해하는 방식이 있습니다. 기독교 신앙을 회심, 선택, 헌신, 사후의 약속들, 영생, 하나님이 예수 안에서 이루신 은혜 등으로 주로 생각을 하는 것입니다. 당연한 이해입니다. 그러나 어찌 보면 이런 신앙에 대한 이해는 하나의 줄 같습니다. 이렇게 여러 개의 점을 죽 이어놓았다는 면에서 줄 같다고 한 것입니다.

이렇게 기독교 신앙을 하나의 줄, 선에 불과하다고 이해하게 되면, 그 선을 포함하고 있는 어떤 큰 부피를 세상이라고 생각하게 됩니다. 그러니까 기도할 때 자주 나타나듯이 기독교 신앙을, 이미 분명한 세력인 세상에서 어려움을 당할 때 하나님께 간구하여 세상의 공격과 재난 속에 하나님이 오셔서 우리를 꺼내주시거나 돕는 것 정도로 생각하지 이 큰 틀 전체가 하나님의 것이라는 생각은 대부분 하지 않습니다.

이방에 복음이 전파된다는 것은 조금 전에 설명한 것처럼 이미 베드로에게 나타나고 바울에게 나타난 바와 같이 저들의 자격, 저들의 시작, 저들의 소원, 저들의 어떤 노력에 따른 결과들이 아니라는 이야기입니다. 이 이야기를 성경이 계속 해왔고, 그 복음이 이제 이방으로 나갑니다. 그러니까 이방인들이 자격 없고 조건이 없으나 그들에게 나가는 것입니다. 이것은 다른 말로 해서 원인이, 그 동력이 하나님께 있다는 뜻입니다. 우리가 잘 아는 요한복음 3장 16절을 한번 외워보십시다.

하나님이 세상을 이처럼 사랑하사 독생자를 주셨으니 이는 그를 믿는 자마다 멸망하지 않고 영생을 얻게 하려 하심이라(요 3:16)

어떤 단어들이 나오나 봅시다. 하나님, 세상, 예수가 나오고, 또 구원이 나오는데 다른 말로 영생으로 표현되어 있습니다. 그 스케일을 보십시오. 그 크기를 보라는 말입니다. 세상, 우리가 아는 전부입니다. 그리고 구원입니다. 구원이란 세상보다 더 큰 것이 있다는 것 아닙니까? 그리고 멸망과 영생, 운명이 있습니다. 얼마나 큽니까? 그런데 우리는 회심, 결단 이런 것만 생각하지 않습니까? 분명하긴 합니다. 또 그게 잘못이라는 것도 아닙니다. 그러나 그것이 얼마나 큰 것에 대한 경험이며, 그 큰 것이 어느 위치인가를 보라는 것입니다.

하나님이 세상을 사랑하사

하나님이 누구신가, 이렇게 물어야 합니다. 하나님이 누구신가 하는 질문은 사실 굉장히 어렵습니다. 설명하기 어렵습니다. 막연할 수 있습니다. '창조주이시다. 섭리자이시다. 구원자이시다. 심판자이시다.' 이렇게 설명해도 우리는 시간과 공간에 묶여 있으니까 그 말이 막막합니다. '의로우시다. 전능하시다. 신실하시다.' 그래도 사실은 매우 막막합니다. 그런데 오늘 사도행전 본문을 보면 베드로가 그 모든 것을 묶어서 이야기합니다. 무엇으로 묶습니까? 예수입니다.

> 만유의 주 되신 예수 그리스도로 말미암아 화평의 복음을 전하사 이스라엘 자손들에게 보내신 말씀 곧 요한이 그 세례를 반포한 후에 갈릴리에서 시작하여 온 유대에 두루 전파된 그것을 너희도 알거니와 (10:36-37)

복음이 무엇이냐고 할 때, 이 '커다란 것'을 '어떻게', '무엇을' 하는 이런 내용으로 복음이 전달되고 있습니다. 이 '커다란 것', 아까 이야기한 하나님, 세상, 구원, 운명과 같은 것들을, 전부 '무엇으로', 바로 예수로 설명합니다. '예수가 하나님이 보내신 복음이다.' '예수가 세례 요한이 증거한 그분이다.' 그러면 그 예수는 누구입니까?

> 우리는 유대인의 땅과 예루살렘에서 그가 행하신 모든 일에 증인이라 그를 그들이 나무에 달아 죽였으나 하나님이 사흘 만에 다시 살리사 나타내시되 모든 백성에게 하신 것이 아니요 오직 미리 택하신 증인 곧 죽은 자 가운데서 부활하신 후 그를 모시고 음식을 먹은 우리에게 하신 것이라 (10:39-41)

예수님의 죽음과 부활을 이야기합니다. 예수님의 죽음과 부활이 복음의 핵심이면서, 그 크기가 어떠하냐가 오늘 우리가 살펴보는 대로 그 복음이 이방에 들어가는 것으로 나타납니다. 다시 한 번 요한복음 3장 16절을 외워봅시다. "하나님이 세상을 이처럼 사랑하사 독생자를 주셨으니 이는 그를 믿는 자마다 멸망하지 않고 영생을 얻게 하려 하심이라." 하나님이 인간을 사랑했답니다. 이것이 복음의 핵심 중에 하나입니다. 하나님이 누구시냐 하는 문제는 조금 후에 이야기하기로 하고, 인간이 무엇이냐고 할 때, 성경이 하는 식으로는 '하나님이 사랑하시는 자'입니다. 우선 여기서부터 시작을 합시다. 하나님이 사랑한다는 것이 무슨 뜻입니까?

여러분, 한 인간으로서 자기 인생에서 자기 자신에 대한 확인이 무엇으로 됩니까? 여러분은 무엇으로 여러분 스스로가 확인됩니까? 무엇으로 만족하십니까? 다른 많은 것이 있을 것입니다. 거기에는 어떤 성공도 있을 것이고 능력도 있을 것이고 어떤 쓸모도 있을 것입니다. 그런데 나이가 들어 보시면 이런 것들이 다 사라집니다. 탤런트 김혜자 씨가 이런 간증을 합니다. "인생 별거 아니에요." 계속 그럽니다. 왜 그러는지 모르겠는데 계속 그 말만 합니다. 원래 무슨 말을 하려고 그 말을 하는가 하면, 불쌍한 사람들을 도우라는 것입니다. 남을 도와보니까 그것이 제일 보람되더라는 이야기입니다. 그래서 자꾸 후렴같이 '인생 별거 아니에요, 인생 별거 아니에요' 그럽니다. 전도서에서 이야기하듯이 헛되고 헛된 것이 인생입니다.

저에게 만일 나라는 존재에 대한 확인은 어떻게 하겠느냐고 묻는다면, 제가 죽은 다음에 제 손주가 커서 제 무덤에 올 때마다 "할아버지, 저 왔어요. 할아버지, 저 사랑해주셔서 고마워요" 그러면 저는 만족하겠습니다. 그 이상은 바라는 것이 없습니다. 여러분은 어떠십니까? 아직 젊으신 분들은 못 알아듣습니다. 아직 무언가를 해서 확인할 것들이 많습니다. 사람은 관계성을 통해 확인이 되지, 스스로 만들 수 있는 것으로 확인할 수 있는 것은 없습니다. 아무리 잘난 사람도 누군가가 거기에 항복하고 누군가가 그것으로 감사하지 않으면 그것은 사실 허무한 것입니다.

요한복음 15장에서 예수님은 이렇게 말씀하셨습니다. 친구를 위하여 자기 목숨을 버리면 이에서 더 큰 사랑이 없느니라. 이 이야기는 무엇을 근거로 하느냐 하면, 예수님 당신이 우리를 친구로 대접하여 우리를 위하여 죽으러 오셨다는 것입니다. 이것이 사랑이라는 것입니다. 예수님의 정체성과 예수님의 가치는 우리를 위하여 죽으시는 그 사랑에 있답니다. 그러니까 우리 없이는 예수라는 이름이 가치가 없는 것입니다. 예수는 신성의 이름이 아니고 인성의 이름이거든요. 그러니까 그는 기꺼이 우리를 위해 죽으셨습니다.

하나님이 예수를 보내어 우리를 구원하셨다는 말속에 들어있는 바로
이 이야기, 하나님이 우리를 사랑하여 우리에게 당신을 내어줄 수 있었
다는 사실에서 우리는 우리의 정체성을 가집니다. 비로소 가치가 생깁니
다. 그것이 복음입니다. '누가 뭐라 그래도 너는 내가 사랑하는 내 아들이
다. 내가 사랑하는 내 자식이다.' 이것이 복음입니다. 빌립보서 2장에 예
수님의 순종에 의한 죽음을 설명하는 유명한 내용이 나옵니다.

> 너희 안에 이 마음을 품으라 곧 그리스도 예수의 마음이니 그는 근본
> 하나님의 본체시나 하나님과 동등됨을 취할 것으로 여기지 아니하시
> 고 오히려 자기를 비워 종의 형체를 가지사 사람들과 같이 되셨고 사
> 람의 모양으로 나타나사 자기를 낮추시고 죽기까지 복종하셨으니 곧
> 십자가에 죽으심이라 이러므로 하나님이 그를 지극히 높여 모든 이름
> 위에 뛰어난 이름을 주사 하늘에 있는 자들과 땅에 있는 자들과 땅
> 아래에 있는 자들로 모든 무릎을 예수의 이름에 꿇게 하시고 모든 입
> 으로 예수 그리스도를 주라 시인하여 하나님 아버지께 영광을 돌리
> 게 하셨느니라(빌 2:5-11)

놀라운 선언입니다. 예수님은 죽으셨습니다. 아버지의 기쁘신 뜻에 자신
을 맡겼습니다. 그 기쁘신 뜻은 우리를 사랑하사 당신을 내어주시는 것이
었습니다. 그렇게 한 것 때문에 하나님이 예수님을 가장 높였답니다. 모든
이름 위에 뛰어난 이름을 주었답니다. 그것을 최고의 가치로 여겼답니다.
바로 친구를 위하여 죽는 것 말입니다. 그래서 "모든 입으로 예수 그리스
도를 주라 시인하여 하나님 아버지께 영광을 돌리게 하셨"습니다. 그러니

까 하나님의 하나님 되시는 자랑, 하나님이 당신을 가장 자랑하시는 명예가 무엇이라고 합니까? 우리를 위하여 당신의 아들을 주사 죽음에까지 내어주는 것을 당신의 영광으로 아신답니다. 하나님이 누구시냐? 전능하시고 영원하시고 거룩하신 하나님인데, 그것의 구체적 표현이 그리고 그모든 능력과 거룩하심이 어느 것으로 대표되기를 바라시느냐, 어느 것이 최우선이 되기를 바라시느냐 할 때, 사랑하사 당신을 부인하시는 자리로 우리에게 내어주시는 것이랍니다.

그것이 "하나님이 세상을 사랑하사"라는 간단한 말씀 속에 들어 있는 뜻입니다. 그래서 복음이 시작된 것입니다. 복음이 성립한 것입니다. 하나님이 베드로를 회복시키시고 바울을 돌이키시며 이방에 찾아오실 수 있고 가난한 자에게, 생각이 없는 자에게, 관심이 없는 자에게 능력으로 축복으로 찾아오실 수 있는 이유입니다. 이것이 기독교입니다.

우리는 구원의 대상

이런 것이 내 것이 되기 위한 어떤 경험들과 기억이 우리에게 있습니다. 회개, 통곡, 결단, 감격들이 있습니다. 이런 것은 이 큰 것에 비하면 어떤 점 같은 것들입니다. 이 큰 것, 우리라는 존재가 하나님이 사랑하는 자라는 하나님과의 관계성과 하나님이 대접하시는 존재라는 데서 우리의 정체성을 찾을 수 있다면, 그것이 성경에서 얼마나 분명하게 확실하게 약속되느냐를 봅시다. 에베소서 1장입니다.

찬송하리로다 하나님 곧 우리 주 예수 그리스도의 아버지께서 그리

스도 안에서 하늘에 속한 모든 신령한 복을 우리에게 주시되 곧 창세
전에 그리스도 안에서 우리를 택하사 우리로 사랑 안에서 그 앞에 거
룩하고 흠이 없게 하시려고 그 기쁘신 뜻대로 우리를 예정하사 예수
그리스도로 말미암아 자기의 아들들이 되게 하셨으니 이는 그가 사
랑하시는 자 안에서 우리에게 거저 주시는 바 그의 은혜의 영광을 찬
송하게 하려는 것이라(엡 1:3-6)

구원이 무엇입니까? 하나님의 은혜의 영광을 찬송하라는 것입니다. 그것
을 아는 것입니다. 내 친구가 나를 얼마나 믿는지 알고 감격하는 것, 그것
이 구원이랍니다. 그것이 얼마나 굉장한 것인지를 누리는 것이라고 합니
다. 사랑을 받는 것입니다. 신뢰를 받는 것입니다. 그런 존재가 우리랍니
다. 그것이 기독교가 말하는 구원이라고 합니다. 11절에는 이렇게 이어집
니다.

모든 일을 그의 뜻의 결정대로 일하시는 이의 계획을 따라 우리가 예정
을 입어 그 안에서 기업이 되었으니 이는 우리가 그리스도 안에서 전부
터 바라던 그의 영광의 찬송이 되게 하려 하심이라(엡 1:11-12)

여기는 조금 또 다릅니다. 우리가 하나님의 영광의 꽃이 된답니다. 누구
를 사랑하고 누구를 믿는다는 것은 믿는 자와 사랑하는 자의 복입니다.
그리고 그렇게 복되고 실력 있는 이가 사랑하고 믿는 자의 영광에서 이
믿음과 사랑은 꽃이 될 것입니다. 우리는 그런 존재랍니다. 우리가 하나
님의 영광의 꽃이 될 것입니다.

여러분은 소모품이 아닙니다. 여러분은 하나님의 부족을 메워줘야 할 도우미들이 아닙니다. 여러분은 구원의 대상이요, 사랑의 대상이요, 믿음의 교제를 나누는 인격적이고 존귀한 대상입니다. 하나님의 측량할 수 없는 그 신비가, 그 은혜가, 그 사랑이 당신이 지으신 세상과 당신을 배반한 인류를 놓아두지 않으시고 찾아 들어오시는 것입니다. 그리하여 모든 영혼을 만나시고, 그 앞에 항복시키시고, 힘으로 하지 아니하시고 당신의 자비와 긍휼과 은혜로 하사 우리 모두를 그의 사랑과 그의 신뢰의 초대 안에 항복시키십니다. 그리하여 죄로 부패하고 파괴된 우리를 회복하실 것입니다. 하나님의 사랑을 입은 자의 영광에 서게 하실 것입니다. 이것이 기독교 신앙이요 우리의 소망입니다.

그러니 여러분이 사는 시간과 공간 속에서의 위협과 시험에 겁내지 말아야 합니다. 하나님은 특공대같이 들어왔다가 일 하나 해결하고 나가시는 분이 아닙니다. 여러분이 기도해야 찾아오시는 구조대가 아닙니다. 하나님은 그 모든 것을 만드시고 주관하시는 주인이신데, 우리를 위하여 그 아들을 주신 능력과 성실하심과 막을 수 없는 사랑의 아버지십니다. 그러니 넉넉한 마음과 기독교 신앙이 가지는 인간의 정체성에 대한 이해를 성경적으로 붙드셔서 사랑을 받는 자의 그 영광을 누리십시오. 신뢰를 나누는 친구로서의 그 명예를 지키시는 신앙의 큰 재미, 큰 약속을 여러분 삶 속에서 누리시는 귀하고 멋진 하나님의 백성으로 살아가시기를 권합니다.

기 도

하나님 아버지, 하나님의 사랑과 일하심과 능력과 우리를 대접하시는 구원에 대하여 말씀을 들으니 할 말이 없습니다. 그것은 부해지는 것도 아니요, 유능해지는 것도 아닙니다. 그것은 누구보다 나아지는 것이 아니라 하나님의 사랑을 받는 것입니다. 그 사랑을 받는 자의 영광을 아는 것입니다. 그 명예를 누리는 것입니다. 우리가 예수 안에서 그 모든 것을 이미 받았는데, 이제는 누릴 믿음도 주시옵소서. 세상의 위협과 시험 앞에 지지 말게 하옵소서. 남루한 옷을 걸쳤어도 가슴을 펼 믿음을 주시고, 혹 어려움과 반대에 부딪쳤을지라도 하나님의 사랑을 받는 자의 넉넉함으로 빙긋 웃을 수 있는 여유도 주시옵소서. 세상 앞에 섰습니다. 우리를 알지 못하며 예수님을 십자가에 못 박은 세상입니다. 거기 하나님이 찾아오셨던 것을 기억하여 우리가 선 자리에서 십자가로 지키는 충성도 주시옵소서. 예수님 이름으로 기도합니다. 아멘.

16.

하나님은 넉넉하시다

사도행전 11:1-18

18_그들이 이 말을 듣고 잠잠하여 하나님께 영광을 돌려 이르되 그러면 하나님께서 이방인에게도 생명 얻는 회개를 주셨도다 하니라

이 고넬료 사건은 사도행전에서 하나님의 백성이 되는 범위가 유대인에게 제한되지 않고 모든 이방인에게, 말하자면 모든 인류에게 허락되었다는 증거로서 매우 중요한 위치에 있습니다. 서신서들을 살펴보면 나중에 세운 교회들에서 가장 중요한 논쟁이 유대주의와 기독교 사이의 갈등입니다. 유대인들같이 할례를 받고 율법을 받아야만 하나님의 백성이 될 수 있다는 자격 조건 시비가 초대교회사에서 교회들마다 중요한 논쟁거리였습니다. 사도행전 10장과 11장에 걸쳐서 자세히 설명되었듯이 처음으로 복음이 이방인에게 전해질 때 하나님께서 그들을 먼저 받으셔서, 다시 말해 성령이 먼저 임하심으로 세례를 주게 됩니다. 오늘 본문에도 나옵니다.

그런즉 하나님이 우리가 주 예수 그리스도를 믿을 때에 주신 것과 같
은 선물을 그들에게도 주셨으니 내가 누구이기에 하나님을 능히 막겠
느냐 하더라(11:17)

이렇게 되어 세례를 주었다는 것입니다. 세례를 준 것이 왜 문제가 되었
느냐는 11장 2절에 나옵니다.

베드로가 예루살렘에 올라갔을 때에 할례자들이 비난하여 이르되
네가 무할례자의 집에 들어가 함께 먹었다 하니(11:2-3)

유대인들은 이방인들과 함께 식사를 하지 않습니다. 식사 교제란 식구끼
리 하는 것입니다. 동족끼리, 하나님의 백성이라는 식구 사이에만 하는
것인데 베드로가 이방인하고도 교제를 나누었다, 이방인들을 가족으로
대접했다고 힐난하는 데 대하여 베드로가 답하는 장면입니다. 베드로가
10장에서 있었던 일을 처음부터 다시 설명합니다.

첫 번째 해명은, 내가 그러지 않았다는 것입니다. '내가 시작하지 않
았다. 내가 환상을 보았다. 고넬료도 환상을 보고 사람을 보내었더라. 성
령께서 따라가라고 해서 갔다. 그랬더니 고넬료가 자기가 환상 중에 천
사가 와서 욥바에 가서 베드로를 불러오라고 해서 사람을 보내서 나를
불렀다고 하더라. 그래서 거기에서 복음을 전하니까 성령이 내리시더라.
그래서 세례를 주었다.' 성령 세례가 먼저냐 물 세례가 먼저냐를 말하는
것이 아닙니다. 이 사건의 핵심은 하나님께서 그들을 받았으므로 우리가
그들을 하나님의 백성의 회원으로 받아들이는 것이 마땅한 일이라는 것

입니다. 물 세례를 주는 것은 이 사람이 하나님의 백성이요 예수를 믿는 사람이라는 공식적인 고백이고, 하나님의 백성 된 가족이 되었다는 허락입니다.

예수님을 믿으면 이 자격을 받습니다. 구약시대에는 그것이 이스라엘 민족에게 제한되어 있었습니다. 하나님은 유대인에게만 하나님이시고, 유대인들만 하나님의 백성이었습니다. 그리고 그것을 겉으로 확인하는 예식과 증거가 할례를 받는 것과 율법을 지키는 것이었습니다. 그것이 무너지는 것입니다. 누구로 인하여 그것이 무너집니까? 예수님으로 인하여 그 장벽이 무너집니다.

예수님이 조건이 된다는 것은 무슨 뜻입니까? 성령 세례에 대한 오해는 늘 이 문제에서 초점이 잘못되어 있습니다. 성령 강림은 언제나 예수 그리스도로 말미암은 구원의 완전성에 대한 증표입니다. 성령이 임하셨다는 것은 예수님으로 인해 하나님의 구원이 완성되었다, 더 이상 다른 조건이 필요 없다는 하나님의 증표입니다. 그 성령이 지금 고넬료에게 임하셨다는 것은 이 예수님으로 말미암아 너희는 이제 내 자녀라는 것을 고넬료에게 허락하시고 또 베드로로 하여금 보게 하시는 겁니다. 그래서 베드로가 물 세례를 주어 그들도 하나님의 백성이 되었다는 것이 본문의 핵심입니다.

그러나 이 문제, 그들이 우리와 같은 신앙인이요 같은 신분을 가진다고 하는 문제는 교회사 내내, 어느 시대에나 교회 안에서 보기보다 쉽게 왜곡되곤 합니다. 유대인들이 초대교회에서 이방인들이 그들과 동일하게 하나님의 백성이 된다는 것을 반복적으로 오해하고 거부했듯이 기독교 시대에 와서는 지금까지 기독교 내에서 유대인들에 대한 거부가 있습니

다. 예수님을 죽인 자들이라는 거부가 있고, 마치 유대인은 버려진 자식
인 것같이 구별을 합니다. 그러나 그렇지 않습니다. 예수님으로 말미암는
구원이 가지는 조건이 무엇이었는지 우리가 복음서에서 확인하고 또 확
인했듯이 예수님은 죄인들을 구원하기 위하여 오셨습니다. 죄인이라는
말에서 제외되는 사람은 없습니다. 그것이 성령 강림에서 확인되곤 하는
것입니다.

저들에게 성령이 임하십니다. 그런데도 우리는 예수님을 믿는다는 말
이 가지는 조건에 늘 다른 것을 갖다 붙이려고 합니다. 무슨 쓸모 있는
것, 사람들이 혹은 세상이 납득할 만한 어떤 것, 유익한 것들 말입니다.
그런 것이 교회가 해야 하는 일인 것은 분명하지만 그것은 근거도, 핵심
도, 정체성도 아닙니다. 그것이 우리가 해야 하는 시대적 사명일지라도
그것이 교회를 성립시키는 본질은 아닙니다. 우리는 동일한 고넬료 사건
을 다루는 10장 38절 이하에서 베드로가 초점을 핵심적으로 오직 예
수 그리스도에게 집중시키는 것을 다시 확인할 필요가 있습니다.

하나님이 나사렛 예수에게 성령과 능력을 기름 붓듯 하셨으매 그가
두루 다니시며 선한 일을 행하시고 마귀에게 눌린 모든 사람을 고치
셨으니 이는 하나님이 함께 하셨음이라 우리는 유대인의 땅과 예루살
렘에서 그가 행하신 모든 일에 증인이라 그를 그들이 나무에 달아 죽
였으나 하나님이 사흘 만에 다시 살리사 나타내시되 모든 백성에게
하신 것이 아니요 오직 미리 택하신 증인 곧 죽은 자 가운데서 부활
하신 후 그를 모시고 음식을 먹은 우리에게 하신 것이라 우리에게 명
하사 백성에게 전도하되 하나님이 살아 있는 자와 죽은 자의 재판장

으로 정하신 자가 곧 이 사람인 것을 증언하게 하셨고(10:38-42)

예수님이 구원과 심판의 증언자입니다. 예수님이 심판의 기준이고 그가 구원의 기준입니다. "그에 대하여 모든 선지자도 증언하되 그를 믿는 사람들이 다 그의 이름을 힘입어 죄 사함을 받는다 하였느니라"(10:43). 이것이 기독교 복음의 핵심이자 근거입니다. 그러나 이것을 자꾸 놓칩니다.

교회는 열린 곳

이제 '교회가 무엇이냐?' 하는 중요한 질문 앞에 설 때가 되었습니다. 우리가 사는 이 시대에 뜻밖에도 교회는 사회로부터 많은 공격을 받고 있습니다. 그런데 가장 중요한 문제는 공격받는 것이 당연하다는 것을 놓친다는 사실입니다. 공격받는 것이 당연합니다. 세상은 자기네가 죄인이라는 사실을 인정하지 않기 때문입니다. 우리는 죄인인 것을 인정한 자들입니다. 그래서 예수님을 믿는 자들입니다. 세상은 예수님을 죽인 자들입니다. 세상은 예수님을 죽였고 우리는 예수님을 믿는 자들이고 예수님 없이는 안 된다고 부름을 받은 자들입니다. 우리와 저들 사이에 합의는 없습니다.

교회가 교회로서 가지는 정체성이 무엇입니까? 우리는 예수님을 믿는 자라는 것입니다. 그러면 예수님을 믿는다는 것은 무슨 뜻입니까? 예수님을 믿어야 구원을 얻는데, 예수님을 믿는다는 것은 구원이 필요한 자라는 자기 실체에 대한 이해와 고백입니다. 그래서 거기에 다른 조건을 세울 수가 없습니다. 세상에서 평등을 어떻게 이야기합니까? 국가나 민족이나 인종이나 피부 색깔을 가지고 차별할 수 없다고 합니다. 마찬가지로 교회는 어느 누구에게나 열려있는 곳이어야 합니다. 그런데 이것이 어렵습니다. '교회가 왜 그러느냐' 하는 다른 문제들에 대하여 우리는 늘 반성하고 성찰해야 하는 것이 당연하지만, 그것을 납득시켜서 교회를 유지할 방법은 없습니다. 세상은 우리의 본질에 대해서는 이해할 생각도 없고 관심도 없습니다. 그러니 쓸모 있고 멋있음으로써 교회를 지키는 것이 아닙니다. 이 열려 있음, '죄인을 위하여 죽으신 예수를 믿노라. 그래서 내가 오늘 하나님의 백성으로 고백하노라' 하는 이것이 교회의 정체성입니다.

그러면 교회는 그 책임을 어떻게 집니까? 공동체로 모여야 합니다. 각 개인이 예수님을 믿으면 구원을 얻습니다. 그런데 그들이 모여야 하는 이유, 교회를 존속시켜야 하는 이유는 무엇입니까? 다른 이유로는 함께 있을 수 없는 사람들이 모였다는 것으로 이 정체성을 증언하는 것입니다. 저들은 다른 이유로서는 도무지 공통점이 없는데 왜 같이 앉아 있느냐 할 때, 그 답은 '예수님을 믿는다'입니다. 저 사람은 우파이고 저 사람은 좌파인데 어떻게 같이 있느냐, 혹시 양 정당의 막후가 아니냐, 이런 모든 음모론과 오해 속에서도 같이 나와서 앉아 있는 것입니다. 그런 것 같지도 않은데 왜 교회에는 같이 나와서 앉아 있느냐 하는 질문을 세상에 던지라고 교회가 있습니다. 전도하라고, 구제하라고 교회가 성립된 것이 아니라 바로 이것으로 교회가 성립되었답니다.

그러니 다른 문제가 생기거든 그것을 교회의 본질적 정체성과 대등하게 놓고 싸우지 마십시오. 우리 교회는 전도가 부족해, 우리 교회는 사랑이 부족해, 우리 교회는 의자 색깔이 나빠, 하는 말들을 할 수 있습니다. 그러나 그런 것들은 본질적으로 최우선적인 우리의 정체성이나 책임과는 전혀 다릅니다. '이방도 구원을 받았구나!' 이것 때문에 예루살렘 교회가 놀랐습니다. '하나님이 고넬료를 받는구나!' 우리가 교회에 전부 모여 보십시오. 어떤 현상이 나타납니까? '저 사람도 와 있구나!' 그것은 하나님이 하시는 일 아닙니까? 요한계시록 3장에 가시면 이런 무시무시한 말씀이 있습니다.

> 빌라델비아 교회의 사자에게 편지하라 거룩하고 진실하사 다윗의 열쇠를 가지신 이 곧 열면 닫을 사람이 없고 닫으면 열 사람이 없는 그가 이르시되 볼지어다 내가 네 앞에 열린 문을 두었으되 능히 닫을 사람이 없으리라 내가 네 행위를 아노니 네가 작은 능력을 가지고서도 내 말을 지키며 내 이름을 배반하지 아니하였도다 보라 사탄의 회당 곧 자칭 유대인이라 하나 그렇지 아니하고 거짓말 하는 자들 중에서 몇을 네게 주어 그들로 와서 네 발 앞에 절하게 하고 내가 너를 사랑하는 줄을 알게 하리라 네가 나의 인내의 말씀을 지켰은즉 내가 또한 너를 지켜 시험의 때를 면하게 하리니 이는 장차 온 세상에 임하여 땅에 거하는 자들을 시험할 때라 내가 속히 오리니 네가 가진 것을 굳게 잡아 아무도 네 면류관을 빼앗지 못하게 하라 이기는 자는 내 하나님 성전에 기둥이 되게 하리니 그가 결코 다시 나가지 아니하리라 내가 하나님의 이름과 하나님의 성 곧 하늘에서 내 하나님께로부터 내려오는 새 예루살렘의 이름과 나의 새 이름을 그이 위에 기록하리라 귀 있는 자는 성령이 교회들에게 하시는 말씀을 들을지어다(계 3:7-13)

빌라델비아 교회가 무엇을 했다고 합니까? 인내했습니다. 존재하고 있는 것입니다. 신통한 일을 한 것이 아니라 예수를 믿는다는 이름으로 모입니다. 그것이 열린 문이랍니다. 그러니까 교회는 늘 열려있습니다. 의심하는 자도 오고, 반대하는 자도 오고, 물어보려고도 오고, 호기심으로도 오고, 언제나 열려 있어야 합니다. 그러나 우리는 닫고 싶어 합니다. 어떤 자격, 어떤 특징 같은 것으로 닫고 싶어 합니다. 교회가 특징을 갖는 것은 당연한 일입니다. 다수의 성향이 어떤 색깔을 띨 수 있습니다. 그러나 그것이 강제력이 되거나 정치권력이 되지 않습니다. 교회는 어느 한 사람의 다른 의견까지 다 열어 놓는 곳입니다. 열린 문입니다. 주께서 열면 닫을 자가 없고 주께서 닫으면 열 자가 없는 곳이 교회입니다.

연약함에 굴하지 않는다

그러니 이 사실을 알고 오셔야 합니다. 여러분 스스로가 자신이 여기 와 있고 여기에 앉아 있는 것이 어떤 의미이고, 어떤 책임 아래 있는가를 모르면 자꾸 교회 보고 자기가 하고 싶은 것을 하자고 하게 됩니다. 그 하고 싶은 것이 무엇을 대신하면 안 된다고 했습니까? 교회의 원래의 사명, 원래의 정체성을 그것이 삼켜버리면 안 됩니다. 그러니 여러분이 교회에 와서 앉아서 마음에 들지 않는 것을 참고 함께 앉아있는 것보다 더 큰 것은 없습니다. 그것이 교회의 사명입니다.

또 만물을 그의 발 아래에 복종하게 하시고 그를 만물 위에 교회의 머리로 삼으셨느니라 교회는 그의 몸이니 만물 안에서 만물을 충만하

게 하시는 이의 충만함이니라(엡 1:22-23)

교회는, 우리가 혼자 버티고 있다고 되는 것이 아닙니다. 교회는 그리스도께서 당신의 몸으로 부른 존재입니다. 그 예수가 기다리고 계시는 시간입니다. 교회와 함께하시는데, 심판의 권능을 드러내지 않으며 정죄하시지 않으며 기다려주시는 시간 속에 있습니다. 뒤이어 살펴볼 내용인데, 교회의 가장 중요한 책임과 최우선 과제가 공동체로 서 있는 것이라고 한다면, 그 공동체는 늘 자발성과 진심이라는 이름으로 서 있는 것이 아니라 말씀으로 서 있다는 것을 그 공동체의 핵심으로 소유해야 합니다. 말씀이라는 것은 설득하거나 설명을 한다는 뜻이 아니라 하나님이 주인이시라는 뜻입니다. 교회는 하나님이 발언하시는 곳입니다. 하나님이 부르시고 하나님이 발언하시는 모임, 이것이 교회입니다. 우리가 뜻을 합쳐서 교회를 만든 것이 아니라 하나님이 부르셨다는 것을 상징화하고 예식화한 것이 설교입니다.

설교가 하는 일은 하나님이 누구신지를 말해주는 것입니다. 우리가 아까 이야기한 식으로 열려있는 교회가 되는 이유가 예수님이 죄인을 위하여 오신 구원자이시기 때문입니다. 그래서 성령 강림이 있었습니다. 그 예수님을 하나님이 보내셨다는 것을 가르치는 곳이 교회입니다. '하나님 아버지가 그 예수를 보냈다', 이것이 말씀입니다. '하나님 아버지가 예수를 보내셨다. 그래서 우리와 세상을 구원하셨다. 그리고 그 구원이 궁극적인 세상과 역사와 인생의 운명이 될 것이다.' 이것을 선포하는 곳이 교회입니다. 이 두 번째 사실이 왜 중요합니까? 에베소서 1장 22-23절의 가치는 그것입니다. 그를 만물 위에 교회의 머리로 주시고, 교회는 그의 몸이고 만물 안에서 만물을 충만케 하시는 자의 충만입니다. 하나님이 일하시는 방법이요, 하나님의 능력이요, 하나님의 약속이요, 하나님의 임재입니다.

우리가 신앙생활을 하면서 믿는 자들에게 닥치는 가장 큰 시험이 이것입니다. 내가 잘하면 하나님이 편을 들고 내가 잘못하면 하나님이 외면한다는 식의 생각입니다. 그렇지 않습니다. 구원을 얻는다는 것은, 예수님을 믿는다는 것은 예수께서 여러분을 죄에서 구원했을 뿐 아니라 여러분과 예수님을 묶었다는 것입니다. 여러분이 하나님을 외면하고 그 뜻을 배신했을 때도 예수님은 여러분과 함께 계시다는 것입니다. 여러분이 스스로 책망하고, 스스로 할 말이 없는 실패와 게으름과 비겁함 속에 있을 때도 예수님은 여러분과 함께하기로 한 결단을 결단코 중단하시지 않는다는 것입니다. 그것이 예수님을 믿는다는 뜻이며, 말씀이 가르치고자 하는 것이 늘 그것입니다.

'하나님은 창조주이시며 심판자이실 뿐 아니라 창조한 세계와 존재와 운명들에 대하여 하나님의 통치를 완성시키기 위하여 일하고 계시는 분이시다.' 이것이 설교입니다. '우리가 당하는 현실, 우리가 겪는 도전, 우리가 확인하는 우리의 연약함, 세상의 무서움, 그런 것들을 다 하나님께서 알고 계시고 그 속에서 나를 승리케 하시기 위하여 지금도 일하고 계신다. 우리의 형편을 아신다. 우리의 실수를 아신다. 그러나 포기하지 않으신다. 그러니 일어나라.' 이것이 말씀입니다.

우리가 확인하는 것이 무엇입니까? 베드로가 서 있는 것입니다. 베드로가 누굽니까? 예수님을 세 번 부인한 수제자입니다. 우리가 읽는 사도행전의 무시무시함이 무엇입니까? 우리가 복음서에서 마지막에 본 것이 유다의 배반이었습니다. 세상은 예수를 알지도 못하고 끝까지 거부하는 죄 아래 있다는 것을 대표하는 인물이 바로 이 유다였습니다. 그런데 예수로 말미암는 구원이 어떤 능력을 가지느냐에 대하여 사도행전은 무엇으로 시작을 합니까? 베드로로 시작합니다. 베드로가 담대히 일어나 이야기합니다. '여러분, 형제들이여 들으시오. 이 예수는 성경 내내 약속한 바로 그 메시아입니다. 그리고 성경이 약속한 대로 우리를 위하여 십자가를 지고 죽어 우리 모두를 끌어안아 부활시키기 위하여 왔던 수난의 종입니다. 이사야 53장이 바로 그 이야기였습니다.' 다 베드로가 한 이야기입니다. 또 그 간증과 그 증언에 대하여 누가 기를 쓰고 나옵니까? 사울이 나옵니다. 그 사울이 예수님에 의하여 뒤집어져 이쪽으로 붙잡혀 와서 역사상 가장 귀중한 복음의 종이 되었습니다.

무엇을 겁내십니까? 여러분은 예수님을 믿는다는 말이 가지는 진정한 뜻들을 다 이해하지 못하는 것입니다. 겁을 내는 것입니다. 자꾸만 하나님이 옳고 그른 것을 판단하는 심판자에 불과하다고 생각합니다. 잘하면 복 받고 못하면 벌주시는 하나님이라고들 생각합니다. 그리고 한 번, 두 번, 세 번까지는 봐주시지만 네 번째는 안 봐주신다고 생각합니다. 그렇지 않습니다. 하나님은 이 일을 강제력으로 하지도 않으시고, 명분으로 하지도 않으십니다. 우리를 죽어라고 꾸짖지도 않으십니다. 넉넉하십니다. 돌아오는 시간을, 기회를 허락하십니다. 넘어지면 일으키시고 무릎 닦아 주시고 눈물 닦아 주시고 '내 손을 잡아라' 그러시지, '거 봐' 그러시지 않습니다. 우리는 겁을 내고 있습니다.

오늘날 한국교회에 제일 필요한 것이 무엇입니까? 여러분이 하는 그 고백이 가지는 진정한 내용을 놓치는 것입니다. 겁을 내는 것입니다. 여러분과 여러분이 출석하는 교회와 여러분의 생애에서 믿음을 가지고 이기십시오. 감수하십시오. 무엇을 감수합니까? 여러분의 연약함을 감수하십시오. 그것 때문에 지지 않습니다. 세상이 달려드는 것을 감수하십시오. 그것 때문에 포기할 수 없습니다. 하나님이 그 아들을 십자가에 못 박아 죽이셨습니다. 그것을 기억하셔서 여러분의 신앙을 여기에 묶으십시오.

> 말씀이 육신이 되어 우리 가운데 거하시매 우리가 그의 영광을 보니 아버지의 독생자의 영광이요 은혜와 진리가 충만하더라(요 1:14)

그 충만한 은혜와 진리의 영광이 우리에게까지 찾아옵니다. 우리 집에 오시고, 나와 함께하시고, 나의 못남과 나의 자책과 후회와 한숨에서 기꺼이 우리 편을 들고 있습니다. 그것이 예수, 십자가, 구원이라는 기독교 복음의 핵심 단어들입니다. 그런데 우리는 잘못 쓰고 있습니다. 그러니 늘 자신이 없으니까 겁을 내서 자꾸 다른 것을 믿다. 자식 잘되게 해 달라고, 건강하게 해 달라고 합니다. 관두십시오. 아프시면 됩니다. 고통스럽습니다. 우십시오. 손해 보지 않을 것입니다. 하나님이 우리가 견딜 만큼 하신다는 것을 기억하십시오.

우리를 위하여 성자 하나님이 죽으셨다는 것을 기억하십시오. 못 따라 들어오실 자리가 없고, 우리 편 되기를 포기하는 자리가 없다는 것을 기억하십시오. 그래서 우리가 다 같이 주일에 모여서 '저 사람도 왔네. 저 사람도 왔어. 그렇지. 우리가 다 같이 예수 믿는 사람이지. 하나님이 오늘도 우리를 받아주셨네. 응원하시고 힘주시네' 이야기하자는 말입니다. 그리고 돌아가셔서 세상에 맞서십시오. 포기하지 마십시오. '하나님의 웬수인 나를 예수님 안에서 붙드셨습니다. 우리의 웬수인 세상을 내가 감수하고 내 인생, 내 자리를 지키겠습니다.' 그렇게 가는 것이 예수님을 믿는다는 고백입니다. 그 특권을 이해하시는 여러분 자신의 믿음과 인생 되시기를 바랍니다.

기 도

하나님 아버지, 은혜를 감사합니다. 우리는 예수님을 믿는 사람입니다. 우리 중에 누가 자격이 있겠습니까? 우리 중에 누가 자랑할 자격을 갖고 있겠습니까? 예수님 덕에 여기에 와 있습니다. 우리 모두 그렇게 형제요 식구요 하나님의 백성인 것을 고백합니다. 세상을 향하여 교회를 세워 문을 열라 하시니 열어 둡니다. 저들이 던지는 돌, 저들이 외치는 고함을 감수하고, 우리가 가진 증거를 붙들고 살겠습니다. 다른 것으로 변명하고 넘어가려 하지 않고 예수님을 믿는다는 것으로 답하고 책임 있게 자리를 지키겠습니다. 그 인생을 살게 하여 주시옵소서. 그리하여 주께서 행하시는 구원을 보는 기쁨과 자랑을 알게 하여 주시옵소서. 이 시대 앞에 우리와 우리가 섬기는 교회에 각자가 맡은 자리에서 책임을 감당하게 하시옵소서. 예수님의 이름으로 기도합니다. 아멘.

17.
자기 일을 하며 기다린다

사도행전 11:19-26

26_만나매 안디옥에 데리고 와서 둘이 교회에 일 년간
모여 있어 큰 무리를 가르쳤고 제자들이 안디옥에서
비로소 그리스도인이라 일컬음을 받게 되었더라

오늘 본문은 안디옥에서 예수 믿는 사람들이 처음으로 그리스도인이라 하는 이름을 얻게 되었다고 하는 대목입니다. 안디옥은 지금 이스라엘 북쪽에 위치한 시리아에 있는 도시입니다. 알렉산더가 죽고 휘하 장군 넷이 그 큰 제국을 넷으로 나누어 다스리게 되었습니다. 그중에 팔레스타인 지방을 다스리게 된 장군이 안티오쿠스였기 때문에 그의 이름을 따서 안디옥이라고 이름이 붙은 지역입니다. 그후에 로마가 세계를 통치하게 되었지만 그리스의 문화와 정신을 그대로 승계했다는 사실을 우리가 알고 있습니다.

그래서 이 안디옥 지방은 로마인과 헬라인과 유대인으로 구성되어 있었습니다. 유대인은 바벨론 포로기에 흩어져서 많이 외국에 나가 살게 되었습니다. 그래서 19절에는 이 흩어진 사람들이 처음에 유대인들에게

만 복음을 전하다가, 20절에서 헬라인에게도 예수님을 전하게 됩니다. 그래서 주의 손이 그들과 함께하시매 수많은 사람이 믿고 주께 돌아옵니다. 그래서 예루살렘 교회는 바나바를 안디옥에 보내고 바나바가 진정한 복음의 열매들을 보고 큰 기쁨으로 저들을 교육하기 위하여 다소에 가서 바울을 찾아 데리고 와서 둘이서 일 년 동안 가르쳤더니 사람들이 비로소 저들을 그리스도인이라고 불렀다는 것입니다.

이 사람들이 독특했다는 이야기입니다. 유대인은 이미 로마 사회에 흩어져 살면서 그들의 민족성과 종교를 용인 받아서 정치적으로나 종교적으로나 큰 제약 없이 잘 살고 있었습니다. 또 헬라인은 그 정신적·문화적 특권을 유지하고 있었고, 로마인은 실세니까 행정관이나 군인으로서 또는 그 가족으로서 어디에 가든지 특별한 대접을 받았습니다. 그런 사회에서 그리스도인이라는 말은 전혀 다른 근거 기준에 의한 호칭이 되지 않았겠습니까? 그래서 초대교회에 복음이 전파될 때 다만 지리적 개념으로 예수 믿는 사람들이 어떻게 그 지역으로 확장되는가, 얼마나 수가 많아졌는가 하는 것보다 더 중요하게 그리스도인이라 불렸다는 것을 꼭 기억해야 합니다.

기독교의 반세속성

그리스도인이라는 것은 당연히 헬라인 같지도 않고 유대인 같지도 않고 로마인 같지도 않다는 말입니다. 그리고 그것들과 대비할 필요가 없는 독특한 정체성을 가진다는 것입니다. 그 독특한 정체성은 성경 전체가 가르치듯이 반세속성입니다. 세속성이라는 것은 다만 쾌락을 즐기고 물질을 숭배하고 잠시 잠깐 사는 세상에서 그저 죽기 전에 해보고 싶은 것을 다 해보는 것을 말하는 것이 아닙니다. 세속성이란 그것 자체가 가치 있어 보이는 것들, 예를 들어 윤리, 도덕, 정의, 평화, 진리, 양심 같은 것들로도 하나님 알기를 거부하는 것을 말합니다. 가장 가치 있는 것으로도 하나님과의 관계를 거부하는 것, 그것이 세속성입니다.

기독교가 반세속적이라는 것은 어떤 가치나 어떤 덕목이라도 그것이 예수님으로 묶여서 하나님과의 관계로 우리를 부른다는 것을 말합니다. 예수님을 빼놓고 진리와 정의와 도덕을 이야기하는 것은 가장 중요한 근거를 빼놓고 이차적이고 삼차적인 이야기를 하는 것입니다. 그래서 이 싸움이 교회에서 여간 중요한 싸움이 아닙니다. 우리가 "교회에는 사랑이 있어야 해"라는 말을 자주 하는데, 사랑은 추상명사가 아니라 실체입니다. 한 개인이 한 인격을 사랑하는 것입니다. 그런데 자칫 잘못하면 하나님이 그 사랑을 완성하기 위하여 또 자신의 사랑을 예수로 구체화하는 것을 빼놓고 사랑을 이야기해서 사랑이 매우 모호한 것이 될 수 있습니다. 그래서 사랑은 어떤 우기는 말이 되고 맙니다.

우리가 잘 아는 우스갯소리에 이런 게 있습니다. 드라마 같은데서 볼 수 있는데, 자기 마음에 안 드는 남자가 자꾸 쫓아다니니까 여자는 또 자꾸 도망 다닙니다. "당신은 왜 귀찮게 나를 쫓아다닙니까?" "당신을 사랑해서 그럽니다." "당신이 나를 사랑하는 것을 무엇으로 증명할 수 있습니까?" "당신을 위해서 죽을 수도 있습니다." "그럼 죽어!" 사랑을 모호하게 이해하게 되면 이런 말도 성립하게 됩니다. 그러나 사랑은 그런 것이 아닙니다. 바로 이 문제에 대해 교회가 교육을 받습니다.

바나바가 바울을 불러서 기독교 신앙이 무엇인지를 구체적으로 가르치기 시작합니다. 우리는 그것을 로마서 12장에서 봅니다. 제가 아까 사랑을 설명하면서도 구체적으로 이야기한 것처럼 로마서 12장에서도 그것을 구체적으로 설명합니다. 예수님을 믿는다는 말은 나라는 존재가 예수라는 존재를 실제로 신뢰하고 맡기는 것입니다. 그러니까 신뢰할 주체와 대상이 없이 신뢰라는 말만 떠돌아다니면 안 되는 것입니다. 구체화되지 않는다면, 그 관계에서 그것이 구체적으로 드러나지 않으면 안 된다는 말입니다.

> 그러므로 형제들아 내가 하나님의 모든 자비하심으로 너희를 권하노니 너희 몸을 하나님이 기뻐하시는 거룩한 산 제물로 드리라 이는 너희가 드릴 영적 예배니라(롬 12:1)

여러분이 예수님을 믿는다고 고백하셨습니까? 예수님을 믿는다면 그 예수님을 하나님이 우리를 위하여 어떻게 보냈는가를 기억하라는 것입니다. 예수는 정말 산 제물로 왔습니다. 우리를 위하여 우리의 자리에 인간으로 오셨고, 우리와 함께 사셨고, 우리 손에 죽임을 당하시는 자리까지 자신을 내어줍니다. 그 예수님을 믿는다는 것은 이렇게 말로 때울 수 있는 것이 아닙니다. 그래서 산 제물로 드리려면 어떻게 합니까?

> 너희는 이 세대를 본받지 말고 오직 마음을 새롭게 함으로 변화를 받아 하나님의 선하시고 기뻐하시고 온전하신 뜻이 무엇인지 분별하도록 하라(롬 12:2)

이 세대와 다른 길을 가야한다는 것을 알아라, 그리고 하나님이 어떻게 일하시는지 하나님의 뜻을 분별하라, 이것입니다. 우리가 자주 틀리는 것, 아까 사랑을 다루면서도 이야기했듯이 믿음에서도 마찬가지로 틀리는 것이 이것입니다. '내가 믿어 드렸으니 내 할 일은 다 했습니다. 이제부터는 하나님이 하셔야 하는데 무엇을 하셔야 하느냐면, 내가 믿음을 바쳤으니 이제부터 날 편안하게 하셔야 합니다.' 이런 것을 믿음이라고 합니다. 우리가 친구 사이에서 "그래. 난 너 믿어. 그러니까 너도 언제나 내 말 들어" 이렇게 해서는 아무도 친구가 될 수 없습니다. 그런 것을 믿음이라고 하지 않습니다.

상대방을 위하여 희생하고 편을 들고, 무조건 옳고 그름을 떠나서 상대방에 자신을 묶는 행위를 믿음이라고 합니다. 이것은 무서운 것입니다. 이런 것이 말이 되는 이야기냐고요? 그렇다면 예수님이 오신 것은 말이 되는 이야기입니까? "우리가 아직 죄인 되었을 때에 그리스도께서 우리를 위하여 죽으심으로 하나님께서 우리에 대한 자기의 사랑을 확증하셨느니라"(롬 5:8). 하나님이 우리를 사랑하고 구원하고 자비를 베풀었다는 말이 얼마나 말이 안 되는 조건과 그런 선을 넘으셨는가 하면, 세계사 속에 있는 어떤 사건으로도 짝을 이룰 수 없는 일을 행하신 것입니다. 그런데 우리는 그 사실을 믿는다는 말로 너무 쉽게, 인감도장도 아니고 침을 발라서 한번 묻히고는 내가 할 것은 다 했다고 그럽니다. 그렇게 해서는 그리스도인이라는 말을 적용할 수가 없습니다. 그래서 이어 나오는 3절 이하의 말씀이 아주 소중합니다.

전혀 다른 정체성

로마서 12장에는 예수 믿는 사람이 교회 안에서, 사회에서, 세상 앞에서 어떻게 살아야 하는가가 자세히 설명되어 있습니다. 그리스도인이 된다는 것이 무엇을 뜻하는지 한번 봅시다.

> 내게 주신 은혜로 말미암아 너희 각 사람에게 말하노니 마땅히 생각할 그 이상의 생각을 품지 말고 오직 하나님께서 각 사람에게 나누어 주신 믿음의 분량대로 지혜롭게 생각하라(롬 12:3)

마땅히 생각할 그 이상의 생각이 무엇일까요? 다 알려고 하지 말고 아는 만큼 책임지고 충성하라는 것입니다. 다 알려고 하지 말라는 것은 맹목적이 되라는 것이 아닙니다. 하나님의 뜻은 너희의 이해보다 크니 걱정하지 말라는 것입니다. 하나님이 하시는 일을 너희가 다 알 수는 없다, 그러나 너희가 걱정하고 의심하는 부분을 하나님이 쥐고 있으니 걱정하지 말고 믿음을 가지고 할 수 있는 일을 하라는 것입니다.

우리는 지금 사도행전을 보고 있습니다. 교회가 세워지고 교회가 커나가고 교회가 현실의 도전 앞에 그리고 주께서 주신 책임을 지고 서 있습니다. 거기에서 벌어지는 일들에 교회가 어떻게 반응을 하는가와 그 반응을 통해서 예수님을 믿는다는 것, 예수님을 믿고 인생을 산다는 것이 실제로 어떤 것인가를 직면하고 있습니다. 그래서 가장 크게 배우는 것은 교회가 완전하지 않다는 것입니다. 완전하지 않은 것은 궁극적 승리가 유보되어 있기 때문입니다. 고린도전서 11장에서 이야기하듯이 성찬식을 하는 가장 큰 이유가 무엇입니까? 사도 바울이 고린도 교회에 이야기합니다.

> 내가 너희에게 전한 것은 주께 받은 것이니 곧 주 예수께서 잡히시던 밤에 떡을 가지사 축사하시고 떼어 이르시되 이것은 너희를 위하는 내 몸이니 이것을 행하여 나를 기념하라 하시고 식후에 또한 그와 같이 잔을 가지시고 이르시되 이 잔은 내 피로 세운 새 언약이니 이것을 행하여 마실 때마다 나를 기념하라 하셨으니(고전 11:23-25)

피의 언약이라고 합니다. 결론은 이것입니다.

> 너희가 이 떡을 먹으며 이 잔을 마실 때마다 주의 죽으심을 그가 오실 때까지 전하는 것이니라(고전 11:26)

주님의 죽으심을 기념하라고 합니다. 언제까지 하냐면 주께서 오실 때까지, 주의 십자가와 부활의 승리로 시작된 교회가 그가 다시 오실 때까지, 모든 인류와 역사가 알게 되는 최종적 승리까지 유보된 지금이라는 시간 속에서 예수님이 걸었던 죽음의 길을 걷는 것, 그것이 교회의 현재입니다.

우리는 자주 완성된 승리를 보려고 합니다. 교회 안에서 제일 조심해야 하는 것은 바로 모든 것이 완벽하기를 구하는 것입니다. 왜 우리는 사랑이 없는가? 왜 우리는 멋있지 않은가? 그런 생각들을 접으시고 여러분이 예수님을 믿는다고 했을 때 고백한 예수님이 누군지를 아는, 그리고 예수님을 보낸 하나님의 방법을 보십시오. 예수님을 보낸 하나님의 방법이 무엇이었습니까? 죽은 자를 살리고 소경을 보게 하며 바다를 잠잠케 하며 오병이어의 기적을 이루신 분이, 그 사역을 지켜보고 환호하고 뒤따르던 모든 사람의 배신과 원망과 분노를 일으키는 끝을 가지셨습니다.

왜 당시 군중들이 바라바를 내어주고 "예수를 십자가에 못 박으십시오. 그 피를 우리와 우리 자손에게 돌리십시오" 하고 고함을 질렀겠습니까? 너무너무 분했던 것입니다. 심한 배신감을 느꼈습니다. '처음부터 아무런 기적도 없고 기대도 안 했더라면 이렇게 화가 나지는 않았을 것을, 그런 큰일을 일으켜놓고 죽어버린다는 것이냐? 그 모욕과 고통 속에 정말 최악의 중죄인이 받는 그런 수난과 비난과 수치 속에 죽는 것을 감수한단 말이냐?' 요새 우리가 하는 말로는 뒤집어진 것입니다. 기억하셔야 합니다. 이것이 하나님이 일하시는 방법입니다. 그래서 하는 말입니다. "마땅히 생각할 그 이상의 생각을 품지 말고"(롬 12:3). 신앙생활에서 중요한 것입니다.

> 우리가 한 몸에 많은 지체를 가졌으나 모든 지체가 같은 기능을 가진 것이 아니니 이와 같이 우리 많은 사람이 그리스도 안에서 한 몸이 되어 서로 지체가 되었느니라 우리에게 주신 은혜대로 받은 은사가 각각 다르니 혹 예언이면 믿음의 분수대로, 혹 섬기는 일이면 섬기는 일로, 혹 가르치는 자면 가르치는 일로, 혹 위로하는 자면 위로하는 일로, 구제하는 자는 성실함으로, 다스리는 자는 부지런함으로, 긍휼을 베푸는 자는 즐거움으로 할 것이니라(롬 12:4-7)

자기가 할 수 있는 것을 하십시오. 할 수 있는 것을 가지고 교회를 섬기십시오. 그리스도인이라고 했습니다. 정치에 자꾸 관심을 가지면 할 수 없습니다. 다음 주에는 이 문제를 다룰 작정입니다. 정치가 무엇인가, 나라를 어떻게 이해해야 하느냐 하는 것은 신자들에게 중요한 것이기 때문에 신앙적인 안목이 필요합니다. 그러나 그것으로 내가 해야 할 일을 대체하려고 하는 것은 불신앙입니다. 내가 원하는 정권, 내가 원하는 방식, 내가 기도할 필요가 없는 환경을 만드는 것 등 말입니다. 그렇다면 하나님의 일하심에 대하여 부족함을 느끼고 있다는 뜻이 됩니다.

　우리 인생을 하나님이 인도하신다고 믿는 데도 부족합니다. 그러나 그것까지도 하나님의 크신 일이요 하나님의 지혜요 하나님의 능력이라는 것을 인정하지 못한다면 우리는 하나님의 일하심을 바꾸고 싶어하는 것입니다. 우리가 더 잘 사는 나라가 되고 또 안심할 수 있는 나라가 되는 것은 당연히 요구해야 할 일입니다. 그러나 오늘 본문에 나왔듯이 그리스도인이라는 것은 로마인이나 헬라인이나 유대인이라는 그런 구별과는 전혀 다른 기준, 전혀 다른 정체성으로 주어진 이름입니다. 그것을 여러분들이 가져야 합니다. 그래서 교회 안에서는 여러분이 교회를 지키는 데 가장 중요한 것, 각각 다른 사람들이 모였다는 것을 아셔야 합니다. 서로의 사명과 자기 것을 아시고 자기가 모르는 데 대하여 비평하거나 분노하거나 정죄하는 일을 삼가야 합니다. 그렇게 하지 않는다면 우리가 하나님의 일을 과소평가하는 것이 됩니다. 그리고 이렇게 합니다.

　사랑에는 거짓이 없나니 악을 미워하고 선에 속하라 형제를 사랑하여 서로 우애하고 존경하기를 서로 먼저 하며 부지런하여 게으르지 말고 열심을 품고 주를 섬기라(롬 12:9-11)

저는 우리 교회에 십일조를 많이 강조하고 싶습니다. 열심을 품고 주를 섬기십시오. 사회생활이 가장 중요하고 교회는 왔다 가는 곳으로 삼지 마시고, 하나님이 교회를 통하여 어떻게 일하시는가에 대하여 자기가 할 줄 아는 것으로 들어오셔서 하나님이 참으로 신비하게 일하신다는 것을 확인하시기 바랍니다. 믿음이 크셔야 합니다. 교회에서 한 달도 못 버틸 것 같은 때가 한두 번이 아닙니다. 그런데 저희 교회가 28년이 되었습니다. 물론 교회사는 이천 년이 되었습니다. 뿌리가 뽑힐 것 같았던 때가 한두 번이 아니었습니다. 초대교회의 박해, 또 근대화 이후 계몽주의로 인한 자유주의의 발흥 같은 것들이 전부 교회를 쑥대밭으로 만들고 뿌리를 뽑을 것 같았습니다. 공산주의가 유물론에 근거하여 기독교를 몰아낸 때도 그랬습니다. 그러나 교회는 이제까지 왕성하게 하나님의 일하심을 증거하고 있습니다. 그러니 여러분, 살아남나 못 살아남나 이렇게 옆에서 구경하는 사람이 되지 마시고, 거기에 참여하셔서 하나님이 일하시는 손길에 들어오십시오. 번듯한 일 말고 해야 할 일이 많습니다. 나와서 봉사를 신청하시어 참여하셔야 합니다. "부지런하여 게으르지 말고 열심을 품고 주를 섬겨라"에 밑줄 쳐 놓으시고 말입니다.

심판하는 자가 아니다

소망 중에 즐거워하며 환난 중에 참으며 기도에 항상 힘쓰며 성도들의 쓸 것을 공급하며 손 대접하기를 힘쓰라(롬 12:12-13)

그다음에 중요한 내용으로 세상에서의 신앙, 세상에서의 신앙 실천, 우리를 반대하는 세상에서 어떻게 살 것인가가 나옵니다.

> 너희를 박해하는 자를 축복하라 축복하고 저주하지 말라(롬 12:14)

우리는 어떤 문제에 대해 힘으로 싸우지 않습니다. 그것을 이기기 위하여 권력을 가지지 않습니다. 예수 믿는 대통령이라는 예전의 기대들은 소박한 기대였습니다. 물론 예수 믿는 사람이 대통령이 된다는 것이 잘못된 것은 아닙니다. 대통령이라는 권력을 예수 믿는 데 사용하기를 바라는 것은 우리 한국교회의 기독교 역사가 짧아서 가졌던 순진했던 시절의 기대였다는 말입니다.

> 즐거워하는 자들과 함께 즐거워하고 우는 자들과 함께 울라(롬 12:15)

모든 일에 정답을 들고 나와서 뭐라고 합니까? '넌 이래서 지금 울게 된 거다.' '너는 울고 너는 웃는데, 그게 다가 아니다.' 이렇게 싸우는데 여러분의 신앙생활을 소모하시지 말라는 것입니다.

> 서로 마음을 같이하며 높은 데 마음을 두지 말고 도리어 낮은 데 처하며 스스로 지혜 있는 체 하지 말라(롬 12:16)

이 내용은 3절에 나온 내용과 같습니다. "내게 주신 은혜로 말미암아 너희 각 사람에게 말하노니 마땅히 생각할 그 이상의 생각을 품지 말고 오직 하나님께서 각 사람에게 나누어 주신 믿음의 분량대로 지혜롭게 생각하라"(롬 12:3). 여기서 다시 봅니다. 스스로 지혜 있는 체 하지 마라. 다 아는 듯이 하지 마라. 무슨 뜻입니까? 하나님의 일하심의 신비를 인정하고 겸손하라는 것입니다. 아는 범주 내에서 순종하라는 말입니다.

> 아무에게도 악을 악으로 갚지 말고 모든 사람 앞에서 선한 일을 도모하라(롬 12:17)

악으로 악을 갚지 말라는 것은 보복하는 힘을 가지려고 하는 싸움에 자신의 신앙을 넘겨주지 말라는 것입니다. 세상과 교회의 가장 큰 차이는, 우리가 문화를 다룰 때 확인했듯이 세상은 가장 가치 있는 것으로도 하나님과의 관계를 끊는데 쓰고 하나님을 찾을 필요도 없게 만들고, 우리는 어떤 것으로도 하나님 앞으로 나가는 데로 인도함을 받는 자들이라는 것입니다. 그래서 사랑, 윤리, 정의, 평화, 자비, 긍휼 등 이런 모든 것들이 그것 자체가 독립적으로 가치 있는 것이 아니라 예수님 안에서만 가치 있다는 것을 발견합니다. 그것들이 하나님의 사랑에서 증거된 식으로만 우리 안에서 비로소 역사할 수 있다는 것을 인정하는 것입니다. 그렇지 않게 되면 그 모든 것들은 자기 의를 증명하는 것으로, 참으로 부패하게 되기 때문입니다.

그래서 아무에게도 악을 악으로 갚지 않습니다. 악을 제거하고 틀린 것을 고치고 흠을 없애는 것이 기독교의 책임이 아닙니다. 그런 것은 세상이 정의를 실현한다고 하는 답이 없는 방법입니다. 세상은 언제나 정의사회를 구현하기 위해 자기들이 할 수 있는 것, 즉 악을 제거할 수밖에 없었는데, 악은 어느 일부에게만 있었던 것이 아니라 우리 모두의 마음

에 있더라는 것입니다. 지금 그 꽃을 피운 사람, 지금 들킨 사람들이 악인
이고, 감추어지고 아직 열매 맺지 않은 사람은 속에 있더라는 말입니다.
끝없이 죽여야 했던 것입니다. 여러분, 인류 역사에 있는 그 많은 전쟁을
생각해 보십시오. 기독교는 그렇게 안 합니다. '하나님이 구원하고 고치
려고 하신다.' 그래서 기다립니다. 환자를 죽이려고 하는 의사는 없습니
다. 그렇지 않습니까? 살리려고 애를 씁니다. 살리려고 애를 쓰고, 그리고
기다립니다. 가장 많이 하는 것이 기다리는 것입니다. 처치하고 기다립니
다. 그것이 악을 악으로 갚지 않고 선한 일을 도모하라는 뜻입니다.

> 할 수 있거든 너희로서는 모든 사람과 더불어 화목하라 내 사랑하는
> 자들아 너희가 친히 원수를 갚지 말고 하나님의 진노하심에 맡기라
> 기록되었으되 원수 갚는 것이 내게 있으니 내가 갚으리라고 주께서
> 말씀하시니라(롬 12:18-19)

"주께서 갚아주실 거야"가 아니라 "그러니 너는 심판하지 말라"입니다.
19절을 우리는 순 악질적으로 읽어서 "너 하나님이 놔두시지 않을 거
야" 그러는데, 이것은 기독교인이 하지 않는 표현입니다. 하나님은 죄인
들을 구원하러 오셨고 모두를 고치실 수 있는 능력과 은혜를 예수님 안
에서 실체화하셨습니다. 사울이 바울로 돌아옵니다. 아무도 지금 잘못하
거나 지금 못마땅한 것으로 그 사람의 운명을 결정하지 마십시오. 가장
많이 틀렸던 자가 가장 훌륭하게 돌아오는 경우를 우리는 한두 번 보는
게 아닙니다. 그것이 교회입니다. 떠밀어 내보내지 마십시오. 못 하겠으면
그냥 기다리십시오. 자기 일 하면서 기다리십시오. 그렇지 않으면 교회는

세상에 집니다. 권력 싸움으로 가면 교회는 집니다. 하나님은 그것을 받아주시지 않습니다.

> 네 원수가 주리거든 먹이고 목마르거든 마시게 하라 그리함으로 네가 숯불을 그 머리에 쌓아 놓으리라(롬 12:20)

"네 원수가 주리거든 먹이고 목마르거든 마시게 하라." 이렇게 하라는 것입니다. "그리함으로 네가 숯불을 그 머리에 쌓아 놓으리라." 이것은 우리가 가져다가 쓸 것이 아닙니다. "제가 이렇게 잘못하지만, 미운 자식 떡 하나 더 주십시오." 미운 자식이라는 말은 빼십시오. 예수님 안에서 정죄받을 사람은 없습니다. 예수님 안에서 끝장난 사람은 없습니다. 지금은 그의 죽으심을 그가 다시 오실 때까지 기다리는 시간입니다. 그것을 하지 못하면 교회는 정체성을 잃습니다. 그래서 마지막 말이 나옵니다.

> 악에게 지지 말고 선으로 악을 이기라(롬 12:21)

악을 제거하고 굴복시키고 우리가 옳은 것을 증명하기 위하여 힘을 가지지 않습니다. 우리의 길을 갑니다. 우리의 길, 옳은 길을 갑니다. 용서하는 길, 기다리는 길, 정죄하지 않는 길 말입니다. 그리고 도망가지 않습니다. 여러분이 걷는 길에, 여러분 모두가 어려움을 지고 있지 않습니까? 예수님을 믿고 사는데 현실이 평탄한 사람은 없습니다. 그 불편한 길을, 의심이 가는 길을 가면서 나를 괴롭게 하는 현실에서 일어나는 모든 경우에 대하여 우리는 하나님의 지혜와 성실하심을 믿고 순종함으로 인내

해야 합니다. 그것이 선을 행하는 것입니다.

우리를 시험합니다. 세상이 우리를 시험하고 현실이 우리를 시험합니다. 그만 믿으라고, 하나님과 담판을 지으라고 합니다. 그렇게 하지 않습니다. 우리는 하나님이 일하신 긴 역사를 성경으로 가지고 있습니다. 그 긴 시간 동안 하나님이 어떻게 신실하게 일하셨고, 궁극적으로 승리하셨고, 그의 백성들을 복 주셨는가, 만족하게 하셨는가가 더 이상의 증거를 필요로 할 수 없도록 기록되어 있습니다. 그러니 믿음 위에 믿음을 더하사 예수님을 믿는다는 여러분의 고백이 가지는 그 사실을 여러분 생애에 누리십시오.

지지 마십시오. 힘듭니다. 그것은 우리가 위대한 길을 걷기 때문입니다. 방구석에 처박혀 있지 않기 때문입니다. 그러니 믿음을 가지고 인생을 살아가는, 신실한 신자 된 인생을 살아내십시오. 뒤에 앉아서 비겁한 소리 하지 마십시오. 여러분은 살아내지 않으면서 누구에게 정치 잘하라고 하고, 누구에게 좀 더 잘하라고 하지 마십시오. 그러지 마시고 여러분의 인생을 사십시오. 위대한 사람으로 사십시오. 세상이 감당하지 못할 사람으로 사십시오.

기 도

하나님 아버지, 은혜를 감사합니다. 예수님 안에서 발견한 하나님의 사랑과 능력과 지혜와 그 일하심을 확인하고 믿고 그리하여 예수님을 믿는 자들이 되었습니다. 어찌 우리가 세상에 지겠습니까? 세상이 무슨 우리의 적이겠습니까? 우리의 적은 불신앙입니다. 우리는 하나님의 사람으로 하나님이 사랑하시고 예수님 안에서 일하신 그 믿음을 가지고 우리의 인생을 살기로 합니다. 세상이 감당하지 못할 사람으로 살기로 합니다. 믿음으로 일어나 우리의 인생을 걸어가기로 합니다. 헛된 것과 싸우지 않으며 안일과 싸우지 않으며 안심과 싸우지 않으며 누구를 쳐 없애 편한 길로 가려 하지 않기로 결심합니다. 예수님이 그리하신 것처럼 아버지의 뜻을 따라 순종하며 십자가의 길을 걷기로 약속합니다. 그리하여 부활의 승리를 누리는 우리들 되게 하여 주시옵소서. 예수님의 이름으로 기도합니다. 아멘.

18.
어떤 조건과 환경도 감수한다

사도행전 12:1-5

5_이에 베드로는 옥에 갇혔고 교회는 그를 위하여 간절히 하나님께 기도하더라

사도행전 12장에는 헤롯 왕이 교회를 핍박하여 사도 중에 하나인 야고보를 죽인 사건, 그 일을 유대인들이 기뻐하는 것을 보고 베드로도 잡아 가두었더니 천사가 베드로를 구해낸 사건, 그리고 헤롯이 가이사랴로 가서 연설을 하고 관객의 큰 호응을 입었는데 그 영광을 하나님께 돌리지 않아서 벌레가 먹어 죽었다고 하는 이야기들이 나옵니다. 그리고 이런 많은 우여곡절을 24절 한 절에서 이렇게 결론짓고 있습니다.

하나님의 말씀은 흥왕하여 더하더라(12:24)

놀랍습니다. 무엇이 놀랍습니까? 예루살렘은 로마 제국의 식민지, 속국입니다. 그런 로마 제국에 충성하는 분봉왕 헤롯이 기독교를 탄압하니

다. 초대교회가 시작된 유대 사회에서 유력인사들이 기독교를 반대하는 것입니다. 그래서 교회에 핍박을 가하니까 유대인들이 좋아합니다. 야고보는 죽고 베드로는 갇힙니다. 물론 하나님께서 천사를 보내어 베드로를 기적적으로 꺼내주시지만, 잘 보시면 그 세력을 꺾어서 문제를 해결하시지는 않습니다. 로마를 엎으시지도 않고, 당시 유대 사회의 유력 지배계급에 대해서도 하나님이 어떤 경고를 하시거나 보복을 하시지 않습니다. 그럼에도 하나님의 말씀은 흥왕하여 간다고 본문은 말하고 있습니다.

무대 장치

초대교회가 그들의 임무를 행하고 그들의 고백을 나누기 위해서 정치적인 세력을 필요로 했다는 흔적이 없고, 세상 세력이 교회에 대해 호의적이지 않지만 그렇다고 제거되지도 않고 있다는 사실에 놀라셔야 합니다. 우리가 가지는 기독교 신앙에서 순진한 소원은 이것이 진리이고 영생의 문제이고 역사와 인류의 운명에 관한 것이니까 모두가 알도록 힘을 가져야 한다고 생각하는 것입니다. 성경은 전혀 그런 식으로 기독교 신앙을 증거하려고 노력하지 않습니다. 초대교회의 모습을 보면, 로마 제국을 하나님이 일하시는 그리고 그 복음을 증거하는 일의 무대 장치로 생각하고 있지, 필수불가결의 어떤 조건으로 삼고 있지 않습니다.

우리가 사는 시대에 가장 중요한 관심사는 경제입니다. 온 세계의 주요 관심사가 경제인데, 바로 앞선 이십 세기까지만 하더라도 경제보다 국방력이 더 주요한 관심사였습니다. 그래서 모든 나라가 힘을 가지려고 하는 유산을 물려받았습니다. 그 힘이 예전에는 국방력이었고 또는 외교력이었고, 지금은 경제력이 되었습니다. 국가가 힘을 가진다는 것은 무슨 뜻일까요? 국가가 힘을 가져서 무엇을 해야 합니까? 그 힘을 가진 국가의 책임이 무엇일까요? 국가란 우리가 잘 아는 대로 국민과 국토와 주권으로 이루어져 있습니다. 그 국가에 권력을 주는 이유는 거기에 소속된 국민이 총칼을 들고 자신을 지킬 필요가 없는 나라가 되도록 책임지라는 것입니다. 각자가 자기를 지키기 위하여 총칼을 가질 필요가 없도록 하기 위해서는 국가가 국방력도 가져야 하고 경찰력도 가져야 하고 당연히 법을 가져야 합니다.

그런데 오늘날과 같은 무한 경쟁 시대에 국제 사회에서 한 나라가 살아남으려면 이제 경제력이 있어야 합니다. 그 경제력을 가지기 위해서 국가에 모든 권력을 주고 또 책임을 묻습니다. 그런데 국제 사회에서 한 국가가 이기는 것 이상으로 각 개인의 현실이 다급합니다. 그러니 이제 '나 잘 살게 해달라'고 하는 것도 당연히 국가에 요구하게 되었습니다. 그런데 국민 속에는 우리가 보통 나누는 식으로 가진 자와 가지지 못한 자가 생겼고, 배운 자와 배우지 못한 자가 생겼고, 권력을 쥔 자와 쥐지 못한 자가 생겼습니다. 이것이 다 국가가 권력을 잘못 사용해서 된 것이라고 생각을 하게 됐습니다. 또 인류 역사 내내 권력은 늘 부패했습니다. 권력을 잡으면 치열하게 그 초점이 좁아졌습니다. 갑자기 정치, 권력 이야기하니까 어느 당에서 나왔나 생각하실 것 같은데, 여러분이 기대하시는 것과는 전혀 다른 이야기를 할 참입니다. 우리의 현실을 기독교 신앙이 어떻게 보고 있느냐 하는 문제와 묶어서 보려고 합니다. 우리는 그 둘을 나누고 갖고 있기 때문입니다.

'국가에 권력을 주고, 내가 국가의 권력을 쥐겠다.' 이것이 정치입니다.

정치는 국가 권력을 행사하는 권력입니다. 이 정치의 사전적 풀이는 대립하는 의견을 조정하고 통합하는 것이랍니다. 이것을 말로 하니까 이렇게될 것 같은데, 실제로는 잘 안 됩니다. 왜 안 되냐고 하면, 통합이니 조정이니 하는 것들은 자유, 평등, 정의라는 어떤 기본적인 상식 위에 서는 것이기 때문입니다. 이 셋이 함께하는 것이 얼마나 어려우냐 하면, 정의와평화가 함께한 적이 인류 역사에 없었다는 것만 봐도 알 수 있습니다. 정의를 행사하려면, 모두가 의로웠던 때는 없기 때문에 정의롭지 않은 사람을 내쫓거나 죽여야 했습니다. 그런데 그렇게 죽이다 보니까 개하고 고양이밖에 안 남더라는 것입니다. 어떤 문제에서는 옳을 수 있지만 언제나 옳은 사람은 없었기 때문입니다. 정의와 평화는 함께 있을 수 없었다, 역사의 증언입니다.

거기에 자유를 하나 더 넣어봅시다. 자유가 무엇일까요? 자유란 각 개인의 권리입니다. 그런데 그 권리가 순수한 권리인 적은 없습니다. 이 권리는 언제나 이기심에 묶여 있습니다. 그렇지 않습니까? 내가 편해야 하고, 내가 만족스러워야 한다고 여깁니다. 그래서 프랑스 국기를 보시면'자유, 평등, 사랑'인데, 그 세 색깔을 섞을 수가 없어서 세 색으로 나누어놓았습니다. (조크입니다.) 안 되는 것입니다.

그래서 국가가 권력을 가지고 어느 한쪽을 보호해서 나머지를 쫓아내거나 박해하지 않도록 하는 것, 이것이 국가의 임무입니다. 그렇다면 그와 다른 대립되는 의견들은 어떻게 합니까? 사회적으로 풀어야 한다는것이 답입니다. 사회에서 그 다른 의견들을 수용하고, 서로 주장하게 해서 듣고 대화하고 풀어야 합니다. 그런데 그렇게 된 적은 없습니다. 말은쉬운데 안 됩니다. 왜 안 될까요? 타협이라는 말은 다시 말해 내 의견으

로만 가용할 수 없다는 것입니다. 그러면 타협을 하려면 누군가는 양보해
야 합니다. 얼마만큼인지는 몰라도 양보해야 합니다. 그런데 양보라는 것
은 강요될 수 없는 것 아닙니까? 자발적으로 해야 합니다. 정의를 구현하
기 위해서는 각자가 정의로운 사회에 합의하기 위해서 각각의 권리나 혹
은 각각의 주장을 어느 만큼씩 양보해야 하는데, 그것이 불가능합니다.

그러니 누군가 어떤 명분과 미명 아래 또는 어떤 공동의 분노 같은 것
으로 묶어서 자기 주장을 하고, 세력을 넓히고 그래서 자기 뜻을 관철하
려고 합니다. 그래서 역사는 반복적으로 늘 비극의 역사를 가지게 됩니
다. 이겨도 이기는 것이 아니고, 다 쫓아내서 이상적인 사회가 이루어지
지 않는다는 것을 우리 모두가 보게 되었고 알게 되었습니다. 그러니 어
떻게 해야 합니까? 그것은 정치, 사회 지도자들이 해야 할 일입니다. 그리
고 국민적 수준이 높아지는 수밖에 없습니다.

하나님의 일하심을 오해

이런 암담한 역사, 인류의 현실 앞에 바로 그 사회적 타협을 가능하게 하
는 유일한 실체로 기독교가 서 있습니다. 믿음을 강요할 수는 없습니다.
우리가 주장을 하다가 상대가 납득하지 않으면 마지막에 꺼내는 카드가
'날 믿어주십시오' 아닙니까? '안 믿으면 죽여버릴 거야'는 믿음이 아닙
니다. 믿음이란 위협이 아닌 것으로 얻어내야 합니다. 그런데 그것이 안
되더라는 것입니다. 힘으로 굴복시키지 않고 모두를 항복시킬 수는 없더
라는 것입니다. 도덕은 어떻습니까? 도덕은 행사할 수가 없습니다. 그렇
지 않습니까? 내가 그리하겠다고 나 스스로를 붙들고 희생시키지 않는

이상 도덕을 지키게 할 다른 방법은 없습니다. 법은 도덕과는 거리가 멉니다. 그 자리에 유일하게 희생과 사랑이라는 내용을 들고 서 있는 존재가 있습니다. 그것이 기독교입니다. '그렇게 하면 사회가 다 괜찮아집니까?' 그런 이야기를 하려는 것이 아닙니다.

교회가 유일한 답입니다. 그런데 국가가 권력을 쥐듯이 힘이 되어 상대방을 압제하여 이 복음을 전하라고 하시지 않고, 하나님이 쳐준 울타리 속에서 사회적 기능을 하라고 하십니다. 권력을 가지려고 하지 말고 동등한 조건, 환경과 위치에서 사회를 향해 한 목소리를 내야 합니다. 그러니 누가 권력을 잡으면 기독교에 유리하냐, 어떻게 하면 기독교를 더 많이 증거할 수 있느냐 하는 생각은 하지 마십시오. '대통령을 누구를 뽑아야 합니까?' 여러분이 뽑고 싶은 사람을 뽑으십시오. 국민의 권리이고 국민의 책임이고 여러분의 수준이고 취향입니다.

'어떻게 같은 교회에 있는 사람이 딴 사람을 뽑습니까?' 다릅니다. 구별된 존재들 아닙니까? '그러면 누구를 뽑으면 더 낫습니까?' 누구를 뽑으면 더 나은 것이 아니라, A를 뽑아서 A라는 결과가 생기면 그 결과 속에서 우리가 해야 할 것을 하는 것이고, B를 뽑아 B라는 상태가 되면 또 그 상태 속에서 기독교의 증인이 되는 것입니다. 분명하게 벗어나셔야 합니다. 정치와 경제, 사회라는 것이 의미가 없다는 이야기가 아닙니다. 다만 그것들이 우리를 둘러서서 어려울 때면 어려워서 기독교가 증언이 되고, 부요하면 부요해서 기독교가 증언되는 그 삶을 하나님이 요구하고 있더라는 이야기입니다.

한국 기독교는 백 년 역사에서 두 가지를 경험했습니다. 하나는 순교였고 하나는 성공이었습니다. 순교 시대에는 기독교가 어떻게 자기를 증언했습니까? 핍박에 대하여 저항했습니다. 예수 믿는 것을 놓으라는 위협에 대하여 목숨을 걸었습니다. 성공 시대에는 어떻게 했습니까? 우리가 번 것을 우리를 위하여 쓰지 않고 주를 위하여 내놓겠다고 하여 성공 시대를 보냈습니다. 이제는 무슨 시대가 되었을까요? 복잡한 시대가 되었습니다. 많은 유혹과 현실적 시험들이 그 어느 때보다 많아졌습니다. 단순했던 사회가 아니라 복잡한 사회, 생각해야 하는 현실이 되었습니다. 어디서 어디까지 위협이고 시험이고, 어느 것이 기회이고 위기인지 알 수 없는 사회가 되었습니다.

당연히 더 많이 기도해야 합니다. 단순하게, 단순하다는 말은 너무 죄송한 표현이지만 목숨 하나 걸면 되는 것이 아닌, 단순하게 헌금 하나 하면 되는 것이 아니라, 길이 너무 묘하게 꼬불꼬불해졌습니다. 이 길 하나 들어서면 그만인 시대는 지났습니다. "나는 제사 안 지내", 이렇게 하나로 끝나지 않고, "나는 번 것만큼 헌금할거야", 이렇게 간단하지 않은 시대입니다. 어디까지가 신앙의 문제인지, 어디까지가 개인의 권리인지, 어디까지가 슬쩍 정부에 넘긴 건지, 어디까지가 슬쩍 교회라는 이름에 넘겨버린 것인지 모호한 시대가 되었습니다.

귀찮을 때마다, 괴로울 때마다 누구를 탓합니까? 나라와 하나님을 탓하게 되었습니다. 내가 살아야 할 인생이 그동안 들어왔던 시대와 너무 다르고 복잡해서 정신을 차릴 수가 없고 판단이 되지 않는 이 고단함, 이 각박함에 대하여 우리는 어딘가에 대고 분노하기 시작했습니다. 그 대상이 아마 정치일 것입니다. 그리고 교회일 것입니다. 하나님을 우습게 보고 있다는 뜻입니다. 사회야 그럴 수 있다고 해도, 예수님을 믿는 사람들이 휘청해서 이것을 모르고 넘어가면 안 됩니다. 우리가 살아내야 할 자리를 하나님이 어떤 힘으로 면제시켜 줘야 한다는 발상은 사도행전에 없습니다.

지금 써먹는 신앙

헤롯은 야고보를 죽일 수 있었고, 유대인들의 호감을 삽니다. 그 시대에 대중에게 가장 중요한 영향력을 미치는 계층이 박수를 칩니다. 베드로는 갇힙니다. 천사들이 가서 풀어줍니다. 그런데 여러분, 이 기록의 날카로움을 한번 보시겠습니까?

> 베드로가 대문을 두드린대 로데라 하는 여자 아이가 영접하러 나왔다가 베드로의 음성인 줄 알고 기뻐하여 문을 미처 열지 못하고 달려 들어가 말하되 베드로가 대문 밖에 섰더라 하니 그들이 말하되 네가 미쳤다(12:13-15상)

여러분, 혹시 제 설교 들으면서 이런 마음 가지시는 것 아닙니까? '목사님이 미쳤구나. 기독교가 아무래도 좋은 환경 속에서 자기 임무를 해야 하는데, 목사님이 현실을 모르는구나.' 이렇게 생각하시는 것 아닙니까? 우리가 힘이 없으면 아무것도 할 수 없다고 생각하시는 것 아닙니까? 이것이 기독교가 오해되는 중요한 본질입니다. 하나님의 일하심을 이해하지 못합니다. 그분이 하나님이신데, 천지의 창조주요 궁극적 심판자이신데, 인류와 역사의 주인이신데 그가 왜 세상 권세 아래에 계실까요? 우리는 이것을 납득하지 못합니다. 그러나 성경은 끊임없이 하나님의 통치에 세상이 가지지 못한 목적이 있다고 말합니다. 이사야 9장을 보시겠습니다.

> 전에 고통 받던 자들에게는 흑암이 없으리로다 옛적에는 여호와께서
> 스불론 땅과 납달리 땅이 멸시를 당하게 하셨더니 후에는 해변 길과
> 요단 저쪽 이방의 갈릴리를 영화롭게 하셨느니라 흑암에 행하던 백성
> 이 큰 빛을 보고 사망의 그늘진 땅에 거주하던 자에게 빛이 비치도다
> 주께서 이 나라를 창성하게 하시며 그 즐거움을 더하게 하셨으므로
> 추수하는 즐거움과 탈취물을 나눌 때의 즐거움 같이 그들이 주 앞에
> 서 즐거워하오니 이는 그들이 무겁게 멘 멍에와 그들의 어깨의 채찍과
> 그 압제자의 막대기를 주께서 꺾으시되 미디안의 날과 같이 하셨음이
> 니이다 어지러이 싸우는 군인들의 신과 피 묻은 겉옷이 불에 섶 같이
> 살라지리니 이는 한 아기가 우리에게 났고 한 아들을 우리에게 주신
> 바 되었는데 그의 어깨에는 정사를 메었고 그의 이름은 기묘자라, 모
> 사라, 전능하신 하나님이라, 영존하시는 아버지라, 평강의 왕이라 할
> 것임이라 그 정사와 평강의 더함이 무궁하며 또 다윗의 왕좌와 그의
> 나라에 군림하여 그 나라를 굳게 세우고 지금 이후로 영원히 정의와
> 공의로 그것을 보존하실 것이라 만군의 여호와의 열심이 이를 이루시
> 리라 (사 9:1-7)

평화의 나라를 세울 것입니다. 그 아들을 보내서 말입니다. 그리고 정의
로 다스리실 것입니다. 역시 그 아들을 통해서입니다. 그 아들은 누구입
니까? 우리를 위하여 우리를 사랑하사, 우리를 구원하기 위하여, 평화와
정의를 이루시기 위하여, 하나님이 보내신 그의 아들입니다. 이것이 우

리가 예수님을 믿는다는 고백 속에 있는 무시무시한 내용입니다. 우리만 믿음이 있습니다. 하나님의 통치, 궁극적 승리뿐만 아니라 그 실체에 대한 증거가 있습니다. 그가 보내신 아들 예수님 말입니다.

우리를 위하여 그가 죽으십니다. 자살하는 것이 아니라 우리 손에 죽습니다. 우리에게 내어 주어 당신의 정의와 당신의 평화를 제안한 그 아들을 죽이는 그 희생, 그 기다림, 그 낮추심이 보이십니까? 그것을 우리에게 뒤따라오라고 합니다. 예수님을 믿는다는 것이 무엇인지 아시겠습니까? 아무도 양보하지 않는 사회에, 오직 이기심과 경쟁밖에 없는, 어떤 정의도 어떤 평화도 만들어 낼 수 없는 인류에게 예수님이 오셨습니다. 그로 인하여 하나님을 믿을 수 있는 자들인 우리만이 할 수 있는 일, 희생, 양보, 억울함을 지라는 것입니다. 이것은 힘을 가지는 방법으로 쓰는 것이 아니기 때문에 조건이 나쁠수록 좋습니다. 그리 각오하시겠습니까? 고린도후서 6장에 가보시겠습니다.

우리가 하나님과 함께 일하는 자로서 너희를 권하노니 하나님의 은혜를 헛되이 받지 말라 이르시되 내가 은혜 베풀 때에 너에게 듣고 구원의 날에 너를 도왔다 하셨으니 보라 지금은 은혜 받을 만한 때요 보라 지금은 구원의 날이로다 우리가 이 직분이 비방을 받지 않게 하려고 무엇에든지 아무에게도 거리끼지 않게 하고 오직 모든 일에 하나님의 일꾼으로 자천하여 많이 견디는 것과 환난과 궁핍과 고난과 매 맞음과 갇힘과 난동과 수고로움과 자지 못함과 먹지 못함 가운데서도 깨끗함과 지식과 오래 참음과 자비함과 성령의 감화와 거짓이 없는 사랑과 진리의 말씀과 하나님의 능력으로 의의 무기를 좌우에 가

지고 영광과 욕됨으로 그러했으며 악한 이름과 아름다운 이름으로
그러했느니라 우리는 속이는 자 같으나 참되고 무명한 자 같으나 유명
한 자요 죽은 자 같으나 보라 우리가 살아 있고 징계를 받는 자 같으
나 죽임을 당하지 아니하고 근심하는 자 같으나 항상 기뻐하고 가난
한 자 같으나 많은 사람을 부요하게 하고 아무 것도 없는 자 같으나 모
든 것을 가진 자로다(고후 6:1-10)

철저히 무엇과 무엇이 나뉘고 있습니까? '세상 권력으로 쓸 수 있는 것
은 아무것도 준 것이 없다.' '하나님의 자녀이기 때문에 가지고 있는 진리
와 믿음과 소망이라는 것은 얼마든지 있다.' 이렇게 되어 있습니다. 하나
님은 우리의 환경과 조건을 개선시켜 주시지 않을 것입니다. 우리가 가
진 것이 세상이 요구하는 것과 다른 것이기 때문입니다. 세상은 가져서
손해 보는 것을 추구하고 있습니다. 권력, 이기심 말입니다. 우리는 얼마
든지 빼앗길 수 있는 것을 가지고 있습니다. 예수님 안에 있는 하나님의
통치 말입니다. 빼앗아 가라는 겁니다. 빼앗아 가서 누리라는 것입니다.
　우리 시대를, 하나님이 내게 명한 인생을 그렇게 사셔야 합니다. '누가
뽑히면 나는 이민 간다.' 그런 것은 안 됩니다. 기독교인이 되었다는 것,
예수님을 믿는다는 것으로 어떤 환경과 조건도 감수할 수 있지 않다면
여러분은 아직 예수님을 믿는다는 말을 충분히 모르는 것이요 하나님의
능력을 아직 충분히 누리지 못하고 있는 것입니다. 그리하지 마십시오.
　이 명예로운 길을 걸으십시오. 예수 그리스도의 탄생은 하나님께 영
광이었답니다. 하나님의 영광은 인간이 추구하는 것같이 빼앗는 것, 가
지는 것이 아니었다는 사실입니다. 놀라운 선언입니다. 예수를 믿어서 이

자리에 오지 않으시면, 여러분의 신앙은 죽은 다음에만 쓸모 있게 됩니다. 현실에서는 쓸모가 없습니다. 그리하지 마십시오. 지금 써 먹는 신앙이 되십시오. 그리하여 감사와 자랑이 있는 인생을 여러분 스스로 확인하여 가슴을 펴고 살게 하십시오.

기 도

하나님 아버지, 은혜를 감사합니다. 하나님의 자녀가 되었고 예수님을 믿는다는 말이 얼마나 큰 것인가를 확인합니다. 하나님, 물론 우리에게 좋은 날 주시기를 구합니다. 이 나라, 이 사회가 좀 더 평화롭고 좀 더 따뜻하고 좀 더 정의롭기를 바랍니다. 그러나 우리의 임무는 거기에 있지만은 않습니다. 우리는 어떤 환경과 조건 속에 부름을 받던 우리가 과연 세상의 빛인 것을 나타내야 할 것입니다. 하나님만이 정의와 평화와 자유를 주신다, 인간에게 진정한 축복이시다, 그리고 그 약속이 우리를 변화시켰고 그래서 우리는 질 수 있다, 양보할 수 있다, 당신들을 위해서 기도할 수 있다, 그렇게 살아가는 위대한 신앙인들이 되게 하여 주시옵소서. 예수님의 이름으로 기도합니다. 아멘.

3

선
교
여
행

19.
세상의 것으로는 증명하지 못한다

사도행전 13:1-3

2_주를 섬겨 금식할 때에 성령이 이르시되 내가 불러 시키는 일을 위하여 바나바와 사울을 따로 세우라 하시니

안디옥 교회에서 성령의 뜻을 따라 바울과 바나바가 선교사로 파송이 됩니다. 이제부터 이방에 복음을 전하는 자로, 하나님의 인도를 받아 꽤 긴 남은 생애를 바치게 됩니다. 사도행전 하면 가장 먼저 기억나는 것이 오순절 성령 강림과 사도 바울의 전도여행 아닙니까? 이 두 가지 사건을 모든 예수 믿는 사람들은 다 긍정적으로 그리고 낙관적으로 이해하고 있습니다. 어쨌든 바울로부터 시작해서 그 일이 성공해서 우리가 지금 예수를 믿고 있기 때문입니다. 그래서 교회사 이천 년 동안에 어느 곳에서나 예배를 보는 곳에서는, 말하자면 사도 바울에게 빚지고 있다는 것을 다 인정하고, 하나님이 바울을 보내어 하신 일이 성공했다는 것을 알고 있기에 이 사도행전을 볼 때마다 이 사건을 긍정적으로 낙관적으로 보게

마련입니다.

직접 걸어가야

그러나 사실 조심스럽게 편견을 버리고 사도행전을 보면, 그리고 그 이후에 바울의 서신서들을 보면 그는 매우 고생한 사람입니다. 그의 선교 여행은 순탄하지도 않았고 성공적인 것으로 보이지도 않습니다. 그러나 이 낙관이 우리에게 얼마나 본성적인지 아십니까? 미국에서 특히 즐겨 사용하는 이름이 요한(John), 도마(Thomas), 베드로(Peter), 바울(Paul)입니다. 요즘은 잘 안 씁니다마는 우리 때는 미국인들이 얼마나 요한을 좋아했는지 강아지 이름도 존(John)이었습니다. 기억나실 겁니다. 거기에는 말하자면 이런 낙관이 있었던 겁니다.

　요한은 밧모 섬에 유배되어 죽었습니다. 이런 사실은 그 이름에 기대되지 않았을 것입니다. 사람들이 그것을 제대로 이해했다면 자기 아들에게 요한이라고 절대 이름 붙이지 않았을 겁니다. 베드로는 순교했습니다. 그 이름을 지어주면서 이런 것은 기대하지 않고, 위대한 사도였다는 것만 그 이름에 의미로 주었을 것입니다. 바울도 마찬가지입니다. 바울이라고 하면 기독교 역사상 최고로 위대한 사도, 스승, 교사로 되어 있지 그가 얼마만큼 어려운 인생을 살았는가는 사실 깊이 생각해보지 않았을 것입니다.

　하나님께서 예수 안에서 베푸신 구원을 모든 인류에게 나누어주시기 위하여 바울을 세웠다는 것에는 성경이 말하는 것과 우리의 이해가 일치하지만, 하나님이 그 일을 어떤 방식으로 했느냐는 데에는 대부분의 경우 성경이 이야기하는 것과 성도들이 이해하는 것 사이에 커다란 차이를 보입니다. 사도행전 9장을 보시면 다메섹으로 가던 바울(그 당시에는 사울)을 예수께서 가로막고 그의 종으로 부르시는 장면에서 아나니아라고 하는 제자를 사울에게 보내어 그에게 안수하여 그 눈을 뜨게 하고 그가 행할 사역을 이렇게 알리라고 합니다.

> 주께서 이르시되 가라 이 사람은 내 이름을 이방인과 임금들과 이스라엘 자손들에게 전하기 위하여 택한 나의 그릇이라 그가 내 이름을 위하여 얼마나 고난을 받아야 할 것을 내가 그에게 보이리라(9:15-16)

이 명령을 받은 사람은 아나니아입니다. 그리고 "이 사람은"에서 이 사람이 당시 사울이고 나중에 바울로 이름을 바꾼 전도자입니다. 이 사람은 이방인과 임금들과 이스라엘 자손들에게 전하기 위하여 그들 앞에 세울 하나님의 종인데, 그가 내 이름을 위하여 얼마나 고난을 당할지 모른다고 합니다. 여기서 모른다는 것은 무지하다는 것이 아니라 설명할 방법이 없이 크다는 뜻입니다. 실제로 바울이 그 길을 갑니다. 그래서 고린도후서 4장에 가면 사도 바울은 자신이 걷는 길을 고린도 교회에 이렇게 설명합니다.

> 우리는 우리를 전파하는 것이 아니라 오직 그리스도 예수의 주 되신 것과 또 예수를 위하여 우리가 너희의 종 된 것을 전파함이라 어두운 데에 빛이 비치라 말씀하셨던 그 하나님께서 예수 그리스도의 얼굴에 있는 하나님의 영광을 아는 빛을 우리 마음에 비추셨느니라 우

리가 이 보배를 질그릇에 가졌으니 이는 심히 큰 능력은 하나님께 있
고 우리에게 있지 아니함을 알게 하려 함이라 우리가 사방으로 욱여
쌈을 당하여도 싸이지 아니하며 답답한 일을 당하여도 낙심하지 아
니하며 박해를 받아도 버린 바 되지 아니하며 거꾸러뜨림을 당하여
도 망하지 아니하고 우리가 항상 예수의 죽음을 몸에 짊어짐은 예수
의 생명이 또한 우리 몸에 나타나게 하려 함이라 우리 살아 있는 자
가 항상 예수를 위하여 죽음에 넘겨짐은 예수의 생명이 또한 우리 죽
을 육체에 나타나게 하려 함이라 그런즉 사망은 우리 안에서 역사하
고 생명은 너희 안에서 역사하느니라(고후 4:5-12)

죽음의 길을 걷는다는 것, 예수를 죽인 그 세상을, 그 권력을 꺾기 위하
여 예수께서 죽음으로 아버지의 뜻을 이루고 구원을 이루신 것같이 그
의 종들은 동일한 길을 걸어야 한다, 우리가 항상 예수의 죽음을 몸에 짊
어짐으로 예수의 생명이 또한 너희에게 나타나는 방법으로 하나님은 일
하고 계신다, 이 말을 합니다.
　　우리는 역사를 이야기할 때나 어떤 한 위인을 이야기할 때 이런 복선
을 깝니다. 과거의 어떤 사건이 갖는 의미가 무엇인가 하는 역사에 대한
이해를 지금의 나를 설명하기 위하여 한다는 것입니다. 역사적 사건을
객관적으로 공정하게 평가할 수 있는 사람은 아무도 없습니다. 우리는
내가 주장하고 싶거나 보상받고 싶은 어떤 근거나 이유로 그것을 해소할
수밖에 없습니다. 그것은 한 개인을 평가하는 데도 마찬가지입니다. 누구
의 위대함을 긍정하는 것은 그런 위대함을 긍정함으로써 나도 위대한 정
신을 가진 자라는 것을 설명하는 것이기도 하고, 또 어떤 훌륭한 사람을

비평함으로써 이렇게 훌륭한 사람을 비평할 만한 안목이 내게 있다는 것을 증명하는 것이지, 공평하게 이야기할 수 있는 인간은 아무도 없습니다. 그러니 사도 바울을 논함으로써 우리가 범하는 가장 큰 실수는 무엇이냐 하면, 사도 바울의 위대함을 이야기함으로써 지금 내가 그 길을 가는 것을 슬쩍 외면하는 것입니다.

바울이 간 길을 우리가 직접 걸어야 한다는 이야기입니다. 예수를 죽이고 바울을 괴롭힌 세상 속에, 그 권력과 적대감을 아직 심판하시지 않은, 그러나 그 속에서 구원을 이루실 예수 그리스도 안에서 증거하신 하나님의 방법이 아직도 유효한 그 길을 말입니다. 다른 방법은 없답니다. 그러나 우리는 예수를 믿는다는 고백에서 바울을 위대하다고 평가하면서 벌써 이미 도망가고 있습니다.

고린도 교회를 향해 한 이야기입니다. '예수를 믿는다는 것은 이 세상의 호의를 받거나 이 세상을 납득시킬 수 있는 문제가 아니다. 세상은 그런 것을 모른다. 그것은 어두운 데 빛이 비치라 하신 하나님의 능력에 관한 것이다.' 천지 창조를 말하는 것입니다. '그것은 빛이 있으라 하시매 빛이 창조된 것같이 한 영혼의 깊은 곳에 하나님의 창조의 능력이 찾아와 그를 구원하지 않고는 이루어지지 않는 것이니라. 그것을 하나님이 어떻게 하시는지는 하나님의 능력에 관한 것이고, 그 일을 위하여 우리가 우리 자신의 신앙 고백을 세상 앞에서 감출 수가 없다. 그리고 그 감출 수 없는 것으로 인하여 세상 앞에, 예수를 그리하신 것같이 사람들 앞에 매일 우리의 목숨을 내놓아야 하는 길을 걸어야 한다는 사실을 기억해라.' 이것이 고린도후서 4장의 이야기입니다.

바울이 걸어간 길

고린도전서 4장으로 가면 조금 더 확실해지실 겁니다.

> 사람이 마땅히 우리를 그리스도의 일꾼이요 하나님의 비밀을 맡은 자로 여길지어다 그리고 맡은 자들에게 구할 것은 충성이니라 너희에게나 다른 사람에게나 판단 받는 것이 내게는 매우 작은 일이라 나도 나를 판단하지 아니하노니 내가 자책할 아무 것도 깨닫지 못하나 이로 말미암아 의롭다 함을 얻지 못하노라 다만 나를 심판하실 이는 주시니라 그러므로 때가 이르기 전 곧 주께서 오시기까지 아무 것도 판단하지 말라 그가 어둠에 감추인 것들을 드러내고 마음의 뜻을 나타내시리니 그 때에 각 사람에게 하나님으로부터 칭찬이 있으리라 (고전 4:1-5)

이 내용은 그냥 읽어서는 뜻이 모르게 되어 있습니다. 고린도 교회는 그리스에 있는 항구도시입니다. 그리스는 서양 정신사의 근원이 되는 민족입니다. 그들에게는 많은 신화가 있습니다. 그들이 만든 신들의 공통된 특징은 인간성을 가지고 있다는 사실입니다. 그리고 더 중요하게, 가장 기본적으로 신들은 초월자입니다. 인간이 갖지 못한 능력이 있습니다. 그래서 고린도 교회 교인들이 바울에게 이 질문을 합니다. '네가 전하는 복음의 주인은 유일하신 하나님이라는데, 천지를 짓고 역사의 심판자시라는데, 그 하나님의 사자라고 한다면 그 높은 신과 우리 사이에 중간쯤은 되어야 할 것 아니냐? 그런데 너는 왜 그 꼴이냐? 생긴 것도 특별하지 않고 꼴이 그게 뭐냐?' 그 꼴이라는 것은 그가 당한 고난들을 말합니다.

사도라면 무슨 영광의 후광 같은 게 있어야 할 것 아닙니까? 바울에게는 그런 것이 없습니다. 그래서 사도 바울의 사도권, 그가 하나님의 사자라는 것에 대해서 강한 의문을 제기했습니다. 사도 바울이 지금 거기에 답을 하는 것입니다. '그렇지 않다. 왜냐하면 하나님이 우리를 사랑하시고 복을 주신다는 것은 우리가 다 이해하고 있기는 하지만, 한 가지 우리가 이해하지 못하는 것이 있다. 하나님이 그것을 우리가 생각하는 것과 다른 방법으로 주신다는 것이다. 어떤 방법이냐면 예수를 십자가에 죽인 방법으로 일하신다.' 지금 그 설명을 하는 것입니다.

형제들아 내가 너희를 위하여 이 일에 나와 아볼로를 들어서 본을 보였으니 이는 너희로 하여금 기록된 말씀 밖으로 넘어가지 말라 한 것을 우리에게서 배워 서로 대적하여 교만한 마음을 가지지 말게 하려 함이라 누가 너를 남달리 구별하였느냐 네게 있는 것 중에 받지 아니한 것이 무엇이냐 네가 받았은즉 어찌하여 받지 아니한 것 같이 자랑하느냐 너희가 이미 배 부르며 이미 풍성하며 우리 없이도 왕이 되었도다 우리가 너희와 함께 왕 노릇 하기 위하여 참으로 너희가 왕이 되기를 원하노라 내가 생각하건대 하나님이 사도인 우리를 죽이기로 작정된 자 같이 끄트머리에 두셨으매 우리는 세계 곧 천사와 사람에게 구경거리가 되었노라 우리는 그리스도 때문에 어리석으나 너희는 그리스도 안에서 지혜롭고 우리는 약하나 너희는 강하고 너희는 존귀하나 우리는 비천하여 바로 이 시각까지 우리가 주리고 목마르며 헐벗고 매맞으며 정처가 없고 또 수고하여 친히 손으로 일을 하며 모욕을 당한즉 축복하고 박해를 받은즉 참고 비방을 받은즉 권면하니 우리가 지금까지 세상의 더러운 것과 만물의 찌꺼기 같이 되었도다(고전 4:6-13)

놀라운 선언입니다. 하나님이 우리를 죽이기로 작정한 것같이 우리를 쓰시더라는 것입니다. 어떤 식으로 말입니까? 우리를 죽이기로 작정한 자같이 끄트머리에 두셨답니다. 이것은 로마 시대 사람들은 다 아는 표현입니다. 로마는 제국으로 점점 커가고 많은 이웃 나라들을 정복하여 속국으로 삼게 됩니다. 그런 전쟁 때마다 그 전쟁의 승리를 만든 군인들이 돌아와 승리를 황제에게 보고하고, 모든 시민의 환영을 받는 개선 행진이 있습니다. 그때 맨 앞에 지휘관이 서고 그 뒤에 부하들이 서고 병사들이 서고, 그 제일 뒤 끄트머리에 전리품이 따라옵니다. 적국에서 빼앗은 많은 호화스러운 보물들과 적국의 통치자들, 지휘관들이 거기에 포로로 잡혀 옵니다. 그렇게 와서는 처형되거나 노예로 풀리게 됩니다. 한마디로 구경거리가 됩니다.

> 내가 생각하건대 하나님이 사도인 우리를 죽이기로 작정된 자 같이 끄트머리에 두셨으매 우리는 세계 곧 천사와 사람에게 구경거리가 되었노라(고전 4:9)

얼마나 부끄럽고 수치스럽고 고통스러운 자리입니까? 하나님이 사도를 그렇게 쓰시더랍니다. 중요한 이해입니다. 그러나 교회사 내내 이 이해는 외면됩니다. 하나님은 우리 기도에 응답하시는 분입니다. 그러나 우리가 하자는 것을 다 들어주시는 하나님이 아니라는 사실은 다 알고 있습니다. 그럼에도 불구하고 우리는 어떤 한 문제에서 면제시켜 달라는 것이 제일 우선하는 기도 아니었습니까? 그 문제가 해결되지 않기 때문에 신앙생활을 과감히 못한다는 것 아닙니까? '누구의 책임인가? 내가 무엇을 잘못했기에 이 답을 주시지 않는가? 어떻게 하면 답을 주실 것인가?' 이런 문제에 매달리다가 나중에는 결국 체념하고 맙니다. 하나님이 내가 요구하시는 식으로 일하시지 않는다는 성경 말씀은 아무리 읽어도 눈에 안 들어옵니다. 이상한 일입니다. 한쪽 구석에 있는 우리가 좋아하는 말씀은 다 들어오는데, 성경에 더 많이 나오는 성경의 요구들은 눈에 들어오지 않습니다. 지금 그 이야기를 하는 것입니다. 드디어 바울이 세계전도 여행을 출발했다고 팡파르를 울릴 일이 아닙니다.

사랑은 오랜 고통

사도 바울은 고린도 교회 앞에 하나님이 일하시는 모습을 설명했을 뿐 아니라 자기도 그 문제에 사실은 걸렸었노라고 고린도후서 12장에서 고백하고 있습니다.

여러 계시를 받은 것이 지극히 크므로 너무 자만하지 않게 하시려고 내 육체에 가시 곧 사탄의 사자를 주셨으니 이는 나를 쳐서 너무 자만하지 않게 하려 하심이라 이것이 내게서 떠나가게 하기 위하여 내가 세 번 주께 간구하였더니 나에게 이르시기를 내 은혜가 네게 족하도다 이는 내 능력이 약한 데서 온전하여짐이라 하신지라 그러므로

도리어 크게 기뻐함으로 나의 여러 약한 것들에 대하여 자랑하리니
이는 그리스도의 능력이 내게 머물게 하려 함이라 그러므로 내가 그
리스도를 위하여 약한 것들과 능욕과 궁핍과 박해와 곤고를 기뻐하노
니 이는 내가 약한 그 때에 강함이라(고후 12:7-10)

우리가 종교를 가지는 첫 번째 이유는 고통을 면하기 위해서입니다. 최소
한의 자존심을 지키기 위해서입니다. 그것이 기본적인 종교성입니다. 여
기에 대하여 하나님이 외면한다는 이야기는 결코 없습니다. 하나님은 자
비로우시며 은혜로우시며 우리에게 복주시기를 기뻐하십니다. 그러나 이
소원들, 최소한의 소원들이 말 그대로 최소로 굳어집니다. 더 들어가는
것을 막습니다. 남에게 아쉬운 소리 안 하는 것이 기독교 신앙의 더 깊은
경지를 막게 됩니다. 하나님의 자녀라는 이름, 그의 영광의 찬송이라는
약속들로 결단코 들어가지 못하게 하는 어떤 편견이 되고 고집이 됩니
다. 하나님은 이 문제에 대하여 타협하실 마음이 없으시답니다. 사도 바
울이 고린도후서에서 하는 이야기는 이것입니다. 사탄의 가시를 빼달라
고 그가 세 번 기도한 것은 자기 개인의 형통을 위해서가 아니라 복음에
장애가 된다고 믿었기 때문입니다. 그러나 주께서 하신 대답은 달랐답니
다. "내 은혜가 네가 족하도다"였답니다.

우리는 금방 우리 현실에 이 문제를 사용해서 성경 말씀을 적용할 수
있습니다. 다른 것 다 그만두고 우리를 위해서가 아니라 내 이웃과 세상
앞에 기독교 복음의 진정성을 위하여, 그 복됨을 위하여 최소한의 어떤
조건을 요구합니다. 그래서 우리가 잘되면 복음을 증거하는 데도 유리하
지 않겠는가 하는 우리의 아주 정직하고 순진한 기대 때문입니다. 그런

데 여기에 나온 바와 같이 "내 은혜가 네게 족하도다 이는 내 능력이 약한 데서 온전하여짐이라"가 하나님의 답입니다.

그러니 우리는 알 수가 없습니다. 교회가 어떤 힘을 가져야 하고 어떤 수준을 가져야 하는지, 각 개인의 신자들이 어느 만큼의 능력이 있어야 하는지 우리는 알 방법이 없습니다. 우리는 현실적인 고통을 면하기 위하여 기도를 하고, 동시에 그 기도에는 이 명분도 같이 들어 있습니다. '하나님, 저 하나만을 위해서 이 기도를 하는 것은 아닙니다. 제가 이렇게 이 꼴로 있는 것은 이웃 사람들과 사회 앞에 제가 믿는 하나님도 동시에 오해 받는 것입니다.' 유효한 기도입니다. 그러나 답은 하나님 손에 있습니다. 우리는 모릅니다. 그것은 우리에게 망막한 곳일 수도 있고 불안한 곳일 수도 있지만, 사실 한 발만 더 들어가시면 우리의 성공과 실패, 우리의 유능과 무능이 하나님의 일하심에 절대 조건이 되지 않는다는 것은 너무나 다행한 일입니다.

게다가 우리의 무능함이 우리가 쓸데없다는 뜻은 아니랍니다. 바울에게서 그랬던 것같이 말입니다. "그러므로 내가 그리스도를 위하여 약한 것들과 능욕과 궁핍과 박해와 곤고를 기뻐하노니 이는 내가 약한 그 때에 강함이라"(고후 12:10). 이 사실로 인하여 우리는 우리가 아무것도 아닌 것 같을 때, 세상에서는 존재감을 찾을 수 없을 때조차 우리가 대단히 중요한 존재라는 것을 확인합니다. 그래도 이것만으로 만족이 안 되실 겁니다. 약간 억지로 붙잡는 것같이 느끼실 겁니다. 이 문제에 대해 좀 더 긍정적인 이해, 우리의 신앙에 더 큰 힘을 주는 성경의 약속은 없을까요? 있습니다. 마태복음 16장입니다.

이 때로부터 예수 그리스도께서 자기가 예루살렘에 올라가 장로들과 대제사장들과 서기관들에게 많은 고난을 받고 죽임을 당하고 제삼일에 살아나야 할 것을 제자들에게 비로소 나타내시니 베드로가 예수를 붙들고 항변하여 이르되 주여 그리 마옵소서 이 일이 결코 주께 미치지 아니하리이다 예수께서 돌이키시며 베드로에게 이르시되 사탄아 내 뒤로 물러 가라 너는 나를 넘어지게 하는 자로다 네가 하나님의 일을 생각하지 아니하고 도리어 사람의 일을 생각하는도다 하시고 이에 예수께서 제자들에게 이르시되 누구든지 나를 따라오려거든 자기를 부인하고 자기 십자가를 지고 나를 따를 것이니라(마 16:21-24)

베드로의 충성고백에 대하여 주께서 대단히 심하게 꾸짖는 장면입니다. 주께서 죽으셔야겠다고 말하자 베드로가 목숨을 걸고 주를 지키겠다고 충성을 약속하는 바로 그 고백을 주께서 이렇게 호되게 비난하십니다. "사탄아 내 뒤로 물러가라 너는 나를 넘어지게 하는 자로다 네가 하나님의 일을 생각하지 아니하고 도리어 사람의 일을 생각하는도다"입니다. 그러면 하나님의 일과 사람의 일의 차이가 무엇입니까? 예수님이 죽어야만 되는 하나님의 일하시는 방식은 무엇일까요? 그래서 우리로 하여금 예수를 따르려면 자기를 부인하고 자기 십자가를 져야 하는 것은 또 무엇일까요?

십자가란 고통이며 비난이며 오해며 수치입니다. 하나님께서 예수님을 보내신 것은 우리 모두 알다시피 단 하나의 이 조건 때문이랍니다. 우리가 잘 아는 요한복음 3장 16절입니다. "하나님이 세상을 이처럼 사랑

하사"입니다. 사랑이 무엇일까요? 사랑은 강요가 아닙니다. 사랑은 가슴
이 뜨거워져서 정열과 불길로 상대방을 사르는 것이 아닙니다. 우리가
잘 아는 고린도전서 13장에서 바로 그 이야기를 합니다. '사랑은 천사의
말을 하는 게 아니다. 사랑은 산을 옮기는 능력이 아니다. 사랑은 자기를
불사르게 내어주는 것이 아니다. 사랑은 뭐냐?' 우레와 같은 소리로 이렇
게 선언되어 있습니다. '사랑은 오래 참는 거다.' 영어 표현으로 이렇게 되
어 있습니다. 'Love is long-suffering'(사랑은 오랜 고통)입니다.

그게 무엇인지 여러분이 아실 겁니다. 부부 사이가 그런 것 아닙니까?
오랜 고통입니다. 자식 기르는 것입니다. 오랜 고통입니다. 그것이 사랑입
니다. 사랑은 사랑하는 자가 지는 것입니다. 사랑은 상대방을 내 맘에 맞
게 통제하거나 폭력을 써 조작하지 못합니다. 사랑은 상대방을 위하여
늘 조심합니다. 쩔쩔맵니다. 오랜 고통입니다. 그것이 사랑입니다. 사랑은
오래 참고, 뒤이어 나오는 이야기들이 어떻게 반복적으로 동일한 이야기
를 하는가 보십시오. 사랑은 온유하며, 성내지 않으며, 무례히 행하지 않
으며, 자기의 유익을 구하지 않는 것입니다. 사랑은 모든 것을 견디며 모
든 것을 참고 믿고 바라는 것입니다.

하나님이 우리를 사랑했기 때문에, 사랑하는 자가 졌습니다. 아들을 주
고 아들을 죽이기까지 지십니다. 그것이 사랑입니다. 그러니 우리보고 그
렇게 하랍니다. '너 예수 믿고 내 자녀 된다. 하나님이 그 아들을 보내신
그 사랑으로 하나님이 심판하시는 그날까지 구원을 베풀기 위하여 기다
리고 참고 계시다는 것을 아느냐? 그러면 너 그 사랑에 동참하여 네가 참
고 네가 져라.' 무엇을 참아야 합니까? 우리가 가진 것을 힘으로 내어놓을
수 없고, 상대방을 붙잡아 지금 답을 하라고 심판대 앞에 세울 수 없답니

다. 우리가 지는 것 같지 않습니까? 우리가 잘못한 것 같고, 우리가 망하는 것 같습니다. 우리는 예수도 그렇게 알았었습니다. 예수가 잘못했고, 예수가 틀렸고, 예수가 무력해서 죽었다고 역사는 그렇게 말을 했습니다. 그러나 이제 우리는 그렇지 않다는 것을 압니다. 예수는 하나님의 능력이요 하나님의 사랑이라는 것을 압니다.

그렇다면 여러분, 여러분의 삶을 세상의 것으로 판단하거나 보상받거나 증명할 방법은 없습니다. 그러나 그런 인생에서, 예수를 믿는다는 이름으로 여러분의 존재와 운명을 이해하게 되자 여러분은 그 모든 것에서 벗어나 새로운 기준 아래, 새로운 소망 아래에서 여러분 자신을 이해하고 여러분의 인생에 대하여 여러분 스스로가 명예를 가지게 되었습니다. 유능과 무능을 떠나서, 성공과 실패를 떠나서, 자랑과 오해를 떠나서 말입니다. 그것이 사도행전에서 사도 바울의 역사적 증언입니다. 그리고 그로 말미암아 우리가 읽었던 것이 현실인 것같이, 진리인 것같이 우리에게서 사도 바울이 걸었던 그 길이 우리의 현실과 인생에 그대로 중첩될 수 없다면, 재현될 수 없다면 여러분은 기독교가 무엇인지 아직 모르는 것입니다. 예수님을 믿는다는 말이 무엇인지 모르는 것입니다. 질 수 있습니다. 오해받을 수 있습니다. 그것이 억울할까요?

사랑한다는 것은 명예로운 일입니다. 위대한 일입니다. 그것과 바꿀 수 있는 가치는 없습니다. 무력해 보이십니까? 힘을 가지고 남을 강제하면 그게 잘난 것 같습니까? 아닙니다. 드라마 「모래시계」에서 박태수가 자기 직속상관이었던 박성범을 만나러 구치소로 찾아갑니다. "태수야, 오랜만이구나. 요새 어떻게 지내냐?" "형님, 저는 강해지려고 합니다." "태수야, 너 잘못 배웠구나. 너 강한 놈이 발 뻗고 자는 거 봤냐?" 성경에 없는 이야기에서도 그 정도는 압니다. 조폭 두목만 되어도 아는 것입니다.

    어느 시대나 예수 믿는 사람들이 가장 쉽게 걸려 넘어간 지점입니다. 예수를 믿는 진정한 힘과 진정한 명예를 몰라서 늘 쩔쩔매고 비명을 지르고 도망갔던 지점입니다. 그리 마십시오. 예수를 믿는다는 고백이 갖는 힘과 위대함을 여러분의 삶에 붙드십시오. 그리하여 하나님의 자녀라는 이름이 갖는 명예와 담대함과 기적을 사시는 복된 여러분의 존재와 인생 되시기를 바랍니다.

기 도

하나님 아버지, 예수를 믿는 문제는 세상 앞에서 우리의 목숨과 운명을 거는 싸움입니다. 그것은 이해관계이거나 자존심의 문제가 아니라 한 인간의 진정한 가치와 명예에 관한 문제입니다. 인간이 무엇인지, 사는 것이 무엇인지, 무엇이 진정 소중한 것인지에 관한 것입니다. 하나님, 우리에게 하나님이 누구신가를 예수 안에서 보이셨습니다. 예수를 믿는다는 고백을 받아내셨습니다. 그러니 그것이 무엇을 의미하는지 알게도 하옵시고 누리게도 하옵소서. 예수님의 이름으로 기도합니다. 아멘.

20.

예수님 안에서만 보인다

사도행전 13:26-41

36_다윗은 당시에 하나님의 뜻을 따라 섬기다가 잠들어
그 조상들과 함께 묻혀 썩음을 당하였으되
37_하나님께서 살리신 이는 썩음을 당하지 아니하였나니

다윗 약속과 예수

오늘 본문은 바울이 지금의 터키 중남부에 있는 비시디아 안디옥에 이르러 안식일에 회당에 들어가서 이스라엘 사람들과 하나님을 경외하는 사람들을 대상으로 행한 설교입니다. 이 설교는 예수 그리스도가 메시아인 것을 증거하는 것인데, 그 설명에서 가장 중요한 이해를 위하여 다윗을 언급하며 다윗에게 허락한 약속과 그 약속을 구체화하는 예수 그리스도를 연결하고 또 대조하고 있습니다. 다윗에게 한 약속이라는 것은 사무엘하 7장에 나오는 내용입니다.

그러므로 이제 내 종 다윗에게 이와 같이 말하라 만군의 여호와께서

이와 같이 말씀하시기를 내가 너를 목장 곧 양을 따르는 데에서 데려 다가 내 백성 이스라엘의 주권자로 삼고 네가 가는 모든 곳에서 내가 너와 함께 있어 네 모든 원수를 네 앞에서 멸하였은즉 땅에서 위대한 자들의 이름 같이 네 이름을 위대하게 만들어 주리라 내가 또 내 백 성 이스라엘을 위하여 한 곳을 정하여 그를 심고 그를 거주하게 하고 다시 옮기지 못하게 하며 악한 종류로 전과 같이 그들을 해하지 못하 게 하여 전에 내가 사사에게 명령하여 내 백성 이스라엘을 다스리던 때와 같지 아니하게 하고 너를 모든 원수에게서 벗어나 편히 쉬게 하 리라 여호와가 또 네게 이르노니 여호와가 너를 위하여 집을 짓고 네 수한이 차서 네 조상들과 함께 누울 때에 내가 네 몸에서 날 네 씨를 네 뒤에 세워 그의 나라를 견고하게 하리라(삼하 7:8-12)

이것이 다윗 약속입니다. 다윗에게 승리와 영광을 약속하고, 그 자식으 로 대를 잇게 해서 다윗 왕권을 영원하게 하겠다는 약속입니다. 다윗 왕 권을 영원하게 하겠다는 것은 왕권을 가지는 그 한 가문에 관한 약속이 아니라 이스라엘이라는 나라의 영원한 번영과 승리와 안녕을 약속하는 것입니다. 이스라엘 역사상 다윗 시대에 그 나라가 가장 행복하고 만족 스럽고 영광스러웠고, 그 뒤를 이은 솔로몬 때는 그 영광을 더 깊이 누리 는 역사적 경험이 있습니다. 그 약속이 영원하다는 것은 예전에 사사 시 대에 흥망성쇠를 계속하고 반복적인 실패에 빠지고 반복적으로 하나님 앞에 꾸중을 듣고 이웃 나라의 침략을 받고 하는 일이 이제는 없으리라 는 약속입니다.

그런데 이것이 솔로몬 대에서 끝났습니다. 그다음에는 나라가 둘로 나뉘었고, 북왕조 이스라엘은 앗수르에 멸망하고 남왕조 유다는 바벨론에 멸망했습니다. 이스라엘 백성이 생각하는 다윗 왕권의 영원함이라는 것은 이스라엘 민족의 영원한 승리, 영원한 영화를 지칭하는 것이었습니다. 그래서 그들은 바벨론에 의한 멸망이 무엇인지 이해할 수 없었을 것입니다. 또 지금 예수님이 오셨던 시대는 로마의 속국으로 사는 현실이었는데, 그 나라를 회복시키고 정치적, 군사적인 독립과 성공을 가져와야할 메시아가 로마의 관리들에 의하여 채찍 맞고 십자가에 죽는다는 것은 있을 수 없는 일로 생각했습니다.

최소한 이스라엘을 정치적으로 독립시키고 군사적, 사회적, 경제적인 어떤 성취를 가져와 다윗 왕권에서 이루었던 번영을 회복하는 것이 그 약속의 성취여야 하는데, 예수께서는 힘없이 죽으셨습니다. 그리고 많은 능력을 행사하셨음에도 불구하고 정치적 차원에서는 전혀 이스라엘 백성들의 기대에 걸맞은 다윗 왕권의 회복이 의도된 적이 없습니다. 그러니 예수를 메시아라고 이야기하면 유대인들로서는 참을 수 없는 것입니다. 그 약속이 이 예수로 성취되었다면 다윗 왕권의 회복이라는 것은 포기해야 하는 것이니 말입니다. 그러면 그것은 하나님의 약속은 헛된 것이 되고, 이스라엘 백성들에게 미래도 없는 것이 됩니다. 그러니 이스라엘이 예수님을 믿지 않는 것은 저들의 역사와 저들의 이해 속에서는 너무나 당연한 것입니다. 지금까지도 이스라엘 사람들은 예수를 선지자로는 인정해도 메시아로는 인정하지 않고 있습니다.

그러나 이제 바울에 의하면 그것은 이스라엘 백성들이 그들이 가진 다윗 약속을 오해한 것이라고 합니다. 가장 큰 오해는 다윗 약속을 보이는 지상 국가의 완성으로 약속된 나라라고 생각한 것입니다. 그렇지 않습니다. 우리는 기독교가 내세적이라는 사실을 알고 있기 때문에 앞으로 올 천국으로 이어져야 한다고 당연히 생각하겠지만 그런 생각도 또한 조금 생각할 부분이 있습니다. 그러면 다윗에게 그 약속을 한 것은 무슨 의미일까요? 다윗 왕권의 성공, 승리, 영광은 분명히 하나님 나라의 궁극적인 영광의 한 예표였고 증거였던 것이 사실입니다.

그러나 그 보이는 영광이 하나님이 궁극적으로 요구하는 것이 아닌 가장 큰 증거는 오늘 본문에 계속 대비되듯이 예수와 다윗 사이의 대조입니다. 가장 중요한 차이는 다윗이 죽었다는 점입니다. '다윗은 죽었다. 예수는 사망에 붙잡히지 않고 사망을 이기고 부활하셨다.' 이 둘을 대조합니다. 그래서 하나님 나라의 영광과 영원성의 보이는 증거로써 다윗을 예표로 세우기는 했지만, 하나님의 궁극적인 약속이 이 지상에서 물질적으로 보상되는 정도는 아니었다는 것을 보여줍니다. 어떻게 알 수 있습니까? 다윗은 죽었으니까, 그리고 그 나라는 망했으니까, 그래서 다윗 왕권이 붕괴되었으니까 그렇다는 것입니다.

그러니 예수가 메시아이기 때문에 다윗에게 약속했던 그 영원한 영광이 하나님의 뜻 안에서는 죄와 사망을 이겨서 가지는 영생이요, 하나님의 통치와 하나님이 주시려는 하나님의 자녀라는 이름의 승리로 세워지는 영광이라는 것이 증거됩니다. 그것을 어떻게 이어갈 수 있는가? 예수를 보라는 것입니다. '그는 죽었다가 사셨다. 죽음으로 끝나는 이 세상 나라에서 죽음을 극복함으로써 그것이 영원한 나라일 수밖에 없다는 것을 보이셨다. 또한 예수께서 부활하심으로 다윗에게 허락한 언약의 진정한 주인공이며 열쇠며 하나님의 약속의 구체적인 증거로 그가 메시아이심을 나타냈다.' 이것이 바울의 설교 요지입니다.

정치적 승리가 아니다

우리는 이 문제가 만만치 않다는 것을 압니다. 이 설교는 시작에서 그 청중이 누구라고 했습니까? 이스라엘과 하나님을 경외하는 자들이라고 했습니다. 오늘 우리 식으로 이해하면 예수 믿는 사람들에게 한 설교입니다. 하나님이 우리에게 복 주시려고 하신다, 하나님이 우리 인생과 역사의 주인이시다, 하는 이야기를 쉬운 것으로 이해하지 말라는 것입니다. 보이는 것으로 이해하지 말고 더 크게 보라고 요구하고 있습니다. 그래서 오늘 본문에서 사도행전 13장은 설교 말미에 이런 중요한 경고를 합니다.

> 그런즉 너희는 선지자들을 통하여 말씀하신 것이 너희에게 미칠까 삼가라 일렀으되 보라 멸시하는 사람들아 너희는 놀라고 멸망하라 내가 너희 때를 당하여 한 일을 행할 것이니 사람이 너희에게 일러줄지라도 도무지 믿지 못할 일이라 하였느니라(13:40-41)

하박국서를 인용하고 있습니다. 경고의 내용이 무엇입니까? '너희 믿지 못하는 자들, 깨닫지 못하는 자들아, 놀라고 망해라.' 굉장한 저주입니다. 바울이 한 말이 아니라 이미 선지자들을 통하여 증거된 것이랍니다. '하나님의 일하심에 대하여 올바른 믿음과 이해를 가져라. 그것을 이해하지 못하면 너희는 놀라고 망할 수밖에 없다.' 그 경고가 어디에서 인용되었고, 어떤 역사적 상황에서 나왔는지 보십시다. 하박국 선지자는 유다가 망하기 직전에 선지자로 활동한 사람입니다. 유다는 분명 하나님의 백성이며 하나님이 선택한 나라임에도 불의와 악행이 너무 심해서 그 사회가 도덕적, 종교적으로 너무 혼란스러워져서 하박국 선지자가 하나님 앞에 호소하고 한탄하는 장면입니다.

> 여호와여 내가 부르짖어도 주께서 듣지 아니하시니 어느 때까지리이까 내가 강포로 말미암아 외쳐도 주께서 구원하지 아니하시나이다 어찌하여 내게 죄악을 보게 하시며 패역을 눈으로 보게 하시나이까 겁탈과 강포가 내 앞에 있고 변론과 분쟁이 일어났나이다 이러므로 율법이 해이하고 정의가 전혀 시행되지 못하오니 이는 악인이 의인을 에워쌌으므로 정의가 굽게 행하여짐이니이다(합 1:2-4)

오늘날 우리도 똑같은 현실을 겪지 않습니까? 우리가 사는 사회와 우리 시대에 정의가 실현되지 않고 평화가 없으며 억울하고 속이는 일들이 만연한 현실을 살고 있습니다. 이 문제를 우리보고 해결하라고 하면 어떻게 해결하겠습니까? '불의한 자들을 몰아내고, 악행하는 자들을 벌주고, 사회를 깨끗이 정화하고, 올바른 지도자를 세우고, 국민 모두가 법을 따르며 질서를 지키며 화해해야 한다.' 옳은 말입니다. 하박국이 그 이야기를 한 것입니다. 일반 국민들, 일반 사회, 인류 보편적인 차원에서도 이 질문이 나오고, 이 요구가 나오고, 말하자면 이 비명이 나오는데, 하물며 이스라엘 백성이었겠습니까?

'하나님이 골라 뽑은, 저 종 되었던 애굽에서 열 가지 재앙으로 바로를 굴복시키고 불러낸, 홍해를 가르고 만나와 메추라기를 먹여 젖과 꿀이 흐르는 약속의 땅에 데려와 사사 시대를 경험하고 하나님의 종을 세워 세운 나라요 백성입니다. 그 나라가 어떻게 이렇게 될 수 있습니까?'

우리가 지금 겪는 것과 똑같은 고통과 이해할 수 없는 답답함으로 호소
합니다. 여러분들은 누구한테 그 호소를 해야 할지 모를 수 있지만, 이스
라엘 백성에게는 분명했습니다. 하나님께 호소하면 됐습니다. '하나님, 이
럴 수는 없습니다. 이 나라는 하나님의 선민입니다. 하나님이 개입하셔
서 이 사회를 평화롭게 해주십시오.' 그러자 하나님이 뜻밖에 이런 답을
하십니다. 그 답이 아까 봤던 사도행전 13장 41절에 인용된 말씀입니다.
이 답답함으로 한 호소에, 이 당연한 호소에 대하여 하나님이 답을 반대
로 하십니다.

　여호와께서 이르시되 너희는 여러 나라를 보고 또 보고 놀라고 또 놀
　랄지어다 너희의 생전에 내가 한 가지 일을 행할 것이라 누가 너희에
　게 말할지라도 너희가 믿지 아니하리라(합 1:5)

'너희가 상상하지 못할 일이 생긴다. 너 내 백성, 내 나라가 이렇게 혼란
스럽고 부패한 것으로 놀랐는가? 더 놀라운 일을 볼 것이다. 누가 그런
일이 생길 것이라고 이야기하면 아무도 안 믿을, 그런 일이 있을 수 있는
가 하는 일을 이제 내가 할 것이다.' 이것이 인용된 말씀입니다. 그 일이
어떤 일인가가 6절 이하에 이렇게 나와 있습니다.

　보라 내가 사납고 성급한 백성 곧 땅이 넓은 곳으로 다니며 자기의 소
　유가 아닌 거처들을 점령하는 갈대아 사람을 일으켰나니 그들은 두
　렵고 무서우며 당당함과 위엄이 자기들에게서 나오며 그들의 군마는
　표범보다 빠르고 저녁 이리보다 사나우며 그들의 마병은 먼 곳에서부

터 빨리 달려오는 마병이라 마치 먹이를 움키려 하는 독수리의 날음과 같으니라 그들은 다 강포를 행하러 오는데 앞을 향하여 나아가며 사람을 사로잡아 모으기를 모래 같이 많이 할 것이요 왕들을 멸시하며 방백을 조소하며 모든 견고한 성들을 비웃고 흉벽을 쌓아 그것을 점령할 것이라 그들은 자기들의 힘을 자기들의 신으로 삼는 자들이라 이에 바람 같이 급히 몰아 지나치게 행하여 범죄하리라(합 1:6-11)

'너희 나라 안이 혼란스럽고 법들을 지키지 않고 악이 만연해서 죽겠느냐? 그것보다 더 놀라운 일이 있다. 이제 밖에서 흉포한 침략자들이 올 것이다. 그들은 모든 나라를 사로잡고 굴복시키고 흉폭하게 다스릴 것이다. 남아나는 것이 없다.' 혹 떼러 갔다가 혹 붙이고 오게 된 셈입니다. 이제 선지자가 처음에 이야기했던 것은 더 이상 요구할 틈이 없습니다. 더 무서운 답을 들었으니까 이제 거꾸로 타협하는 것이 12절 이하입니다. 그 내용은 '하나님, 그럴 수는 없습니다. 하나님은 의로운 하나님이십니다. 하나님이 어찌 그런 악한 자들을 세우셔서 그 만행을 저지르라고 할 수 있습니까? 하나님, 결코 그럴 수 없습니다' 하는 것입니다. 그리고 이제 답을 기다립니다.

내가 내 파수하는 곳에 서며 성루에 서리라 그가 내게 무엇이라 말씀하실는지 기다리고 바라보며 나의 질문에 대하여 어떻게 대답하실는지 보리라 하였더니 여호와께서 내게 대답하여 이르시되 너는 이 묵시를 기록하여 판에 명백히 새기되 달려가면서도 읽을 수 있게 하라 이 묵시는 정한 때가 있나니 그 종말이 속히 이르겠고 결코 거짓되지 아니하리라 비록 더딜지라도 기다리라 지체되지 않고 반드시 응하리라 보라 그의 마음은 교만하며 그 속에서 정직하지 못하나 의인은 그의 믿음으로 말미암아 살리라(합 2:1-4)

여기서 "그"는 갈대아 사람들입니다. 악행을 저지른 사람들입니다. 우리는 다 후자에 속하지 "그는"에 속하지 않습니다. 여기에 나와 주일에 예배 보러 오셨으니까 우리는 다 '의인은 그의 믿음으로 말미암아 살리라'에 속합니다. 그런데 누가 득세합니까? 악인이 득세합니다. 처음에 하박국 선지자가 요구했던 것은, 다른 나라는 언급하지 않더라도 최소한 하나님이 선택한 나라만은 정의, 율법, 평화가 시행되어야 하지 않겠느냐는 것이었습니다. 하나님이 뭐라고 답하셨습니까? '그렇지 않다. 더 놀라운 일도 볼 것이다.' 여기서 이제 하박국이 깊어집니다. 하나님이 약속하시는 나라가 이스라엘과 보이는 것으로 목표되어 있는 것이 아니라는 것을 배웁니다.

죄를 극복한 나라

사도행전 13장에서 바울의 설교 요점은 보이는 세상이 궁극적인 것이 아니라는 것입니다. 우리는 쉽게 내세적이고 종말론적이라고 이야기합니다. 종말론적이라는 것은 이 세상에 끝이 있다는 것인데, 끝이 있다는 것은 살다가 끝장이 난다는 뜻이 아니라 주인 되시는 하나님의 목적이 있다는 뜻입니다. 그래서 그가 그 목적을 이루신다는 것이 종말론적이라는 뜻입니다. 그래서 지금은 그 과정이라는 것입니다. 우리는 종말론적이지 않고 과정으로 되어 있는 지금이 답이었으면 좋겠습니다. 이스라엘 백성들이 다윗의 시대를 소원하고, 다윗의 시대를 회복하는 것이 메시아가 와서 할 일이라고 생각하는 것같이 우리는 예수를 믿었으면 지금 사는 우리 인생 속에서 하나님이 주인이시고, 그 약속을 이루시는 분인 줄을 보이는 것으로 확인하기 원합니다.

그래서 우리는 다 하박국같이 기도합니다. '하나님, 이럴 수가 있습니까? 우리는 다릅니다. 우리는 저 사람들과 다릅니다. 우리는 예수를 믿고 하나님 말씀을 따라 살고, 기도하는 사람들입니다. 그런데 어찌 이런 일이 일어납니까?' 그러니까 하나님이 말씀하십니다. '내가 한 가지 일을 행하는데 너희는 다 믿지 않을 것이다. 너희는 놀라고 또 놀라고 그리고 망해라.' 그 이야기를 하박국에게 함으로써 '네가 가지고 있는 기본적인 이해의 어떤 껍질을 깨라. 하나님이 누군가를 하나의 민족 신으로 국한하지 말며, 한 시대로 시간을 제한하지 마라. 내가 얼마나 큰 걸 하려고 하는지, 또 얼마나 큰 약속을 하고 있는지 아느냐?' 하고 하박국을 깨우쳤듯이 지금 바울도 똑같이 이스라엘과 하나님을 경외하는 자들, 곧 다윗의 약속, 하나님의 영원한 약속의 회복과 성취를 기다리고 있기 때문에 예수님을 이해할 수 없었던 사람들 앞에 예수가 그 약속의 진정한 성취라고 설교하고 있습니다.

우리가 예수를 믿고 우리의 인생을 사는 역사적 현장, 우리가 속한 시대, 우리가 사는 환경 속에서 끊임없이 우리 마음에 하나님의 약속이 지금 실현되기를 바라지 않습니까? 당연히 그럴 것입니다. 그러나 하나님은 증거밖에 주시지 않습니다. 다윗을 세워 하나님이 약속하고 목적하는 나라는 이렇게 영광된 것이라고 증거는 주었을지언정 그 나라가 영원한 나라 자체는 아니었듯이 말입니다. 다윗은 죽었습니다. 우리 모두가 죽듯이 다윗도 죽고 말았고 이스라엘도 망하고 말았습니다. 그렇게 함으로써 하나님이 하신 약속이 얼마나 큰 것인가를 보입니다. 그리고 예수 믿는 우리 모두에게 이 일은 동일하게 반복되고 있습니다. 하나님의 약속의 신실함과 그가 역사와 운명의 주인이시라는 것을 확인시키는 일들은 늘 반복됩니다. 회개가 있고 기도의 응답이 있고 기적이 있습니다. 그러나 세상이 예수를 믿지는 않습니다. 세상이 예수를 믿지 않는다는 것은 세상의 권력이 기독교가 되고 천국이 되지 않는다는 말입니다.

우리 눈에 보이는 이 시공간보다 더 큰, 말하자면 영원한 나라라는 것은 우리가 상상할 수 없이 훨씬 큰 것이라고 가르치고 있습니다. 그래서 그 하나님의 약속의 구체적인 확인은 예수밖에 없습니다. 예수는 다윗과 대비될 뿐 아니라, 그래서 우리의 틀을 깰 뿐 아니라, 그 실체가 얼마나 굉장한 것인가에 대한 역사적이고 실제적인 증거입니다. 어떻게 하셨습니까? 부활하셨습니다. 부활이란 사망을 이기는 것입니다. 사망은 죗값입니다. 죄를 극복한 나라, 진정한 정의와 평화가 있는 나라, 사랑이 실현되는 나라, 그것이 예수로 증거됩니다. 다윗의 정치적 승리가 아니라 죄에 대해 승리함으로써 예수는 메시아라고 제시되는 것입니다. 주변에 있는 모든 나라를 정복하여 으뜸가는 나라가 됨으로 하나님의 나라를 증거한, 그런 보이는 증거는 예표에 불과하다는 이유가 여기에 있습니다. 누군가와 싸워 이겨서 세운 나라가 아니라 죄를 극복한 나라, 하나님과의 관계가 완성된 나라입니다. 그것이 사도 바울의 설교입니다.

지금은 과정

이사야 55장에 가면, 다윗에게 한 약속이 우리의 생각보다 얼마나 큰 것
인지, 그것이 왜 예수 안에서만 이해될 수 있을 것인지에 대해 이렇게 이
야기하고 있습니다.

> 오호라 너희 모든 목마른 자들아 물로 나아오라 돈 없는 자도 오라
> 너희는 와서 사 먹되 돈 없이, 값 없이 와서 포도주와 젖을 사라 너희
> 가 어찌하여 양식이 아닌 것을 위하여 은을 달아 주며 배부르게 하
> 지 못할 것을 위하여 수고하느냐 내게 듣고 들을지어다 그리하면 너
> 희가 좋은 것을 먹을 것이며 너희 자신들이 기름진 것으로 즐거움을
> 얻으리라 너희는 귀를 기울이고 내게로 나아와 들으라 그리하면 너
> 희의 영혼이 살리라 내가 너희를 위하여 영원한 언약을 맺으리니 곧
> 다윗에게 허락한 확실한 은혜이니라 보라 내가 그를 만민에게 증인
> 으로 세웠고 만민의 인도자와 명령자로 삼았나니 보라 네가 알지 못
> 하는 나라를 네가 부를 것이며 너를 알지 못하는 나라가 네게로 달
> 려올 것은 여호와 네 하나님 곧 이스라엘의 거룩하신 이로 말미암음
> 이니라 이는 그가 너를 영화롭게 하였느니라 (사 55:1-5)

다윗에게 한 약속은 민족적 약속이 아니랍니다. 여러 나라를 부르는, 열
방을 부르는 약속이랍니다. 범위가 다릅니다. 시간으로도 다릅니다. 영원
한 나라입니다. 지금에 관한 약속보다 말할 수 없이 큰 것입니다. 그렇게
약속을 하고 이제 초청합니다.

너희는 여호와를 만날 만한 때에 찾으라 가까이 계실 때에 그를 부르
라 악인은 그의 길을, 불의한 자는 그의 생각을 버리고 여호와께로 돌
아오라 그리하면 그가 긍휼히 여기시리라 우리 하나님께로 돌아오라
그가 너그럽게 용서하시리라(사 55:6-7)

이렇게 6절과 7절만 읽으면 회개가 잘못한 데서 돌이키는 것으로 이해됩
니다. 그러나 그것보다 좀 더 큰 것이라는 답이 8절에 이렇게 나옵니다.

이는 내 생각이 너희의 생각과 다르며 내 길은 너희의 길과 다름이니
라 여호와의 말씀이니라 이는 하늘이 땅보다 높음 같이 내 길은 너희
의 길보다 높으며 내 생각은 너희의 생각보다 높음이니라 이는 비와
눈이 하늘로부터 내려서 그리로 되돌아가지 아니하고 땅을 적셔서 소
출이 나게 하며 싹이 나게 하여 파종하는 자에게는 종자를 주며 먹는
자에게는 양식을 줌과 같이 내 입에서 나가는 말도 이와 같이 헛되이
내게로 되돌아오지 아니하고 나의 기뻐하는 뜻을 이루며 내가 보낸
일에 형통함이니라(사 55:8-11)

하나님이 지금 하시는 일은 잘잘못의 문제보다 큽니다. 우리는 하나님의
약속이 지금 성취되어야 한다고 생각합니다. 공간적으로 보이는 현실이
바로 지금이라서 그렇습니다. 그러나 하나님이 하시는 일은 보이는 것보
다 더 큰 영역에서, 그리고 장차 이루어집니다. 그것이 장차인 이유는 지
금은 과정이기 때문입니다. 비가 내려서 다시 올라오지 않고, 땅을 적시
고 흘러내려 종자들을 키우고 결실하게 하는 것 같다고 합니다. 그러니

우리가 신앙을 가진다는 것은 우리에게 일어나는 모든 현실이 다만 옳고 그르고, 응답을 받고 못 받고의 싸움보다 더 큽니다. 하나님이 다윗에게 한 영원한 약속, 그리고 그 약속을 이루기 위하여 그 아들을 보내신 것처럼 하나님 쪽에서 가지는 성의와 신실하심과 능력과 자비와 긍휼에 대한 것이랍니다.

그렇다면 우리에게 일어난 일은 잘했다, 못했다 하는 잘잘못의 문제보다 더 큽니다. 우리의 부족함이나 못난 것이나 실패 속에서도 예수님으로 말미암아 보여준 약속의 나라가 우리에게 허락됩니다. 예수께서 우리 죄를 위하여 십자가를 지시고, 죽음을 극복하여 부활의 나라를 이루셨습니다. 그러한 하나님의 능력으로 우리가 당하는 모든 일에서, 우리의 잘잘못, 부족함, 한숨, 후회, 절망, 어리석음에서까지도 하나님께서 승리하는 일로 우리를 붙들어 예수라는 이름으로 허락한 나라에 우리를 인도하고 있다는 것을 믿음으로 보게 됩니다.

그런데 그것보다는 지금 일어나는 것이 좋다고 우리는 생각합니다. 그때 가서 많이 받는 것보다 지금 조금 싸게 받는 것이 더 좋습니다. 이 지점이 어렵습니다. 죽을 것 같습니다. 누구나 그렇습니다. 진지하게 현실을 사는 모든 이들에게 현실은 어렵습니다. 마음같이 되지 않고, 법대로 되지 않고, 상식으로 되지 않습니다. 사회가 그렇고 이웃이 그럴 뿐 아니라 스스로가 그렇습니다. 살아 보면 자기 자신에 대해서 자신 있는 사람은 없습니다. 절망스러운 것이 현실입니다.

거기에 대하여 기독교가 말하는 예수를 믿음으로 하나님의 자녀가 되며, 다윗의 영원한 약속의 후손이 된다는 것은 놀라운 일입니다. 하박국에게 어떤 경고를 했습니까? '너희는 놀라고 또 놀라라. 그리고 망해라.' 누구 보고 그런 겁니까? 하나님이 일하시는 방법을 알지 못하면 너희는 밤낮 놀라고 또 놀라고 망할 수밖에 없다는 경고입니다. 그렇지 않습니까? 제가 살아본 인생은 성공한 사람도 기절하는 인생이었습니다. 잠시 동안은 성공인 줄 알았습니다. 그런데 하나님을 믿지 않는 사람들에게 인생은 허망한 것이었습니다. 예수 믿는 보람은 다 지나오고 보니까 알게 되었습니다. 우리의 못난 것과 하자에도 불구하고 괜찮다는 사실입니다.

젊은 분들에게는 약간 막막하게 들리셨을지도 모릅니다. 그래도 제가 태어날 때부터, 어려서부터 지금까지 이렇게 도망갈 수 없이 살아온 인생을 겪고 확인한 기독교 신앙의 증거입니다. 그러니 한번 생각해 보십시오. 누구를 믿고 사시겠습니까? 세상을 믿고 살 것인가, 예수를 믿고 살 것인가 한번 생각해 보시라는 것이 오늘의 말씀입니다. 여러분의 인생을 누구를 근거로 이해하고 사는 것이 말이 되는지 한번 기도해 보시는 오늘의 말씀이기를 바랍니다.

기 도

하나님 아버지, 예수를 믿는 것은 만만하지 않습니다. 이해되지 않습니다. 그리고 불만입니다. 너무 많이 기다려야 하고, 그 과정이 어렵기 때문입니다. 그러나 그것은 복된 것입니다. 우리를 자격으로 논하지 않으며, 우리의 실패와 부족에도 불구하고 하나님이 이루시는 복된 결과가 예수님 안에 있다는 사실 때문입니다. 하나님, 우리같이 인생을 거의 다 살아온 사람에게는 너무나 복된 하나님의 약속이요 구원입니다. 하나님이 이 은혜를 우리 자손들에게도 주시옵소서. 현실이 어렵고 막막하고, 세상이 무섭고 망하고 어디다가 하소연해야 할지 모르는 우리 자식들에게 우리가 믿고 우리를 찾아오신 하나님이 누구신지, 예수가 누구인지 알게 하셔서 하박국의 질문만이 아니라 그의 마지막 찬송도 우리 모두의 고백이 되도록 축복하여 주시옵소서. 예수님 이름으로 기도합니다. 아멘.

21.
하나님과 관계가 회복되다

사도행전 14:8-18

15_이르되 여러분이여 어찌하여 이러한 일을 하느냐
우리도 여러분과 같은 성정을 가진 사람이라 여러분에게
복음을 전하는 것은 이런 헛된 일을 버리고 천지와
바다와 그 가운데 만물을 지으시고 살아 계신 하나님께로
돌아오게 함이라

자기 소원을 위한 우상

안디옥 교회에서 파송하여 전도여행을 시작한 바나바와 바울은 터키 남
부지방에 이르러 루스드라에서 발을 못 쓰는 사람을 고치는 장면까지
오게 됩니다. 이 일로 인하여 거기에 살던 사람들이 바나바와 바울을 제
우스와 그의 사자인 헤르메스라고 오해하고 제사를 드리려 하자 두 사도
가 펄쩍 뛰는 장면입니다. 그 펄쩍 뛰는 내용이 하나님을 믿는 자들과 하
나님을 모르는 자들 사이의 중요한 대조를 보여줍니다.

이르되 여러분이여 어찌하여 이러한 일을 하느냐 우리도 여러분과 같
은 성정을 가진 사람이라 여러분에게 복음을 전하는 것은 이런 헛된

일을 버리고 천지와 바다와 그 가운데 만물을 지으시고 살아 계신 하나님께로 돌아오게 함이라(14:15)

'하나님만 유일한 신이시다. 하나님이 천지와 역사의 주인이시다. 그 하나님에게 돌아오라고 우리가 복음을 들고 온 것인데, 기껏 우리를 제우스와 헤르메스라고 생각을 하느냐?' 이 문제입니다. 사람들이 신을 만들고 스스로 만든 우상에게 절하는 것은 자기가 가진 목적과 소원과 능력을 위해서 자기가 할 수 없는 것을 신에게 요청하는 것입니다. 예수께서 오셔서 베푸신 기적들이나 사도들이 행한 이적들에는 언제나 이 문제가 따라옵니다. 예를 들어 사도행전 3장을 보면 처음 오순절 성령 강림 사건 이후에 베드로가 성령이 충만하여 앉은뱅이를 고치는 장면이 나옵니다.

나은 사람이 베드로와 요한을 붙잡으니 모든 백성이 크게 놀라며 달려 나아가 솔로몬의 행각이라 불리우는 행각에 모이거늘 베드로가 이것을 보고 백성에게 말하되 이스라엘 사람들아 이 일을 왜 놀랍게 여기느냐 우리 개인의 권능과 경건으로 이 사람을 걷게 한 것처럼 왜 우리를 주목하느냐(3:11-12)

바나바와 바울이 펄쩍 뛴 것과 똑같은 반응입니다. '왜 우리를 주목하느냐? 왜 우리가 무엇을 한 것같이 보느냐?' 계속 봅시다.

아브라함과 이삭과 야곱의 하나님 곧 우리 조상의 하나님이 그의 종 예수를 영화롭게 하셨느니라 너희가 그를 넘겨 주고 빌라도가 놓아

주기로 결의한 것을 너희가 그 앞에서 거부하였으니 너희가 거룩하고
의로운 이를 거부하고 도리어 살인한 사람을 놓아 주기를 구하여 생
명의 주를 죽였도다 그러나 하나님이 죽은 자 가운데서 그를 살리셨
으니 우리가 이 일에 증인이라 그 이름을 믿으므로 그 이름이 너희가
보고 아는 이 사람을 성하게 하였나니 예수로 말미암아 난 믿음이 너
희 모든 사람 앞에서 이같이 완전히 낫게 하였느니라(3:13-16)

13절부터 예수님 이야기로 돌아옵니다. 베드로는 이것이 자신이 한 일
이 아니고 예수님이 하신 일이라고 합니다. 또 예수님을 믿는 믿음이 한
일이라고 합니다. 이 말은 무슨 의미일까요? 대강 아시겠지만 좀 더 정확
히 합시다. 요한복음 5장으로 가 봅시다.

너희가 성경에서 영생을 얻는 줄 생각하고 성경을 연구하거니와 이 성
경이 곧 내게 대하여 증언하는 것이니라 그러나 너희가 영생을 얻기
위하여 내게 오기를 원하지 아니하는도다 나는 사람에게서 영광을
취하지 아니하노라 다만 하나님을 사랑하는 것이 너희 속에 없음을
알았노라 나는 내 아버지의 이름으로 왔으매 너희가 영접하지 아니하
나 만일 다른 사람이 자기 이름으로 오면 영접하리라 너희가 서로 영
광을 취하고 유일하신 하나님께로부터 오는 영광은 구하지 아니하니
어찌 나를 믿을 수 있느냐(요 5:39-44)

이 요한복음 5장 말씀은 베데스다 사건 이후에 벌어진 논쟁에서 나온
것입니다. 예수님이 38년 된 중풍병자를 고치셨는데, 그 날은 안식일이

었습니다. 안식일에 일을 행했다는 이유로 예수님이 누구신지 그가 한 일이 무엇인지는 상관없이 시비가 붙었습니다. 그때 예수께서 답변하신 내용입니다. '너희는 결국 하나님을 믿기를 거부하고 있다. 내가 누군지 알기를 거부하고 있다. 너희는 서로가 서로에게 잘난 척하는 것 외에 아무 관심이 없다.' 이런 내용입니다. "너희가 서로 영광을 취하고 유일하신 하나님께로부터 오는 영광은 구하지 않으니 어찌 나를 믿을 수 있느냐" (요 5:44). 그리고 6장에 오병이어 사건이 일어납니다. 보리떡 다섯 개와 물고기 두 마리로 오천 명을 먹이십니다. 그 후에 그 기적을 본 무리들이 예수님을 찾아다니다가 만나는 장면입니다.

> 바다 건너편에서 만나 랍비여 언제 여기 오셨나이까 하니 예수께서 대답하여 이르시되 내가 진실로 진실로 너희에게 이르노니 너희가 나를 찾는 것은 표적을 본 까닭이 아니요 떡을 먹고 배부른 까닭이로다 썩을 양식을 위하여 일하지 말고 영생하도록 있는 양식을 위하여 하라 이 양식은 인자가 너희에게 주리니 인자는 아버지 하나님께서 인치신 자니라(요 6:25-27)

표적이 무엇입니까? 예수님이 행하신 큰 기적들에서 사람들은 예수님이 하시는 일의 결과를 원합니다. 예수께 있는 능력, 떡을 만들어 내고 병자를 고치고 행복을 주시는 것은 수단으로만 필요한 것입니다. 성경은 그런 일을 행한 자가 누구냐, 그 기적이 무엇을 증거하는 것이냐를 묻습니다. 예수님이 죽은 자를 살리는데, 그가 누구이기 때문에 그 일이 일어나는가를 보라는 것이 표적입니다. 그래서 사도행전에서도 계속해서 사도들이 행한 모든 기적이 표적과 기사로 나타납니다. 다시 말해 예수님으로 인하여 결과된 중요한 내용에 대한 증거로서 그 기적들이 제시되는 것이지, 예수님을 믿으면 무엇이 주어진다는 식으로 나오지 않습니다. 우리의 소원 성취의 방법으로 예수님을 찾도록 되어 있지 않습니다.

우리가 사도행전 8장에서 시몬이라는 마술사가 돈 주고 성령을 받게 하는 그 능력을 사겠다고 했던 사건을 봤습니다. 그리고 14장에 와서 루스드라에서도 그것과 동일하게, 바울과 바나바가 행한 일을 인하여 그들을 신으로 섬겨 자기네들이 소원하는 바를 이룰 힘으로 삼아 섬기려고 하는 데 대하여 사도들이 맹렬히 제지하는 것입니다. '하나님이 계시다. 그분 앞에 돌아오라고 우리가 여기까지 왔다.' 그러니까 그 전에 했던 사도행전에서의 모든 일은 일차적으로 청중이 유대인들이었고, 지금은 청중이 헬라인들입니다. 그래서 예수님을 언급하진 않지만, 다루는 내용은 동일합니다.

소원이 아니라 관계

사도행전 13장에서 안디옥 교회가 바나바와 사울을 선교사로 파송했는데, 그 시작을 보시면, "두 사람이 성령의 보내심을 받아 실루기아에 내려가 거기서 배 타고 구브로에 가서 살라미에 이르러 하나님의 말씀을 유대인의 여러 회당에서 전할새"(13:4-5)라고 해서 그들의 일차 청중이 유대인들이었음을 보여줍니다. 14절을 보시면, "그들은 버가에서 더 나아가 비시디아 안디옥에 이르러 안식일에 회당에 들어가 앉으니라 율법과 선지자의 글을 읽은 후에 회당장들이 사람을 보내어 물어 이르되 형제들아 만일 백성을 권할 말이 있거든 말하라"(13:14-15)라고 되어 있습니다. 회당, 바로 유대인들의 집회 장소에서 일어난 일들입니다. 그래서 16절 이하의 설교에서 이스라엘의 역사와 하나님의 약속들과 예수가 어떻게 예언되었고 어떻게 예언대로 오셔서 하나님의 약속을 성취하셨는가, 그 성취를 통해 무엇을 우리에게 큰 영광과 하나님의 약속으로 주어졌는가를 이야기합니다.

그리고 14장에 와서 "이에 이고니온에서 두 사도가 함께 유대인의 회당에 들어가 말하니 유대와 헬라의 허다한 무리가 믿더라"(14:1)고 하는데, 여기도 장소가 회당입니다. 그래서 "두 사도가 오래 있어 주를 힘입어 담대히 말하니 주께서 그들의 손으로 표적과 기사를 행하게 하여 주사 자기 은혜의 말씀을 증언하시니"(14:3)라고 되어 있습니다. 이들이 전하는 것이 어떻게 신적인 것인지, 하나님이 계시고 하나님이 그의 뜻을 이루시는 그 증언이며 실체이며, 또 얼마나 구체적인 약속들인가에 대한 증거로서 이 기적들이 주어지고 있습니다. 기적 그 자체가 목적은 아닙니다. 기적을 통해 결국 하는 말은 하나님께 돌아오라는 것입니다.

여기 나오는 유대인들은 하나님을 알고 있지만 그 하나님이 어떤 하나님인가에 대하여 아직 분명하지 않은 상태였습니다. 그들을 대상으로 할 때는 예수님으로 말미암은 그의 약속의 진실성, 구체성을 드러냈습니다. 우리를 그의 백성으로 부른다는 것입니다. 하나님이 친히 우리의 아버지가 되시고, 당신의 자녀로 우리를 부르고 계시다는 증거로 예수님을 보내셨다는 것입니다. 하나님의 자녀로 부른다는 것을 우리는 다른 식으로 '우리는 구원을 받았다, 죄 사함을 받았다'라고 이야기합니다. 오늘 본문 식으로 이야기하면 하나님을 모르고 딴 데 가서 절하지 말고, 다른 것으로 힘을 삼지 말고, 다른 것으로 소원을 삼지 말고 하나님을 아버지로 삼고 그의 뜻에 순종하며 그의 축복 속에 살아야 한다는 이야기가 됩니다. 그래서 우리는 예수님을 믿고 있다는 그 기본 위에서 이제 더 분명하게 예수님을 믿는다는 말의 뜻을 확인하게 됩니다.

로마서 3장식으로 이야기하면 예수님은 화목제물로 오십니다. 우리가 다 아는 이야기입니다. 예수님은 우리를 구원하기 위하여 십자가를 지사 하나님의 희생양이 되십니다. 우리가 다 아는 내용입니다. 예수님을 믿는다는 것은 십자가 사건을 가장 중요한 중심 내용으로 이해하는 것입니다. 그래서 그것이 무슨 뜻입니까? 하나님께로 돌아오라는 것입니다. 하나님과의 관계의 회복입니다. 도덕적인 죄나 종교적인 죄를 짓지 않게 되었다거나 어떤 소원을 이루는 수단과 특권을 가지게 됐다는 것이 아니라, 하나님 없이 하나님을 외면하고 살던 자리에서 하나님의 자녀로 돌아오라는 이야기입니다. 에베소서 1장을 보겠습니다.

우리는 그리스도 안에서 그의 은혜의 풍성함을 따라 그의 피로 말미암아 속량 곧 죄 사함을 받았느니라 이는 그가 모든 지혜와 총명을 우리에게 넘치게 하사 그 뜻의 비밀을 우리에게 알리신 것이요 그의 기뻐하심을 따라 그리스도 안에서 때가 찬 경륜을 위하여 예정하신 것이니 하늘에 있는 것이나 땅에 있는 것이 다 그리스도 안에서 통일되게 하려 하심이라 모든 일을 그의 뜻의 결정대로 일하시는 이의 계획을 따라 우리가 예정을 입어 그 안에서 기업이 되었으니 이는 우리가 그리스도 안에서 전부터 바라던 그의 영광의 찬송이 되게 하려 하심이라(엡 1:7-12)

이것이 구원입니다. 우리가 하나님의 영광의 찬송이 되는 것 말입니다. 여러분들의 영광의 찬송은 누굽니까? 여러분 자식입니다. 모든 부모가 아는 사실입니다. 자식과 경쟁하는 부모는 없습니다. 자식이 잘되는 것보다 더 큰 영광은 부모에게 없습니다. 하나님이 우리를 당신의 영광의 찬송이 되게 하시려고 그 아들을 보내셨는데, 그 아들을 무엇으로 보냈다고 합니까? 속량으로, 속죄의 제물로 보내십니다. 우리는 자꾸만 잘못을 씻고 잘못을 고치는 도덕적이고 종교적인 어떤 죄책감으로만 이 문제를 끌고 가는데, 그것은 도덕성이나 종교성에 관한 것이 아니라 관계에 관한 것입니다. 하나님과 어긋난 우리를 하나님이 그의 아들을 통해 다시 관계를 회복하는 것입니다. 이스라엘 백성에게 내내 이야기한 것과 같이 '나는 너희 하나님이 되고 너희는 나의 백성이 될지라' 하는 약속이 예수님 안에서 이루어져서 하나님은 우리 아버지가 되시고 우리는 그의 자녀가 됩니다.

그리스도 안에서 하늘과 땅에 있는 모든 것이 통일된다는 것이 무슨 말입니까? 우리가 알고 있는 세상과 역사의 일부분으로서 그러나 그중에 가장 중요한 것으로서 그것을 믿으면 나머지가 잘된다는 것이 아닙니다. 예수 안에서 하나님과의 관계가 우리가 알고 있는 것보다 더 큰 테두리로 있어서, 우리가 주로 생각하는 경제, 건강, 정치와 같은 이런 모든 것이 그 안에 있다는 것입니다. 하늘과 땅이 그리스도 안에 있습니다. 하나님과 우리의 관계성이 제일 큰 틀이고, 행복, 만족, 안심, 가치, 성취, 자랑 그런 것이 다 그 안에 들어가 있습니다. 그러나 우리는 도리어 이 안에 있는 것들이 밖에 있고 예수 믿는 것이 그 안에 들어가 있다고 생각합니다. 그래서 세상 사람들이 추구하는 안심과 만족을 우리도 동일하게 추구하면서, 단지 그 방법이 예수님이라는 식으로, 그래서 세상 사람들이 가지지 못한 어떤 특권을 가졌다는 식으로 기독교를 축소시키고 폄하합니다.

예수를 믿는다는 것은

우리가 만일 미쳤어도 하나님을 위한 것이요 정신이 온전하여도 너희를 위한 것이니 그리스도의 사랑이 우리를 강권하시는도다 우리가 생각하건대 한 사람이 모든 사람을 대신하여 죽었은즉 모든 사람이 죽은 것이라 그가 모든 사람을 대신하여 죽으심은 살아 있는 자들로 하여금 다시는 그들 자신을 위하여 살지 않고 오직 그들을 대신하여 죽었다가 다시 살아나신 이를 위하여 살게 하려 함이라 그러므로 우리가 이제부터는 어떤 사람도 육신을 따라 알지 아니하노라 비록 우리가 그리스도도 육신을 따라 알았으나 이제부터는 그같이 알지 아니하노라 그런즉 누구든지 그리스도 안에 있으면 새로운 피조물이라 이전 것은 지나갔으니 보라 새 것이 되었도다 모든 것이 하나님께로서 났으며 그가 그리스도로 말미암아 우리를 자기와 화목하게 하시고 또 우리에게 화목하게 하는 직분을 주셨으니 곧 하나님께서 그리스도 안에 계시사 세상을 자기와 화목하게 하시며 그들의 죄를 그들에게 돌리지 아니하시고 화목하게 하는 말씀을 우리에게 부탁하셨느니라(고후 5:13-19)

하나님과의 관계가 모든 것의 관건이라고 합니다. 어떤 사람의 지능이 정

상인지를 알아볼 때, 목욕탕에 수도꼭지를 틀어서 물이 넘쳐나게 한답
니다. 그렇게 해서 물이 넘쳐날 때 그 사람에게 들어가서 물을 치우라고
하면, 정상인 사람은 당연히 수도꼭지를 잠근답니다. 그런데 비정상이면
물을 퍼낸답니다. 우리가 예수님을 믿어서 자꾸 달라는 것이 무엇입니
까? '펌프를 주세요. 방수 침대보를 주셔서 물침대로 쓰게 해주세요.' 우
리는 그렇게 기독교를 써먹습니다. 수도꼭지를 잠근다는 사실을 모릅니
다. 예수께서 무엇을 하셨는지를 모릅니다.

정의를 실현하기 위해 세상이 가진 방법은 불의를 처단하는 것밖에
없습니다. 물을 퍼내는 것입니다. 도덕은 자기 증명으로 삼기 위한 수단
이 되는 것이지, 상대방을 용서하는 데는 힘을 쓰지 못합니다. 그것은 용
서할 만한 힘이 안 됩니다. 고치는 힘이 되지 않습니다. 교육을 하면 사람
을 고칠 수 있다고 믿었습니다. 교육을 했더니 약삭빨라졌습니다. 역사가
증명하는 진실입니다. 그 모든 것은 하나님과의 관계가 틀어져서 생기는
것들입니다. 생명과 하나님의 성품을 이어받을 수 없게 되자 세상에는
죄가 들어와 버렸습니다. 생명과 거룩함과 복된 것을 받을 관계가 깨어졌
습니다. 상하는 것과 해하는 것이 들어왔습니다. 무엇을 고쳐야 합니까?
관계를 정상화해야 합니다. 살인하지 말아야 하는 것이 아니라 하나님과
의 관계가 정상화되어 생명이 흘러넘쳐야 하는 것입니다.

우리 삶의 고통이 어디에서부터 옵니까? 내 자리를 만들려면 누구를
밀어내야 내 자리가 생긴다는 사실 아닙니까? 하나님의 구원을 보십시
오. 그 아들을 이 땅에 보내자 그 아들을 죽여버릴 수밖에 없었습니다.
가장 잘 믿는다는 바리새인들이 자신들의 의를 증명하기 위하여 예수를
죽이는 것밖에는 다른 방법을 가지지 못합니다. 하나님이 그 죽음을 받

아들임으로써 없는 자리, 망한 자리, 저주받은 자리에 부활 생명을 만들 어내십니다. 둘의 차이가 금방 보이지 않습니까? 서로 싸워 모두 죽이는 땅에, 우리가 죽인 무덤에 꽃피운 부활 생명과 영생입니다. 예수 안에서 하나님이 이루신 것이며, 우리에게 약속한 것에 대한 실제적 증거입니다. 역사적 증거입니다. 그것이 예수입니다. 고린도전서 1장에서는 이 모든 것을 이렇게 함축하여 결론을 내리십니다.

형제들아 너희를 부르심을 보라 육체를 따라 지혜로운 자가 많지 아니 하며 능한 자가 많지 아니하며 문벌 좋은 자가 많지 아니하도다 그러 나 하나님께서 세상의 미련한 것들을 택하사 지혜 있는 자들을 부끄럽 게 하려 하시고 세상의 약한 것들을 택하사 강한 것들을 부끄럽게 하 려 하시며 하나님께서 세상의 천한 것들과 멸시 받는 것들과 없는 것 들을 택하사 있는 것들을 폐하려 하시나니 이는 아무 육체도 하나님 앞에서 자랑하지 못하게 하려 하심이라(고전 1:26-29)

무슨 뜻이냐 하면, 하나님의 자녀가 되는 것은 능력의 문제가 아니라는 것입니다. 지식의 문제가 아니라는 것입니다. 관계란 그런 것이 아닙니다. 관계란 다른 것입니다. 하나님은 우리를 사랑하십니다. 그래서 이 안에서 는 누가 더 유능하냐, 누가 더 똑똑하냐의 싸움이 없습니다.

너희는 하나님으로부터 나서 그리스도 예수 안에 있고 예수는 하나 님으로부터 나와서 우리에게 지혜와 의로움과 거룩함과 구원함이 되 셨으니 기록된 바 자랑하는 자는 주 안에서 자랑하라 함과 같게 하려

함이라(고전 1:30-31)

예수가 우리의 모든 것입니다. 무슨 이야기입니까? 아까 많이 이야기했
듯이 하나님과의 관계를 회복하기 위하여 오신 분, 죽음 위에, 사망 위에
부활 생명을 만들어내시는 분, 그 하나님이 우리를 부르시고 허락하신
하나님의 사랑의 능력, 하나님의 회복, 하나님의 은혜, 하나님의 사랑의
지극하심의 실제적 증거가 바로 예수님이라는 것입니다. 그 예수님 안에
모든 것이 있습니다. 우리는 하나님의 자녀입니다. 자녀는 무시무시한 겁
니다. 케네디 대통령이 회의를 할 때, 문이 벌컥 열리면서 뛰어드는 것은
애들뿐이랍니다. 다 웃는답니다. 누가 거기다 대고 인상을 쓰겠습니까?
생각을 해 보십시오. 부모와 자식이라는 것은 무슨 권력도 무슨 조건도
다른 무엇으로도 어떻게 할 수 없는 무시무시한 특권입니다.

부모와 자녀 사이에 무엇을 사양하고 아끼는 것은 없습니다. 로마서
식으로 이야기하면, 그 아들을 우리에게 내어주십니다. '그 아들과 함께
어찌 모든 것을 은사로 주지 아니하시겠느뇨.' 이 말이 그래서 나오는 것
입니다. 그러나 우리는 놓칩니다. 예수님을 믿는다는 말이 가지는 크기를
모르니까 예수님의 이름을 들먹여서 무엇을 달라 그러는 것입니다. 도덕
성을 달라고 그럽니다. 죄책감을 없애 달라고 그럽니다. 죄책감을 없애는
것이 기독교의 전부가 아닙니다. 성공을 달라고 그럽니다. 예수님과 성공
을 바꿔 달라고 그럽니다. 예수님으로 안심하게 해 달라고 합니다. 예수
님으로 자존심을 지킬 수 있게 해달라고 하고, 예수님으로 고개 숙이지
않게 해달라고 그럽니다.

시작을 그렇게 할 수는 있습니다. 예수님을 믿는다는 것이 무엇인지,

하나님이 예수님을 보내셨다는 것이 무엇인지를 아는 일에 여러분이 실존적인 문제를 갖고 부딪힐 수밖에 없을 것입니다. 아파서, 억울해서, 괴로워서 문을 두드리기 시작해서, 그렇게 하나님을 만나고 예수님이 누구신지 배우실 것입니다. 그러나 그렇게 배우고 나면, 여러분이 달라고 하는 것보다 더 근본적이고 더 크고 비교할 수 없는 하나님의 부르심과 만나게 됩니다.

'형제들이여, 이 일 하지 말라고 우리를 보낸 것입니다.' 이것이 바울과 바나바의 울부짖음이었고 비명이었습니다. 잘 먹고 잘 사는 것으로 끝나는 것이 아니라 천지의 주재이신 하나님의 자녀가 되는 영광으로 부르고 있습니다. 그 인생이 되십시오. 그 앞에 가서 은혜를 구하시고 복을 받으시고 행복한 운명을 맞이하십시오. 그것이 사도들이 가서 한 증언입니다. 그러니 예수님을 값싸게 믿지 마십시오. 예수님을 믿는 가치를 더 깊이 생각하셔서, 여러분들이 당하고 있는 세상의 모든 경우에서 예수님 안에 감싸여 있다는 것을 확인하셔서, 늠름한 인생을 사시는, 예수님을 믿는 그 힘을 누리시는 여러분들이 되시기를 축복합니다.

기 도

하나님 아버지, 은혜를 감사합니다. 우리는 예수님을 믿는 사람입니다. 하나님의 자비와 사랑과 진실하심과 능력과 지극하심을 힘입은 자들입니다. 예수님 안에서 하나님의 사랑을 알았으니 다른 것이 필요 없습니다. 우리의 넉넉함을 알게 하사 세상을 이기고, 믿음으로 우리의 우리된 것을 우리 살아생전에 우리와 우리 이웃들 앞에 자랑하는 영광된 인생으로 살아가도록 붙들어 주시옵소서. 이 한해를 축

복하시고 우리가 만나는 사람들과 만나는 모든 삶의 정황에서 하나님이 우리의

아버지신줄 아는 기쁨과 기적을 누리게 하여 주시옵소서. 예수님의 이름으로 기

도합니다. 아멘.

22.
예수님으로 충분하다

사도행전 14:19-28

22_제자들의 마음을 굳게 하여 이 믿음에 머물러 있으라
권하고 또 우리가 하나님의 나라에 들어가려면 많은
환난을 겪어야 할 것이라 하고

박해 받는 교회

루스드라에서 발 못 쓰는 환자를 고치고, 그로 인해 신으로 오해받고,
그렇게 하지 못하도록 말리고, 하나님을 증거하며 하나님이 주시려는 구
원과 복음을 전하러 왔다고 이야기한 사건에 이어서 바로 그 사람들, 그
들이 행한 기적을 보고 놀라고 그들에게 제사를 지내려고 했던 사람들
에 의해서 돌에 맞아 죽습니다. 19절에 그렇게 나와 있지 않습니까?

유대인들이 안디옥과 이고니온에서 와서 무리를 충동하니 그들이 돌
로 바울을 쳐서 죽은 줄로 알고 시외로 끌어 내치니라(14:19)

무시무시한 사건인데, 기록이 굉장히 담백합니다.

> 제자들이 둘러섰을 때에 바울이 일어나 그 성에 들어갔다가 이튿날 바나바와 함께 더베로 가서 복음을 그 성에서 전하여 많은 사람을 제자로 삼고 루스드라와 이고니온과 안디옥으로 돌아가서 제자들의 마음을 굳게 하여 이 믿음에 머물러 있으라 권하고 또 우리가 하나님의 나라에 들어가려면 많은 환난을 겪어야 할 것이라 하고 각 교회에서 장로들을 택하여 금식 기도 하며 그들이 믿는 주께 그들을 위탁하고 (14:20-23)

그리고 처음 갔던 길을 되돌아서 안디옥으로 옵니다. 그 사이에 있는 많은 것들이 빠져 있습니다. '이럴 수가 있느냐? 너희들이 잘못했다. 너희들이 나한테 돌을 던졌으니 너희가 벌 받을 줄 알아라.' '하나님, 저 사람들 놔두지 마십시오. 이럴 수는 없습니다.' 이런 말은 하나도 없고, 그런 비슷한 분위기도 없이 너무나 쉽게, 마치 우리가 길 가다가 나무가 서있는 것을 봤다, 길 가다가 개구리가 뛰더라, 라고 말하듯이 그런 모든 문제에 아무런 관심과 반응이 없습니다. 하나님의 일하심이 그러하신 것처럼 뚜벅뚜벅 바울은 자기 길을 걸어 많은 일을 하고 돌아왔다고만 보고가 되고 있습니다.

부흥기에는 사도행전에서 이런 것을 보았습니다. 하나님의 말씀이 들불처럼 번져나가고, 하나님이 기도에 응답하시고, 많은 사람에게 항복과 회개를 만들어내시고, 주께 헌신하게 하시고, 사도들이 복음을 증거하는 모습입니다. 그때는 이 옆에 있는 사도행전의 기록들을 미처 보지 못했습니다. 성공한 기독교, 승리한 기독교, 전하고 받고 함께 기뻐한 기독교로만 읽었던 것입니다. 그런데 다시 읽어 보면 사도행전 내내 교회는 고생합니다. 12장에서 헤롯이 야고보를 죽이고, 베드로도 잡아서 죽이려고 했던 사건을 기억하실 겁니다. 베드로가 옥에 갇혔을 때 하나님이 천사들을 보내어 그를 꺼냅니다. 그런데 베드로를 꺼내서 헤롯에게 데려갔더니 그에게서 광채가 나서 헤롯의 눈이 멀었더라, 하는 식의 기적은 없습니다. 숱한 어려움을 겪고, 12장 끝에서 한 구절로 설명합니다.

헤롯이 영광을 하나님께로 돌리지 아니하므로 주의 사자가 곧 치니 벌레에게 먹혀 죽으니라(12:23)

그리고 이어서 이 말씀이 나옵니다.

하나님의 말씀은 흥황하여 더하더라(12:24)

13장도 마찬가지입니다.

회당의 모임이 끝난 후에 유대인과 유대교에 입교한 경건한 사람들이 많이 바울과 바나바를 따르니 두 사도가 더불어 말하고 항상 하나님의 은혜 가운데 있으라 권하니라(13:43)

이 말씀을 보면 앞으로도 계속 좋을 것 같고, 이렇게 읽고 싶습니다. 그런데 50절에 이렇게 나옵니다.

이에 유대인들이 경건한 귀부인들과 그 시내 유력자들을 선동하여
바울과 바나바를 박해하게 하여 그 지역에서 쫓아내니(13:50)

따르는 무리가 있고, 박해하는 무리가 있습니다. 어느 세력이 더 큽니까?
박해하는 쪽입니다. 그런데 52절은 이렇게 되어 있습니다.

제자들은 기쁨과 성령이 충만하니라(13:52)

오늘 본문에서 발 못 쓰는 사람을 고쳐서 사람들의 기대를 모으고 관심
을 받았지만, 19절에서 보듯이 유대인들이 안디옥과 이고니온에서 와서
무리를 충동합니다. 그래서 그들에게 제사를 지내려 했던 바로 그 무리
가 바울을 쳐 죽입니다. 공공의 장소에서 누군가를 돌로 쳐 죽였다는 것
은 당시 전체적인 분위기가 그것을 용납했다는 뜻 아닙니까? 그래서 쳐
죽일 수 있었을 것입니다. 사도행전은 바로 이런 환경 속에서 일이 진행
되는 것을 보고합니다.

고난 속에 사는 바울

바울이 예수님을 만나고, 예수님 앞에서 특별한 종으로 세움을 입었다
는 것을 듣게 됩니다. 9장 15절을 보시면 아나니아라는 제자에게 사울
에게 가서 안수하여 눈을 뜨게 하라고 하면서 이 이야기를 전하게 하십
니다.

주께서 이르시되 가라 이 사람은 내 이름을 이방인과 임금들과 이스
라엘 자손들에게 전하기 위하여 택한 나의 그릇이라 그가 내 이름을
위하여 얼마나 고난을 받아야 할 것을 내가 그에게 보이리라 하시니
(9:15-16)

고난이 약속되어 있습니다. 바울은 자기 생애 내내 그 고난을 받습니다.
고난을 당한다는 것, 이것이 기독교인들이 예수님을 믿은 후에 넘어야
할 첫 번째 문턱일 것입니다. 안 믿던 시절에 하나님을 몰라서 행했던 죄
들을 회개하면 그 전보다 나아져야 할 것 같은데, 예수님을 믿고 나면 바
로 첫 번째 시험이 닥쳐옵니다. 예수 믿기 전보다 어려운 인생을 맞이하
게 됩니다.

　무엇이 어렵겠습니까? 예수 믿고 사는 것을 하나님이 인정했고, 하나
님이 요구하시는 대로 순종했는데, 세상은 알아주지 않고 세상은 우리에
게 적대적입니다. 이것이 첫 번째 관문입니다. 모든 신자에게 중요한 시험
이 됩니다. '하나님이 유일한 창조주요, 우주와 역사의 주인이신데 어떻
게 하나님을 거스르는 세력이 남아 있을 수 있다는 말이냐?' 우리 생각
에는 우리가 환난을 당하고 거부를 당하는 것보다는 순풍을 만나는 것
이 우리 자신을 위해서나 하나님의 뜻을 위해서나 훨씬 나은 일로 보입
니다. 누구나 당연히 생각하고 기대하는 것입니다. 사도 바울은 자신의
사역과 생애를 통한 경험으로 이 문제에 대한 답을 얻습니다.

　형제들아 내가 당한 일이 도리어 복음 전파에 진전이 된 줄을 너희가
알기를 원하노라 이러므로 나의 매임이 그리스도 안에서 모든 시위대

안과 그 밖의 모든 사람에게 나타났으니 형제 중 다수가 나의 매임으로 말미암아 주 안에서 신뢰함으로 겁 없이 하나님의 말씀을 더욱 담대히 전하게 되었느니라 어떤 이들은 투기와 분쟁으로, 어떤 이들은 착한 뜻으로 그리스도를 전파하나니 이들은 내가 복음을 변증하기 위하여 세우심을 받은 줄 알고 사랑으로 하나 그들은 나의 매임에 괴로움을 더하게 할 줄로 생각하여 순수하지 못하게 다툼으로 그리스도를 전파하느니라 그러면 무엇이냐 겉치레로 하나 참으로 하나 무슨 방도로 하든지 전파되는 것은 그리스도니 이로써 나는 기뻐하고 또한 기뻐하리라 이것이 너희의 간구와 예수 그리스도의 성령의 도우심으로 나를 구원에 이르게 할 줄 아는 고로 나의 간절한 기대와 소망을 따라 아무 일에든지 부끄러워하지 아니하고 지금도 전과 같이 온전히 담대하여 살든지 죽든지 내 몸에서 그리스도가 존귀하게 되게 하려 하나니 이는 내게 사는 것이 그리스도니 죽는 것도 유익함이라(빌 1:12-21)

바울은 옥에 갇혔습니다. 빌립보 교회를 개척했지만 아직 홀로 설 만큼 준비시키지 못했습니다. 도와줘야 하고 붙들어줘야 하는데 바울은 로마 감옥에 갇혔습니다. 빌립보 교회를 향한 안타까움과 걱정이 태산 같습니다. 또한 그가 옥에 갇히자 모두에게 이런 시험이 생겼습니다. '그가 증거한 대로 하나님이 이 세상의 창조주요 주인이시라면 어찌하여 그 신의 사자가 세상 권력에 붙잡혀 오도 가도 못하는 수인이 될 수 있다는 말인가?' 커다란 시험입니다. 빌립보 교회를 위해서도 바울이 자유로운 몸으로 힘써 봉사를 해야 할 시기인데, 이렇게 갇혀 있는 것이 이해가 안 되었을 것입니다. 또 상식적으로 복음을 증거하사 구원과 회개를 촉구하시는 하나님이 로마 권력 하나도 이기지 못하고 그의 종을 보호할 수 없다면 복음에 중대한 장애가 될 것입니다.

그러나 바울이 붙잡혀 들어오니까 그가 돌아다니면서 한 것보다 더 많은 결과가 일어났답니다. 빌립보 교회는 더 힘 있게 믿음에 굳게 섰습니다. 바울이 잡혔다는 소식을 듣고 '고거 잘 됐다'며 기뻐하여 시기하고 경쟁하는 사람들이 더 열심을 냈고, 또 더러는 바울이 잡혀있는 것이 안타까워 뒤에 숨어 있다가 '선생님이 잡혔으니 나라도 하자' 하고 들고 일어서기도 했습니다. 그래서 바울 혼자 했으면 하나 했을 것을 그가 잡히자 다섯 배쯤 일이 되더라는 것입니다. 놀라운 일입니다. "전파되는 것은 그리스도니 내가 이를 인하여 기뻐하고 또 기뻐하리라."

그래서 바울이 잡힌 채로 죽지 않고 살아날 것이라고 기대하는 이유는 더 큰 기회가 주어져서 더 큰 능력을 가지고 더 많이 헌신할 수 있기를 바라서가 아니라, 살아있는 것이 고난이고 환란이라는 것을 감수할 수 있게 되었기 때문입니다. 살아있는 것이 죽는 것보다는 낫기에 살겠다는 것이 아닙니다. 죽어야 끝나는 고생길이 아닌, 살아서 고생하는 것을 감수할 수 있게 되었기 때문에 살겠다는 것입니다. 오해받을 수 있게 되었고 억울할 수 있게 되었기에 살아나겠다고 말하는 대목입니다.

"나의 간절한 기대와 소망을 따라 아무 일에든지 부끄러워하지 아니하고 지금도 전과 같이 온전히 담대하여 살든지 죽든지 내 몸에서 그리스도가 존귀하게 되게 하려 하나니"(빌 1:20). 여기에서 바울이 왜 부끄러움이라는 단어를 썼겠습니까? 오해받고 괄시받았기 때문입니다. 감옥에 갇혀있는데, 사람들이 '쟤는 왜 잡혀왔냐?' 그러지 않았겠습니까? 예

수라는 사람을 전한다고 하니까 '별 미친 놈 다 보겠네. 넌 배불러서 그
러고 다니는구나' 그러지 않았겠습니까? 왜 이 말이 등장하는지를 알
아야 합니다. 하나님이 일을 어떻게 하시는지 아셔야 합니다.

우리는 이 문제에서 지기 때문에 "내게 사는 것이 그리스도니 죽는
것도 유익하니라" 하는 말씀이 무슨 의미인지 모릅니다. 죽어도 좋다고
결사각오를 했다고 자꾸 생각합니다. 그런 것이 아닙니다. 아무리 좋게
이야기해도 죽음에는 긍정적인 의미가 없습니다. 죽으면 끝입니다. 그런
데 바울은 그것까지도 하나님이 일하시는 방법이라고 깨닫고 있습니다.
죽음이란 소멸되고 부정되고 없어지는 것입니다. 그런데 그것으로도 하
나님은 일할 수 있다는 것을 아는 것입니다. 그러니 그런 죽음까지도 당
할 수 있게 된 것입니다.

하나님이 일하시는 방법

우리는 얼마나 많이 우리가 믿는 기독교가 소유하고, 분명하고, 우세하
고, 확실하길 바랍니까? 우리 자신에게 그런 일이 일어나지 않고 있는데
도 끊임없이 그것을 바랍니다. 우리는 무명합니다. 우리가 예수 믿는 줄
을 누가 압니까? 어떤 증거가 있습니까? 우리가 예수 믿는다는 것을 확
실하고 분명하게 보여주는 그런 증거는 우리에게 없습니다. 그러나 안 믿
을 수가 없습니다. "내게 사는 것이 그리스도니 죽는 것도 유익함이라",
이 구절이 없으면 예수님을 못 믿습니다.

그러나 만일 육신으로 사는 이것이 내 일의 열매일진대 무엇을 택해

야 할는지 나는 알지 못하노라 내가 그 둘 사이에 끼었으니 차라리
세상을 떠나서 그리스도와 함께 있는 것이 훨씬 더 좋은 일이라 그렇
게 하고 싶으나 내가 육신으로 있는 것이 너희를 위하여 더 유익하리
라(빌 1:22-24)

나이 들어 보니까 빨리 죽어야겠다는 생각을 하게 됩니다. 살아있는 것
이 벌처럼 느껴집니다. 어디에 가나 치이고 쓸모없고 무능합니다. 괜히
자리만 하나 차지하는 것 같습니다. 그러나 그렇게 아무 쓸모없는 것으
로 하나님이 무엇을 하신다는 사실을 알기 때문에 더 살겠다는 것입니
다. 죽는 것보다는 사는 게 더 나아서 살겠다는 게 아닙니다. 죽는 게 더
좋습니다. 죽으면 천국에 가지 않습니까? 그런데 살아있으면 어떻습니
까? 살아있으면 아무것도 아니고 대부분 비참합니다. 그런데 그것으로
하나님이 무엇인가를 하신답니다. 그래서 살겠다고 하는 겁니다.

　사도행전이 무엇을 말하는지 잘 들으십시오. 여기에서 살겠다는 것은
이 세상에서 병신이 되겠다는 이야기입니다. 가는 곳마다 약자가 됩니다.
공공연히 그를 박해해도 되는 사람으로 여겨집니다. 돌로 쳐서 죽은 줄
알고 내다 버리는 그 길을 가는 것입니다. 거기에 대고 어떤 대꾸도 하지
않습니다. 쓰다, 달다, 억울하다, 이런 말이 안 나옵니다. 그냥 자기 길을
갑니다. 하나님이 그 아들을 보내신 그 방법을 믿는 것입니다. 죽는 것입
니다. "털 깎는 자 앞에서 잠잠한 양 같이 그의 입을 열지 아니하였도다"
(사 53:7). 이 길을 갑니다. 그래서 바울은 이렇게 이야기를 합니다.

　오직 너희는 그리스도의 복음에 합당하게 생활하라 이는 내가 너희에

게 가 보나 떠나 있으나 너희가 한마음으로 서서 한 뜻으로 복음의 신
앙을 위하여 협력하는 것과 무슨 일에든지 대적하는 자들 때문에 두
려워하지 아니하는 이 일을 듣고자 함이라 이것이 그들에게는 멸망의
증거요 너희에게는 구원의 증거니 이는 하나님께로부터 난 것이라 그
리스도를 위하여 너희에게 은혜를 주신 것은 다만 그를 믿을 뿐 아니
라 또한 그를 위하여 고난도 받게 하려 하심이라 너희에게도 그와 같
은 싸움이 있으니 너희가 내 안에서 본 바요 이제도 내 안에서 듣는
바니라(빌 1:27-30)

하나님의 종의 보편적인 모습입니다. 오해받고, 억울하고, 힘들고, 부족하
고, 원하지 않는 일을 당하고, 그래서 시원한 답을 못 보여줍니다. 바울
이 너희에게도 같은 싸움이 있다고 합니다. 그러니까 예수 잘 믿는다는
것을 무엇으로 확인합니까? 형통한 것으로, 유용한 것으로 확인하지 않
습니다. 그런데 안 믿을 수가 없습니다. '조금 늦게 믿을 걸.' 이 후회가 늘
쫓아 다닙니다.

그런데 우리가 볼 때는 아무것도 아니고 오히려 거북하고 당혹스러운 이
것이 하나님이 일하시는 방법이랍니다. 그러니 예수님을 믿는다고 하면,
하나님의 아들이 인간으로 오셨다, 나를 사랑해서 대신 십자가를 지고
죽으셨다, 죽음에서 부활하셨다, 이런 것을 믿지 않습니까? 그것과 똑같
은 의미로 하나님은 고난과 오해 속에서 일하신다, 이렇게 고백하셔야 합
니다. 예수님이 부활하셨으니까 내 생애는 죽음을 겪지 않고 비난받지
않기를 바랍니다. 그렇게 안 하신다고 그럽니다. 성경 어디를 봐도 그것은
주님 다시 오시는 날까지 유보되어 있습니다. 그래서 빌립보서 2장 1절

은 이렇게 이야기합니다.

> 그러므로 그리스도 안에 무슨 권면이나 사랑의 무슨 위로나 성령의
> 무슨 교제나 긍휼이나 자비가 있거든 마음을 같이하여 같은 사랑을
> 가지고 뜻을 합하며 한마음을 품어 아무 일에든지 다툼이나 허영으
> 로 하지 말고 오직 겸손한 마음으로 각각 자기보다 남을 낫게 여기고
> 각각 자기 일을 돌볼뿐더러 또한 각각 다른 사람들의 일을 돌보아 나
> 의 기쁨을 충만하게 하라(빌 2:1-4)

아무 일에든지 다툼이나 허영으로 하지 말고 무엇에서든지 겸손한 마음
을 가지랍니다. 모든 사람에 대해서, 우리를 오해하는 자들, 우리를 박해
하는 자들에 대해서까지, 예수 믿는 사람들끼리가 아니라 모든 존재하
는 자들과 모든 경우에 대해서 그렇게 하라고 합니다. 그것이 하나님이
일하시는 통치의 손길이라는 것을 기억하고 모든 일에서, 나에게 불리하
고 나에게 손해가 되고 나에게 해를 끼치는 것까지 다 묶어서 모든 일에
겸손한 마음을 가지고, 그 사람의 역할과 자리가 나보다 낫다고 인정하
는 마음으로 살라고 합니다.

우리 기독교가 얼마나 공격적이 되었습니까? 믿는 자와 믿지 않는 자
들을 갈라버렸습니다. 그러지 말라고 합니다. 환난이 있는 이유가 무엇입
니까? 하나님을 거부한 자들을 구원하기 위하여 하나님이 거기에 뛰어
들었기 때문에 일어납니다. "하나님이 세상을 이처럼 사랑하사 독생자
를 주셨으니 이는 그를 믿는 자마다 멸망하지 않고 영생을 얻게 하려 하
심이라"(요 3:16). 하나님이 그 아들을 세상에 보내신 것은 세상을 심판

하려 하심이 아니라 세상이 구원을 얻게 하려는 것이랍니다. 그래서 하
나님을 반대하는 자들 속에 뛰어들었습니다. 반대하는 자들을 구원하기
위하여 뛰어들어서 그들을 구원하기 위하여 반대를 받는 것입니다. 그래
서 환난이 있습니다. 세상은 하나님 없이 자기 길을 가는데, 하나님이 뛰
어 들어오셨습니다. 심판하러 들어오시지 않고 구원하러 오셨습니다. 그
들을 붙잡는 동안 박해를 받고 오해를 받고 억울함을 받는 것을 감수하
고 십자가의 길을 걸으십니다. 지금은 구원의 시대입니다. 그러나 우리는
심판을 요구합니다. 억울한 것을 못 참습니다.

"그리스도 안에 무슨 권면이나 사랑의 무슨 위로나 성령의 무슨 교제
나 긍휼이나 자비가 있거든." 전도할 때를 생각해 보십시오. 우리가 좋은
소식을 전하면서 하나님이 당신을 사랑하신다고 이야기합니다. 이때 이
렇게 하라는 것입니다. 그 사람이 못 알아듣는 사람이라고, 회개하지 않
는 사람이라고 하는 게 아니라, 그를 나보다 낫게 여기라는 것입니다. 하
나님이 그 사람을 구원하라고 나를 보낸 것 아닙니까? 그러면 나는 사환
이고 그 사람이 주인공입니다. 그 마음을 가지지 않으면 기독교 신앙이
무엇인지 모른다는 것입니다. 예수를 믿고 사는 현실을 견딜 수가 없습
니다. 사도행전은 전부 그 이야기입니다.

다 가질 필요 없다

빌립보서 2장 5절을 보시면, 하나님이 하신 방법이 예수 안에서 이렇게
증거되고 있습니다.

너희 안에 이 마음을 품으라 곧 그리스도 예수의 마음이니 그는 근본
하나님의 본체시나 하나님과 동등됨을 취할 것으로 여기지 아니하시
고 오히려 자기를 비워 종의 형체를 가지사 사람들과 같이 되셨고 사
람의 모양으로 나타나사 자기를 낮추시고 죽기까지 복종하셨으니 곧
십자가에 죽으심이라 이러므로 하나님이 그를 지극히 높여 모든 이름
위에 뛰어난 이름을 주사 하늘에 있는 자들과 땅에 있는 자들과 땅
아래에 있는 자들로 모든 무릎을 예수의 이름에 꿇게 하시고 모든 입
으로 예수 그리스도를 주라 시인하여 하나님 아버지께 영광을 돌리
게 하셨느니라(빌 2:5-11)

감동적인 것이 아니라 무서운 이야기입니다. 그래서 12절이 나옵니다.

그러므로 나의 사랑하는 자들아 너희가 나 있을 때뿐 아니라 더욱 지
금 나 없을 때에도 항상 복종하여 두렵고 떨림으로 너희 구원을 이루
라(빌 2:12)

하나님이 얼마나 무시무시한 길을 가고 계시는지 기억하라고 합니다. 그
냥 아무래도 좋다고, 다 알았다고 해탈해 버리는 게 아닙니다. 하나님이
얼마나 무서운 길을 제시하고, 실제로 행하셨고, 요구하고 있는지 알라
는 것입니다. 그 길을 가야 합니다. 빌립보서 1장 30절, "너희에게도 그
와 같은 싸움이 있으니 너희가 내 안에서 본 바요 이제도 내 안에서 듣
는 바니라"에 드러난 바와 같이 오해를 받으면서, 억울하면서, 적대와 핍
박 속을 걸으면서, 모두를 만족시킬 조건을 허락받지 않은 길을 걸으면

서 하나님의 일하심에 자신을 맡겨야 하는 그 길을 걸어야 합니다.

우리는 욕먹는 것을 싫어합니다. 내가 다 가지고, 흠 없이 전능하여 하나님의 일을 하면 얼마나 좋을까, 밤낮 이 생각을 합니다. 우리 기도도 그런 내용입니다. '하나님, 부끄럽지 않게 해주세요. 나누어줄 것이 있게 해주세요.' 그런데 그렇게 안 하신답니다. 예수님을 보십시오. 죄인으로 오셨습니다. 죄인이 아닌데, 마치 자기 죄 때문에 죽는 자같이 오해와 멸시 속에 죽어버리셨습니다. 빌립보서 4장에 가면 그래서 이 말이 나옵니다.

주 안에서 항상 기뻐하라 내가 다시 말하노니 기뻐하라(빌 4:4)

여기서 기뻐하라는 뜻이 무엇인지 아셨으면 좋겠습니다. 세상이 말하는 식으로 기뻐할 조건이 있어서가 아니라 우리의 길, 우리의 조건, 그것으로 충분하다는 이야기입니다. 그것으로 충분하고 그것으로 괜찮답니다. 그냥 못난 것으로 괜찮으니까 기뻐하라는 것입니다.

너희 관용을 모든 사람에게 알게 하라 주께서 가까우시니라(빌 4:5)

여러분이 다 가질 필요 없다는 뜻입니다. 여러분이 전능하고 무흠하고 훌륭하지 않아도 된답니다. 그렇다고 나태하고 게을러도 괜찮다는 이야기는 물론 아닙니다.

아무 것도 염려하지 말고 다만 모든 일에 기도와 간구로, 너희 구할 것을 감사함으로 하나님께 아뢰라 그리하면 모든 지각에 뛰어난 하나

님의 평강이 그리스도 예수 안에서 너희 마음과 생각을 지키시리라
끝으로 형제들아 무엇에든지 참되며 무엇에든지 경건하며 무엇에든
지 옳으며 무엇에든지 정결하며 무엇에든지 사랑 받을 만하며 무엇에
든지 칭찬 받을 만하며 무슨 덕이 있든지 무슨 기림이 있든지 이것들
을 생각하라 (빌 4:6-8)

"무엇에든지", 억울한 것, 오해받는 것, 혐오스러운 것 그 모든 것을 진지
하게 감수하라고 합니다.

너희는 내게 배우고 받고 듣고 본 바를 행하라 그리하면 평강의 하나
님이 너희와 함께 계시리라 (빌 4:9)

바울이 무엇을 했습니까? 돌에 맞아 죽었습니다. 경건한 사람들이 와서
돌로 쳐 죽였습니다. 여러분이 가는 예수 믿고 사는 인생이 무엇인지 아
시겠습니까? 하나님이 어떻게 일하시는지 아시겠습니까? 우리는 멋있게
살고 싶습니다. 훌륭하고 싶습니다. 하나님이 그렇게 안 하신답니다. 정말
훌륭하고 위대하신 분은 예수님입니다. 세상에 있는 어느 것도 예수님을
대신할 수 없습니다. 예수님이 누구신지, 예수님이 무엇을 하셨는지, 예
수님이 증거한 것이 무엇인지, 예수님이 무엇을 끌어안으셨는지 보고, 우
리가 그 길을 가라고 합니다. 이것이 사도행전의 가장 중요한 핵심이고
우리 삶입니다.

그러니 여러분, 결론을 내리십시오. 억울하고 분하고 오해받으면서 예
수 믿으시겠습니까? 세상이 뭐라고 하면 안 믿을 겁니까? 예수 믿는 것

은 결심보다 더 큰 것입니다. 붙잡힌 것입니다. 하나님을 아는 것입니다. 외면을 할 수가 없습니다. 하나님 앞에 자꾸 빌게 됩니다. 조금만 봐달라고, 조금만 봐주면 견디겠다고 합니다. 그런데 그것이 점점 커집니다. 더 억울하고 더 분하고 더 오해받게 됩니다. 어떻게 하겠습니까? 안 믿을 수가 없습니다. 그래서 나중에는 어떻게 됩니까? '빨리 데려가 주세요'가 됩니다. 오늘 말씀은 그런 우리에게 고생하고 살아 있으라고 합니다. 그래서 괄시 받고 살기로 작정하셔야 합니다.

기 도

하나님 아버지, 예수가 누군지 세상이 몰랐던 것같이 우리가 누군지 세상이 모릅니다. 우리도 가끔 우리 자신을 모릅니다. 하나님의 일하심을 우리는 다 이해하지 못합니다. 하나님의 크심, 거룩하심, 복되시고 신실하심을 알고 있지만 더 알게 하옵소서. 그래서 바울로 증거한 그 삶이 얼마나 위대한 삶인지, 예수님 안에서 이루신 구원과 허락하신 믿음이 무엇인지 알게 하사 우리의 인생을 감당할 믿음을 주시옵소서. 예수님의 이름으로 기도합니다.

23.

세상과 구별된다

사도행전 15:3-21

20_다만 우상의 더러운 것과 음행과 목매어 죽인 것과 피를 멀리하라고 편지하는 것이 옳으니

바울과 바나바가 일차 전도여행을 마치고 안디옥에 와서 사역 보고를 하고, 그다음에 예루살렘에 내려와서도 사도들에게 그 사역을 보고하게 됩니다. 안디옥에 있을 때도 어떤 유대인들이 와서 할례와 모세의 율법을 신자들에게 요구해야 한다고 해서 적지 않은 논쟁이 있었습니다. 그리고 예루살렘에 왔더니 거기서도 예수 믿는 유대인들이 할례를 받고 모세의 율법을 행해야 한다는 요구를 강하게 해서 사도들이 그 문제를 의논하는 장면입니다.

조건인가 구별인가

많은 변론이 있은 후에 베드로가 나섰습니다. '내가 이방인의 구원을 시

작하는 하나님의 손길로 맨 처음에 섰다.' 고넬료 집안에 간 이야기를 합니다. '그때 우리가 지금 요구하려는 조건과 자격 없이 내가 복음을 전할 때 성령이 임하셨다. 하나님께서 이미 그들을 받으셨는데 왜 우리가 조건을 만들어 우리도 질 수 없었던 짐을 저들에게 지우려 하는가?' 베드로가 반박을 하고, 그다음에 바나바와 바울에게 이방전도를 했을 때 하나님께서 어떻게 일하셨는가를 듣습니다. 그리고 야고보가 거기에 대하여 답을 합니다. '이방이 하나님의 백성으로 부름 받을 것을 이미 아모스 선지자도 예언을 했었다. 그것이 하나님의 뜻이다. 그러니 우리가 이 사람들에게 다른 짐을 지울 게 아니라 다만 이것만 요구하자.' 그래서 20절이 나옵니다.

> 다만 우상의 더러운 것과 음행과 목매어 죽인 것과 피를 멀리하라고 편지하는 것이 옳으니(15:20)

이 내용은 종종 새로운 신약시대의 율법으로 오해되곤 했는데, 이것은 사도행전 15장에서 다루는 문제가 무엇인지 놓치기 때문입니다. 지금 다루는 문제가 바로 그 문제, 예수로 말미암는 구원에 아무런 조건과 자격이 필요 없다는 것을 오해시켜서는 안 된다는 것 아닙니까? 예수께서 죄인을 구원하시러 오셨습니다. 구원받을 자격이 없는 사람, 죄인과 무지한 자들과 반대하는 자들을 구원하러 예수께서 오신 것입니다. 거기에 우리는 자주 어떤 자격과 어떤 준비 조건을 달려고 합니다. 그러나 사도행전 15장에서 다루었던 것은 전혀 그런 의도가 아닌 것, 조건과 자격이 아닌 무엇으로서 우상의 더러운 것과 음행과 목매어 죽인 것과 피를 멀리 하는 것이 제시되고 있습니다.

　자격과 조건이 아닌 것, 구원의 걸림돌이 되지 않는 것, 그것은 무엇일까요? 그것은 구별입니다. 예수님을 믿는 자와 그렇지 않은 자 사이의 구별입니다. 예수님을 믿는 자로서 가져야 하는 정체성에 관한 것입니다. 굉장히 소극적으로 그려져 있지만 그것이 담고 있는 내용은 큽니다. 이 구별에 대한 이해를 위해서 로마서 14장에 가봅시다.

　　믿음이 연약한 자를 너희가 받되 그의 의견을 비판하지 말라 어떤 사람은 모든 것을 먹을 만한 믿음이 있고 믿음이 연약한 자는 채소만 먹느니라 먹는 자는 먹지 않는 자를 업신여기지 말고 먹지 않는 자는 먹는 자를 비판하지 말라 이는 하나님이 그를 받으셨음이라(롬 14:1-3)

'먹는 자는 먹지 않는 자를 업신여기지 말고, 먹지 않는 자는 먹는 자를 비판하지 마라.' 고대 사회는 국가와 종교가 늘 대부분 붙어 있었습니다. 그래서 국가의 권위와 권력의 기반을 종교에 두었습니다. 중국 황제는 언제나 천자였습니다. 하늘의 아들입니다. 고대 사회에서는 신분과 권위를 신이 내려주었다고 해서 권력과 지위의 기반을 마련했습니다. 그래서 국가 신이 있고, 그 신에게 육류를 제물로 바치고, 그렇게 바쳐진 제물이 시중에 나왔습니다. 요즘처럼 순전히 식용을 위하여 도살해서 정육점으로 나오는 것이 아니라 국가 우상에게 제물로 바쳐진 후에 시중에 나온 것입니다. 그래서 바벨론 포로 시절에 다니엘과 세 친구가 고기를 먹지 않겠다고 한 것입니다. 우상숭배 할 수 없다, 그런 뜻입니다.

　초대교회 때 로마에서도 동일하게 국가의 신들에게 제물로 드려진 그

고기가 시중에 나왔습니다. 그런데 신약시대쯤 되면 다니엘이 이해했던 또는 책임졌던 신앙의 이해에서 조금 진전된 이해가 나옵니다. 그것은 우상은 원래 없는 것이라는 이해입니다. 우상은 사람이 상상한 것이니 실제로 있지 않습니다. 그러니 실재하지 않는 신, 거짓 신에게 바친 거니까 그렇게 바친 것은 무효입니다. 그래서 고기를 먹어도 된다, 이렇게 되었습니다(고전 8:4-6 참조). 고린도전서를 보시면 시장에서 파는 고기는 묻지 말고 먹으라고 나와 있습니다(고전 10:25-28 참조). 물어봤다가 제물이라고 하면 사먹지 말라고 했으니까 눈 가리고 아웅 하는 것 같게 느껴지는데, 그런 의미가 아닙니다.

고린도 교회에는 믿음이 연약한 자, 우상을 섬기지 않기로 하고 하나님만 섬기기로 했으니까 우상 제물은 먹지 않겠다고 이해하는 순박하고 분명한 신앙을 가진 자들이 있었고, 한 걸음 더 나아가서 다른 신은 없고 이것은 사람들이 스스로 속인 것에 불과하다는 지점까지 온 사람들이 있었습니다. 믿음은 자라는 것이니까 이렇게 실력 차이가 있는 것이 사실입니다. 그래서 여기에서 그 이야기를 합니다. 믿음이 연약한 자를 받아서 네가 할 수 있는 것을 다 쓰지 말라는 것입니다. 하나님께 속한 자로서 네가 너의 주인이 아닌 것을 기억하라는 충고입니다. '믿음이 연약한 자를 받아라. 그것이 너한테는 괜찮은 것이지만 그에게는 오해가 되고 시험이 되는 것이라면 네가 절제하라'(고전 8:7-13 참조).

이와 같은 내용이 사도행전 15장에서 이렇게 우상의 더러운 것과 음행과 목매어 죽인 것과 피를 가까이하는 것으로 나타난 것입니다. 쉽게 이야기하면 해보고 싶다고 해서 다 하려고 하면 안 된다는 이야기입니다. 요즘 영화를 보면 온갖 것이 다 나옵니다. 무시무시한 괴물과 정신 이상과 하고 싶은 모든 모험이 순전히 볼거리를 위해서 다 나오지 않습니까? 그렇게 하고 싶은 대로 다 하지 않는 것입니다. 그렇게 함으로써 우리 인생이 우리 자신의 욕심과 책임 아래 있지 않고 하나님의 통치에 붙들려 있다는 것을 구별해서 살아내라는 것이 오늘 가르침의 요지입니다. 그러나 우리는 여기에서 늘 틀립니다.

제가 어렸을 때 이 문제는 성수주일과 십일조로 나타났습니다. 성수주일과 십일조는 당시의 문화와 신앙 수준에서는 성도들이 표현할 수 있는 최고의 진심이었을 것입니다. 그래서 주일에는 무엇을 사먹지도 않고, 차도 타지 않고, 아무튼 돈을 쓰지 않는 것으로 꽉 묶었습니다. 그래서 집이 교회에서 먼 사람들은 토요일에 교회에 와서 잤습니다. 그래서 그때는 토요일에 교회에서 자고 주일을 다 교회에서 지내고 주일 밤에 또 교회에서 자고 월요일 새벽 4시에 통금이 해제된 다음에야 버스 타고 집에 가곤 했습니다. 그때는 다른 방법이 없었습니다. 신앙에 대한 헌신과 예수 믿는 표현과 확인을 그렇게밖에는 할 수 없었던 것입니다. 그런데 이것이 질 수 없는 짐, 법이 되고 강제가 되는 것과 절제가 되는 것을 어떻게 분별할 수 있는가 하는 문제는 그 당시에도 어려웠고 지금도 그렇습니다.

사도행전 15장이 요구하는 구별, 너라는 존재와 네 인생이 네 것이 아니고 네 마음대로 할 수 없고 너 좋은 대로 할 것이 아니라 하나님의 뜻을 따라야 한다는 의미에서의 절제와 그리하여 구별하여 증거하는 정체성과 '예수를 믿으면 이래야 돼'라는 조건으로 제시되는 것과의 구별을 무엇으로 할 것이냐는 것입니다. 그것이 정죄용으로 쓰이고 있느냐는 것입니다. 예전에는 정죄용으로 쓰였습니다. "쟤 주일에 뭐 사먹었대요." 이것은 중요한 정죄였습니다. 여러분, 주일학교에 가면 애들이 꼭 그럽니다. "선생님, 쟤 기도할 때 눈 떴대요." 이런 건 꼭 있습니다. 기도할 때 눈 뜬다고 지옥 가는 것은 아닙니다. 그러나 그렇게 사용합니다. 어른이라고 크게 다르지 않습니다. 이 세상을 살 때 신앙을 지키고 양보하다가 예수 안 믿는 사람들하고 너무 말이 안 되는 싸움이 붙고 너무 억울해지면 마음에 꼭 이 마음을 가집니다. '예수도 안 믿는 것들이!' 바로 이런 것입니다. 예수를 믿는 것이 정죄용으로 쓰이면, 여러분은 기독교 신앙을 오해하시는 겁니다.

도덕성이 아니라 정체성

지금 사도행전에서 성도 모두에게 우상의 더러운 것을 금하고 있습니다. 우상의 더러운 것이 무엇입니까? 여러분, 세상에 나가면 사람들이 불안하니까 다 다른 무언가에 기댑니다. 길일을 택하고 점을 치고 그러지 않습니까? 그런 것이 바로 더러운 것입니다. 그것이 더러운 이유는 인간이 스스로를 낮추는 것이기 때문에 그렇습니다. 상식과 인격과 고급한 성품을 어떤 주술적이고 아주 저급한 결정력에 맡기는 것이기 때문입니다. 신자는 그렇지 않다는 이야기입니다. 하나님의 위대하심과 거룩하심과 그 영광과 그 수준을 알라는 것입니다. 이것은 우리의 정체성의 문제요, 고급한 책임 있는 구별입니다. 이 문제는 구체적으로 에베소서 4장에서 확연하게 대조가 됩니다. 믿지 않는 자들과 예수를 믿는 자들의 대조는 도덕성과 종교성에서가 아니라 이 정체성에서 드러납니다.

그러므로 내가 이것을 말하며 주 안에서 증언하노니 이제부터 너희는
이방인이 그 마음의 허망한 것으로 행함 같이 행하지 말라 그들의 총
명이 어두워지고 그들 가운데 있는 무지함과 그들의 마음이 굳어짐으
로 말미암아 하나님의 생명에서 떠나 있도다 그들이 감각 없는 자가
되어 자신을 방탕에 방임하여 모든 더러운 것을 욕심으로 행하되(엡
4:17-19)

예수 안에 있지 않은 자들, 하나님이 누구신지 모르는 자들은 결국 자기
가 자기의 주인이 될 수밖에 없는데, 인간은 자기를 책임질 만큼 실력 있
지 않더라는 것입니다. 그래서 하나님을 모르는 자들은 결국 자신을 방
탕에 방임합니다. 여기에서 방탕은 결코 도덕성을 논하는 것이 아닙니다.
불신자는 그냥 막막하게 떠밀려서 그저 시간을 흘려보내듯이 이렇게 내
던져 버리는 삶을 살 수밖에 없다는 것입니다. 이것을 예수 믿는 자들과
대비해 보시면 분명해집니다. 20절 이하에서는 예수 믿는 자들을 이야
기합니다.

오직 너희는 그리스도를 그같이 배우지 아니하였느니라 진리가 예수
안에 있는 것 같이 너희가 참으로 그에게서 듣고 또한 그 안에서 가르
침을 받았을진대 너희는 유혹의 욕심을 따라 썩어져 가는 구습을 따
르는 옛 사람을 벗어 버리고 오직 너희의 심령이 새롭게 되어 하나님
을 따라 의와 진리의 거룩함으로 지으심을 받은 새 사람을 입으라(엡
4:20-24)

신자는 유혹의 욕심을 따라 썩어져 가는 구습에서 벗어납니다. 막막하게 살고, 그냥 시간을 죽이는 것 외에 아무것도 할 수 없는, 의심하고 체념하고 포기하고 누군가에게 뒤집어씌우는 것 외에는 할 수 없는 데서 벗어납니다. 그것이 나라일 수도 있고, 시대일 수도 있고, 운명일 수도 있습니다. 거기에 뒤집어씌움으로 변명만 하고 살 수밖에 없는 데서 벗어납니다. 그래서 의와 진리의 거룩함으로 지으심을 받은 새 사람이 됩니다. 5장으로 가면 더 분명해집니다.

> 그런즉 너희가 어떻게 행할지를 자세히 주의하여 지혜 없는 자 같이 하지 말고 오직 지혜 있는 자 같이 하여 세월을 아끼라 때가 악하니라 그러므로 어리석은 자가 되지 말고 오직 주의 뜻이 무엇인가 이해하라 술 취하지 말라 이는 방탕한 것이니 오직 성령으로 충만함을 받으라(엡 5:15-18)

지혜롭고 분별하라고 합니다. '너희가 누구인지 분별하라. 세상에 속하는 것과 하나님께 속하는 것이 무엇이 다른지 분별하라. 그래서 어리석은 자가 되지 마라.' 여기서 어리석은 자란 앞에서 이야기한 그대로입니다. 변명하고 체념하고 도망가는 자입니다. 그래서 술 취하지 말라고 합니다. 술 취하는 것과 성령 충만이 대척점에 서 있는 점이 흥미롭습니다.

성령 충만을 왜 하필 술 취하는 것과 비교하나 싶지 않습니까? 하나는 가장 부도덕하고 다른 하나는 종교성을 가지고 있어서 둘을 대조하는 것이 아니라, 그 둘 사이에 굉장히 공통된 내용이 있어서 비교하는 것입니다. 술 취하는 것은 방탕한 것이라고 합니다. 흘려보낸다, 낭비한다는 뜻입니다. 탕자의 비유에서 보듯이 세월을 낭비한 자요, 기회를 외면한 자입니다. 술을 먹으면 소위 필름이 끊긴다고 하지 않습니까? 시간은 흘렀는데 기억이 없습니다. 그것이 방탕입니다.

그러면 성령 충만은 무엇입니까? 깨어있는 것입니다. 그래서 분별하는 것입니다. 15절에 "그런즉 너희가 어떻게 행할지를 자세히 주의하여 지혜 없는 자 같이 하지 말고 오직 지혜 있는 자 같이 하여 세월을 아끼라"고 하지 않았습니까? 매 순간을 살라는 말입니다. 어디에 벗어 던지지 말고 하루를 살아라, 매 순간을 살아라, 이런 뜻입니다. 현실이라는 도전 앞에 구별된 사람으로 서 있으십시오. 모든 문제를 해결할 수 있다, 아니 해결해야 한다, 이런 이야기가 아닙니다. 이런 것을 뛰어넘어서 어려움을 어떻게 당하는가, 힘에 넘치는 일을 어떻게 감당하는가, 내가 져야 할 책임은 어디까지인가 그런 모든 것을 하나님의 통치 아래 있는 사람으로서 매순간을 계속 살아내셔야 한다, 그런 말입니다.

그래서 "우상의 더러운 것과 음행과 목매어 죽인 것과 피를 멀리하라"가 가지는 뜻을 적극적으로 실현해야 합니다. 나 좋을 대로 하지 않는 것입니다. 우리가 오락 영화를 다른 말로 '킬링타임용'이라고 부릅니다. 시간을 죽이려고 보는 영화입니다. 그렇게 살지 말라는 것입니다. 그러면 우리는 스물네 시간을 늘 깨어서 살 수 있을까요? 물론 어렵습니다. 그래서 얼마나 했느냐의 문제가 아니라 이 사실을 알고 있느냐의 문제입니다. 우리가 사는 인생 속에서 신앙생활을 한다는 것이 무엇인지를 알고 있느냐에 관한 문제입니다. 스물네 시간을 다 이렇게 살아내는 사람은 몇 없습니다. 그러나 그렇게 살아내야 한다는 것은 알아야 합니다. 예수를 믿으면 다 알고 있어야 합니다. 내가 무슨 싸움을 하고 있는지, 어떤 역할로 보냄을 받았는지 알고 있어야 합니다.

열매 맺는 나무가 되어야

갈라디아서에 가시면 이와 동일한 이야기를 합니다. 성령 충만이 무엇을 해결하고, 능력을 가지고, 기쁘고, 만족하고의 싸움이 아니라 충성의 싸움이라고 합니다.

> 내가 이르노니 너희는 성령을 따라 행하라 그리하면 육체의 욕심을 이루지 아니하리라 육체의 소욕은 성령을 거스르고 성령은 육체를 거스르나니 이 둘이 서로 대적함으로 너희가 원하는 것을 하지 못하게 하려 함이라 너희가 만일 성령의 인도하시는 바가 되면 율법 아래에 있지 아니하리라 육체의 일은 분명하니 곧 음행과 더러운 것과 호색과 우상 숭배와 주술과 원수 맺는 것과 분쟁과 시기와 분냄과 당 짓는 것과 분열함과 이단과 투기와 술 취함과 방탕함과 또 그와 같은 것들이라 전에 너희에게 경계한 것 같이 경계하노니 이런 일을 하는 자들은 하나님의 나라를 유업으로 받지 못할 것이요(갈 5:16-21)

방탕, 우상 숭배, 음행 여기에 다 나옵니다. 자기 마음대로 사는 것입니다. 이것이 바로 육체를 따라 사는 삶입니다. 성령을 따라 사는 삶은 22절 이하에 이렇게 소개됩니다.

> 오직 성령의 열매는 사랑과 희락과 화평과 오래 참음과 자비와 양선과

충성과 온유와 절제니 이같은 것을 금지할 법이 없느니라(갈 5:22-23)

'기도 많이 해야 한다. 성경 많이 읽어야 한다. 전도 많이 해야 한다. 봉사 많이 해야 한다.' 이런 말 없다는 것을 아서야 합니다. 물론 이런 것을 해야 합니다. 그러나 그것이 다가 아니고, 여러분이 하는 일에 이런 열매가 있느냐고 묻습니다. 이 열매는 누가 정의를 행할 때, 대의를 좇을 때 일어나는 일이 아니라 모든 삶의 정황에서 나타나는 열매입니다. 반복적이고 끝이 없는 시시한 일을 하는 현실 속에 맺어질 수 있는 것들입니다. 아이 보는 일, 공부시키는 것, 청소하는 것, 직장 다니는 일, 한 인생을 한 가족의 일원이 되어 사는 것들 말입니다. 아버지가 되고 어머니가 되고 아들이 되고 딸이 되고 이웃이 되고 누구의 친구가 되고, 아무런 구별된 지위와 신분과 존재가 없는 속에서도 이 열매는 나옵니다. 이 열매는 열매부터 생기지는 않습니다. 나무가 자라야 열매가 생깁니다. 이 열매는 열매를 달라고 기도해서 열리는 열매들이 아닙니다. 과일 도매상이 되라는 것이 아니라, 그 나무가 되었느냐를 묻는 것입니다.

우리 믿음의 선조들로 중요하게 기억되는 청교도들은 금욕적인 사람들로 비판을 받기도 합니다. 그 사람들이 금욕적이라고 비판을 받는 것은 너무 심한 비난입니다. 왜냐하면 그들은 즐거움을 거부한 것이 아니기 때문입니다. 행복을 부정한 것이 아니라 세상적 즐거움과 행복을 거부한 것입니다. 그들은 삶에서 하나님의 뜻을 따라 사는 것이 더 행복하다는 것을 그들의 삶을 통해 증언했습니다. 물론 거기에도 부작용은 있었을 것입니다. 그것을 정죄용으로 쓰는 사람들이 등장합니다. 그렇다고 해서 그것이 가치 없는 것입니까? 그렇지 않습니다.

예수님을 믿고 살면서, 성경이 약속한 이 위대함을 이해하지 못한다면 우리는 이것을 부정적으로 쓰는 사람들을 비판함으로써 '난 예수 믿는 것 가지고 자랑하고 남 비난하는 거 보기 싫어서 안 믿어!' 하는 모순에 빠지게 됩니다. 교회 봉사 좀 한다고 교만 떠는 거 보기 싫어서 봉사를 안 한다는 모순에 빠집니다. 신앙생활 잘하자고 손가락질 하는 것이 보기 싫어서 신앙생활 안 한다는 것은 말이 안 됩니다. 왜냐하면 여러분 자신의 인생이기 때문입니다. 여러분 자신의 신앙고백이기 때문입니다. 잘하느냐, 잘 못하느냐는 각자가 책임질 일이라고 합니다.

남의 하인을 비판하는 너는 누구냐 그가 서 있는 것이나 넘어지는 것이 자기 주인에게 있으매 그가 세움을 받으리니 이는 그를 세우시는 권능이 주께 있음이라 (롬 14:4)

남의 하인은 그 주인이 알아서 하니까 네가 개입할 문제가 아니라고 합니다.

어떤 사람은 이 날을 저 날보다 낫게 여기고 어떤 사람은 모든 날을 같게 여기나니 각각 자기 마음으로 확정할지니라 날을 중히 여기는 자도 주를 위하여 중히 여기고 먹는 자도 주를 위하여 먹으니 이는 하나님께 감사함이요 먹지 않는 자도 주를 위하여 먹지 아니하며 하나님께 감사하느니라 (롬 14:5-6)

아마 이때도 안식일 논쟁이 있지 않았나 싶습니다. 성수주일 한다고 아무엇도 안 사먹고, 주를 위하여 절제하는 것도 중한 것입니다. 주일은 기쁜 날이니까 다른 날에 먹지 못한 것을 주일에 잘 먹어야 한다고 하는 것도 잘하는 것입니다. 다 주를 위하여 하는 것입니다.

> 우리 중에 누구든지 자기를 위하여 사는 자가 없고 자기를 위하여 죽는 자도 없도다 우리가 살아도 주를 위하여 살고 죽어도 주를 위하여 죽나니 그러므로 사나 죽으나 우리가 주의 것이로다(롬 14:7-8)

이 고백이 있으면 여러분의 신앙을 열심히 수행하십시오. 다른 사람하고 비교하여, 누구를 정죄하여 자신의 정당함을 확인하지 마시고 여러분이 할 수 있는 진심, 여러분이 할 수 있는 실천, 여러분이 가진 믿음을 지켜 내셔야 합니다. 그것은 다른 사람과의 싸움이 아닙니다.

> 이를 위하여 그리스도께서 죽었다가 다시 살아나셨으니 곧 죽은 자와 산 자의 주가 되려 하심이라 네가 어찌하여 네 형제를 비판하느냐 어찌하여 네 형제를 업신여기느냐 우리가 다 하나님의 심판대 앞에 서리라 기록되었으되 주께서 이르시되 내가 살았노니 모든 무릎이 내게 꿇을 것이요 모든 혀가 하나님께 자백하리라 하였느니라 이러므로 우리 각 사람이 자기 일을 하나님께 직고하리라(롬 14:9-12)

자기가 아는 만큼 사십시오. 자기가 아는 식으로 신앙생활을 하십시오. 다른 사람이 내가 이해하지 못하는 식으로 신앙생활 하는 것은 놔두십시오. "우리 중에 아무도 자기를 위하여 사는 자가 없고 자기를 위하여 죽은 자도 없도다. 아멘" 하고 다 받으시고, 자기 신앙생활 하십시오. 내가 지나온 길을 누가 지나오거든 그 사람을 위하여 더 많이 절제하십시오. 그리하면 우리가 가지는 신앙적인 절제들이 자랑인 것을 알게 됩니다. 누구를 비난하고 정죄하고 경멸하는 것이 자랑이 아니라 내가 할 수 있는 것을, 해도 되는 것을 절제할 수 있는 이 특권이 얼마나 큰 것인지, 예수께서 죄인을 위하여 십자가를 지셨다는 것이 무엇인지를 아는 믿음의 자랑과 만족이 생깁니다. 여러분 모두가 그 길로 부름 받은 인생임을 아시고, 남 부러워하지 마시고 행복하게 신앙생활을 하시는 여러분 자신이 되시기를 바랍니다.

기 도

하나님 아버지, 우리 모두는 다르게 생겼고 다른 길을 걷고 있습니다. 사회적 신분과 조건이 천차만별입니다. 당하고 있는 현실도 각각 다릅니다. 그러나 어느 길에서나 성령을 좇는 것은 우리의 특권입니다. 우리의 자랑입니다. 어느 곳에서나 우리는 사랑하고 충성하고 오래 참고 용서할 수 있습니다. 그 길을 걷게 하사 주 예수 안에서 보이신 하나님의 사랑을 누리는 자, 나누는 자가 되는 복된 인생을 살도록 축복하여 주시옵소서. 예수님 이름으로 기도합니다. 아멘.

24.

친구로 부르신다

사도행전 15:36–16:10

39_서로 심히 다투어 피차 갈라서니 바나바는 마가를
데리고 배 타고 구브로로 가고

바울은 바나바와 함께 첫 번째 전도여행을 통해 세웠던 교회들을 다시
찾아가기로 했습니다. 그런데 마가라 하는 요한을 데려가는 문제로 다툼
이 일어납니다. 그는 일차 전도여행 때 함께 출발했다가 중간에 돌아간
사람입니다. 그래서 바울은 그와는 같이 갈 수 없다고 하고, 바나바는 그
래도 같이 가자고 합니다. 사도행전에 기록할 내용이 많은데도 39절에
서로 심히 다투어 피차 갈라섰다는 내용이 기록되어 있는 것을 주의해
서 보십시오.

우리는 늘 옳은 일을 하고 멋진 일을 하면 모두가 한마음 한뜻이 된다
고 생각합니다. 그렇지 않습니다. 바나바는 바울과 비교해서 조금도 부
족할 것이 없는 훌륭한 하나님의 종입니다. 바울이 한 일은 성경에 남았
고 바나바가 한 일은 기록에 안 남아서 바울이 더 위대하다고 생각할 수

있는데, 사실 이 둘은 누가 더 훌륭하다고 말하기 어려운 사람들입니다. 이 둘이 심히 다투고 갈라섭니다. 옳은 일 하자고 열심을 내서 갈라섭니다. 사도행전에는 초대교회가 세계로 복음을 전파하여 하나님 나라를 넓혀가는 일을 그리고 있는데, 그 사이에 나타나는 이런 일들을 볼 때는 특별한 안목, 특별한 이해, 특별한 주의가 필요합니다. 우리는 이런 문제를 매우 쉽게 생각합니다. 너무 당연하게 여깁니다. 그래서 이런 문제가 성경에 기록되어 있음에도 자주 놓치고, 현실에서 이런 문제에 부딪히면 당황합니다.

그렇게 갈라선 후에 바울이 루스드라에 이르러 디모데를 제자로 삼습니다. 그런데 그의 어머니는 유대인이고 아버지는 헬라인이었습니다. 우리 식으로 이야기하면 혼혈입니다. 그런데 유대인들에게 유대인이 아닌 사람과 혼인하는 것은 우리가 생각하는 혼혈 이상의 의미를 가지는 만만치 않은 문제였습니다. 디모데는 그런 부모를 둔 자식입니다. 바울이 이런 디모데를 제자로 삼고 후계자로 삼습니다.

복음이 유대인을 선민으로 여기는 구약적 이해에서 벗어나 예수님으로 말미암아 땅 끝까지 만민에게 허락된 복음으로 전달됩니다. 그런데 당시 세계를 주도하고 있는 사상, 정신세계는 헬레니즘이었습니다. 정치권과 통치권은 로마가 가지고 있지만 그들의 정신세계는 헬레니즘이 지배하고 있었고, 이 복음은 유대에서 시작했지만 헬레니즘 문화에 속해 있는 모든 세계의 모든 사람에게 퍼져야 했습니다. 그런 정황에서, 말하자면 디모데는 가장 필요한 존재였습니다. 유대인 어머니와 헬라인 아버지를 가진, 두 문명과 문화와 사상을 연결하는 다리로서 서 있습니다. 과연 이런 것이 조건이 되겠습니까? 성령 충만하고 헌신하고 도덕성이 있고 능력을 가지는 것이 조건이라고 생각하는데, 그가 혼혈인 것이 더 큰 조건이 되겠느냐는 것입니다. 이것이 우리가 살펴보려는 오늘 본문의 이야기들입니다.

바울과 디모데

디모데후서 1장에서 바울이 디모데를 격려하는 내용을 보시면 디모데가 어떤 사람이었는지 이해할 수 있는 정보가 있습니다.

> 내가 밤낮 간구하는 가운데 쉬지 않고 너를 생각하여 청결한 양심으로 조상적부터 섬겨 오는 하나님께 감사하고 네 눈물을 생각하여 너 보기를 원함은 내 기쁨이 가득하게 하려 함이니 이는 네 속에 거짓이 없는 믿음이 있음을 생각함이라 이 믿음은 먼저 네 외조모 로이스와 네 어머니 유니게 속에 있더니 네 속에도 있는 줄을 확신하노라 그러므로 내가 나의 안수함으로 네 속에 있는 하나님의 은사를 다시 불일 듯 하게 하기 위하여 너로 생각하게 하노니 하나님이 우리에게 주신 것은 두려워하는 마음이 아니요 오직 능력과 사랑과 절제하는 마음이니 그러므로 너는 내가 우리 주를 증언함과 또는 주를 위하여 갇힌 자 된 나를 부끄러워하지 말고 오직 하나님의 능력을 따라 복음과 함께 고난을 받으라 (딤후 1:3-8)

디모데에게 바울이 하는 이야기를 보십시오. 두려워하지 마라, 내가 널 안수해서 다시 성령의 역사가 네 마음에 불일 듯 일어나길 원한다, 이런

말들을 합니다. 어쩌면 지금 디모데는 침체되어 있는지도 모릅니다. 겁이
났는지도 모릅니다. 두려워하지 말라고 하고, 부끄러워하지 말라고도 하
지 않습니까? 아마 사도 바울이 갇혀 있어서 위축되었을 것입니다. 스승
이 감당하지 못하는 것을 제자가 어떻게 감당하겠습니까? 이런 것들을
보면 디모데는 분명 우리가 기대하는 어떤 조건들은 갖고 있지 않았던
듯합니다. 담대함, 열정, 능력 이런 것들에서는 멀어 보입니다. 그런데 고
린도전서 2장에 가면 사도 바울은 스스로 이 문제에 대하여 다른 견해
를 하나 제시하고 있습니다.

> 형제들아 내가 너희에게 나아가 하나님의 증거를 전할 때에 말과 지
> 혜의 아름다운 것으로 아니하였나니 내가 너희 중에서 예수 그리스
> 도와 그가 십자가에 못 박히신 것 외에는 아무 것도 알지 아니하기로
> 작정하였음이라 내가 너희 가운데 거할 때에 약하고 두려워하고 심히
> 떨었노라 내 말과 내 전도함이 설득력 있는 지혜의 말로 하지 아니하
> 고 다만 성령의 나타나심과 능력으로 하여 너희 믿음이 사람의 지혜
> 에 있지 아니하고 다만 하나님의 능력에 있게 하려 하였노라(고전 2:1-
> 5)

능력이 필요 없다는 이야기를 합니다. 하나님이 하시는 것이지 우리가
하는 것이 아니라는 이야기입니다. 디모데는 그런 조건을 가지지 못했다
고 이야기하고, 자기는 혹시 그런 조건이 있었을지라도 그런 것이 필요
없다고 생각했다고 합니다. 그러면 우리 생각에 하나님의 종이 되거나 하
나님의 백성으로 사는 일은 아무런 조건도 필요 없고 자격도 필요 없는

것 아닌가, 어차피 하나님이 하시는 일에 맡기면 되는 것인가 하는 생각
이 들 것입니다. 이 부분이 우리에게 조금 아리송합니다.

사도행전에 나타난 사도 바울과 디모데는 무슨 자격 혹은 무슨 조건
을 가졌기에 하나님이 그들을 통해 일하실까 하는 것은 우리의 관심을
끌 일입니다. 우리 평범한 신앙인들이 경험하듯이 우리는 비전도 없고
위대할 엄두도 내지 못합니다. 벗어날 수 없는 현실에 묶여 있으니 성경
을 읽을 때마다 바울을 보고 놀라고, 바울의 제자가 된 디모데의 모습을
보고 부러워합니다. 그리고 거기에서 더 나가지 못합니다. 바울을 존경한
다든가, 바울에 감사한다든가, 바울을 부르신 하나님의 부르심에 놀란다
든가 하는 정도까지 갑니다. 이렇게 누군가에게 기대는 것은 하는데 자
신이 그런 사람이 되지는 못합니다.

조금 건너뛰어서 선지자 이야기를 해보겠습니다. 여기서부터 시작해
서 우리가 제시한 이 문제를 풀어가려고 합니다. 선지자란 말 그대로 앞
날을 보는 자입니다. 먼저 아는 자라는 뜻입니다. 그들이 예언하는 것이
무엇입니까? 그들의 예언에서 궁극적인 지평은 결국 하나님 나라가 승리
한다는 것입니다. 그러니까 지금 너희에게 닥친 위협은 문제가 아니라는
이야기를 합니다. 왜 현재의 도전이 문제가 아니라는 이야기를 하느냐 하
면, 너희가 마치 그 문제가 전부인 것같이 그것을 해결하기 위해 하나님
을 떠나 있다는 것을 지적하기 위해서입니다. 그래서 선지자가 나섭니다.

구약을 보면 이스라엘이 앗수르나 바벨론의 위협 앞에서 우상을 더
섬기거나 혹은 애굽에 원조를 청하는 방식으로 현실적 문제를 해결하려
고 하는 모습을 보게 됩니다. 근본적인 문제, 하나님의 백성으로 살고 하
나님의 일하심을 믿고 하나님께 온전히 맡기는 데로는 돌아오지 않더라

는 것입니다. 그래서 선지자를 일으킵니다. 선지자는 그들의 역사적 현재
에 함께 있는 사람 중에 부름을 받습니다. '하나님이 말씀하시기를 너희
가 지금 우상을 섬기고, 하나님을 버려서 이 고통이 생겼다. 이 문제를 풀
기 위하여 하나님께로 돌아오지 아니하고 세상적인 방법을 쓰는 것은 너
희에게 올무가 된다.' 이것이 선지자들의 공통된 메시지입니다.

　그런데 예수님이 이런 말씀을 하셨습니다. 선지자는 고향에서 환영을
받은 적이 없다고 말입니다. 다시 말해 선지자의 말을 듣고, 다 맞는 말
이다, 우리가 잘못했다, 회개하고 하나님께 가자, 우리에게 주는 벌을 달
게 받자, 하는 식으로 응답하는 적은 절대 없었습니다. 구약 역사 내내
어떤 식으로 반응했느냐 하면, 그 선지자를 죽여 버렸습니다. 그 지적이
다 옳은 데 왜 다 죽였을까요? 여기에 우리 기독교 신앙에 대한 아주 깊
은 오해가 있습니다. 정답을 이야기하면 알아들으리라고 생각하는 것입
니다. 우리가 알다시피 다 죽여 버렸습니다. '너도 현실을 알지 않느냐?
너도 같이 겪고 있지 않느냐? 우리가 어떻게 하겠니?' 이것이 현실에서
인간의 실력입니다. 일단 오늘을 면하고 싶은 것입니다. 하나님의 대답은
멀고, 답을 바로 준다는 데 매달려 오늘을 살고 봐야겠다는 마음입니다.
선지자한테 왜 화가 납니까? '너도 같이 겪었잖아? 넌들 이길 수 있어?'
이런 일이 반복되어 예수님이 오시는 것입니다.

　예수님이 오실 때까지 이 문제를 못 풉니다. 그래서 그 문제 해결을 예
수님에게 다 넣어버립니다. 우리에게 넣지 않고 예수님에게 넣습니다. 그
것이 예수님의 강림입니다. 그럼 바울과 디모데는 무엇 때문에 서 있는
것입니까? 예수님으로 말미암은 복음, 예수님으로 말미암은 구원을 증거
하기 위해서 예수께서 하신 것처럼 복음을 전하는 자가 예수님의 성육

신과 동일하게, 우리 가운데 우리의 형편 속에 보내진 말씀으로 서 있습니다. 가장 중요한 조건은 동일한 경우, 동일한 형편, 동일한 자격, 동일한 능력 속에 있는 자를 통해 하나님이 복음을 전한다는 것입니다.

바울을 봅시다. 바울이 사도가 되는 첫 번째 조건은 그가 스데반을 죽였다는 것입니다. 그렇게 하지 않으면 그에게는 자격이 없습니다. "넌 뭔데 느닷없이 나타나서 예수를 믿으라고 그러느냐?" "그게 뭔지 나도 옛날에는 몰랐다." 이 말을 할 수 있는 것입니다. "너는 왜 그렇게 열심히 전하느냐?" "나도 옛날에는 몰랐다. 나는 그거 믿는 사람들 죽이는 자였다." "처음에는 왜 몰랐었는데? 뭘 몰랐었는데? 그런데 그렇게 죽였는데도 네가 그 자격을 얻었단 말이야?" 이렇게 말이 시작됩니다. 그것이 제사장의 조건이요 선지자의 조건입니다. 선지자, 제사장은 하나님과 인간 사이의 중재자입니다. 그런데 그들이 누구를 편듭니까? 인간을 편듭니다. 그래서 동일한 조건과 동일한 수준에 있는 사람 중에 대표를 뽑습니다. 그들 중에 더 나은 자를 뽑는 것이 아닙니다. 그래서 모두를 대변합니다.

친구는 종이 아님

사람이 친구를 위하여 자기 목숨을 버리면 이보다 더 큰 사랑이 없나니 너희는 내가 명하는 대로 행하면 곧 나의 친구라 이제부터는 너희를 종이라 하지 아니하리니 종은 주인이 하는 것을 알지 못함이라 너희를 친구라 하였노니 내가 내 아버지께 들은 것을 다 너희에게 알게 하였음이라(요 15:13-15)

친구란 종이 아니랍니다. 종은 부릴 수 있는 대상입니다. 친구는 그렇지 않습니다. 친구는 말대답을 할 수 있고, 반대를 할 수 있습니다. 바나바와 바울은 서로 강요할 권한이 없습니다. 친구니까, 대등하니까 심히 다투고 갈라설 수 있는 것입니다. 예수님이 우리의 친구로 오십니다. 우리 곁에 우리와 동등한 자격으로 오셔서 주고받고 듣고 거부하고 반대하고 그런 관계에 묶여 있습니다. 친구란 이렇게 묶여 있습니다. 그래서 다른 모든 조건보다 우선하는 관계입니다. 친구를 위해서는 죽을 수가 있답니다. 잘났거나 무슨 유익이 있거나 무슨 명분이 있는 것이 아니라 친구라서 죽을 수가 있답니다. 얼마나 고마운 말씀입니까? 예수님이 친구로 보내집니다.

그러면 우리는 누구 옆에서 친구가 됩니까? 보편적인 내용으로 그들을 이웃이라고 합니다. 시대와 장소와 형편이 같아서 함께 묶여 있는 사람입니다. 가장 가까운 이웃이 누구입니까? 가족입니다. 누구의 자식이 되고 누구의 부모가 되는 것은 우리가 정하지 않습니다. 그 자리는 도망갈 수 없습니다. 로마서 9장에서 사도 바울이 하는 말에 대해 저는 참 고맙게 생각합니다. 사도 바울이 자기 민족을 걱정하는 내용입니다. 유대 민족은 예수님을 거절했습니다. 그래서 복음은 이방으로 넘어갔습니다. 그런데 바울은 유대인입니다. 자기 민족에 대해서 그 마음에 깊이 책임을 가집니다.

내가 그리스도 안에서 참말을 하고 거짓말을 아니하노라 나에게 큰 근심이 있는 것과 마음에 그치지 않는 고통이 있는 것을 내 양심이 성령 안에서 나와 더불어 증언하노니 나의 형제 곧 골육의 친척을 위하

여 내 자신이 저주를 받아 그리스도에게서 끊어질지라도 원하는 바로라(롬 9:1-3)

여러분, 이 바울의 말이 말이 되는 이야기입니까? 여러분은 이렇게 할 수 있겠습니까? 바울은 예수 믿는 것 때문에 부모하고 헤어질 수는 없다고 합니다. 그런데 우리는 그렇게 했습니다. '나 제사 안 지낸다' 그러지 않았습니까? '다른 신을 섬길 수 없다.' 이것이 맞는 이야기입니다. 그런데 그렇게 간단하지는 않습니다. 여러분, 여러분의 아내가 지옥 간다고 그러면 '넌 안 믿었으니까 지옥 가라. 난 천국 간다' 그러시겠습니까? '아내가 지옥 가면 난 쫓아갈 거예요.' 이것이 신앙입니다.

기독교 신앙은 그렇게 냉정하고, 그렇게 말이 안 되는 것이 아닙니다. 피가 흐르고 눈물이 있습니다. 사랑이란 그런 겁니다. 그런데 신앙이 이데올로기가 되면 가장 근본적인 윤리를 깨버립니다. 친구, 혈육 이런 것을 깹니다. 이런 것을 우리가 역사에서 배웠습니다. 그것이 아니라는 이야기입니다. 기독교에는 피와 눈물이 있습니다. 그래서 바울이 이 이야기를 하는 것입니다. 예수님이 오신 것이 무엇인지를 아는 것입니다. 하나님이 인류를 사랑해서 자기 아들을 인류에 포함시킵니다. 그래서 인류를 외면하려면 자기 아들을 외면해야 하는 것이 됩니다. 그렇게 하지 못하도록 아들을 보낸 것입니다. 디모데후서 4장을 봅시다.

하나님 앞과 살아 있는 자와 죽은 자를 심판하실 그리스도 예수 앞에서 그가 나타나실 것과 그의 나라를 두고 엄히 명하노니 너는 말씀을 전파하라 때를 얻든지 못 얻든지 항상 힘쓰라 범사에 오래 참음과 가

르침으로 경책하며 경계하며 권하라 때가 이르리니 사람이 바른 교훈
을 받지 아니하며 귀가 가려워서 자기의 사욕을 따를 스승을 많이 두
고 또 그 귀를 진리에서 돌이켜 허탄한 이야기를 따르리라 그러나 너
는 모든 일에 신중하여 고난을 받으며 전도자의 일을 하며 네 직무를
다하라 전제와 같이 내가 벌써 부어지고 나의 떠날 시각이 가까웠도
다 나는 선한 싸움을 싸우고 나의 달려갈 길을 마치고 믿음을 지켰으
니 이제 후로는 나를 위하여 의의 면류관이 예비되었으므로 주 곧 의
로우신 재판장이 그 날에 내게 주실 것이며 내게만 아니라 주의 나타
나심을 사모하는 모든 자에게도니라(딤후 4:1-8)

우리는 이 글을 늘 바울의 위대함으로 읽습니다. 평생을 헌신하고 충성
하여 이제 자랑스럽게 그 인생을 마감하는 자의 고백으로 듣습니다. 바
울은 그렇게 이야기하는 것이 아닙니다. 그가 걸은 길이 모든 사람과 동
일한 길이랍니다. 8절 후반에 있는 것과 같이 "내게만 아니라 주의 나타
나심을 사모하는 모든 자"가 마찬가지입니다. 바울이 걸었던 길이 어떤
길이었습니까? 아까 이야기했듯이 그가 스데반을 죽임으로써 복음을 전
하는 자의 조건을 가집니다. '나도 옛날에는 몰랐다. 나도 옛날에는 틀렸
다.' 이것이 없이는 죄인 된 인간의 이웃이 될 수가 없습니다.

자신 있게 틀려라

만인제사장론이라는 말을 들어보셨을 겁니다. 이 말은 예수께서 성육신
하여 우리 옆에 오셔서 우리와 하나가 되심으로 만질 수 있고 이야기할

수 있는 자리에 오신 것같이 우리 모두가 누군가의 이웃으로 서서 같이 삶으로써 성육신의 조건을 가지고 있다는 뜻입니다. 이것이 만인제사장론입니다. 거기에 위대해져야 한다, 성공해야 한다, 이런 말은 없습니다. 하나님이 예수님을 보내어 하신 일들을 내 생애 속에서도 하신다는 것을 믿고 그 삶을 지켜야 한다고 합니다. 아까 읽은 본문 식으로 이야기하면 2절에 있는 "너는 말씀을 전파하라"입니다. 말씀을 전파하라는 것은 무엇을 하라는 것이 아니라, '너는 말씀이 되어라'라는 뜻입니다. 말씀이 육신이 된 예수님의 뒤를 잇는 식으로, 모든 인류에게 찾아가 그들 각각의 옆에 세워놓은 말씀이 되라는 것입니다.

우리의 조건은 무엇입니까? 바나바와 바울이 싸운 것이 우리의 조건입니다. 바울이 스데반을 죽인 것이 우리의 조건입니다. 제대로 예수 믿는 것같이 살지 못하는 것, 훌륭하지 못하며 다른 것으로 자랑하거나 발언권을 가질 수 없는 것, 이런 것이 조건입니다. 예수님을 믿는다는 것은 다른 것, 성공, 능력 이런 것으로 나타나는 것이 아닙니다. 군대 가서 똑같이 구르다가 주일에 교회 갈 사람 나오라니까 누가 나갑니다. "너 예수 믿니?" "응." "그런데 그렇게 악질로 살았냐?" "야, 우리 그 얘긴 하지 말자." 이것이 조건이라는 것입니다. "쟤 웃긴다. 쟤가 믿는 하나님은 도대체 뭐냐?" 그래서 따라 나오더라는 것입니다.

우리는 매일매일 흠 없고 쓸모 있기를 바라서 자책합니다. 내 인생은 묶여 있고 아무것도 아니라고 생각합니다. 밤낮 유명한 사람 이야기만 합니다. 어거스틴, 칼빈, 아브라함 같은 사람들 말입니다. 예수께서 육신으로 왔을 때 아무도 못 알아봤습니다. 그런데 하나님의 아들이라고 하니까 신성모독죄로 죽었습니다. 아무도 몰랐습니다. 그렇게 묻혀 있는 것입니다. 거기에 나에게 맡겨진 할 일이 있습니다. 가장 일차적인 책임은 누구입니까? 골육입니다. 골육을 놔두고 무엇을 하겠다고 뛰어나가는 것은 그리 잘하는 순서가 아닙니다. 무엇이 우선이라고 말하기 어려운 여러 일들에 묶여 있는 인생이지만 명분이나 욕심에 가려서 모두에게 준 일차적인 책임에서 변명을 하거나 외면을 하면 안 됩니다. 자기에게 맡겨진 곳에서 책임을 져야 합니다. 그리하면 그다음은 하나님이 하실 것입니다.

여러분이 스스로의 인생과 스스로의 존재를 성경이 설명하는 대로 이해하지 못하면 여러분은 누군가를 늘 부러워하고 늘 원망하고, 여러분 자신에 대해 늘 창피하고, 또 늘 성질을 부리다가 시간만 흐를 것입니다. 그것이 아니라는 것을 아셔야 합니다. 우리의 한계와 못남과 실패와 무지와 게으름과 편견과 실패 속에서 하나님이 일하신다는 것을 기억하셔서 자신 있게 틀리십시오. 일부러 틀리지는 마십시오. 그러나 자신 있게 틀리십시오. 그리고 용감하십시오. '하나님, 어저께는 할 수 없었습니다. 오늘은 다르게 할 작정입니다.' '하나님, 저녁이 되니 잊고 말았습니다.' 그렇게 가십시오. 하나님이 일하신다는 것을 알게 됩니다. 우리 자신이 훌륭해집니다. 우리가 모르는데 열매가 맺힙니다.

기 도

하나님 아버지, 우리 하나 하나가 하나님의 말씀이며, 손길이며, 위대한 존재라는 것을 확인합니다. 우리가 믿음을 가져야 하는 것은 훌륭해지고, 놀라워지고, 자신 있어지고, 성과를 내기 위해서가 아니라 하나님의 일하심, 십자가의 기적을 믿

기 때문입니다. 각자 자기 인생을 감수하게 하여 주시옵소서. 그 속에서 하나님이

일하시는 줄 알게 하여 주시옵소서. 우리의 한숨과 후회가 헛되지 않은 것을 알게

하여 주시옵소서. 예수님 이름으로 기도합니다. 아멘.

25.

자유를 사용하지 않다

사도행전 16:19-40

28_바울이 크게 소리 질러 이르되 네 몸을 상하지 말라
우리가 다 여기 있노라 하니

바울과 실라가 두아디라에 와서 복음을 전하고, 루디아라는 여자가 회
심합니다. 그리고 거기에서 어떤 귀신들린 여종 하나를 만나는데, 그 여
종이 여러 날 동안 이 사람들은 지극히 높은 하나님의 종으로 구원의 길
을 너희에게 전하는 자라, 전합니다. 바울이 너무 괴로워서 그 귀신을 내
쫓아줍니다. 이 여종은 귀신에 들려서 점을 잘 쳤었는데, 이제 귀신이 쫓
겨났으니 더 이상 점을 칠 수 없게 되었습니다. 주인이 보니 이제 수입원
이 끊긴 겁니다. 그래서 그 주인들과 또 그들이 복음 전하는 것을 못마땅
하게 여기는 많은 유력인사들이 힘을 모아서 바울과 실라를 고소하여
옥에 가둡니다. 그 과정에 매도 많이 맞습니다.

그런데 그 밤에 지진이 나서 옥문이 열리고 쇠사슬도 풀렸는데, 나가
지를 않습니다. 간수는 죄수들이 다 도망간 줄 알고 자결하려 했습니다.

그러다가 '우리가 도망가지 않고 있으니 죽지 마라' 그래서 간수가 '내가 어떻게 하여야 구원을 받으리이까' 하는 질문이 나오고, '주 예수를 믿으라 그리하면 너와 네 집이 구원을 받으리라' 하는 답이 나옵니다. 사도행전 12장에서 베드로는 옥에 갇혔다가 천사가 와서 쇠사슬을 풀어주고 옥문을 열어주고 인도하여 내서 구원을 받았습니다. 그러나 오늘 본문에서는 전혀 그런 일은 없고, 지진이 나서 도망갈 수는 있었지만 바울과 실라는 도망가지 않고 자기 자리를 지킵니다.

죄에 매인 인생

이 사건에서 가장 중요한 것은 이것입니다. 바울과 실라는 여기에서 루디아를 회심시키고 귀신들린 자를 놓아주고 복음을 전하는 자로 등장합니다. 바로 자유를 주는 자로 서 있습니다. 그런데 이들이 감옥에 묶여 있습니다. 그 자유가 허락되었는데 그 자유를 사용하지 않습니다. 그러니까 거꾸로 바울과 실라를 묶었던 간수가 오히려 어떻게 하여야 구원을 받느냐고 질문을 합니다. 여기에 나오는 구원은 우리가 부흥시대에 가졌던 좁은 의미의 구원은 아닐 것입니다. 예수 믿고 천당 가자고 우리가 자주 썼던 것보다는 훨씬 큰 문제를 포함한 표현입니다.

　간수의 질문이 가진 의미는 이런 것입니다. '너희는 어떻게 도망가지 않을 수가 있냐?' 다시 말해 '나는 세상 속에 묶여 있고 내 책임에서 벗어나지 못하고 쩔쩔 매고 살고 있는데 너희는 무엇 때문에 그렇게 늠름하냐?' 그러는 것입니다. 그래서 간수의 질문을 오늘날 방식으로 이야기하면 '구원이 뭐냐'라기보다는 '내가 가진 자유보다 너희가 가진 자유는 더 크고 다르다. 무엇이 너희를 이런 모든 고난을 감수하게 하며, 세상과 이해관계와 어떤 책임의 질서 속에서 자유롭게 만들었느냐'라는 말입니다.

> 그러므로 예수께서 자기를 믿은 유대인들에게 이르시되 너희가 내 말에 거하면 참으로 내 제자가 되고 진리를 알지니 진리가 너희를 자유롭게 하리라 그들이 대답하되 우리가 아브라함의 자손이라 남의 종이 된 적이 없거늘 어찌하여 우리가 자유롭게 되리라 하느냐 예수께서 대답하시되 진실로 진실로 너희에게 이르노니 죄를 범하는 자마다 죄의 종이라 종은 영원히 집에 거하지 못하되 아들은 영원히 거하나니 그러므로 아들이 너희를 자유롭게 하면 너희가 참으로 자유로우리라 (요 8:31-36)

죄를 범하는 자마다 죄의 종이라고 합니다. 자유인이 죄를 선택하는 것이 아니고, 죄에 묶여 있어서 죄를 짓는다는 말입니다. 죄를 안 지으려면 도덕성을 가져야 한다든가, 분별력을 가져야 한다든가, 의지력을 가져야 한다는 것이 아니라 신분이 자유로워져야 한답니다. 죄를 짓는 것은 선택의 여지가 없이 죄에 묶여 있기 때문이랍니다. 그래서 죄의 종된 그 신분에서 벗어나게 하려면 예수님과 묶여 하나님의 자녀가 되어야 한다고 합니다. 그것이 자유이고, 말하자면 그것이 구원입니다.

우리는 종종 우리가 자유로운 선택권을 가진 상태에서 예수님을 믿을 것이냐, 죄를 지을 것이냐를 선택한다고 오해합니다. 예수님을 믿는 것은 선택이 아닙니다. 그것은 하나님의 찾아오심, 하나님의 붙드심에 사로잡히는 것입니다. 하나님이 우리에게 주시는 은혜들은 참다운 인간이 되게 하는 것입니다. 우리 모두가 살면서 확인하다시피 죄는 우리를 부패시킵니다. 죄가 우리를 붙들어 죄를 짓게 합니다. 죄는 우리를 망하게 합니다. 그러나 예수 그리스도 안에서 하나님의 자녀가 되면 그 모든 것에서 벗어납니다. 우리가 착하게 살자, 말씀대로 살자, 하는 이야기는 얼마든지 권고나 격려의 차원에서 할 수 있고 또 해야 합니다. 그러나 마치 우리에게 선택과 의지 또는 능력이 있어서 방향만 잡아주면, 그 실제적인 내용만 가르쳐주면 무엇이든지 해낼 수 있다는 식으로 오해해서는 안 됩니다. 그 말이 갈라디아서에 이렇게 나옵니다.

> 내가 이르노니 너희는 성령을 따라 행하라 그리하면 육체의 욕심을 이루지 아니하리라 육체의 소욕은 성령을 거스르고 성령은 육체를 거스르나니 이 둘이 서로 대적함으로 너희가 원하는 것을 하지 못하게 하려 함이니라 너희가 만일 성령의 인도하시는 바가 되면 율법 아래에 있지 아니하리라 육체의 일은 분명하니 곧 음행과 더러운 것과 호색과 우상 숭배와 주술과 원수 맺는 것과 분쟁과 시기와 분냄과 당 짓는 것과 분열함과 이단과 투기와 술 취함과 방탕함과 또 그와 같은 것들이라(갈 5:16-21)

대의를 내세우고 진리를 내세우고 선을 행하고 봉사를 하고, 이렇게 멋진 말이나 도덕성이나 명분을 내세우는 것이 선이 아니랍니다. 그것을 통해 무슨 열매가 생기는가를 봐야 내가 정말 선한 것을 하고 있는지 아니면 악한 것을 하고 있는지 분간을 할 수 있답니다. 그래서 이 구절을 판별식이라고 합니다. 신앙생활을 제대로 하고 있는지 아닌지를 판별하는 판별식 말입니다. 우리가 명분과 대의를 내세우기 때문에 옳은 것이 아니라, 그것을 행해서 무슨 열매, 무슨 결과가 생기는지를 보라는 것입니다.

우리가 세상에서 제일 많이 보는 것은 이런 것입니다. 정치하는 모습을 보면 서로 옳은 이야기를 합니다. 서로 옳은 이야기를 하는데, 용서나 관용이나 이런 멋진 덕목들은 없고 살벌하고 서로 음해합니다. 사진 찍을 때만 웃습니다. 우리가 늘 보는 것들입니다. 정치를 탓하자는 것이 아니라 우리가 그렇게 살고 있습니다. 그래서 좋은 일 하자고 하고서는 결과적으로 싸움밖에 나오지 않습니다. 그래서 목청을 높여야 하고, 네가 옳으냐 내가 옳으냐를 목숨 걸고 싸워서 누구 하나가 제거되어야 하는 그런 일은 육체의 일이라고 합니다. 죄 아래에 있는 자들이 피할 수 없는 일이랍니다. 우리가 많이 경험하는 것입니다. 명절이 되어 오랜만에 가족들이 다 모여서 재미있게 놀고 헤어지는 가정은 하나도 없습니다. 싸우고 헤어집니다. 무슨 싸움을 합니까? 짐 덜기 싸움 아닙니까? '네가 더 해라.' '형님이 더 해라.' '너는 애가 없잖니?' 이런 것으로 계속 그 싸움을 하다가 부모가 '그 꼴 못 보겠다. 다 나가라' 그러면 '우리가 왜 나가요?' 그래서 부모가 나가더랍니다.

자유를 주러 오신 예수님

사람은 옳고 합당하기 때문에 합의를 보는 것이 아닙니다. 인간이라는 존재의 신비함은 이런 것입니다. 우리에게는 '싫어'가 있습니다. '싫어'는 논리성이 아닙니다. 도덕과 상식과 교양을 벗어난 이런 것이 인간에게 있습니다. 그래서 신앙이라는 것에, 설득이나 이해가 아니라 그것보다 더 큰 방식으로 붙잡혀있는 것입니다. '좋아요, 주님. 예. 제가 기꺼이 할게요.' 이런 것은 믿음에 관한 것입니다. 합리적이지 않아 틀리다는 것이 아니라 합리적인 것 이상입니다. 훨씬 더 끈끈하고, 표현이 안 되는 깊은 묶임이 있습니다. 그래서 22절에는 이렇게 나옵니다.

> 오직 성령의 열매는 사랑과 희락과 화평과 오래 참음과 자비와 양선과 충성과 온유와 절제니(갈 5:22)

어떤 대의와 명분이 있는 곳에서만 있는 것이 아니라, 아무데서나 할 수 있는 것들 아닙니까? 우리의 반복되는 일상, 별것 아닌 우리의 실존에서 할 수 있는 것입니다. 바로 그 자리에 이런 것이 있어야 합니다. 우리가 명절에 모이면 윷놀이 하고 고스톱을 하는데, 이런 것들은 다 재미있으려고 하는 것들입니다. 그런데 윷놀이 하다가 맘 상하고, 고스톱 하다가 다툼이 일어납니다. 그게 우리들의 모습입니다. 살아보시면 다 경험하는 것들입니다. 그러니 무슨 일에나 이 싸움이 있습니다. 그래서 말씀을 하나 찾아보면, 예수님의 복음 선포가 이렇게 시작됩니다.

> 예수께서 그 자라나신 곳 나사렛에 이르사 안식일에 늘 하시던 대로 회당에 들어가사 성경을 읽으려고 서시매 선지자 이사야의 글을 드리거늘 책을 펴서 이렇게 기록된 데를 찾으시니 곧 주의 성령이 내게 임하셨으니 이는 가난한 자에게 복음을 전하게 하시려고 내게 기름을 부으시고 나를 보내사 포로 된 자에게 자유를, 눈 먼 자에게 다시 보

게 함을 전파하며 눌린 자를 자유롭게 하고 주의 은혜의 해를 전파하
게 하려 하심이라 하였더라(눅 4:16-19)

예수님은 자유를 주러 오셨습니다. 그것을 하나님의 아들의 영광의 자유
라고 성경이 설명합니다. 그것이 없으면 죄의 종이 됩니다. 인간은 이 둘
중 한 군데에 속해야 합니다. 그래서 예수님을 믿는다는 것은 당연히 죄
로부터 벗어나는 것이고, 그것을 구원이라고 합니다. 죄로부터의 구원,
썩어짐의 종노릇하는 데서부터의 구원입니다. 영광의 자리로 가는 것입
니다.

그러나 우리는 끊임없이 이 문제를 선택 혹은 어떤 보상으로 생각합
니다. 그래서 여기 나오는 성령의 열매를 맺지 못하고, 소리를 지르는 것
으로 돌아갑니다. 갈라디아서 5장에 나온 판별식으로 이야기하면, 옳은
말은 하는데 누리지는 못합니다. 신자로 산다는 것은 다만 희생, 헌신, 증
언밖에 없는 것이 아닙니다. 당연히 거기에는 복음 안에서 사는 영광이
있습니다. 그것이 바로 오늘 말씀에 나오는 바울과 실라의 모습입니다.
그들은 억울할 것입니다. 자유를 베풀러 왔고, 하나님의 은혜를 전하러
왔는데 사실은 오해받고 고난을 당합니다.

그런데 바울과 실라가 그것을 기꺼이 받고 있다는 것을 보셔야 합니
다. 옥문이 열리고 나갈 수 있으나 나가지 않습니다. 신기합니다. 그 영광
의 자유라는 것은 우리가 생각하는 것같이 만만한 것이 아닙니다. 바울
과 실라는 도망가지 않을 만큼 실력이 있었던 것입니다. 그런데 그런 일
이 우리 일상 속에 늘 있습니다. 영광의 자유로 가는 길이 매일같이 우리
에게 도전이 되고 기회가 됩니다.

기가 막힌 우리 인생

여러분, 「벤허」라는 영화 보셨을 것입니다. 우리나라에서는 1962년에 개봉을 했습니다. 제가 햇수를 정확히 기억하는 것은 그때 광고지가 굉장히 신선했기 때문입니다. 명함 크기의 광고지였는데, 앞면에는 '벤허의 해'라고 써 있고, 뒷면에는 1962년 달력이 나와 있었습니다. 처음 보는 거라서 당시 우리가 명함처럼 다 가지고 다녔습니다. 처음 그 영화를 보고 전차 경주 장면에 완전히 빠져들었습니다. 너무 박진감이 넘치고 너무 멋있고 그랬습니다. 마지막에 벤허와 같이 경주하던 멧살라가 완전히 나가떨어지는 장면이 기억에 선명합니다. 그리고 여러 해 흘러서 두 번째 봤습니다. 그때는 노예선이 보였습니다. 벤허가 잡혀 죄수가 되어서 그 배에서 노를 젓습니다. 족쇄를 차고 있으니까 피부가 벗겨지고, 적함이 와서 충돌하는데 벗어날 수가 없습니다. 배가 침몰하면 이 죄수들은 같이 죽는 것입니다.

　그다음에 세 번째 「벤허」를 볼 때는 늙어서 그랬는지, 제일 기억에 남는 명장면은 도입부에 나온 것이었습니다. 벤허와 멧살라는 어릴 적부터 집안끼리 서로 알고 지내던 친구였습니다. 그런데 멧살라가 로마에 갔다가 예루살렘 수비대의 장교가 되어 돌아옵니다. 금의환향을 했고, 벤허가 와서 축하하고 자기 집에 불러다가 어머니, 동생 다 모여서 기쁘게 옛날 이야기를 하면서 잔치를 합니다. 그리고 벤허가 이야기를 합니다. "우리는 사실 너무 고생을 하고 있네. 이제 네가 왔으니까 정책을 완화하고 숨을 좀 쉬게 도와주게나." 그러니까 멧살라가 그럽니다. "난 그렇게 못한다. 난 로마의 관원이다. 내 나라를 위해서 책임을 져야 된다." 그렇게 둘이 긴장감 속에 헤어집니다.

다음날 신임총독이 취임하러 병사들을 데리고 예루살렘에 들어옵니다. 그때 벤허 여동생이 지붕에서 내려오다가 그만 실수로 담벼락에 있는 기와를 잘못 건드려서 기왓장이 떨어져 총독이 타고 있던 말이 놀라서 뛰고 총독은 말에서 떨어집니다. 그리고 여동생은 그 자리에서 잡힙니다. 다음날 벤허가 멧살라를 찾아가서 이야기합니다. "그건 사고였어. 일부러 그런 거 아니야. 너도 알잖아? 놔줘." 계속 그러다가 벤허도 잡혔습니다. 묶여서 끌려가는데, 그 계단에서 자기를 붙들고 가는 두 간수를 처치하고, 뒤에 긴 막대기를 쇠고리에 넣어서 부러뜨려 빼고, 창을 하나 빼들고 멧살라 방에 뛰어 들어갑니다. "당장 풀어 내. 너도 알잖아? 안 그러면 죽일거야." 이 장면이 최고의 명장면인 것 같습니다. 여기에서 멧살라가 이 창앞에 굴복하는 것이 아니라 독사 머리처럼 딱 일어섭니다. "찔러. 날 죽여. 그럼 네가 얻는 게 뭐야? 뭐가 해결 돼? 너도 죽고, 네 엄마도 죽고, 네 동생도 죽을 거야. 찔러." 그래서 벤허가 어떻게 했습니까? 부들부들 떨다가 창은 책상에 박고, 잡혀 끌려갑니다.

우리는 다 거기서 멧살라를 찌르기를 바랐을 것입니다. 그러면 어떻게 됩니까? 영화가 끝이 납니다. 이십 분만에 끝나는 겁니다. 그 뒤가 없어집니다. 그때 벤허는 그 이후에 일이 어떻게 될지 모릅니다. 그러나 지금 찌른다고 문제가 해결되지 않는 것만은 알았습니다. 그냥 넋이 빠져서 붙잡혀 갑니다. 맨발로 끌려가는데, 간수가 물도 먹지 못하게 해서 입이 하얗게 되어 먼 길을 끌려가서 전함의 노수가 됩니다. 그리고 복수의 화신이 되어서 일 년만 있으면 다 죽어나간다는 그 자리를 버티고 삽니다. 아리우스라는 그 함대 사령관이 보다가 채찍을 탁 때리니까 벤허가 확 돌아봅니다. 눈을 보더니 한마디 합니다. "아직 살기가 남아 있군. 쓸 만해."

그리고 전투가 벌어지고 벤허가 탄 배가 침몰합니다. 그전에 아리우스 사령관이 그의 족쇄를 풀어줍니다. 그래서 배가 침몰하기 직전에 벤허는 간수를 죽이고, 열쇠를 뺏어서 죄수들을 꺼냅니다. 다른 죄수들은 다 죽고 결국 벤허만 살아남았는데, 뗏목에 자기 사령관을 데리고 타고 갑니다. 사령관이 패한 줄 알고 죽으려고 하니까 벤허가 못 죽게 막습니다. 나중에 자기 편 함선에 구조되었는데, 결국 승리했다는 것을 알게 됩니다. 개선해서 사령관을 구해낸 공으로 사면을 받게 됩니다. 그리고 아리우스의 양자가 되어 부와 명예를 얻고 예루살렘으로 돌아옵니다.

멧살라 앞에 다시 섭니다. 그래서 허락된 복수전, 전차경주를 합니다. 멧살라는 벤허를 죽이려다가 오히려 갈갈이 찢깁니다. 부하들이 지금 수술하지 않으면 죽는다고 하는데도 수술을 받지 않습니다. "나 팔다리 잘린 꼴로는 그를 못 만나. 죽어도 좋아." 그리고 벤허가 들어옵니다. "잘 봐. 잘 보라고. 아직 안 끝났어. 동정하지 마. 네 엄마하고 네 동생은 나환자 동굴에 있어. 알았어? 으하하." 그리고 죽습니다. 벤허가 진땀만 뻘뻘 흘립니다. 이겼는데, 아무것도 해결된 것은 없습니다. 동굴에 찾아갑니다. 엄마와 누이동생이 식량을 받으러 오는 것을 봅니다. 그런데 달리 대책이 없습니다. 집으로 돌아왔다가 결심을 하고 다시 가서 엄마와 동생을 꺼내옵니다. 그렇게 꺼내서 돌아오는 길에 예수님이 잡혀가는 행렬과 만납니다. 엄마와 누이동생을 잠시 놔두고 그 행렬을 쫓아갔다가 돌아와서 이 말을 합니다. "그의 한마디가 내 마음에서 칼을 버리게 했다." 무슨 말씀이었습니까? '아버지, 저들을 사하여 주옵소서.'

이 자리에 오기까지 이 '부들부들'을 이겼어야 했습니다. 이 '부들부들'이 매일 있습니다. 도망갈 수 있습니다. 바울과 실라같이 옥문이 열리고 족쇄가 풀릴 때 나가면, 그것으로 끝입니다. 도망가는 것입니다. 바울과 실라는 지금 복음에 묶여 있습니다. 지금 목숨을 구해서 도망가는 것이 전부가 아닌 인생을 증거하고 있는 것입니다. 그는 로마 시민권자였습니다. 본문 마지막에 나옵니다. 로마 시민권자를 죄도 정하지 않고 공중 앞에서 매질하고 이제 그냥 가라고 하느냐고 합니다. 그래서 그 사람들이 놀랍니다. 그래서 어떻게 되었습니까? 보상 같은 것은 없습니다. 그 성에서 그냥 쫓겨났습니다. 많은 권리를 가졌지만, 그 권리를 다 쓰지 않고 있습니다. 그들이 가야할 길이 무엇인지 아는 것입니다. 바울과 실라도 혹시 부들부들 떨었는지는 모르겠습니다. 옥문이 열렸을 때 그냥 나가버릴지, 아니면 간수들을 다 없애버릴지 고민했는지도 모르겠습니다. 하지만 그렇게 하지 않았습니다. 우리에게는 매일 이 싸움이 있습니다. 여기에서 끝내버리고 싶습니다. 그래서 그 장면이 「벤허」의 명장면입니다. 그리고 3시간 30분이 이어집니다. 재미있고 멋있고 감동스러운 장면이 이어지는 것입니다.

여러분 자신을 위해서, 또 우리의 이웃들을 위해서 여러분의 인생에 얼마나 큰 하나님의 일하심이 있는지 아십니까? 여러분의 인생을 영화로 만들면 그대로 「벤허」입니다. 아무도 안 보고 있을 것 같습니까? 전혀 그렇지 않습니다. 벤허도 아무도 안 봤습니다. 영화로 되어 나오니까 본 것입니다. 그 옆에 있는 사람들에게 벤허는 그저 하나의 죄인, 잡범, 정치범 그 이상도 그 이하도 아니었을 겁니다. 그런 기가 막힌 인생을 우리 모두가 가고 있고, 하나님이 당신의 영원한 약속을 이루기 위하여 우리의 매일을 붙들고 계시다는 것을 알아야 합니다. 그것이 바울과 실라에게서 증언되고 있고 우리 자신의 생애에 재현되고 있습니다.

　그 길을 걸으십시오. 멋있게 걸으십시오. 찰톤 헤스톤같이 멋있게 인상을 쓸 수는 없지만, 그 옆에 있는 엑스트라같이 약간 멍하니 서서 이겨나가십시오. 위대한 자리에 갈 것입니다. 예수를 믿었다는 것이 무엇인지 아는 자리를 가고, 하나님의 일하심이 얼마나 큰지 알게 될 것입니다. 나를 위하여 그 아들을 주신 하나님이라는 말을 이해하게 될 것입니다. 여러분의 인생 전체가 하나님의 인도하심과 위대하심 속에 있는 것을 기억하여 멋지게 사는 여러분들의 신앙 인생 되기를 바랍니다.

기 도

하나님 아버지, 우리의 인생의 귀한 것과 위대한 것을 기억합니다. 그 아들을 보내사 우리를 위하여 십자가를 지신 길입니다. 얼마나 굉장하기에 그런 대가를 기꺼이 치루셨겠습니까? 하나님의 아들의 영광을 기억하고, 하나님이 함께하시는 기적의 삶인 줄 기억하고, 나 하나만을 위해서 그 아들을 보내실 수 있었다는 것을 기억하고, 믿음으로 이기는 우리의 현실 되게 하여 주시옵소서. 예수님 이름으로 기도합니다. 아멘.

26.
시작이 있고 끝이 있다

사도행전 17:22-34

23_내가 두루 다니며 너희가 위하는 것들을 보다가 알지 못하는 신에게라고 새긴 단도 보았으니 그런즉 너희가 알지 못하고 위하는 그것을 내가 너희에게 알게 하리라

아덴에서, 우리가 아는 지명으로는 아테네에서 바울이 행한 설교입니다. 아레오바고는 아레스의 언덕이라는 뜻입니다. 그 언덕 위에 우리가 이해하는 식으로 말하면 공회당이 있었습니다. 건물이 있었던 것이 아니라 노천이었겠지만, 아덴에서 어떤 재판을 하거나 결정을 내리기 위해 회의하는 장소였습니다. 많은 사람이 모여 토론도 하고 정보도 나누었던 자리입니다.

아덴에서 행한 바울의 설교는 두 개의 단어로 내용이 요약되어 있습니다. 먼저 17장 16절에서 "바울이 아덴에서 그들을 기다리다가 그 성에 우상이 가득한 것을 보고 마음에 격분하여"라고 합니다. 바울이 마음에 '격분'하여 시작한 설교입니다. 그리고 32절을 보면, "그들이 죽은 자의 부활을 듣고 어떤 사람은 조롱도 하고 어떤 사람은 이 일에 대하여

네 말을 다시 듣겠다 하니", 그 설교의 핵심 내용은 '부활'입니다. 한 가지 아셔야 할 것은 이 설교가 기독교를 모르는 사람들에게 기독교를 변증하고 납득을 시키는 목적이 아니라는 것입니다. 이 설교는 예수를 믿지 않는 사람에 대하여 믿는 자로서 가지는 어떤 감정, 그리고 예수를 믿는 사람과 믿지 않는 사람의 차이에 대하여 가장 분명한 핵심을 지적하고 있습니다.

공전이 아니라 직선

16절에서 그가 격분했다는 것은 예수를 믿지 않고 우상을 섬기고 있는 그들의 행동을 정죄하는 의미에서의 격분이 아닙니다. 하나님을 몰라서 어쩔 줄 모르는 불안과 걱정과 무지의 처참함 속에 있는 그들의 모습을 보고 같은 인간으로서 분노하는 것입니다. 인간이 그렇게 살아서는 안 된다는, 같은 인간으로서의 감정입니다. 그들의 불안과 두려움을 어디에서 발견합니까? 많은 신을 세우고 섬기고, 심지어는 '알지 못하는 신'까지 있었다고 하지 않습니까? 그렇게 많은 신을 두어도 삶이 불안하다는 이야기입니다.

하나님 없이 사는 인생이란 결국 행운과 불운의 혼합물 같습니다. 그것이 어떻게 섞여 있는지 이해할 수 없는 혼합입니다. 잘된 것도 같고 억울한 것도 같고, 잘된 것이 잘된 것이 아니고 잘못된 것이 손해가 아닌 그런 삶을 삽니다. 앞길을 예측할 수가 없습니다. 그래서 허망하다는 말을 합니다. 잘돼도 허망하고 잘못되면 더 허망한 것이 인생입니다. 두렵습니다. 체념을 하게 됩니다. 죽으면 그만이라고 하는데, 바로 그 죽는 날까지가 문제입니다. 그래서 각종 신을 섬기게 되는 것입니다. 여러분도 믿지 않는 사람들이 '손 없는 날'이라고 정해 놓은 것을 아실 겁니다. 이사를 해도, 혼인을 해도, 개업을 해도 모든 것이 무섭습니다. 그렇게 두려워하고 사는 인생들에게 가슴 깊이 하나님의 자녀로서의 고급함을 아는 자로서 가지는 어떤 동정입니다. 경멸한다거나 대적하는 것이 아닙니다.

   삶이라는 것이 허망한 것이라고, 미래가 없다고 생각해 보십시오. 삶에 무슨 덕목이 필요하겠습니까? 허망한 것이라면 무슨 노력이 필요하겠습니까? 무엇 때문에 정직하며 무엇 때문에 성실하며 무엇 때문에 참겠습니까? 인생이 다만 허망한 것뿐이라면 말입니다. 우리 동양 사상은 대표적으로 이러한 허망함을 윤회라고 말하지 않습니까? 인생은 공전한다고 합니다. 죽고 다시 태어나고 죽고 다시 태어나고 하는데 기껏 보상이라는 것이 잘하면 다음 생애에 좋은 조건으로 태어난다는 것입니다. 잘못 살면 짐승으로 태어난다고 합니다. 이런 것을 만들어낸 가장 큰 이유는 인생 자체에 연속성이 없다는 것을 어떻게든 감수해야 했기 때문입니다. 옛 선조들이 이렇게라도 해서 한 인생을 참고 살도록 만든 것입니다. 자폭하지 않도록 만든 것이 윤회설입니다.

   그러나 기독교가 들어가면 확 달라집니다. 기독교는 예수의 죽음과 부활로 영원한 직선적인 지향점이 있다고 복음을 제시합니다. 다만 공전하는 것이 아니라 시작과 끝이 있습니다. 우리가 만드는 것이 아니라 우리를 만드신 신의 의지와 목적에 의해서 인생의 결국이 있다는 것입니다.

   우리는 그리스도 안에서 그의 은혜의 풍성함을 따라 그의 피로 말미암아 속량 곧 죄 사함을 받았느니라 이는 그가 모든 지혜와 총명을 우리에게 넘치게 하사 그 뜻의 비밀을 우리에게 알리신 것이요 그의 기뻐하심을 따라 그리스도 안에서 때가 찬 경륜을 위하여 예정하신 것이니 하늘에 있는 것이나 땅에 있는 것이 다 그리스도 안에서 통일되게 하려 하심이라 모든 일을 그의 뜻의 결정대로 일하시는 이의 계획을 따라 우리가 예정을 입어 그 안에서 기업이 되었으니 이는 우리가 그리스도 안에서 전부터 바라던 그의 영광의 찬송이 되게 하려 하심이라(엡 1:7-12)

역사는 우연에 의해 조작된 것이 아니고 인격자인 하나님에 의해 계획되며 진행되며 완성된다고 이야기합니다. 인격이 없는, 의지가 없는, 지식과 도덕이 없는 하나의 법칙에 조정당하고 있지 않다는 것이 바로 예수를 믿는다는 뜻입니다. '지성이면 감천이다.' '심은 대로 거둔다.' 우리는 이런 것을 법칙이라고 부릅니다. 그런데 하나님을 알게 되면 이것이 인격자의 공의로우심과 성실하심의 표현이 됩니다. 그리고 그런 법칙을 우리에게 요구하시는 분은 그 법칙을 전부로 쓰시는 분이 아니라 그 법칙을 만드신, 정의로우심만큼 은혜와 용서가 있는 자비로운 분이십니다. 그리고 그가 가진 뜻을 이루기 위하여 법칙을 제시하여 우리가 순종하는지 안 하는지를 보는 정도를 넘어, 당신의 뜻을 이루기 위하여 그의 열심을 다하여 우리의 인생과 세계와 역사에 개입하는 분이십니다. 역사를 주도하는 분이십니다. 이것이 분명하게 나타난 것이 바로 예수님의 죽음과 부활입니다.

오늘은 내일이 결정

이 사실이 분명하면 우리의 오늘이 달라집니다. 우리가 우연 속에 있다
면 내일을 살기 위해서는 오늘 준비해야 합니다. 오늘이 내일을 준비하
는 날입니다. 그러나 기독교인들은 그렇지 않습니다. 오늘은 내일이 있기
때문에 있습니다. 오늘을 내일에 의해서 결정합니다. 이게 무슨 말인지
쉽지 않을 것입니다. 마태복음 6장을 보겠습니다.

> 그런즉 너희는 먼저 그의 나라와 그의 의를 구하라 그리하면 이 모든
> 것을 너희에게 더하시리라 그러므로 내일 일을 위하여 염려하지 말
> 라 내일 일은 내일이 염려할 것이요 한 날의 괴로움은 그 날로 족하니
> 라(마 6:33-34)

지금 읽은 본문 앞에 무슨 이야기가 있습니까? '먹을 것, 입을 것, 마실
것 때문에 걱정하지 마라.' 생존을 위하여 걱정하지 말라고 합니다. 우리
가 오늘 걱정하는 것이 무엇입니까? 내일을 살아있기 위하여 확보하는
것들입니다. 식량을 확보하고 지위를 확보하고 관계를 확보합니다. 내일
이 오늘에 달려있습니다. 그래서 지금 하나님께서 예수를 통하여 우리에
게 주신 약속은 이것입니다. '그것은 하나님이 주신다. 너희는 하나님이
예수를 보내어 우리에게 어떤 목적을 가지고 어떤 결과를 지금 진행하고
있는지 아니까 그 연장선에서 오늘을 살아라.'
  종말이 무엇이라고 생각하십니까? 세상이 끝나는 것이 아니라 하나
님이 그의 뜻을 완성하시는 날입니다. 하나님께서 죄가 권세를 잡은 체

제를 드디어 완전히 제거하시고, 예수님 안에서 우리에게 복음으로 주어
지고 약속으로 주신 당신의 모든 뜻이 이루어지는 세상으로 완성하실 것
입니다. 그 종말이 왜 미루어져 있습니까? 하나님의 백성들을 다 부르시
고, 하나님의 백성들을 이곳에서 기를 이유와 내용이 있기 때문입니다.

우리는 우리의 끝이 무엇인지 압니다. 그 끝을 향하여 지금 일이 진행
된다는 것을 아니까, 그 연속성 속에서 오늘은 내일에 의해서 결정됩니
다. 내일을 확보하기 위하여 오늘을 살면 우리는 세상에서 힘을 가지려
고 할 수밖에 없습니다. 성경에는 이렇게 되어 있습니다. "돈을 사랑함이
일만 악의 뿌리가 되나니"(딤전 6:10). 돈을 사랑한다는 것은 돈이 되는 것
을 사랑하는 것입니다. 돈이 되는 것, 내일을 확보하기 위하여 오늘을 사
는 사람들의 무기 말입니다. 우리는 어떤 존재입니까? 로마서 14장 7절
이하를 보면 예수를 믿는다는 것이 이렇게 묘사되어 있습니다.

> 우리 중에 누구든지 자기를 위하여 사는 자가 없고 자기를 위하여 죽
> 는 자도 없도다 우리가 살아도 주를 위하여 살고 죽어도 주를 위하여
> 죽나니 그러므로 사나 죽으나 우리가 주의 것이로다(롬 14:7-8)

우리가 주의 것이라고 합니다. 그래서 주 예수 안에서 구체적으로 증명
한 약속을 시행한 하나님의 뜻 안에서 산답니다. 우리의 불안, 우리의 공
포는 어디에서 시작합니까? 인류 역사가 계속해서 증거하는 것은 인간
은 인간의 필요를 만들어낼 수 없다는 사실입니다. 결정적으로 인간은
스스로가 만족할 만한 도덕이나 가치나 보람이나 능력을 가지고 있지 못
하다는 것, 이것이 우리의 두려움입니다. 권력을 가진다고, 이상을 가진

다고 되는 것이 아닙니다. 시행할 능력이 없습니다. 다른 누군가가 무서운 것이 아니라 자기 자신이 무섭습니다. 책임지지 않는 자리에서 남을 비판할 말은 많지만, 정작 그 짐을 지게 되면 그 일을 해낼 능력이 없습니다. 이것이 역사의 증언입니다. 무섭습니다. 두렵습니다. 신을 안 가질 수가 없습니다.

자기를 믿을 수가 없으니까 하다못해 점이라도 쳐보는 겁니다. 매일매일 신문에 나오는 '오늘의 운세'라도 봐야 살 수 있습니다. 불안합니다. 스스로의 한계를 다 알기 때문입니다. 예수님을 믿는 사람들은 여기에서 벗어난 자들입니다. 예수님 안에서 증명된 것처럼 죽음을 부활로 만드시는 하나님의 은혜, 자비, 능력, 성실, 우리를 향한 그분의 진정성을 믿는다는 것이 바로 '예수님을 믿습니다'라는 고백에 들어있습니다. 그러니 사실은 우리야말로 두려울 것이 없는 사람들입니다.

골로새서에서 하는 식으로 이야기하면 "탐심은 우상 숭배"(골 3:5)입니다. 탐심은 자기 욕심을 채우는 것입니다. 우상은 다 자기 욕심을 채우기 위해 섬깁니다. 지금 아덴에서 하는 바울의 분노가 그것입니다. '너희의 욕심을 채우고 너희가 안심하기 위한 것 외에 신들은 할 것도 없고 할 수도 없다. 너희가 오죽하면 알지도 못하는 신을 만들었겠느냐? 그러나 그렇지 않다. 하나님이 계시다. 그분만이 주인이시다. 그분만이 진정한 평화와 안심을 주신다. 그래서 우리는 예수를 믿는다. 그 예수는 죽음을 부활로 바꾸시는 하나님의 은혜와 능력과 신실하심의 살아있는 증거다.' 이것이 아덴에서 바울이 행한 설교입니다. 그러니 여러분, 하루하루를 살 때마다 여러분이 누구인가를 아시고, 이 차이를 알아서 내일을 확보하기 위하여 오늘을 준비하는 것이 아니라 내일과 내일의 끝을 아는 자로서 오늘을 살아내십시오. 고린도전서 15장을 보시면 이 말을 이렇게 멋지게 표현하고 있습니다.

> 보라 내가 너희에게 비밀을 말하노니 우리가 다 잠 잘 것이 아니요 마지막 나팔에 순식간에 홀연히 다 변화되리니 나팔 소리가 나매 죽은 자들이 썩지 아니할 것으로 다시 살아나고 우리도 변화되리라 이 썩을 것이 반드시 썩지 아니할 것을 입겠고 이 죽을 것이 죽지 아니함을 입으리로다 이 썩을 것이 썩지 아니함을 입고 이 죽을 것이 죽지 아니함을 입을 때에는 사망을 삼키고 이기리라고 기록된 말씀이 이루어지리라 사망아 너의 승리가 어디 있느냐 사망아 네가 쏘는 것이 어디 있느냐 사망이 쏘는 것은 죄요 죄의 권능은 율법이라 우리 주 예수 그리스도로 말미암아 우리에게 승리를 주시는 하나님께 감사하노니 그러므로 내 사랑하는 형제들아 견실하며 흔들리지 말고 항상 주의 일에 더욱 힘쓰는 자들이 되라 이는 너희 수고가 주 안에서 헛되지 않은 줄 앎이라(고전 15:51-58)

우리가 다 부활할 것입니다. 예수님이 다시 오시는 날 다 일어날 것입니다. 그것은 하나님이 우리에게 베푸시는 구원이며 약속이며 능력입니다. 그런데 거기에는 중요한 의미가 있습니다. 우리가 죽고 나서 주님이 다시 오시는 날 하나님이 우리를 일으키십니다. 왜 그 과정을 거칠까요? 그냥 살아 있다가 때가 되면 하늘에서 빛이 비취면서 허공에 들려서 올려 가면 멋지지 않겠습니까? 그렇게 하지 않으시고 모든 사람이 동일하게 땅에 묻히고, 섭섭하고 슬프고 사별하는 아픔을 겪고, 썩습니다. 그리고 주님이 다시 오실 날 변화된 몸으로 부활하게 하십니다. 죽음과 부활이라는 과정을 하나님께서 우리에게 요구하신다는 말입니다.

주 안에서 헛되지 않다

우리가 할 수 있는 최고의 것, 죽음까지도 이겨내는 어떤 정성, 어떤 헌신, 어떤 믿음과 같은 것들이 기독교 신앙이 아닙니다. 기독교 신앙은 하나님이 약속하고, 하나님이 주시고, 하나님이 만들어내는 것입니다. 우리가 만들어낼 수 없는 것입니다. 우리는 생명을 만들어내는 존재가 아닙니다. 생명은 하나님이 주십니다. 그것이 우리가 가지는 어떤 상상, 어떤 기대, 어떤 욕심의 끝보다 더한 것이라는 분명한 차이, 불연속을 보여줍니다. 그래서 그것을 내다보고 오늘을 살아야 합니다. 그렇게 하지 않으면 집니다. 그래서 세상의 힘에서 벗어날 수가 없습니다. 실제로 신자의 인생을 살아보십시오. 항상 신앙으로 살지는 못합니다. 왔다 갔다 합니다. 어떤 때는 신앙인으로 있다가 또 어떤 때는 그러지 못합니다. 어떻게 다 믿음을 가지고 살겠습니까? 그러니까 왔다 갔다 합니다. 그러나 보통은 형통할 때는 잊어먹고 있다가 다급해지면, 할 수 있는 것 다 하다가 그때 준비가 안 되는 것은 하나님 앞에 들고 옵니다. 늘 그렇게 합니다. 저는 그것이 이 본문이라고 생각합니다. 58절을 다시 보겠습니다.

> 그러므로 내 사랑하는 형제들아 견실하며 흔들리지 말고 항상 주의 일에 더욱 힘쓰는 자들이 되라 이는 너희 수고가 주 안에서 헛되지 않은 줄 앎이라 (고전 15:58)

우리가 만들어내는 것은 이런 것입니다. 안심, 간절함, 초조함, 걱정, 아마이것이 전부일 것입니다. 그러나 우리가 완전한 신앙으로 살지 못하듯이, 또 완전히 세상 사람은 아닙니다. 그래서 이 말씀은 하나님이 우리에게 '괜찮다' 하시는 말씀으로 기억하고 있습니다. '너 울어라. 너 후회해라. 너 왔다 갔다 해라. 너 스스로에 대해 죄책감 가져라. 그런데 너 죽지 마라. 너 포기하지 마라. 네가 네 운명과 네 인생을 모두 책임지는 거 아니다. 너 열심히 살아라. 네가 못 이긴다고 꼭 실패하는 것은 아니다.' 다시 읽어보겠습니다.

> 그러므로 내 사랑하는 형제들아 견실하며 흔들리지 말고 항상 주의 일에 더욱 힘쓰는 자들이 되라 이는 너희 수고가 주 안에서 헛되지 않은 줄 앎이라 (고전 15:58)

물론 쉽게 읽는 방법도 있습니다. '그러니 세상에 지지 마세요.' '늘 기도하세요.' 이렇게 읽으면 쉽습니다. 아까 읽었던 "너희는 먼저 그의 나라와 그의 의를 구하라"는 '그러니 걱정하지 마세요' 이렇게 읽으면 물론 쉽습니다. 그러나 살아보니까 그렇지 않습니다. 우리는 그렇게 넉넉하지 않습니다. 믿음 좋기는 어렵습니다.

'괜찮아요.' 무슨 말입니까? 우리가 만드는 것은 결국 죽음일 수밖에 없습니다. 그런데 거기에서 승리를, 우리가 최선을 다한 것으로도 만들어낼 수 없는 부활을 만들어내시는 하나님이 그 결국을, 그 약속을, 우리의 운명을 예수 안에서 쥐고 계시니 걱정하지 말라는 것입니다. 포기하지마라, 자책하지 마라, 그 이야기입니다. 그렇게는 살 수 있지 않겠습니까?

늘 언제나 잘하라는 것이 아닙니다. 잘 못해도 좋습니다. 그러나 주일에
는 다시 나오십시오. 그리고 고개 숙이고 기도하십시오. 그래도 또 그렇
게 잘못할 것입니다. 그래도 조금씩 나아집니다. 나이가 들면 확실히 나
아집니다. 점점 나이가 들면 더 많은 것들을 체념하게 되는데, 신앙도 자
기가 모르는 새 자랍니다. 세상이 거짓된 것을 알게 되기 때문입니다. 그
래서 갈라디아서 5장 22절 이하에 있는 이 성령의 열매가 결론으로 나
옵니다.

> 오직 성령의 열매는 사랑과 희락과 화평과 오래 참음과 자비와 양
> 선과 충성과 온유와 절제니 이같은 것을 금지할 법이 없느니라
> (갈 5:22-23)

성령께서 이렇게 열매를 맺게 하실 것입니다. 우리 혼자 하는 것이 아닙
니다. 그러면서 또 이렇게 얘기합니다.

> 그리스도 예수의 사람들은 육체와 함께 그 정욕과 탐심을 십자가에
> 못 박았느니라 만일 우리가 성령으로 살면 또한 성령으로 행할지니
> 헛된 영광을 구하여 서로 노엽게 하거나 서로 투기하지 말지니라(갈
> 5:24-26)

신앙생활이란 자책을 없애는 정도가 아닙니다. 우리에게 주어진 인생과
우리의 존재의 결국이 무엇인지 아는 것입니다. 잠시 사는 세상에서의
도전과 시험 앞에서 훈련받는 것입니다. 그리하여 하나님께서 예수 안에

서 보이신 부활의 권능과 승리를 우리의 것으로 주실 것입니다. 그러니 "견실하며 흔들리지 말고 항상 주의 일에 더욱 힘쓰는 자들이 되라 이는 너희 수고가", 여기 수고를 우리는 우리의 못난 것, 우리의 실패라고 정의 했습니다. '우리의 못난 것이, 우리의 실패가 주 안에서 헛되지 않은 줄 앎이라.' 아멘입니다.

기 도

하나님 아버지, 은혜를 감사합니다. 우리 같은 것들을 위하여 그 아들을 보내시고, 우리를 위하여 십자가에 못 박으셨습니다. 우리를 죽음에서 일으키시고, 부활의 승리로 우리 모두의 운명을 예수 안에서 묶으셨습니다. 그러니 이제 우리가 우리의 삶과 우리의 운명에 대하여 예수를 믿는 자로서의 이해와 지식과 성의와 헌신을 가지게 하여 주시옵소서. 믿음을 가지고 포기하지 말게 하시며, 우리의 못난 것을 인정하고 은혜를 구하는 우리 인생이 되게 하사 주어진 하루하루를, 범상하고 별 것 아닌 일상을 하나님의 백성으로 사는, 수고하는 청지기들 되게 하여 주시옵소서. 예수님의 이름으로 기도합니다. 아멘.

27.
고난이 필수이다

사도행전 17:30-31

31_이는 정하신 사람으로 하여금 천하를 공의로 심판할 날을 작정하시고 이에 그를 죽은 자 가운데서 다시 살리신 것으로 모든 사람에게 믿을 만한 증거를 주셨음이니라 하니라

아덴에서 행한 사도 바울의 설교는 아주 중요한 내용을 담고 있습니다. 저희는 기독교 내에서 복음주의 진영에 속해 있습니다. 복음주의는 예수님의 대속 사역으로 인한 구원에 가장 큰 중심을 두는 운동을 말합니다. 그래서 집중적으로 전도하는 데 힘쓰고 또 확신을 강조합니다. 구원의 확신에 대한 복음주의적 표현은 이런 것입니다. '오늘 죽어도 천국에 갈 것을 확신합니까?' 이것이 구원 확신을 확인하는 중요한 질문이 되고는 했습니다.

사도 바울의 설교에서도 그 설교를 가능하게 하고 그 설교의 내용을 떠받치고 있는 유일하고도 충분한 근거는 예수님의 죽음과 부활입니다. 그럼에도 이 문제를 이렇게 복음주의적으로만 이해하는 것에는 결정적인 약점이 있습니다. 그 약점은, 우리가 죽어서 천국 가는 것은 다 믿어

야 하고 꼭 필요한 일인 것이 분명하지만, 그것이 전부가 아니라는 사실입니다. 예수님의 죽음과 부활은, 그것이 역사에서 일어난 일이듯이 그것이 모든 개인의 현재에 일어나는 사건입니다. 그래서 신자는 죽기 전부터 죽은 다음에 완성되는 영원한 나라의 삶을 시작해야 합니다. 죽은 다음의 문제가 지금 이미 시작되었고, 지금 책임을 져야 하고, 지금 살아야 하고, 지금 누려야 하는 연속성을 가진다는 것입니다. 그래서 그것의 결과와 완성의 날은 뒤로 미뤄져 있지만, 그 완성의 날을 시작하는 것은 지금이라고 오늘 본문은 가르치고 있습니다.

현실에 대한 소극적 이해

그래서 유대 밖의 이방인인 아덴 시민을 향해서 사도 바울이 이 설교를 통해 중요하게 도전하는 것은 두 가지 초점을 가지고 있습니다. 하나는 세상이 가지고 있는 세계관에 대한 도전입니다. 하나님을 알지 못하는 세상은 당연히 자연주의가 되기 마련입니다. 세상이 반복되고 덧없습니다. 거기에는 희망이 없습니다. 허무합니다. 동양의 윤회 사상에서 나타나다시피 다만 헛되이 반복되는 것입니다. 이 자연주의적 세계관에 기독교가 큰 도전을 던집니다. '그렇지 않다. 헛되이 공전하고 있지 않고 끝이 있다. 시작이 있고 완성이 있고, 출발이 있고 목적지가 있는 것이 세계다.' 기독교는 이렇게 가르칩니다.

없어지는 것, 죽어버리는 것이 끝이 아니라, 예수 그리스도의 부활로 인생이 연속성을 가지고 영원한 승리와 영원한 생명으로 들어가도록 되어 있다고 해서 공전하는 이 반복된 동그라미를 직선으로 펴버렸습니다.

이것이 기독교 세계관입니다. 그래서 기독교 복음이 들어가면 이 자연주의는 도전을 받게 됩니다. 인생은 윤회하는 것이 아니라 직선이기 때문에 단 한 번의 인생을 영원으로 묶어야 한다는 도전 앞에 답을 해야 합니다.

오늘 확인하려는 것은 바로 이 세계관으로 인해서 개인의 인생관을 수정할 수밖에 없다는 것입니다. 자연주의 속에서는 우연과 필연의 조합이라는 알 길이 없는 혼돈 속에서 살았지만, 그래서 그것을 제어할 수 없다는 무력감 속에 있었습니다. 그러나 이제는 창조주, 구원자, 심판자가 계시다는 사실과 각 개인이 그의 뜻에 의한 의도, 의지, 성의 앞에 서 있다는 사실을 알게 되었습니다. 따라서 각 개인은 자신의 인생을 바로 이해하고 책임져야 한다는 것입니다. 에베소서 1장에 가서 이 문제를 살펴보겠습니다.

> 우리는 그리스도 안에서 그의 은혜의 풍성함을 따라 그의 피로 말미암아 속량 곧 죄 사함을 받았느니라 이는 그가 모든 지혜와 총명을 우리에게 넘치게 하사 그 뜻의 비밀을 우리에게 알리신 것이요 그의 기뻐하심을 따라 그리스도 안에서 때가 찬 경륜을 위하여 예정하신 것이니 하늘에 있는 것이나 땅에 있는 것이 다 그리스도 안에서 통일되게 하려 하심이라(엡 1:7-10)

온 세계와 그 역사가, 개인과 그의 생애가 예수 그리스도 안에서 통일될 것입니다. 그러니 우리는 예수 그리스도 안에서 하나님의 뜻과 목적과 방법을 이해해야 하며, 우리 각 개인이 가지는 실존의 가치와 책임에 대해 그리스도 안에서 이해를 해야 합니다. 그렇지 않으면 우리는 세계관도, 인생관도 가질 수 없고 방향도 모르고 자기의 몫도 모르게 됩니다.

복음주의 진영이 강조하는 바가 잘못되었다는 것이 아닙니다. 다만 전체를 조망하는 데는 조금 부족했다는 이야기를 하려는 것입니다. 죽어도 천국간다는 것은 큰 복음이었습니다. 이 세상이 끝이 아니고, 고생하고 실패한 것으로 끝나지 않는다는 것은 큰 복음이었습니다. 그러나 지금 어떻게 살아야 하는가에 대해서는 어떠한 답을 줍니까? 죽어서 천국을 가는 것으로 강조된 신앙 체계 속에서는 내세를 준비하는 것 외에 아무런 답도 줄 수 없습니다. 구원은 예수님을 통해 받은 것이고, 남은 인생은 잘 참고 살던가 아니면 쓸모 있게 살던가 하는 것 외에는 다른 대안이 없는 대단히 소극적이고 제한된 인생에 대한 이해밖에 가질 수 없었던 것입니다.

그런데 그런 생각을 가지게 된 또 다른 이유는, 예수를 믿고 나서도 현실적으로 환경과 조건이 개선되지 않는다는 사실 때문입니다. 회개를 하고 전에는 몰랐던 신앙을 가지게 되고 이해를 새롭게 하게 되고 헌신하고 변화되었는데 보상이 없는 것입니다. 우리 모두가 알고 있지 않습니까? 세상에서 하나님이 보호를 해주시고 특별한 대접을 해주셔야 거룩하게 살고 쓸모 있게 살겠는데, 이렇게 현실에 붙들려서는 아무것도 할 수 없다고 느끼고 있지 않습니까? 그러니까 다 내세로 밀어놓을 수밖에 없었던 것입니다. 말은 그렇게 하지 않고, 기도할 때는 멋있게 말하지만 실제 살아있을 때는 그렇게 살 수 없고, 모진 인생 죽지 못해 사는 것이고, 다 죽은 다음으로 떠밀었습니다.

고난이 요구된다

그런데 뜻밖에 성경이 이 부분을 매우 강조하고 있습니다. 로마서 12장
으로 갑시다. 우리가 해결하지 못하고 쩔쩔매고 있는 이 현실에 대하여
성경은 이렇게 이야기하고 있습니다.

> 그러므로 형제들아 내가 하나님의 모든 자비하심으로 너희를 권하노
> 니 너희 몸을 하나님이 기뻐하시는 거룩한 산 제물로 드리라 이는 너
> 희가 드릴 영적 예배니라(롬 12:1)

"너희 몸을", 바로 우리 몸입니다. "하나님이 기뻐하시는 거룩한 산 제물
로 드리라." 여기 '산'은 살아있다는 의미가 아니라 삶을 뜻합니다. 삶으
로 드리는 제물로 드리라는 것입니다. '몸으로 살아내라. 정신으로 하지
마라. 이념으로 하지 마라. 소원으로 하지 마라. 이상으로 하지 마라. 몸
으로 살아 내라.' 이런 이야기입니다. 그런데 몸으로 살아내야 할 우리의
현실은 고단합니다. 그런데 성경은 그 고단한 인생을 살아내라고 합니다.
그것이 어려운 인생이 되리라는 것은 성경이 이미 우리에게 경고하고 있
습니다.

> 자녀이면 또한 상속자 곧 하나님의 상속자요 그리스도와 함께 한 상
> 속자니 우리가 그와 함께 영광을 받기 위하여 고난도 함께 받아야 할
> 것이니라(롬 8:17)

이미 여기에 약속되어 있습니다. 예수님으로 인한 구원, 예수 안에서의 만물의 통일 속에는 예수님의 죽음과 부활로 인한 반전, 승리, 영광만 있는 것이 아닙니다. 거기에는 그 자리로 가기 위한 그의 고난, 그의 성육신이 들어 있습니다. 우리는 이 부분을 자꾸 잊어버립니다. 예수님으로 인한 반전, 죄인이 구원을 받는 것, 실패자가 승리를 얻게 되는 것이 있을 뿐 아니라 실패자의 현실을 사는 것, 죄인 된 몸으로 사는 현실이 우리에게 요구됩니다. 예수께서 부활로 역전을 이루시기 전에, 그 앞에 육체로 오신 예수님의 고난이 있었습니다. 그 고난이 우리에게 요구된다는 말입니다. 이 부분이 우리가 잘 납득하지 못하는 부분입니다. 그러나 성경은 이 부분을 방금 읽은 로마서 8장에서와 같이 빌립보서 1장에서도 이야기합니다.

오직 너희는 그리스도의 복음에 합당하게 생활하라 이는 내가 너희에게 가 보나 떠나 있으나 너희가 한마음으로 서서 한 뜻으로 복음의 신앙을 위하여 협력하는 것과 무슨 일에든지 대적하는 자들 때문에 두려워하지 아니하는 이 일을 듣고자 함이라 이것이 그들에게는 멸망의 증거요 너희에게는 구원의 증거니 이는 하나님께로부터 난 것이라 그리스도를 위하여 너희에게 은혜를 주신 것은 다만 그를 믿을 뿐 아니라 또한 그를 위하여 고난도 받게 하려 하심이라 너희에게도 그와 같은 싸움이 있으니 너희가 내 안에서 본 바요 이제도 내 안에서 듣는 바니라(빌 1:27-30)

지금 바울도 고난받고 있습니다. 이 서신도 그가 옥중에서 쓴 것입니다.

그리스도를 믿을 뿐 아니라 그리스도의 고난에 동참해야 하고, 그리스도를 위하여 고난을 감수해야 합니다. 우리는 예전에 고난을 감수하는 것이 어떤 진심, 어떤 각오, 어떤 책임 같은 것들을 비장하게 묻는 것인 줄로 알았습니다. 억울하고 고생하는 것으로 우리의 신앙을 확인하는 것으로만 이해를 했지, 그 자체가 어떤 긍정적인 의미를 가진다고는 미처 이해를 다 못 했습니다. 그래서 한국교회에서는 아직 도래하지 않은 미래에 대한 약속만 가지고 이 땅에서 믿음으로 살아야 하는 현실에 관한 긍정적이고 적극적인 이해가 대단히 취약했습니다. 요한복음 1장에 가시면 그리스도의 오심이 이렇게 기록되어 있습니다.

> 말씀이 육신이 되어 우리 가운데 거하시매 우리가 그의 영광을 보니 아버지의 독생자의 영광이요 은혜와 진리가 충만하더라(요 1:14)

말씀이 육신이 되었다는 것은 하나님의 뜻, 하나님의 약속, 하나님의 능력이 인격 안에, 육체 안에 구체화되었다는 것입니다. 여러분 한 사람을 아는 것을 정보라고 합니다. 키, 몸무게, 혈액형, 출신 학교, 좋아하는 것 등등 말입니다. 그런데 이런 것 가지고는 누구를 안다고 할 수 없습니다. 그 사람에 대한 정보 말고 그를 실제로 알아야 합니다. 그의 성격, 그의 성품, 나와의 관계의 신실성, 독특한 표현 이런 것들 말입니다. 인격 안에 구체화되었다는 것은 바로 이런 것들이 구체화되었다는 것입니다.

"우리 가운데 거하시매." 우리 가운데 거하신다는 것은 우리와 동일한 조건과 현실 속에 들어오심으로써, 말씀으로 천지를 지으신, 생각만 하시고 뜻만 가지시면 모든 것을 이루시는 분이 우리가 만지고 보고 확인하고 이해할 수 있게 실체가 되어 우리 가운데 오셔서 함께 삶을 사신 다는 것입니다. 그래서 당신의 영광을 드러내십니다. 그래서 그분을 보니 까 은혜와 진리가 충만하시더랍니다. 우리가 사람을 깊이 사귀면 그 사 람 멋있더라, 이런 말 하지 않습니까? 그 사람 유능해, 그 사람 실력 있어, 이런 말을 종합하면 '난 그 사람이 좋아'일 것입니다. 그냥 사진 한 장 보 고 좋을 수는 없습니다. 말씀이 육신이 되어 들어오는 것입니다. 그러나 그 삶은, 그의 현실은 얼마나 고달팠습니까?

> 그는 실로 우리의 질고를 지고 우리의 슬픔을 당하였거늘 우리는 생 각하기를 그는 징벌을 받아 하나님께 맞으며 고난을 당한다 하였노 라 그가 찔림은 우리의 허물 때문이요 그가 상함은 우리의 죄악 때문 이라 그가 징계를 받으므로 우리는 평화를 누리고 그가 채찍에 맞으 므로 우리는 나음을 받았도다 우리는 다 양 같아서 그릇 행하여 각기 제 길로 갔거늘 여호와께서는 우리 모두의 죄악을 그에게 담당시키셨 도다(사 53:4-6)

예수님의 성육신은 굉장한 것입니다. 우리는 그가 자기가 잘못해서 어려 운 길을 걷는다고 생각했답니다. 그런데 일반 역사 속에서 예수님은 좋게 말하면 그저 한 선지자였고, 의를 외치다가 죽은 자에 불과합니다. 나쁘 게 말하면 정신병자입니다. 자신을 신이라고 오해했던 사람입니다. 그래 서 그가 과격한 반응만 안 했어도 잘 살았을 것이라는 식으로 바라봅니 다. 우리가 딱 그렇습니다. 예수님을 믿고 기도하고 성실히 살지만 하나님 이 여러분의 인생을 편하게 해주시지 않습니다. 예수님이 걸으셨던 것처

럼 말입니다. 그런데 그것이야말로 말씀이 육신이 되는 것입니다. 구체적
으로 하나님의 뜻과 하나님의 권능을 실체화하는 것이 우리 예수 믿는
사람들의 인생입니다. 그래서 대단히 위대하고 대단히 놀라운 경이로운
존재가 됩니다.

인생 이해의 유일한 열쇠

> 그는 육체에 계실 때에 자기를 죽음에서 능히 구원하실 이에게 심한
> 통곡과 눈물로 간구와 소원을 올렸고 그의 경건하심으로 말미암아
> 들으심을 얻었느니라 (히 5:7)

예수님이 이렇게 통곡할 일이 있었을까요? 열쇠는 이것입니다. "그가 육
체에 계실 때에." 육체에 계신다는 것은 제한 속에 계셨다는 말입니다.
그는 성자 하나님이셨지만, 자신을 시간과 공간의 제한 속에, 바로 육체
가운데 묶으셨습니다. 그래서 그 제한 속에서 울고 기도할 수밖에 없었
던 인생을 사셨습니다. 예수께서 그렇게 걸어서 시간과 공간과 육체의 연
약 속에서 하나님의 일을 하실 수 있었던 것처럼 우리 인생이 그렇다고
이야기하는 대목이 지금 바울의 설교입니다. 전 세계를 묶고, 모두가 보
는 자리에 앉거나 그 모두를 압도할 힘을 가지고 해결책을 내어놓고 감
동시키는 것으로 시간과 공간을 초월하여 우주와 역사에 답을 내는 것
이 아닙니다.

  우리는 그 속에 속하여, 그 전체 속에서 특별한 것이 없고 두드러질 것
이 없고 주목받지 못하는 가장 평범한 자리, 많은 제한과 감추어진 것들

속에서 예수님이 그리하신 것처럼 그 길을 걸어 하나님의 일을 하는 자들이라고 이야기합니다. "그의 경건하심으로 말미암아." 경건함은 하나님 아버지의 일하심을 인정하는 것입니다. 그렇게 울면서 그 길을 갔답니다. 그래서 얼마나 힘드셨겠느냐, 얼마나 많이 참으셨겠느냐 하는 이야기를 하는 것이 아니고, 울며 갈 수밖에 없는 그 길로 하나님이 천지를 창조하시듯 죽은 자에게 부활을 주시는 일을 행하셨다는 것입니다. 그리고 이렇게 이어집니다.

> 그가 아들이시면서도 받으신 고난으로 순종함을 배워서 온전하게 되셨은즉 자기에게 순종하는 모든 자에게 영원한 구원의 근원이 되시고 하나님께 멜기세덱의 반차를 따른 대제사장이라 칭하심을 받으셨느니라(히 5:8-10)

"아들이시면서도 받으신 고난으로 순종함을 배워서 온전하게 되셨은즉." 우리는 여기에서 함께 놓을 수 없는 서로 모순되는 단어들을 성경이 함께 묶고 있는 것을 봅니다. 고난으로 순종을 배운다고 하고, 그것으로 온전하게 된다고 합니다. 하나님이 원하신 제한, 부족, 고난, 자기 길을 걸으시는 것으로 하나님이 그의 뜻을 이루시는 길을 걸었다는 말입니다. 고난으로 순종을 배웠다는 것은 순종으로 고난을 감수했다는 말입니다. 그 길은 고난의 길입니다. 앞에서 본 육체에 계셨습니다. 제한과 부족, 유한 속에 계셨습니다.

우리에게 적용하자면, 실패와 무지 속에서 하나님의 일하심을 인정함으로써 하나님이 예수님 안에서 하셨던 일들이 재현된다는 것을 알게 되었다는 것입니다. 실제로 예수님의 순종이, 십자가에 못 박혀 죽는 실패가, 그 수치가 부활을 만들어내는 하나님의 능력으로 영광을 나타내심을 기억하여 이제 모든 성도들이 예수님 안에서 그 길을 갈 수 있게 된 것입니다. 예수님을 믿는다는 말은 우리 모두의 인생을 이해하는 유일한 열쇠입니다. 내가 이해할 수 없는 현실, 내 기대와 다른 현실에 대한 유일한 이해입니다.

예수님의 인생, 예수님의 순종, 예수님 안에서 일어난 반전을 기억하지 않으면 우리는 예수 믿는 것이 이런 식으로 보상받는 것에 대한 답을 다른 데서는 찾을 수가 없습니다. 그리고 우리가 이렇게 서 있을 때, 세상이 우리를 보고 예수님을 만납니다. 세상이 아는 방식, 세상이 아는 이해, 세상이 아는 해결이 아닌 이 십자가의 길에서 우리를 항복시킨 예수님을 만나게 됩니다. 그것이 요한복음 14장에 이렇게 예수님의 말씀으로 기록되어 있습니다.

빌립이 이르되 주여 아버지를 우리에게 보여 주옵소서 그리하면 족하겠나이다 예수께서 이르시되 빌립아 내가 이렇게 오래 너희와 함께 있으되 네가 나를 알지 못하느냐 나를 본 자는 아버지를 보았거늘 어찌하여 아버지를 보이라 하느냐 내가 아버지 안에 거하고 아버지는 내 안에 계신 것을 네가 믿지 아니하느냐 내가 너희에게 이르는 말은 스스로 하는 것이 아니라 아버지께서 내 안에 계셔서 그의 일을 하시는 것이라 내가 아버지 안에 거하고 아버지께서 내 안에 계심을 믿으라 그렇지 못하겠거든 행하는 그 일로 말미암아 나를 믿으라(요 14:8-11)

예수께서 하신 일이 무엇입니까? 죄인들을 찾아오시고 가난한 자를 친구로 삼으셨습니다. 그리하여 스스로 죄인들의 친구가 되어 비난을 받으셨습니다. 우리 안에 거하신 그의 일, 그의 삶, 바로 그의 성육신입니다.

> 내가 진실로 진실로 너희에게 이르노니 나를 믿는 자는 내가 하는 일을 그도 할 것이요 또한 그보다 큰 일도 하리니 이는 내가 아버지께로 감이라(요 14:12)

무시무시한 말씀입니다. 주께서 하신 일을 우리가 하고 그보다 큰일도 한답니다. 그것이 성도들의 인생입니다. 위대한 길입니다. 놀라운 인생입니다. 경이롭습니다. 하나님이 함께하시는, 전능자의 손길이 되는 인생입니다. 그래서 우리는 이 자리에 옵니다.

> 우리 주 예수 그리스도로 말미암아 우리에게 승리를 주시는 하나님께 감사하노니 그러므로 내 사랑하는 형제들아 견실하며 흔들리지 말고 항상 주의 일에 더욱 힘쓰는 자들이 되라 이는 너희 수고가 주 안에서 헛되지 않은 줄 앎이라(고전 15:57-58)

"너희 수고가 주 안에서 헛되지 않은 줄 앎이라." 어떤 수고를 말합니까? 세상이 우리를 삼켜버려서 우리는 죽은 것 같은 인생, 맥 못 쓰는 인생, 예수님을 믿고 천국을 갈 확신은 있으나 아무런 변화와 보상이 없는 인생, 마음에 소원은 있으나 그렇게 되지 않는 인생, 우리 주 예수 그리스도로 말미암아 승리를 주시는 하나님께 감사하는 인생입니다. 예수님 안

에서 일어난 역전을 생각하십시오. 그 반전을 기억하십시오. "그러므로
내 사랑하는 형제들아 견실하며 흔들리지 말고 항상 주의 일에 더욱 힘
쓰는 자들이 되라." 넘어질 것입니다. 실패할 것입니다. 비명 지를 것입니
다. 억울할 것입니다. 그러나 괜찮습니다. 그러셔도 괜찮습니다. 아흔아홉
번 실패하시고, 그 실패를 모두 '예수님을 믿습니다'에 담아내십시오.

조금 전에 읽었던 이사야 53장 말씀처럼 예수님은 마치 자기가 잘못
해서 죽은 자 취급을 받았습니다. 그러나 그렇지 않았습니다. 그는 구세
주였습니다. 세상은 우리 인생을 모를 것입니다. '저게 뭔가? 예수를 믿
는다는데, 저렇게 인생이 꼬이나? 무슨 보람이 있고 무슨 기대가 있다고
주일마다 저러나?' 사람들은 이렇게 묻고 또 이렇게 답합니다. '글쎄 말이
야. 나도 그 생각이 들어.' 그러나 그 사람들이 모르고 우리가 아는 것이
하나 있습니다. 우리에게는 기적이 있습니다.

> 우리 주 예수 그리스도로 말미암아 우리에게 승리를 주시는 하나님
> 께 감사하노니 그러므로 내 사랑하는 형제들아 견실하며 흔들리지
> 말고 항상 주의 일에 더욱 힘쓰는 자들이 되라 이는 너희 수고가 주
> 안에서 헛되지 않은 줄 앎이라(고전 15:57-58)

여기에서 "너희 수고"에 긍정적인 것만 들어있는 것이 아니라고 생각한
다고 말씀드렸습니다. 우리의 모든 못난 것들까지 합쳐서, 우리의 후회와
우리의 한숨과 우리의 눈물과 우리의 아우성까지 다 합쳐서 "헛되지 않
은 줄 앎이라"입니다.

그러니 훌륭해지십시오. 여러분, 세상이 말하는 것을 듣고 쉽게 여러

분의 인생을 판단하지 마십시오. 예수님의 인생을 제대로 알아본 자는 당시에 아무도 없었습니다. 그러나 그 열매는 역사 속에 가장 중요한 내용으로 후대에 이어지고 있고 하나님의 뜻은 확정되어 있습니다. 여기 있는 우리까지 믿게 되지 않았습니까? 그런 믿음 생활 하시는, 그래서 우리의 별것 아닌 인생이 위대한 인생이요 신자의 인생인 줄 아는 담대함과 인내와 충성과 자랑과 감사가 있기를 바랍니다.

기 도

하나님 아버지, 하나님을 아버지라 부르는 것이 얼마나 굉장한 것입니까? 그것은 다른 무엇으로도 비교할 수 없습니다. 온 세상 만물을 가져도 하나님을 아버지라 부르는 것과는 비교할 수 없습니다. 예수님을 믿는다는 것은 세상의 권력을 가지는 것과도 비교할 수 없습니다. 예수님 안에는 은혜와 자비와 기적과 축복이 있기 때문입니다. 세상은 그것을 주지 못합니다. 이 사실을 알았으니 이제 우리의 인생을 살게 하여 주시옵소서. 믿음을 가지고 살게 하여 주시옵소서. 눈에 보이는 증거는 없을 것입니다. 그러나 우리는 압니다. 예수님이 사신 것처럼 우리의 인생을 통하여 하나님이 일하신다는 것을 알게 되었습니다. 그러니 가슴을 펴고 웃고 용서하고 넘어가고 축복하고 사랑하고 믿고 살아가게 하여 주시옵소서. 우리 자신과 우리 이웃과 이 세상 앞에 우리가 하나님의 손길로 열매 맺게 하여 주시옵소서. 예수님 이름으로 기도합니다. 아멘.

28.
기꺼이 죽음의 길을 간다

사도행전 18:24-19:7

4_바울이 이르되 요한이 회개의 세례를 베풀며 백성에게 말하되 내 뒤에 오시는 이를 믿으라 하였으니 이는 곧 예수라 하거늘 5그들이 듣고 주 예수의 이름으로 세례를 받으니

초대교회에서도 그렇고 지금 우리가 사는 현대에서도 이 성령 세례라는 문제는 대단한 오해를 불러일으키는 내용이 되었습니다. 이십 세기 교회 사적으로 가장 중요한 사건은 오순절 성령 운동의 약진입니다. 오순절 운동은 그 말에 나오듯이 어떤 주의가 아니고 운동입니다. 그래서 그것은 순복음 교파에만 한정된 것이 아니라 모든 교파에서 두루 일어난 현상입니다. 당연히 장로교 안에도 오순절 운동과 체험과 증언이 있었고, 감리교, 침례교, 성결교 그리고 가톨릭에서도 오순절 운동은 이십 세기 교회사에서 가장 두드러진 하나의 사건이 되었습니다.

그러나 이 성령 세례라고 표현된, 혼용되고 오해되는 이 사건은 그것의 진정한 의미보다 그 경험이나 증거에 너무 치중하여 어떤 이들은 너무 강조하고 또 어떤 이들은 너무 반발하는 부작용을 낳았습니다. 그리

고 아직도 그러한 부작용 때문에 시원한 답을 찾지 못하고 있는 것으로
보입니다.

오늘 본문에는 두 가지 세례가 등장합니다. 요한의 세례와 성령 세례
입니다. 요한의 세례라는 것은 요한의 사역이 그랬듯이 예수님을 준비하
는 세례의 사역이었습니다. 예수님이 진정한 구원자이며 주인공이라는
것을 준비하기 위하여 회개의 세례를 주었고, 예수님만이 성령 세례를
주시는 분으로 요한에 의해 증거되었고, 예수님 자신이 그 일을 십자가
에서 성취하셨습니다. 그러니 성령 세례라는 것은 예수님으로 인하여 성
취된 어떤 것입니다. 요한의 세례와 성령 세례는 서로 배타적인 것이 아
닙니다. 요한의 세례가 성령 세례를 가리키고 있고, 예수께서 성령 세례
를 성취하셨습니다. 그러니 성령 세례는 이 둘이 가지는 연속성 속에서
이해해야 합니다.

요한의 세례와 성령 세례

아마도 이러한 혼돈은 오늘 본문에서 보듯이 아볼로로 인해서 시작되었
을 것입니다.

> 알렉산드리아에서 난 아볼로라 하는 유대인이 에베소에 이르니 이 사
> 람은 언변이 좋고 성경에 능통한 자라 (18:24)

주로 요한의 세례를 예수님의 세례와 혼동하는 이들은 대부분 유대주의
적 배경을 갖고 있습니다. 유대주의적 배경을 가진다는 것은 이미 하나

님과의 관계는 성립됐고, 이제 그 관계를 유지하기 위해 율법과 책임을
지키느냐 마느냐가 관건이 된다는 말입니다. 이들은 신명기에 두드러지
게 나타나는 가르침같이 하나님을 순종하고 그 말씀을 지키면 복을 받
을 것이요, 하나님을 외면하고 불순종하면 벌을 받을 것으로 생각합니
다. 그래서 이 사람들에게는 잘못을 회개하는 것, 잘못된 길에서 돌아서
는 것, 이것이 가장 중요합니다. 원래 가야 할 길이 이미 정해져 있어서,
잘못 가던 길에서 돌아와 당연한 길로 가야 한다는 것입니다.

　이 일은 유대주의에만 있는 것이 아닙니다. 이 복음이 이방인에게 전
파된 후에도 교회 안에 늘 있는 반복적인 오해입니다. 모든 인류가 양심
과 도덕을 가지고 있습니다. 그래서 예수님을 믿은 다음에도 기독교 신
앙을 잘못된 것에서 돌이키는 것이 전부인 것으로 생각하는 이들은 의
외로 많습니다. 그쪽 일변도로 가는 사람은 드물지만, 예수님을 믿어서
은혜의 복음을 가지고 있다는 것과 죄를 씻는 것 사이에 어떤 연속성을
가지지 못한 사람은 대단히 많습니다. 그래서 그런 도덕성과 양심으로
돌아오는 것이 전부인 사람들은 가만히 자신의 잘못을 뉘우치고 용서를
구함으로써 만족을 얻습니다.

　거기에서 만족하시면 안 됩니다. 양심과 도덕에 비추어 부끄러울 것이
없게 되는 것이나 죄책감에서 해방되는 것이 전부라면 그것은 예수 믿
는다는 말을 모르는 것이요 예수님이 죽음으로 성취한 결과로서 주어진
성령 세례의 가치는 전혀 모르는 것이 됩니다. 대부분의 성도들에게는 본
인이 원하던 원하지 않던, 이런 것이 기묘하게 섞여 있어서 은혜를 말하
고 믿지만 그 확인은 도덕적으로 하는 경우가 너무나 많습니다. 어느 날
갑자기 헌금을 많이 하거나 또는 금식을 합니다. 그래서 마음의 평안을

찾는 것을 기독교의 전부로 알고, 그렇게 해서 안심하는 경우를 상당히 자주 보게 됩니다. 기독교 신앙은 그것과 다르다는 성경의 가르침을 보겠습니다.

> 지금 내가 나를 보내신 이에게로 가는데 너희 중에서 나더러 어디로 가는지 묻는 자가 없고 도리어 내가 이 말을 하므로 너희 마음에 근심이 가득하였도다 그러나 내가 너희에게 실상을 말하노니 내가 떠나가는 것이 너희에게 유익이라 내가 떠나가지 아니하면 보혜사가 너희에게로 오시지 아니할 것이요 가면 내가 그를 너희에게로 보내리니 그가 와서 죄에 대하여, 의에 대하여, 심판에 대하여 세상을 책망하시리라 죄에 대하여라 함은 그들이 나를 믿지 아니함이요 의에 대하여라 함은 내가 아버지께로 가니 너희가 다시 나를 보지 못함이요 심판에 대하여라 함은 이 세상 임금이 심판을 받았음이라 내가 아직도 너희에게 이를 것이 많으나 지금은 너희가 감당하지 못하리라 그러나 진리의 성령이 오시면 그가 너희를 모든 진리 가운데로 인도하시리니 그가 스스로 말하지 않고 오직 들은 것을 말하며 장래 일을 너희에게 알리시리라 그가 내 영광을 나타내리니 내 것을 가지고 너희에게 알리시겠음이라(요 14:5-14)

성부 하나님, 성자 하나님, 성령 하나님이 삼위일체 하나님으로 계시는데, 이 삼위의 성령 하나님은 성자 예수께서 그의 사역을 마치시고 성부 하나님께 가서, 아버지께 구하여 보내실 분입니다. 그래서 성령 하나님은 예수께서 아버지께로 가시지 않으면 보내실 수 없습니다. 여기에서 우리가 확인할 중요한 사실은 성령의 오심은 예수 그리스도의 부재 증명이라는 것입니다. 왜 예수님이 이 땅에 계시지 않은 것이 중요할까요? 예수님이 계시지 않는다는 것은 예수님이 그 전에 이 땅에 오셨다는 것을 전제하는 이야기입니다. 예수께서 지금 안 계시는 이유는 세상이 그를 죽였기 때문입니다. 그렇게 죽여서 끝났느냐 하면, 죽여서 죽음으로 끝나지 않고 부활하여 죽음을 이기시고 하나님 보좌 우편에 가셨습니다. 성령의 오심은 이것에 대한 증명입니다.

성령의 오심으로 확증

성령 세례를 받는다는 것은 예수님이 이 땅에 오셨고, 죽으셨고, 부활하셨고, 승천하셨고, 영광된 자리에 앉아 아버지께 구하여 성령 하나님을 보내셨다는 데까지 연결되는 이 복음의 핵심, 최종적으로 예수께서 한 일이 무엇인지를 인치고 확증하는 증거라는 것입니다. 그래서 성령 하나님은, 성부 하나님이 그 아들을 보내사 모든 예수 믿는 자들의 죄를 속량하시고 부활하게 하셔서 우리를 당신의 자녀로 삼고 영원한 생명으로 이끄시는 사역이 실패하지 않도록 붙잡고 계신 분이라고 정리할 수 있습니다. 이런 사실은 성경에 반복적으로 표현되어 있는데, 대표적인 것이 사도행전 2장에 나오는 첫 오순절 성령 강림 때 행한 베드로의 설교입니다.

이 예수를 하나님이 살리신지라 우리가 다 이 일에 증인이로다 하나님이 오른손으로 예수를 높이시매 그가 약속하신 성령을 아버지께 받아서 너희가 보고 듣는 이것을 부어 주셨느니라(2:32-33)

'너희가 죽인 예수가 사실은 그리스도다. 하나님이 그를 오른손으로 높이 들어 모든 승리가 예수 안에 있게 하셨다. 그의 부활이 죽음에서의 승리이며, 모든 죄를 씻으시는 하나님의 은총의 승리이다. 그 증거가 성령의 오심으로 확증되어 있느니라. 오늘 우리가 받은 이 성령의 강림은 어떤 다른 기적, 체험이거나 다만 사건인 것이 아니라 예수가 누구이며, 그가 무엇을 하셨으며, 그것이 우리 모든 인류에게 어떤 의미인가에 대한 신적 확증이요 성실하신 개입의 임재니라.' 이것이 성령 강림에 대한 베드로의 설교이며 성경의 가르침입니다. 그래서 로마서 4장에 오셔서 예수님의 죽음과 승리가 어떻게 묶여 있는지 보십시오. 성경은 여러 번 이 문제를 강조합니다.

> 예수는 우리가 범죄한 것 때문에 내줌이 되고 또한 우리를 의롭다 하시기 위하여 살아나셨느니라(롬 4:25).

그리고 이 말씀이 5장 1절로 이어집니다.

> 그러므로 우리가 믿음으로 의롭다 하심을 받았으니 우리 주 예수 그리스도로 말미암아 하나님과 화평을 누리자 또한 그로 말미암아 우리가 믿음으로 서 있는 이 은혜에 들어감을 얻었으며 하나님의 영광을 바라고 즐거워하느니라(롬 5:1-2)

죄사함을 받았고, 하나님의 영광의 자리로 부름 받은 것을 알라는 것입니다. 성령의 임하심은 우리를 부르시는 하나님의 구원이 다만 죄를 씻어주는 정도에 그치는 것이 아니라 우리를 특별한 존재가 되게 하셨다는 뜻입니다. 우리가 하나님의 영광으로 약속된 존재요, 그 아들을 주실 수 있는 존재요, 그의 영으로 우리 안에 내주케 하여 우리의 존재와 삶이 다만 우리 혼자가 아니고 하나님이 우리의 운명에 동참하시는 존재라는 것이 성령 세례가 가지는 뜻입니다. 다만 방언을 하고 예언을 하고 감동을 받았다는 문제가 아닙니다. 하나님이 예수님으로 말미암아 구원하여 자기 자녀로 삼는 자들에게 어떤 구원, 어떤 약속을 한 것인가에 대해 성령 세례보다 더 강력한 증거와 설명은 없습니다. 이 문제는 이미 요한복음 17장에서 예수께서 고난당하시기 전에 제자들에게 친히 설명하신 내용입니다.

> 아버지여, 아버지께서 내 안에, 내가 아버지 안에 있는 것 같이 그들도 다 하나가 되어 우리 안에 있게 하사 세상으로 아버지께서 나를 보내신 것을 믿게 하옵소서 내게 주신 영광을 내가 그들에게 주었사오니 이는 우리가 하나가 된 것 같이 그들도 하나가 되게 하려 함이니이다 곧 내가 그들 안에 있고 아버지께서 내 안에 계시어 그들로 온전함을 이루어 하나가 되게 하려 함은 아버지께서 나를 보내신 것과 또 나를 사랑하심 같이 그들도 사랑하신 것을 세상으로 알게 하려 함이로소이다(요 17:21-23)

성부 하나님과 성자 하나님의 그 긴밀한 연합에 우리를 부르고 있습니다. 주께서 우리를 품으사 예수님 안에 우리가 있게 하고, 우리 안에 예수께서 거하사 아버지와 아들이 가졌던 관계를 우리에게로 확장하고 계시며, 그 일을 인하여 아버지께서 아들을 보내십니다. 종을 보내는 것이 아니라 아버지가 아들을 보냅니다. 요한복음 15장에 나오듯이 예수님은 우리를 친구라고 부릅니다. 존재론적으로 대등할 수 없는 관계에 있는 우리에게 친구라고 말씀하십니다. 그것이 구원입니다. 그것이 예수를 믿는다는 뜻이며, 기독교 신앙을 복음이라고 부르는 이유입니다. "그 이름을 믿는 자들에게는 하나님의 자녀가 되는 권세를 주셨으니"(요 1:12). 그를 믿는 자에게는 하나님의 자녀가 되는 권세를 주십니다. 이것이 성령 세례입니다.

성령 세례는 성령의 나타나심과는 다른 것입니다. 성령의 나타나심은 은사로, 감동으로 나타날 수 있습니다. 초대교회 때는 예수님으로 인하여 새 시대가 열렸다는 것을 세상의 역사에 알리기 위해 성령의 임재를 나타내셨습니다. 그리고 역사가 지나고 경험이 쌓이면서 성령의 임재는 나타남보다는 내주하시는 역사가 더 크다는 것을 알게 되었습니다. 필요하다면 지금이라도 성령께서 자신을 나타내실 것입니다. 지금이라도 방언이 있을 수 있고 예언이 있을 수 있습니다. 기적의 치유가 있을 수 있습니다. 그러나 그런 것은 그것보다 본질적인 것의 어떤 부수적이고 종속적인 일들입니다.

가장 중요한 것은 성령으로 말미암지 않고는 아무도 예수님을 주라고 시인할 수 없다는 성경의 지적입니다(고전 12:3 참조). 그러니 여러분 스스로가 예수님을 믿는다는 것이 얼마나 굉장한 것인지를 아셔야 합니다. 이 부분을 놓치면 안 됩니다. 갈라디아서 2장에 가면 바울이 설명하는 신앙에 대한 이해가 나옵니다. 사실 이런 것들은 깊이 음미해봐야 합니다.

내가 그리스도와 함께 십자가에 못 박혔나니 그런즉 이제는 내가 사는 것이 아니요 오직 내 안에 그리스도께서 사시는 것이라 이제 내가 육체 가운데 사는 것은 나를 사랑하사 나를 위하여 자기 자신을 버리신 하나님의 아들을 믿는 믿음 안에서 사는 것이라(갈 2:20)

이중적인 표현입니다. 나는 더 이상 내가 아니고 예수라고 합니다. 그 존재 자체가 없어지고 예수님으로 대체되었다는 뜻은 물론 아닙니다. 나라는 존재의 모든 속성이나 소원 같은 것들이 다 예수님 안에서 나타나는 하나님의 창조의 목적과 구원으로 허락된 은혜와 축복들로 모든 것이 바뀌었다는 이야기입니다. '나는 더 이상 내가 아니라 예수라. 나는 나를 위하여 죽으신 예수를 사랑하고 순종하는 믿음으로 사는 나니라.' 나라는 개인적 특성과 존재가 흐려지는 것도, 나뉘는 것도 아닙니다. 나라는 존재는 뚜렷하지만 내가 온전히 예수님 안에 드러난 하나님의 목적과 뜻에, 그 내용에 항복한 자로, 만족한 자로서 나 자신의 자유로운 의지, 소원이 믿음으로 표현된다는 것입니다. 그것이 기독교 신앙입니다.

죽으심을 본받아 부활로

이러한 것들은 우리로 하여금 우리 자신을 다시 보게 합니다. 우리 삶에서 자랑해야 할 것, 두려워해야 할 것이 전혀 달라집니다. 우리가 자랑해야 할 것은 이런 것입니다. 우리의 운명과 가치에 대하여 더 이상 겁날 것이 없다는 것입니다. 로마서 8장에는 이렇게 기록되어 있습니다.

만일 너희 속에 하나님의 영이 거하시면 너희가 육신에 있지 아니하고 영에 있나니 누구든지 그리스도의 영이 없으면 그리스도의 사람이 아니라 또 그리스도께서 너희 안에 계시면 몸은 죄로 말미암아 죽은 것이나 영은 의로 말미암아 살아 있는 것이니라 예수를 죽은 자 가운데서 살리신 이의 영이 너희 안에 거하시면 그리스도 예수를 죽은 자 가운데서 살리신 이가 너희 안에 거하시는 그의 영으로 말미암아 너희 죽을 몸도 살리시리라(롬 8:9-11)

우리가 겁낼 것이 없다는 뜻입니다. 나는 더 이상 내가 아니랍니다. 내 운명에 대해 내가 결정권과 선택권과 의지를 가지는 것은 당연하지만 내 운명은 나 하나의 손에 머물지 않습니다. 우리는 주의 영이 거하는 존재라고 합니다. 그래서 우리의 못남과 실패에도 불구하고 실패될 수 없는 존재라고 합니다. 하나님의 영이 거하시기 때문입니다. 이 말씀을 보고, 그러니 마음대로 살아도 되겠다는 생각이 드는 것은 우리의 죄된 본성 때문입니다. 이어서 보겠습니다.

그러므로 형제들아 우리가 빚진 자로되 육신에게 져서 육신대로 살 것이 아니니라 너희가 육신대로 살면 반드시 죽을 것이로되 영으로써 몸의 행실을 죽이면 살리니 무릇 하나님의 영으로 인도함을 받는 사람은 곧 하나님의 아들이라 너희는 다시 무서워하는 종의 영을 받지 아니하고 양자의 영을 받았으므로 우리가 아빠 아버지라고 부르짖느니라 성령이 친히 우리의 영과 더불어 우리가 하나님의 자녀인 것을 증언하시나니 자녀이면 또한 상속자 곧 하나님의 상속자요 그리스도

와 함께 한 상속자니 우리가 그와 함께 영광을 받기 위하여 고난도 함
께 받아야 할 것이니라(롬 8:12-17)

자기가 누구인지를 알아야 한다는 말씀입니다. 하나님의 자녀라는 것,
하나님이 예수님을 보내어 우리를 구원했다는 것이 무슨 뜻인지를 알라
는 것입니다. 하나님이 목적하시는 그 자리에 하나님이 어떠한 긍휼과 자
비와 사랑을 베풀어 우리를 그리스도 예수님 안에서 항복하게 하셨는가
를 보라는 것입니다. 잘잘못에 의한 구별이 아니라 사랑과 믿음과 기다림
과 용서와 긍휼로 항복시킨 예수님으로 인한 구원이니, 성령을 보내시는
하나님의 일하심을 이해하여 너희 인생을 예수님이 걸으신 그 길을 따
라 순종하라는 말입니다.

자녀이면 또한 상속자 곧 하나님의 상속자요 그리스도와 함께 한 상
속자니 우리가 그와 함께 영광을 받기 위하여 고난도 함께 받아야 할
것이니라(롬 8:17)

우리는 하나님이 언제까지 또 어떤 식으로 그의 일을 다 이루실지 아직
모릅니다. 우리가 아는 것은 예수님 안에서 본 증거입니다. 그의 죽음과
그의 부활입니다. 우리의 인생에서 우리가 어디까지 예수님이 가신 길
을 따라 가야 하는지도 우리는 모릅니다. 그러나 우리 생전에 부활을 우
리의 경험에서 보지 못한다 할지라도 부활은 예수님 안에서 확증되었습
니다. 어디까지 걸어가야 할까요? 죽기 직전에 부름을 받을까요, 죽고 나
서야 부름을 받을까요? 아니면 우리 생전에 볼 영광을 보고 죽는 인생

이 될까요? 아니면 우리 생전에 볼 수 있는 영광을 보고 죽는 인생이 될까요? 그것은 각자 다릅니다. 그러나 어느 길을 가든지 우리는 하나님의 상속자로 부름을 받은 존재요 인생이라는 것을 기억해야 합니다. 그러니 너무 못마땅하게 여기거나 짜증을 내거나 원망하지 마시라는 이야기입니다. 우리가 받을 영광과 약속에는 위엄과 명예가 있습니다. 바울은 이 소원을 이야기합니다.

> 내가 그리스도와 그 부활의 권능과 그 고난에 참여함을 알고자 하여 그의 죽으심을 본받아 어떻게 해서든지 죽은 자 가운데서 부활에 이르려 하노니 내가 이미 얻었다 함도 아니요 온전히 이루었다 함도 아니라 오직 내가 그리스도 예수께 잡힌 바 된 그것을 잡으려고 달려가노라(빌 3:10-12)

"그리스도와 그 부활의 권능과 그 고난에 참여함을 알고자 하여" 어떻게 한다고 합니까? 그 순서가 이렇습니다. "그의 죽으심을 본받아", "부활에 이르려" 한다고 합니다. 부활은 죽지 않고는 갈 수 없는 길입니다. 이것이 그의 소원이 됩니다. 기꺼이 죽음의 길을 가겠다는 이것이 신자의 인생입니다. 부름 받아 천국을 가면 쉬울 것입니다. 고통을 기준으로 하면 죽는 게 제일 쉽습니다. 그래서 자살을 하는데, 그 길이 아닙니다. 살아서 고생을 하셔야 합니다. 우리는 하나님의 상속자, 그리스도와 함께한 상속자입니다. 그와 함께 영광을 얻기 위하여 고난도 함께 받을 것입니다. 그것이 위대한 길을 걷는 것임을 알아야 합니다. 이것이 신자의 소원이 됩니다.

"내가 이미 얻었다 함도 아니요." 다 안 것이 아니랍니다. "온전히 이루었다 함도 아니라." 다 알았다고 끝나는 것이 아니라 온전히 이룬 것도 아니랍니다. 그것이 아니고 "오직 그리스도 예수께 잡힌바 된 그것을 잡으려고 달려가노라", 살아내야 합니다. 알면 되는 것이 아니라 살아내야 합니다. 하루를 살고 일 년을 사십시오. 우리에게 준 길을 가십시오. 그것이 영광의 길인 줄 아셔야 합니다. 그것이 아니고는 기독교를 설명할 다른 길은 없습니다. 무흠하고, 성령 받아서 펄쩍펄쩍 뛰는 것 말고 살아내십시오. 나는 예수께 잡힌바 된 사람이라고 세상 사람들에게 의문의 도전을 남기십시오. 저 사람들은 다르다, 도대체 왜 저 희생과 저 성의를 가지고 사는 걸까, 하고 묻게 만드십시오.

기 도

하나님 아버지, 우리가 위대한 약속과 영광된 믿음 속에 살게 하셔서 감사합니다. 자랑할 것이 있는 것이 아니라 충성해야 할 우리의 인생이 있습니다. 감당하게 하시고 순종하게 하시고 하나님이 일하실 기적을 보게 하옵소서. 예수님 이름으로 기도합니다. 아멘.

29.

하나님의 방식을 따라간다

사도행전 19:21-22

21_이 일이 있은 후에 바울이 마게도냐와 아가야를 거쳐 예루살렘에 가기로 작정하여 이르되 내가 거기 갔다가 후에 로마도 보아야 하리라 하고

사도행전 19장은 바울이 에베소에서 사역하는 내용을 다루고 있습니다. 지난 시간에 살펴보았듯이 예수님의 이름으로 세례를 받을 때 성령이 내린 일도 여기에서 있었고, 바울이 거기에 있는 회당에서 오랫동안 가르치는 동안 많은 기적이 일어났습니다. 심지어 바울의 손수건을 가져다가 얹기만 해도 병이 낫기도 하였습니다. 또 어떤 사람들이 바울을 흉내 내어 예수님의 이름으로 귀신에게 명했더니 '내가 예수도 알고 바울도 알지만 넌 모른다'라고 했다는 일도 있었습니다.

또 19장 후반부에 가면 에베소 도시에서 섬기던 아데미 여신 모형을 만들어 팔던 장사꾼들이 소동을 일으키고, 바울과 함께 있던 사람들을 잡아가는 사건도 나옵니다. 에베소 사람들이 예수님을 믿고 우상을 다 거부하자 그들의 이익이 감소했기 때문입니다. 그럼에도 불구하고 19장

20절은 이렇게 말합니다.

> 이와 같이 주의 말씀이 힘이 있어 흥왕하여 세력을 얻으니라(19:20)

사도행전에 여러 번 나오는 말입니다. 교회가 어려움을 당할 때마다 주의 말씀은 힘이 있어 많은 사람이 믿게 되었다는 이야기가 종종 나옵니다. 이를 통해 초대교회의 전체적인 분위기는 정치적으로나 사회적으로나 박해를 받고 어려움을 당하고 있었다는 것을 보여줍니다. 이런 분위기가 21절을 본문으로 택한 이유입니다.

> 이 일이 있은 후에 바울이 마게도냐와 아가야를 거쳐 예루살렘에 가기로 작정하여 이르되 내가 거기 갔다가 후에 로마도 보아야 하리라(19:21)

바울이 로마까지 가겠다고 이야기를 합니다. 무슨 조직을 만든다든지 지지자들을 모은다든지 아니면 군사력이나 정치적인 어떤 준비를 하는 것은 전혀 없습니다. 옆에서 보면 아무 준비도 없고 한심해 보입니다. 그냥 전도 여행을 하면서 어려움을 당합니다. 잡히기도 하고 돌에 맞기도 하고 소란이 일어나면 늘 피해자가 되는 그 모습 그대로 로마까지, 당시 세계의 심장까지 뛰어들겠다고 합니다. 이런 바울의 말을 어떻게 이해해야 할까요? 각오라든지 하나님의 일하심의 신비라든지 해서 막연하게 생각하지 말고 이 말씀을 통해 사도행전이 우리에게 알리고자 하는 이야기가 무엇인지 살펴볼 필요가 있습니다.

본문은 예수님

누가복음 4장에 가면, 예수께서 공생애를 시작하시면서 광야에 가서 금식하시고 마귀에게 시험받는 장면이 나옵니다.

> 마귀가 또 예수를 이끌고 올라가서 순식간에 천하 만국을 보이며 이르되 이 모든 권위와 그 영광을 내가 네게 주리라 이것은 내게 넘겨 준 것이므로 내가 원하는 자에게 주노라 그러므로 네가 만일 내게 절하면 다 네 것이 되리라 예수께서 대답하여 이르시되 기록된 바 주 너의 하나님께 경배하고 다만 그를 섬기라 하였느니라 (눅 4:5-8)

예수께서 마귀에게 시험을 받으시고 도전을 받으셨다는 것은 사실 있을 수 없는 일입니다. 마귀는 피조물이고 예수님은 창조주이신 성자 하나님이십니다. 그런데 예수께서 이 땅에 오셨을 때 이 땅은 죄가 관영하고 죄가 세력을 잡은 상태에 있었으므로 그 배후의 주인은 마귀입니다. 세상 권력을 마귀가 갖고 있습니다. 그리고 예수님은 그런 정황 속에, 그 체제와 그 조건 속에 한 존재로 들어오십니다. 우리를 구원하시려고 말입니다. 이 예수님이 내용입니다.

정황은 영어로 콘텍스트(context)입니다. 보통 문맥이라고 자주 이해하는 단어입니다. 우리가 글을 읽을 때 앞뒤 이야기와 연결해서 본문을 이해해야 한다고 말할 때 문맥, 콘텍스트라는 말을 씁니다. 그리고 그 내용은 본문입니다. 영어로 텍스트(text)라고 합니다. 여기에서 사탄은 자기에게 절하라고 함으로써 자기가 정황을 쥐고 있고, 또 자기가 본문이라고 주장하는 것입니다. 본문은 정황을 벗어나게 되면 모호해집니다. 정황이 있어야 본문이 실체가 되고 구체적이 됩니다. 오늘은 이 이야기를 계속할 것입니다. 이 정황과 본문이라는 말을 이해하기 위해 「벤허」 이야기를 한 번 더 해야겠습니다.

벤허와 멧살라는 어려서부터 같이 자란 친구입니다. 멧살라는 당시 정황의 핵심 권력을 쥐고 있는 로마의 관리가 됩니다. 그리고 벤허는 자신들의 조상이 가졌던 신앙을 이어받고 있습니다. 둘이 타협할 수 없게 되는 것입니다. 정황을 쥐고 있는 자는 자기 외에 어떤 가치나 존재를 허용하지 않는 것이 세상입니다. 그래서 신앙을 지키는 벤허가 정황을 쥐고 있는 멧살라로부터 결과적으로 핍박을 받게 되는 셈입니다. 지난번에 (25강) 예를 든 장면, 벤허가 손에 창을 들고 부들부들 떨었던 모습 기억나십니까? 그렇게 해서 벤허는 죄인이 되어 노예선으로 잡혀가고, 그다음에 사령관을 구하고 승전하여 돌아와 로마제국의 수장인 황제에 의해 사면을 받습니다.

그리고 벤허는 부와 지위를 가지고 고향으로 돌아옵니다. 복수를 하기 위해, 원수를 갚기 위해 오는 것입니다. 멧살라와 전차 경주를 하고 멧살라는 죽게 됩니다. 멧살라는 긴급히 수술을 해야 할 상황인데 부하들에게 기다리라고 합니다. 벤허를 만나야 한다고 다리를 자르지 못하게 합니다. 그리고 찾아온 벤허에게 마지막 저주를 퍼붓습니다. '끝나지 않았다. 너 승자 아니다. 네 어머니와 여동생은 나환자 동굴에 있다.' 그리고 웃습니다. 그리고 죽습니다. 벤허는 땀으로 범벅이 되고, 이겼으나 답이 없는 상황에 처합니다. 고통스러워서 어쩔 줄을 모릅니다. 현실, 어머니와 여동생이 문둥병자가 된 것 때문만이 아닙니다. 복수를 했는데, 그것이 답이 되지 않는 것입니다. 괴로워하고 어쩔 줄을 모르니까 부인이 위로하려고 격려하고 많은 이야기를 합니다. 그리고 마지막에 이 말을 합니다. "당신이 멧살라 같아요." 아주 중요한 장면입니다.

벤허는 이제 어머니와 동생을 구해와야겠다고 결심을 하고 동굴에 가서 둘을 데리고 시내로 돌아옵니다. 그때 마침 골고다로 향하는 예수님 행렬과 마주칩니다. 무슨 일로 이렇게 시끄러운지 모르는 그에게 사람들이 알려줍니다. "예수가 오늘 십자가형에 처해진다네." "예수가 누군데?" "와 보라." 그래서 따라갑니다. 그리고 보고 돌아옵니다. 집에 와서 이 말을 합니다. 예수께서 '아버지여, 저들을 사하소서. 저들이 자기가 하는 일을 알지 못하나이다' 하신 말씀이 내 마음에 있던 칼을 놓게 했다고 말입니다. 그리고 이제 환한 빛이 임하고 어머니와 여동생이 문둥병에서 고쳐집니다. 벤허가 환하게 웃으면서 영화가 끝납니다.

여러분, 이 영화의 본문이 무엇입니까? 예수님입니다. 예수님이 본문입니다. 벤허가 가질 수 없었던 답을 예수님이 주었다는 것이 본문입니다. 그것이 이 정황, 드라마 속에서 친구와의 갈등이 로마 제국과 유대인 사이의 갈등과 맞물려서 원한과 복수와 절망과 한을 넘어서 예수님에 의해 해결되었다는 본문이 「벤허」라는 작품으로 등장하여 전달됩니다. 그 본문이 이런 정황을 갖지 못하면, 이런 무대와 드라마가 없으면 그저 막연한 이야기가 되고 맙니다.

예수님이 누구시며 예수님이 본문이라는 것이 무슨 뜻인가를, 그리고 세상이 정황에 불과하다는 것을 우리가 직접 맞부딪쳐서 확인하지 않는 한 우리에게는 안심 외에는 아무것도 필요한 것이 없게 됩니다. 우리가 신앙생활하면서 제일 많이 실수하는 것이 '고통을 면하게 해주십시오'

밖에 없게 되는 것입니다. 그것은 결국 자살 아닙니까? 죽으면 고통도 사
라지고 다 끝나지 않습니까? 그렇게 하는 것이 아닙니다. 그리고 알아야
할 사실은 우리가 당하는 현실이 결단코 우리 마음에 들지 않고, 우리가
이해하지 못한다고 할지라도 하나님의 손을 떠나 있는 정황은 없다는 것
입니다. 그가 창조주이시고 섭리자이십니다.

정황이 반드시 필요

> 지금 내가 나를 보내신 이에게로 가는데 너희 중에서 나더러 어디로
> 가는지 묻는 자가 없고 도리어 내가 이 말을 하므로 너희 마음에 근
> 심이 가득하였도다 그러나 내가 너희에게 실상을 말하노니 내가 떠
> 나가는 것이 너희에게 유익이라 내가 떠나가지 아니하면 보혜사가 너
> 희에게로 오시지 아니할 것이요 가면 내가 그를 너희에게로 보내리니
> 그가 와서 죄에 대하여, 의에 대하여, 심판에 대하여 세상을 책망하시
> 리라 죄에 대하여라 함은 그들이 나를 믿지 아니함이요 의에 대하여
> 라 함은 내가 아버지께로 가니 너희가 다시 나를 보지 못함이요 심판
> 에 대하여라 함은 이 세상 임금이 심판을 받았음이라(요 16:5-11)

죄란 무엇입니까? 예수님이 본문인데, 정황이 본문이라고 믿는 것입니다.
당연히 드라마를 하려면 무대를 만들어야 합니다. 그렇게 해서 내용을
전달합니다. 그런데 그 무대가 본문이라고 믿는 것, 그것이 죄입니다. 우
리가 테니스를 칠 때, 시합 전에 먼저 줄을 긋습니다. 네트를 가운데 걸고
줄을 긋는데, 그 줄을 똑바로 그어야 합니다. 그런데 줄을 똑바로 긋는 것

이 테니스 경기는 아닙니다. 테니스 경기를 위해서 필요한 일이지만 그것이 테니스 경기는 아닙니다. 그리고 선수들이 나와서 테니스를 칩니다. 그런데 선수들이 그 줄을 밟으면 죽습니까? 죽지 않습니다. 공이 그 줄 밖으로 나가면 공이 그대로 터집니까? 아닙니다. 그냥 아웃입니다. 실점하는 것입니다. 그리고 줄 안에 공이 들어오면 인이고 득점하는 것입니다.

여기에서 본문은 선수들이 테니스를 치는 것입니다. 그런데 테니스 시합이라는 것은 결국 선수들이 시합 전에 얼마나 많이 준비했는가의 결과입니다. 이런 점은 권투와 같은 체급 경기에서 두드러지게 나타나는데, 이런 말이 있습니다. '권투는 링 밖에서 승부가 난다.' 체중 감량을 누가 오랫동안 자연스럽게 해서 컨디션을 유지하고 링에 올라왔느냐가 승부를 가른다는 말입니다. 그래서 라운드가 시작되고, 양 선수가 주먹을 딱 마주쳐보면 서로 안답니다. 이 친구가 마지막에 급하게 감량을 했는지 아니면 오랜 시간을 자연스럽게 준비해서 여기까지 왔는지를 딱 부딪쳐보면 안답니다.

"의에 대하여라 함은 내가 아버지께로 가니 너희가 다시 나를 보지 못함이요." 세상이 예수님을 죽였습니다. 쫓아내서 예수 부재가 될 것입니다. 지난 시간에 성령 강림이 예수님의 부재에 대한 증거라고 이야기하지 않았습니까? 세상에 예수님이 안 계십니다. 예수님은 부활 승천하셨지만, 세상으로서는 쫓아낸 것입니다. 그래서 세상에는 의가 없습니다. "심판에 대하여라 함은 이 세상 임금이 심판을 받았음이라." 세상의 권력은 그것이 아무리 힘이 많을지라도 궁극적으로 사망 이외의 것을 결과짓지 못합니다. 예수님도 죽었습니다. 그러나 죽음이 끝이 아니었습니다. 궁극적 권력은 사망이 아니라 부활이라고 가르치는 것이 기독교입니다. 예수님만이 진정한 본문이십니다. 예수님을 믿는다는 것은 본문을 알게 된 것입니다. 하나님과 그의 뜻, 그의 은총, 그의 자녀로의 부르심 등이 본문이 됩니다.

세상은 끊임없이 이 정황으로 우리를 압박하고 위협합니다. 이런 상황에서 정황을 바꾸는 것이 전부라고 생각하기 시작하면 우리는 시험에 듭니다. 정황을 바꾸려고 하는 것, 예수 믿는 것이 쉬워지기를 바라는 것, 아니면 세상이 해주지 않는 것을 예수님을 믿어서 기도만으로 얻을 수 있다고 생각하는 것들 말입니다. 이런 것을 음모라고 합니다. 음모란 정황과 본문의 연결을 끊는 것입니다. 세상은 예수님을 죽여 놓고, 그의 부활이 역사임에도 불구하고 그것을 거짓말이라고 합니다. 이것이 음모입니다. 그러나 우리는 알게 되었습니다. 이제 어떻게 하고 싶으십니까? 예수께서 부활하실 수 있었다면 모든 부정적인 것을 깨끗이 해결할 수 있으니 지금의 정황을 바꾸자고 합니다. 이것은 세상이 하는 것과 똑같은 음모입니다. 우리 스스로 자신에게 하는 기만입니다.

누가복음 20장을 보겠습니다. 이에 대한 예수님의 놀라운 가르침이 나옵니다.

서기관들과 대제사장들이 예수의 이 비유는 자기들을 가리켜 말씀하심인 줄 알고 즉시 잡고자 하되 백성을 두려워하더라 이에 그들이 엿보다가 예수를 총독의 다스림과 권세 아래에 넘기려 하여 정탐들을 보내어 그들로 스스로 의인인 체하며 예수의 말을 책잡게 하니 그들이 물어 이르되 선생님이여 우리가 아노니 당신은 바로 말씀하시고 가르치시며 사람을 외모로 취하지 아니하시고 오직 진리로써 하나

님의 도를 가르치시나이다 우리가 가이사에게 세를 바치는 것이 옳
으니이까 옳지 않으니이까 하니 예수께서 그 간계를 아시고 이르시
되 데나리온 하나를 내게 보이라 누구의 형상과 글이 여기 있느냐 대
답하되 가이사의 것이니이다 이르시되 그런즉 가이사의 것은 가이사
에게, 하나님의 것은 하나님께 바치라 하시니 그들이 백성 앞에서 그
의 말을 능히 책잡지 못하고 그의 대답을 놀랍게 여겨 침묵하니라(눅
20:19-26)

정황을 깨고 본문 일색으로 만들면 해결이 된다거나 혹은 정황이 전부
이고 그것이 본문이라고 생각하지 말라는 것입니다. 「벤허」 이야기에서
도 정황은 로마 시대였습니다. 하다못해 우리가 옛날이야기를 할 때도
'옛날 옛날 아주 먼 옛날에' 이렇게 시작합니다. 어떤 시대적 배경은 있어
야 한다는 것입니다. 그리고 '왕자님과 공주님이 살았대요' 그럽니다. 왕
자님과 공주님이라는 설정은 당시에 정치적, 경제적, 사회적 조건이 충
분했었다는 말입니다. 그런데 돌연히 마녀가 나타납니다. 마녀는 무조건
나쁜 사람입니다. 독이 든 사과를 주었답니다. 안 먹으면 되는데 먹고 맙
니다. 일곱 난쟁이는 또 늦게, 먹은 다음에 도착합니다. 제 손녀에게 이야
기를 해주면, 이쯤 되면 잠들곤 했습니다.

그런 정황이 있어야 본문이 구체화되고, 하나의 실체가 됩니다. 그래
도 우리는 싫습니다. 본문과 정황 사이에 있는 긴장이 싫습니다. 갈등과
대립 속에 살아가는 현실을 견디기 어렵습니다. 그 본문과 정황 사이의
거리가 멀수록 긴장도가 더 심해집니다. 그러나 성경은 그렇게 이야기하
지 않습니다. 이 거리가 멀다는 것은 그만큼 견해차가 크다는 말이 되는

데, 성경은 이 차이를 부정적으로가 아니라 긍정적으로 이야기합니다.

인생은 확인하는 시간

야곱이 브엘세바에서 떠나 하란으로 향하여 가더니 한 곳에 이르러
는 해가 진지라 거기서 유숙하려고 그 곳의 한 돌을 가져다가 베개로
삼고 거기 누워 자더니 꿈에 본즉 사닥다리가 땅 위에 서 있는데 그
꼭대기가 하늘에 닿았고 또 본즉 하나님의 사자들이 그 위에서 오르
락내리락 하고 또 본즉 여호와께서 그 위에 서서 이르시되 나는 여호
와니 너의 조부 아브라함의 하나님이요 이삭의 하나님이라 네가 누워
있는 땅을 내가 너와 네 자손에게 주리니 네 자손이 땅의 티끌 같이
되어 네가 서쪽과 동쪽과 북쪽과 남쪽으로 퍼져나갈지며 땅의 모든
족속이 너와 네 자손으로 말미암아 복을 받으리라 내가 너와 함께 있
어 네가 어디로 가든지 너를 지키며 너를 이끌어 이 땅으로 돌아오게
할지라 내가 네게 허락한 것을 다 이루기까지 너를 떠나지 아니하리
라 하신지라 (창 28:10-15)

놀라운 축복입니다. 그런데 이 축복에서 복 주시는 내용이 지금의 현실
과는 거리가 멉니다. 지금 야곱은 도망가는 중입니다. 형을 속여서 장자
의 명분을 뺏고 형 대신 아버지한테 축복을 다 받아서 형의 미움을 사서
죽을 위기에 처했습니다. 그래서 목숨을 부지하려고 피난을 갑니다. 외
삼촌 집으로 가는 길입니다. 이제 이십 년을 고단한 인생으로 살 것입니
다. 가서 목숨을 부지하고 자기 식구들을 먹여 살리기 위해 별의별 짓을

다해야 하는 이십 년 인생이 이제 시작되고 있습니다.

그런데 하나님은 오셔서 아브라함에게 했던 축복을 그대로 반복해서 야곱에게 하십니다. '네 자손이 땅의 티끌같이 되어 동서남북에 편만할 것이며, 땅의 모든 족속이 너와 네 자손으로 복을 받으리라. 내가 너와 함께 있어 어디로 가든지 너를 이끌어 이 땅으로 돌아오게 할지라.' 그렇게 하시려면 지금 보내지 말고 지금 확 주셔야 하는 것 아닙니까? 그러나 보내십니다. 하나님이 보내신 것이 아니고, 야곱 자신이 재주 부리다가 도망갈 수밖에 없게 된 것입니다. 그리고 하나님이 찾아오셔서 이 약속을 하십니다. '내가 네게 약속한 것을 다 이루기까지 너를 떠나지 않겠다.' 그런데 야곱은 가야 합니다. 지금부터 앞으로 이십 년 이상의 세월과 하나님이 하신 약속 사이에 있는 시간적, 공간적 거리는 사실 풍성케 하시는 시간이요 구체화하시는 시간입니다.

예수께서 말씀하시기를 성령께서 오시면 죄에 대하여 의에 대하여 심판에 대하여 세상을 책망하신다고 하셨습니다. 우리는 살면 됩니다. 세상은 가장 무섭게 굴고, 자기가 답을 줄 수 있는 것같이 굴어서 우리를 벗기고 밀고 끌고 가지만 세상은 답을 주지 못한다는 것을 여러분이 살아가면서 거듭거듭 반복해서 깨닫게 됩니다. 세상은 우리에게 줄 수 있는 것을 갖고 있지 않습니다. 다른 사람도 죽이고 자기도 죽으라고 하는 것이 세상이 가진 거짓입니다.

우리 인생은 그것을 확인해야 하는 시간입니다. 다만 부정적인 확인일 뿐 아니라, 그 확인은 이 약속 안에서 이루어집니다. 예수님 안에서 확인된 모든 하나님의 성의와 무한하신 사랑과 복 주심이라는 약속 속에서 그것을 만나도록 하십니다. 우리가 돌아다닌 모든 지경, 우리가 만난 모든 정황, 우리가 경험한 모든 세월이, 그 크기가, 그 깊이와 넓이가 헛된 것이 아닙니다. 다만 방황이 아닙니다. 그것을 에베소서 3장에서 성경은 이렇게 증언하고 있습니다.

> 이러므로 내가 하늘과 땅에 있는 각 족속에게 이름을 주신 아버지 앞에 무릎을 꿇고 비노니 그의 영광의 풍성함을 따라 그의 성령으로 말미암아 너희 속사람을 능력으로 강건하게 하시오며 믿음으로 말미암아 그리스도께서 너희 마음에 계시게 하시옵고 너희가 사랑 가운데서 뿌리가 박히고 터가 굳어져서 능히 모든 성도와 함께 지식에 넘치는 그리스도의 사랑을 알고 그 너비와 길이와 높이와 깊이가 어떠함을 깨달아 하나님의 모든 충만하신 것으로 너희에게 충만하게 하시기를 구하노라(엡 3:14-19)

우리가 가지는 아주 작은 소원이 있습니다. 그저 남에게 욕먹지 않고 부끄럽지 않게 사는 것입니다. 하나님이 이렇게 하지 않으시겠다고 작정을 하셔서 우리 인생이 고단한 것입니다. 누구를 사귀고, 무슨 일을 만나고, 어디를 다니고, 우리가 원하지 않는 경험을 하는 것 모두가 우리 것이 될 것입니다. 충만한 하나님의 지혜와 은혜의 결실이 될 것입니다. 이어지는 말씀을 우리는 꼭 기억해야 합니다.

> 우리 가운데서 역사하시는 능력대로 우리가 구하거나 생각하는 모든 것에 더 넘치도록 능히 하실 이에게 교회 안에서와 그리스도 예수 안에서 영광이 대대로 영원무궁하기를 원하노라 아멘(엡 3:20-21)

우리의 소원, 우리의 욕심보다 더 넘치도록 주시는 우리 하나님을 말하고 있습니다. 우리가 겪는 일들을 우리는 다만 고통을 기준으로, 자존심을 기준으로 생각하는 것이 다인데, 그것보다 더 크답니다. 걱정하지 마십시오. 무엇이 정황이고 무엇이 본문인지를 아십시오. 구체화하십시오. 여러분의 신앙을 여러분이 좋은 데서 여러분이 원하는 것으로 만들지 말고, 하나님이 원하시는 데서 하나님이 만드시는 방식대로 따라가십시오. 힘들 것입니다. 고통스러울 것입니다. 그리고 막막할 것입니다. 너무 커서 다 안 보입니다. 그러니 이 믿음을 가지십시오.

예수 그리스도의 십자가는 이 모든 일에 분명한 증거가 됩니다. 그의 죽으심이 사실인 것처럼, 그가 채찍에 맞으신 것이 사실인 것처럼, 그가 능욕을 당하신 것이 사실인 것처럼, 그의 부활이 사실이며 우리의 모든 삶의 현실에 동행하시는 것이 사실입니다. 그것이 없으면 우리는 이 세상이라는 정황에서 질 수밖에 없습니다. 아까 「벤허」 이야기에서 나온 대로 그들이 만들어 놓은 무서운 채찍질, 노예선, 나환자 동굴 같은 것을 못 견딥니다. 영화는 결국 잘 되리라는 것을 알고 봅니다. 요새는 그렇지 않은 영화가 자꾸 나오지만, 그래도 결국은 누가 주인공이라는 것은 압니다. 잘 생긴 사람이 주인공입니다.

세상에서는 누가 주인공입니까? 예수 믿는 사람이 주인공입니다. 결국 우리가 이깁니다. 복수해서 간신히 이기는 것이 아니고 크게 이깁니다. 우리가 기대하지 못했던, 상상하지 못했던 자리로 인도함을 받습니다. 세계와 역사는 무대고 우리가 주인공입니다. 이 사실을 알고 사십시오. 그래서 바울은 자기가 로마까지 간다고 할 수 있는 것입니다. 정신없는 이야기로 들립니다. 아무런 준비가 없습니다. 그러나 결국 갑니다. 그

리고 우리한테까지 왔습니다. 하나님이 주인이시기 때문입니다. 그러니
여러분의 인생을 사십시오. 귀하게 여기시고 그 기적을 확인하십시오.

기 도

하나님 아버지, 은혜를 감사합니다. 우리의 현실은 마치 세상이 모든 것인 양 우
리를 공격합니다. 우리는 늘 놀라고 또 놀랍니다. 그러나 사실은 그렇지 않습니
다. 이 모든 일은 우리의 유익을 위하여 있고, 그 아들을 주신 것같이 그 아들과 함
께 모든 것을 주시려는 하나님의 성의입니다. 하나님의 신실하심입니다. 그러니
우리의 인생을 믿음으로 살 용기를 주시옵소서. 그 증언을 하는 우리의 하루하루
가 되게 하여 주시옵소서. 예수님의 이름으로 기도합니다. 아멘.

4

로
마
행
로

30.

하나님이 시련을 주신다

사도행전 20:17-38

22_보라 이제 나는 성령에 매여 예루살렘으로 가는데
거기서 무슨 일을 당할지 알지 못하노라

사도 바울은 로마로 갈 각오를 하고, 로마에 가기 전에 먼저 예루살렘으로 되돌아가려고 합니다. 예루살렘은 기독교 복음과 선교의 확인과 근거에 중요한 장소이고 또 사도들이 모여 있는 곳입니다. 자기가 지금까지 한 일이 무엇인지, 하나님께서 어디까지 일하셨는지 보고를 하고, 그다음 행보를 옮겨야 합니다. 삼 년이나 에베소에서 눈물로 가르치고 열심을 다해 교육했습니다. 이제 로마로 가기 위하여, 그리고 마지막으로 자신의 사역과 계획을 보고하기 위하여 예루살렘에 가려 합니다. 바울은 예루살렘으로 가는 길이 어떤 길인지 잘 알고 있습니다. 22절을 보면 바울은 이렇게 말합니다.

보라 이제 나는 성령에 매여 예루살렘으로 가는데 거기서 무슨 일을 당할는지 알지 못하노라 오직 성령이 각 성에서 내게 증언하여 결박과 환난이 나를 기다린다 하시나(20:22-23)

그리고 29절에서는 이렇게 이야기합니다.

내가 떠난 후에 사나운 이리가 여러분에게 들어와서 그 양 떼를 아끼지 아니하며 또한 여러분 중에서도 제자들을 끌어 자기를 따르게 하려고 어그러진 말을 하는 사람들이 일어날 줄을 내가 아노라(20:29-30)

바울은 알고 있습니다. 그런데 다 놓고 갑니다. 우리는 사도행전 20장에 나오는 바울의 모습을 비장함, 신앙적인 어떤 지극함 같은 것으로 이해하지 지금 사도행전이 보여주는 현실이 무엇인지는 보지 못하는 것 같습니다. 빌립보 교회는 아직 어렵습니다. 그래서 놓고 가면 어려운 일이 생길 것이 뻔합니다. 또 자기가 가는 길이 어떻게 될지 모르는 길이며 어려운 길일 것이라고 당연히 예상합니다. 그런데도 가는 것입니다. 그렇게 함으로써 신앙이 좋으면, 하나님의 자녀로 하나님의 일을 하면 하나님이 당연히 좋은 조건으로 인도하실 거라고는 꿈도 꾸지 말라는 것이 오늘 본문입니다.

빌립보 교회는 연약하기 짝이 없습니다. 앞으로 어떻게 될지 모릅니다. 그런데 바울은 이야기합니다. '교회에 어려운 일이 당연히 벌어질 것이다. 내가 가는 길도 어려울 것이다. 그러나 그것을 성령이 명하신다.' 교회는 또는 개인 신자는 다 구별된 존재지만 세상 속에 던져져 있다는 것을 잊지 않으셔야 합니다. 주님이 다시 오실 때까지 밀봉해서 어디 저장해 놓은 것이 아닙니다. 우리가 부름을 받은 그 현실, 그 환경, 그 정황에서 주께서 부르시는 날까지 신앙생활을 해야 합니다. 이 사실을 꼭 기억하십시오.

정황의 반전은 없다

> 그러므로 형제들아 내가 하나님의 모든 자비하심으로 너희를 권하노니 너희 몸을 하나님이 기뻐하시는 거룩한 산 제물로 드리라 이는 너희가 드릴 영적 예배니라 (롬 12:1)

여기서 "산 제물"은 '살아있는' 제물이 아니고 '살아가는' 제물이라고 말씀드렸습니다. 죽었나 살았나, 싱싱한가 부패했는가를 말하는 것이 아니라 삶으로 드리는 제물입니다. 삶이란 무엇일까요? 삶이란 신앙적인 어떤 특별한 임무를 수행하는 것이 아니라 모든 인생에 요구된 실존을 사는 것입니다. 지지고 볶는 것입니다. 주어진 정황에서 책임을 다하는 것입니다. 주어진 정황이란 우리가 누구의 아내이거나 누구의 남편이거나 누구의 자식이거나 누구의 부모이며 누구의 이웃이며 어느 나라에 속해 있다는 것입니다. 그래서 그 사회에 속해 있는 자로서의 책임을 가지고 살아야 합니다.

지난주에 설교한 대로 그 콘텍스트 속에서 텍스트를 증언해야 합니다. 그 정황 속에서 우리는 기독교 신앙이 가지는 본문을 구체적으로 구현해야 합니다. 말로 하는 것이 아닙니다. 이상을 가지거나 소원을 품으면 다 되는 것이 아닙니다. 고함이 아닙니다. 동일한 정황과 동일한 요구, 동일한 짐 속에서 우리가 가진 기독교 신앙이라는 내용으로 한 인생을 살아서 어떻게 세상의 도전에 답하는가를 보이는 것이 우리가 지고 있는 기독교 신앙의 실천이며, 그것이 바로 텍스트가 되는 것입니다. 본문이 되는 것입니다. 우리가 우리 삶 속에 요구되는 도전과 위협과 시험과 한계 속에서 우리가 가지고 있는 것으로 그 모든 것을 극복하고 답하고 살아내지 못하면 우리는 현실에 있지 않고 도망간 자가 됩니다. 바울이 교회를 놓고 가듯이, 자기에게 부른 길로 뛰어 들어가듯이 교회와 모든 신자들이 그 시대에 요구되는 모든 도전들 앞에, 현실 앞에 서 있다는 것을 잠시도 잊거나 거기에서 도망가거나 그것과 타협해서는 안 된다는 말씀입니다.

> 너희는 이 세대를 본받지 말고 오직 마음을 새롭게 함으로 변화를 받아 하나님의 선하시고 기뻐하시고 온전하신 뜻이 무엇인지 분별하도록 하라(롬 12:2)

하나님이 예수 믿는 우리를 불러다가 어디 비밀한 곳에 따로 격리하고 보존하여 지켜준다면 2절은 필요 없는 이야기가 될 것입니다. 그런데 2절이 있음으로 우리가 어디에 놓여있는지, 하나님이 우리에게 무엇을 요구하는지가 분명해집니다. 우리가 사는 자리, 우리 모든 신자들이 늘 거부하는 그 자리입니다. 예수님을 믿고 감격이 있고 열정이 생기고 항복이 생겨 이제 소원하게 된 영원한 나라, 믿음과 의와 거룩함과 승리와 고

결함의 나라에 대한 소원을 듬뿍 주셨음에도 우리가 서 있는 자리를 보면 우리는 늘 놀라지 않습니까? 어느 날 정신을 차리고 보니까 그 자리에 그 모습 그대로 서 있는 자신을 발견하곤 하지 않습니까? '나는 잘못 믿었을까? 그동안 가졌던 감동들은 다 거짓말이었을까?' 고민합니다. 그렇지 않습니다.

우리가 가졌던 소원을 이루어주기 위한 정황의 반전은 없습니다. 심지어 믿기로 결심한 나마저도 옛날과 달라진 것이 없습니다. 딱 하나만 달라졌습니다. 예전에는 한마음, 한뜻으로 세상과 죄밖에 몰랐는데 이제는 하나님을 알게 되었다는 것입니다. 갈등이 생긴 것만 달라졌습니다. 이렇게 살면 안 된다는 것은 아는데, 그렇게 되지 않는 나를 보고 놀라는 자신이 현실입니다. 기독교라는 신앙으로 정황이 바뀌는 일은 없습니다. 우리 모두에게 주어진 정황은 우리가 소원하는 것이 아니고, 우리가 잘못한 것이 아니고, 하나님이 시험하시는 것이 아닙니다. 그것은 마태복음 6장에 나온 말씀과 같습니다.

그런즉 너희는 먼저 그의 나라와 그의 의를 구하라 그리하면 이 모든 것을 너희에게 더하시리라 그러므로 내일 일을 위하여 염려하지 말라 내일 일은 내일이 염려할 것이요 한 날의 괴로움은 그 날로 족하니라(마 6:33-34)

무슨 이야기를 하는 걸까요? 오늘 직면한 문제에 답하라, 해결하라는 것이 아니라 오늘 우리에게 주어진 도전 앞에서 '하나님이 말씀하신 대로 이 문제를 끌어안을래? 세상적으로 해결할래?'라는 질문 앞에 언제나 서는 것입니다. 내일 일은 내일이 걱정할 것입니다. 내일은 하나님이 쥐고 계십니다. 오늘 하루 우리에게 닥친 모든 일은 불행해서 생긴 일도 아니고, 잘못해서 생긴 일도 아니고, 우연히 그렇게 된 것도 아닙니다. 그것은 창조와 부활의 권능으로 우리에게 요구하시는 하나님의 재창조 사역입니다. 왜 하필 이런 일들을, 이런 고난과 억울함과 원치 않는 일들을 주실까요? 거기에서만 하나님이 우리에게 만들어내시는 어떤 것이 있기 때문이랍니다.

우리는 학교에서 시험이라는 방식으로 교육을 받았습니다. 그래서 경쟁하고 당락을 결정해야 하는 것이 너무나 많았기 때문에 무엇을 알게 하고 인성을 키우는 것보다 점수를 매기는 일에 주력했습니다. 한국 사람은 이 시험에 너무 열심이니까 도저히 석차를 나눌 수가 없어서 결국 시험 문제를 꼬고 꼬아서 만들었습니다. 거기에는 함정이라는 것이 있어서, 뻔한 질문이 나오면 의심을 하게 되었습니다. 그래서 우리는 의심하고 삽니다.

그 의심이 신앙생활 속에서는 당연히 이런 의심으로 되어 있습니다. 내가 잘하면 정황이 바뀌고 보상을 받고 형통할 것이라고 생각하는데, 그렇지 않은 현실을 만나면 이렇게 의심합니다. 하나님이 그랬을 리는 없고 이것은 분명 사탄의 함정일 것이라고 말입니다. 아닙니다. 하나님이 그리 하신 것입니다. 여러분이 당하는 억울한 일들 말입니다. 어떻게 그렇게 단정할 수 있느냐면 예수님이 그 길을 걸으셨기 때문입니다. 예수님이 정확히 그 길을 걸으셨습니다. 이사야 53장에 기록된 모든 억울하고 고통스러운 길, 모두가 외면하고 모두가 오해한 길을 말없이 걸어서 아버지의 뜻을 이루셨습니다. 우리는 할 말이 없습니다.

급유를 받아 걸어가라

사실 이 세상은 우리가 믿는 것이 무엇인지를 실체화하는 장소입니다. 여러분이 믿는 것이 무엇인가를 여러분이라는 하나의 인격과 내면에서만 가지고 있지 말고, 여러 정황에서 여러분의 판단, 응대, 반응에 대해 사람들이 '저 사람은 무엇을 가졌길래, 이런 분별과 이런 결정과 이런 응대를 하는가?' 하고 묻게 하시라는 말씀입니다. 말로 하는 것은 쉽습니다. 그런 것 말고 여러분 자신의 안위와 명예와 안심이 걸린 문제들에서 그 문제를 해결하는 것보다 더 큰 원칙, 즉 하나님의 부르심과 거룩한 요구에 순종하여 여러분에게 준 도전들에 구체적으로 반응하여 실현하는 인생을 살라는 것입니다.

이렇게 하다 보면 우리가 스스로 다 알고 있다고 믿고, 이것이 우리가 가진 신앙이라고 믿었던 것이 아직 다 내 것이 아니라는 것을 발견하기도 합니다. 세상은 다만 우리가 누구인가를 증언하고 구체화해야 하는 곳일 뿐 아니라 그 도전과 시험은 실제로 우리를 자라게 합니다. 우리 모두가 절대로 따라갈 수 없는 것이 있습니다. 바로 나이입니다. 나이를 먹으면 더 많은 경우를 당하게 됩니다. 그 더 많은 경우가 한 사람을 깊이 있게 만든다는 것을 여러분 모두가 알 것입니다. 나이가 들어서도 말이 많은 사람은 없습니다. 나이가 들면 대부분 입을 다뭅니다. 그것은 정답이 없다는 것을 알기 때문입니다. 정답이 없다는 말은 본인이 극복하는 것 없이 어떤 지식이나 정보로 그 문제를 해결할 수는 없다는 뜻입니다. 그것을 알게 됩니다.

옆에서 하는 충고가 아니라 본인이 극복할 시간이 필요한 줄 알기에

나이가 들면 침묵합니다. 비난하는 침묵이 아니라 기다려주는 것입니다. 나이 든 사람의 가치는 이렇게 기다릴 줄 아는 존재가 되는 것입니다. 나무가 기다려주겠습니까? 저 돌이 생각이 있겠습니까? 한 인격이 기다려주는 것입니다. 아무 소망도 없고 아무 능력도 없고 아무것도 할 수 없는 것 같은, 나이 든 구겨진 얼굴이 말없이 따뜻하게 쳐다보고 있는 것보다 더 큰 격려와 더 큰 힘은 없습니다. 성경이 바로 그렇게 요구하고 있습니다.

> 그러므로 내가 이것을 말하며 주 안에서 증언하노니 이제부터 너희는 이방인이 그 마음의 허망한 것으로 행함 같이 행하지 말라 그들의 총명이 어두워지고 그들 가운데 있는 무지함과 그들의 마음이 굳어짐으로 말미암아 하나님의 생명에서 떠나 있도다 그들이 감각 없는 자가 되어 자신을 방탕에 방임하여 모든 더러운 것을 욕심으로 행하되 오직 너희는 그리스도를 그같이 배우지 아니하였느니라 진리가 예수 안에 있는 것 같이 너희가 참으로 그에게서 듣고 또한 그 안에서 가르침을 받았을진대 너희는 유혹의 욕심을 따라 썩어져 가는 구습을 따르는 옛 사람을 벗어 버리고 오직 너희의 심령이 새롭게 되어 하나님을 따라 의와 진리의 거룩함으로 지으심을 받은 새 사람을 입으라(엡 4:17-24)

이 명령은 지금 어디에 있는 사람들에게 하는 것입니까? 자기의 욕심을 따라 사는 자들, 허망한 자들, 무지한 자들과 함께 있다는 것을 전제하고 있습니다. 심지어는 옛 사람의 구습을 따르는 습관에서도 자유롭지 못하다는 것까지도 전제하고 있습니다. 그런 자리에서 그리스도를 배운 자로서 우리가 가진 것이 무엇인가, 부르심을 받은 것이 무엇인가를 싸워 내서 실현해야 합니다. 하나님의 설명과 성경의 요구에 의하면 기독교라는 신앙은 세상과 문화 속에 대담하게 뛰어 들어가게 되는 형국으로 그려져 있습니다. 예수께서 오신 것처럼, 그래서 모두의 비난과 관심 속에 죽으신 것처럼 말입니다. 숨지도 않고 도망가지도 않고 우리가 밤낮 외우듯이 하나님이 세상을 이처럼 사랑하사 독생자를 주셨다고 이 세상으로 뛰어 들어온 것이 기독교 신앙이요 구원이요 믿음입니다.

교회와 개인이 하나님이 우리를 붙잡아 현실 속에 힘차게 밀어 넣었다는 것을 깨닫지 못하면 우리에게 기독교 신앙은 늘 고통을 면하고 자존심을 세우는 것 외에는 아무런 가치를 가지지 못하게 됩니다. 그래서 신앙으로 살아내지를 못 합니다. 살면서 자꾸 도망갑니다. 기도원으로 도망갑니다. 물론 기도원에도 가야 합니다. 특별한 필요가 있고 기도의 시간이 필요한 것이 사실입니다. 보충하고 성찰하고 새 힘을 가지려고 각오하기 위해 얼마든지 가야합니다. 단 거기 가서 죽지 말고 현실로 나오셔야 합니다. 자기 자리로 돌아오기 위해 기도하러 가는 것입니다. 자기 자리를 살기 위해 성경을 보는 것입니다. 직장에 나와서 첫 시간에 성경부터 펴서 읽지 말고, 첫 시간에는 손 씻고 소매 걷어 부치고 일을 해야 합니다. 기도하고 성경 보는 것으로 때우려고 하지 말라는 말입니다. 기도하고 성경 보는 것은, 그것으로 우리의 현실을 때우는 것이 아니라 그렇게 급유를 받아서 현실을 살아내는 것입니다. 그래서 걸어가야 하고 살아야 합니다. 살아내십시오.

이중적인 자리

여러분의 자리는 하나님의 주권, 하나님의 능력, 하나님의 지혜로 세운 자리입니다. 그리고 우리를 복 주시겠다고 채우시는 구체적인 자리, 구체적인 조건, 구체적인 환경입니다. 그러니 겁내지 마십시오. 고린도후서 4장으로 가봅시다.

> 우리가 이 보배를 질그릇에 가졌으니 이는 심히 큰 능력은 하나님께 있고 우리에게 있지 아니함을 알게 하려 함이라(고후 4:7)

"이 보배"는 그리스도를 아는 복음이요 믿음입니다. 그리고 질그릇에 가졌다는 것은 우리의 육체에 가졌다는 뜻이기도 하고, 우리의 보잘 것 없는 삶에 가졌다는 뜻이기도 합니다. 유진 피터슨은 후자로 번역합니다. '우리의 평범한 삶에 이 보배를 가지고 있다.' 우리 몸에 가지고 있다고 해도 맞습니다. 보잘것없는 이 육체에 이 보배를 담고 있답니다. 이어지는 말씀들을 보면 이해가 될 것입니다.

> 우리가 사방으로 우겨쌈을 당하여도 싸이지 아니하며 답답한 일을 당하여도 낙심하지 아니하며 박해를 받아도 버린 바 되지 아니하며 거꾸러뜨림을 당하여도 망하지 아니하고 우리가 항상 예수의 죽음을 몸에 짊어짐은 예수의 생명이 또한 우리 몸에 나타나게 하려 함이라 우리 살아 있는 자가 항상 예수를 위하여 죽음에 넘겨짐은 예수의 생명이 또한 우리 죽을 육체에 나타나게 하려 함이라 그런즉 사망

은 우리 안에서 역사하고 생명은 너희 안에서 역사하느니라(고후 4:8-
12)

이 사람은 이중적으로 살고 있습니다. 한편으로 그는 박해를 받고 거꾸
러뜨림을 당하고 죽음을 몸에 짊어지고 죽음에 넘겨집니다. 바로 우리가
어디에 살고 있는지, 우리의 정황이 어디인가를 이야기하는 것입니다. 예
수님을 죽인 그 세상이 우리를 죽이는 그 자리에 우리가 있습니다. 우리
는 슈퍼맨으로 살지 않습니다. 초월적인 힘을 가지지 않습니다. 믿음을
갖고 있을 뿐입니다. 예수께서 하나님이심에도 불구하고 채찍에 맞으시
고 죽으신 것과 방불하게 우리도 죽음에 넘겨집니다.

　그러나 그 속에 우리는 다른 것을 가지고 있는 자입니다. 우리는 본문
입니다. 그러니 거꾸러뜨림을 당하여도 거꾸러뜨림을 당하지 아니하고,
버린 바 되어도 버린 바 되지 않고, 죽음을 짊어지고 있으나 예수님의 생
명이 우리 몸에 나타나고, 죽음에 넘겨지지만 예수님의 생명이 또한 우
리 죽을 육체에 나타나는 존재입니다. 사망 속에 있지만 생명을 전하고
있습니다. 이 이중성이 무엇을 의미하는지 분명히 아셔야 합니다. 이상
한 꿈꾸지 마십시오. 예수님을 믿었더니 만사가 형통하고, 말만 하면 열
매가 맺힌다는 것들 말입니다. 이런 것은 필요하다면 하나님이 언제든지
하실 수 있는 것들입니다.

　예수께서 공생애를 사시는 동안 많은 기적을 보이셨는데, 세상과 정
황을 바꾸기 위해 기적을 동원하신 것이 아니라 표적을 보이십니다. 당신
이 무엇을 위해서 왔고, 무엇을 가지고 왔는가를 보이기 위해 표적을 사
용했지, 당신의 생애에서 죽음을 피하는 것으로 그것을 쓰지 않습니다.

그래서 나중에 그를 십자가에 못 박는 자들이 뭐라고 희롱합니까? "네가 다른 사람은 구원하면서 네 자신은 왜 구원하지 못하느냐?" 기억하고 살아가야 합니다. 고린도후서 6장에는 동일한 이야기를 이렇게 쓰고 있습니다.

> 우리가 하나님과 함께 일하는 자로서 너희를 권하노니 하나님의 은혜를 헛되이 받지 말라 이르시되 내가 은혜 베풀 때에 너에게 듣고 구원의 날에 너를 도왔다 하셨으니 보라 지금은 은혜 받을 만한 때요 보라 지금은 구원의 날이로다 우리가 이 직분이 비방을 받지 않게 하려고 무엇에든지 아무에게도 거리끼지 않게 하고 오직 모든 일에 하나님의 일꾼으로 자천하여 많이 견디는 것과 환난과 궁핍과 고난과 매맞음과 갇힘과 난동과 수고로움과 자지 못함과 먹지 못함 가운데서도 깨끗함과 지식과 오래 참음과 자비함과 성령의 감화와 거짓이 없는 사랑과 진리의 말씀과 하나님의 능력으로 의의 무기를 좌우에 가지고 영광과 욕됨으로 그러했으며 악한 이름과 아름다운 이름으로 그러했느니라 우리는 속이는 자 같으나 참되고 무명한 자 같으나 유명한 자요 죽은 자 같으나 보라 우리가 살아 있고 징계를 받는 자 같으나 죽임을 당하지 아니하고 근심하는 자 같으나 항상 기뻐하고 가난한 자 같으나 많은 사람을 부요하게 하고 아무것도 없는 자 같으나 모든 것을 가진 자로다(고후 6:1-10)

어느 한 가지를 가지고 다른 것을 압도하려고 하지 마십시오. 우리는 정황에 질 수 없는 사람입니다. 또한 우리가 갖고 있는 본문으로 이 정황을 장악하고 조작하고 부리려고 하지 마십시오. 그 정황은 하나님이 우리에게 주신 도전입니다. 하나님이 우리에게 요구하고 있는 현실입니다. 야코프 부르크하르트(Jacob Burckhardt, 1818-1897)라는 사람이 『세계 역사의 관찰』(안인희 역, 휴머니스트 간, 2008)이라는 책에서, 말하자면 이념이나 이상 혹은 잘못된 신앙에 심취해서 현실과 삶을 무시하는 자들에게 경고한 중요한 표현이 있어 소개합니다.

> 인간의 삶을 완전히 무시하는 것에 익숙해진 나머지, 다른 사람들에 대한 이런 가혹한 지배를 통해 자기들의 열정을 통합하려는 승리자의 오만함이다.(246쪽)

기독교도 그럴 수 있습니다. 이렇게 하면 쉽습니다. 말로 하면 됩니다. "믿어." "기도해." "너 왜 인상 쓰고 다녀? 하나님이 다 해주신다고 그랬잖아." 누구는 모릅니까? 현실에서 그것을 감상하고 즐길 틈이 없습니다. 알긴 아는데 정신이 없는 것입니다. 넋이 빠진 사람 같이 삽니다. 남을 위해 살라는 것이 아니라 자기 자신의 인생이 무엇인지 아시고 사시라는 말입니다. 예수님을 믿는 것이 무엇인지, 하나님이 우리를 어디로 끌고 가시며 어떻게 끌고 가시는지를 아십시오. 남한테 오해받는 것으로 억울해하지 마시고, 늠름하게 사십시오.

기 도

하나님 아버지, 은혜를 감사합니다. 주께서 그리하신 것처럼 우리도 우리를 부인

하고 십자가를 지겠습니다. 우리의 고난과 우리의 억울한 길을 걷겠습니다. 믿음

주시옵소서. 승리하는 그날까지 붙들어 주시옵소서. 예수님의 이름으로 기도합니

다. 아멘.

31.
성령이 이끄신다

사도행전 21:1-16

13_바울이 대답하되 여러분이 어찌하여 울어 내 마음을
상하게 하느냐 나는 주 예수의 이름을 위하여 결박 당할
뿐 아니라 예루살렘에서 죽을 것도 각오하였노라 하니

바울의 원래 계획은 지금의 터키 지역인 소아시아에서 전도하고 복음을
전하는 것이었고, 실제로 그렇게 했습니다. 그러나 성령께서 그를 붙들어
마게도냐로 인도해 그곳에 가서 복음을 전합니다. 그러면서 여러 어려움
을 당하고 이제 성령의 인도하심으로 로마로 가기 위하여 먼저 예루살렘
으로 돌아오고 있습니다. 마게도냐에서 연안을 따라 배를 타고 가서, 터
키 연안에서 에베소 장로들을 불러 작별을 고하고 교회를 부탁하고, 두로
에 상륙하여 가이사랴를 거쳐 예루살렘으로 들어오는 긴 여행길이 지금
소개되고 있습니다. 이 기록들을 보면 무슨 교훈이나 눈에 띄는 내용 없
이 바울의 여정을 담담하게 소개하고 있습니다. 특징이라면 과장이 없이
이 여행을 밋밋하게 많은 지면을 할애하여 기록하고 있다는 사실입니다.

환난은 필수

이 일은 성령에 의해 시작되었습니다.

> 보라 이제 나는 성령에 매여 예루살렘으로 가는데 거기서 무슨 일을
> 당할는지 알지 못하노라 오직 성령이 각 성에서 내게 증언하여 결박과
> 환난이 나를 기다린다 하시나 내가 달려갈 길과 주 예수께 받은 사명
> 곧 하나님의 은혜의 복음을 증언하는 일을 마치려 함에는 나의 생명조
> 차 조금도 귀한 것으로 여기지 아니하노라(20:22-24)

이것은 어떤 장렬함이나 각오의 절정을 충분히 드러내는 모습이 아니라
매우 담담한 모습이라는 것을 성경이 모든 기록을 통하여 증언하고 있습
니다. 오늘 우리가 보는 본문에서도 가는 곳마다 사람들이 바울을 만류
하고 있습니다.

> 제자들을 찾아 거기서 이레를 머물더니 그 제자들이 성령의 감동으
> 로 바울더러 예루살렘에 들어가지 말라 하더라(21:4)

뒤로 가서 10절에서 가이사랴에 와서도 그렇습니다.

> 여러 날 머물러 있더니 아가보라 하는 한 선지자가 유대로부터 내려
> 와 우리에게 와서 바울의 띠를 가져다가 자기 수족을 잡아매고 말하
> 기를 성령이 말씀하시되 예루살렘에서 유대인들이 이같이 이 띠 임

자를 결박하여 이방인의 손에 넘겨 주리라 하거늘 우리가 그 말을 듣고 그 곳 사람들과 더불어 바울에게 예루살렘으로 올라가지 말라 권하니(21:10-12)

이에 대한 바울의 반응은 이렇습니다.

바울이 대답하되 여러분이 어찌하여 울어 내 마음을 상하게 하느냐(21:13상)

저는 이 말씀이 '왜 쓸데없는 짓을 하느냐?'가 아니라 '가뜩이나 조마조마한데 너희들 왜 그러느냐?'라는 뜻으로 읽힙니다. 분명히 성령의 인도하심과 지시를 받고 순종하여 가는 믿음의 길이지만, 그 마음이 아슬아슬했으리라는 것은 당연합니다. 어려움이 기다리고 있는 길을 걸어가야 합니다. 하나님이 시키고 있고 어려운 길이라는 것도 가르쳐주십니다. 그런데 바울은 왜 해결방법이 없느냐, 환경은 개선해주지 않고 어려운 길을 들어가라고 하느냐고 묻지 않습니다. 이러한 하나님의 일하심에 대하여 바울은 이렇게 이야기합니다.

범사에 여러분에게 모본을 보여준 바와 같이 수고하여 약한 사람들을 돕고 또 주 예수께서 친히 말씀하신 바 주는 것이 받는 것보다 복이 있다 하심을 기억하여야 할지니라(20:35)

이 말로 바울은 자신이 순종하는 이유와 에베소 교회의 장로들에게 부탁한 내용의 중요한 근거를 요약하고 있습니다. 그는 하나님께서 그의 뜻을 이루심에 있어서 환난이라는 방법을 쓰신다고 이해하고 있습니다. 성경은 그 환난이 잘못됐거나 부족해서 생기는 것이 아니라 주는 행위라고 증언하는 셈입니다.

> 우리 주 예수 그리스도의 은혜를 너희가 알거니와 부요하신 이로서 너희를 위하여 가난하게 되심은 그의 가난함으로 말미암아 너희를 부요하게 하려 하심이라(고후 8:9)

"너희를 위하여 가난하게 되심은." 예수님의 가난함이 무엇일까요? 무한하신 분이 유한의 자리로 들어오신 것입니다. 육신을 입고 우리와 동일한 삶에 들어오십니다. 그렇게 하셔서 우리를 부요하게 하셨다고 합니다. 예수님의 성육신은 당연히 고난으로 묘사됩니다. 그가 받으신 고난으로 우리의 부요를 이루시고, 우리에게 또한 그 길을 요구하고 있습니다. 고린도후서 4장에서는 동일한 말씀을 이렇게 소개하고 있습니다.

> 그러므로 우리가 낙심하지 아니하노니 우리의 겉사람은 낡아지나 우리의 속사람은 날로 새로워지도다 우리가 잠시 받는 환난의 경한 것이 지극히 크고 영원한 영광의 중한 것을 우리에게 이루게 함이니 우리가 주목하는 것은 보이는 것이 아니요 보이지 않는 것이니 보이는 것은 잠깐이요 보이지 않는 것은 영원함이라(고후 4:16-18)

환난은 영원한 영광의 중한 것을 이루는 하나님의 방법이랍니다. 그래서 모든 신자가 당연히 환난의 길을 걸어야 한답니다. 환난의 길이라는 것은 신자들만 아는 현실에 대한 이해입니다. 세상 사람들은 세상을 환난으로 이해하지 않습니다. 경기장으로 이해할 뿐입니다. 그러나 우리는 환난으로 이해합니다. 그것은 예수 그리스도를 죽인, 하나님을 거부한 그 정황 속에서 신자로 살라고 하시기 때문입니다.

요한복음에서 증언하듯이 "너희가 세상에서는 환난을 당하나"입니다. '선생인 나를 죽인 세상이다. 그러니 마땅히 제자들에게도 그럴 것이다.' 이는 당연한 것입니다. 이 환난에 대해 사도 바울이 이해한 식으로 우리가 이해하지 못한다면 우리는 신자의 생애에서 필수적으로 거쳐야 하는 환난, 신자이기 때문에 이해하고 극복하고 살아내야 하는 현실을 외면하게 됩니다. 로마서 5장에도 그렇게 소개되어 있습니다.

> 그러므로 우리가 믿음으로 의롭다 하심을 받았으니 우리 주 예수 그리스도로 말미암아 하나님과 화평을 누리자 또한 그로 말미암아 우리가 믿음으로 서 있는 이 은혜에 들어감을 얻었으며 하나님의 영광을 바라고 즐거워하느니라(롬 5:1-2)

이렇게 기쁘고 감사한 소망의 약속에 이어 3절이 나옵니다.

> 다만 이뿐 아니라 우리가 환난 중에도 즐거워하나니 이는 환난은 인내를, 인내는 연단을, 연단은 소망을 이루는 줄 앎이로다(롬 5:3-4)

환난은 바로 예수님을 거부하고, 예수님을 대적하는 이 세상이라는 정황입니다. 그 콘텍스트 속에 예수님이 본문으로 들어오셨고, 우리는 그 본문을 믿는 자가 되어 이 콘텍스트 속에서 우리가 텍스트가 되는 삶을 살아야 한다는 것입니다. 그래서 환난입니다. 우리가 가진 본문은 하나의 명령도 아니고 하나의 교훈도 아니고 하나의 이상도 아니며 어떤 이념도 아닙니다. 그것은 한 인격을 구성하는 본질입니다.

> 그러므로 형제들아 내가 하나님의 모든 자비하심으로 너희를 권하노니 너희 몸을 하나님이 기뻐하시는 거룩한 산 제물로 드리라 이는 너희가 드릴 영적 예배니라(롬 12:1)

"산 제물"은 삶으로 드리는 제사라고 말씀드렸습니다. 삶으로 구체화되어야 합니다. 우리가 전하고 우리가 믿고 우리가 따르는 우리의 믿음의 내용이 현실의 도전 속에서 구체화되어야 합니다. 그래서 사도 바울은 마게도냐에서 로마까지 가야할 사명과 성령님의 지시를 받고는, 날개를 달고 날아오지 않습니다. 배를 타고 험한 행해를 합니다. 쉬엄쉬엄 다음 배를 기다리고, 사람들을 만나고, 일어날 일들의 비관적 예상들을 염려하고 걱정하면서 시간과 공간 속에서 자기의 길을 걸어냅니다. 이것이 오늘 본문의 가치입니다.

삶으로 답하라

신앙인은 두 개의 텍스트를 가진다고 합니다. 하나는 성경입니다. 그리고 다른 하나는 현실입니다. 여기에서 현실은 콘텍스트라는 현실의 도전에 대한 우리의 구체적 증언을 말합니다. 여러분이 당하는 매일의 도전들에서 여러분의 말이 아니라 여러분 스스로의 삶으로 대답하는 텍스트로서야 합니다. 시간과 공간이 외면된, 고통과 고민과 눈물과 한숨이 없는 그런 답은 명분밖에는 안 됩니다. 여러분의 몸으로 만들어내지 않는 한, 그것은 본문에 대한 구체적인 증언이 될 수 없습니다.

그것보다 더욱 중요하게 오늘 본문은 그렇게 해야만 하나님이 요구하는 존재가 된다고 합니다. 잠시 받는 환난의 경한 것이 영원한 영광의 중한 것을 이룬다고 합니다(고후 4:17). 히브리서 5장에서는 예수님의 고난에 대해 "그가 아들이시면서도 받으신 고난으로 순종함을 배워서 온전하게 되셨은즉"(히 5:8-9상)이라고 말합니다. 여기서 말하는 "온전"은 무엇일까요? 예수께 부족한 것, 결함이 있었다는 말입니까? 아닙니다. 그가 육체로 시간과 공간 속에서, 인생에서 구체적으로 하나님의 뜻과 하나님의 일하시는 방법과 주시려는 내용을 구체화한 것입니다. 그것이 성육신입니다.

구체화시켜야 합니다. 여러분 각자의 실존에서 여러분은 예수님을 믿는 자여야 합니다. 삶으로 답하셔야 합니다. 여러분의 결정과 실천으로 구체화하지 않으면 안 됩니다. 그러니 환경과 정황을 개선해서 이기는 싸움이나 그렇게 해서 얻는 증거는 성경이 요구하는 것과 초점이 다릅니다. 그 증거를 바울 자신에게서 봅니다.

형제들아 내가 당한 일이 도리어 복음 전파에 진전이 된 줄을 너희가 알기를 원하노라 이러므로 나의 매임이 그리스도 안에서 모든 시위대 안과 그 밖의 모든 사람에게 나타났으니 형제 중 다수가 나의 매임으로 말미암아 주 안에서 신뢰함으로 겁 없이 하나님의 말씀을 더욱 담대히 전하게 되었느니라 어떤 이들은 투기와 분쟁으로, 어떤 이들은 착한 뜻으로 그리스도를 전파하나니 이들은 내가 복음을 변증하기 위하여 세우심을 받은 줄 알고 사랑으로 하나 그들은 나의 매임에 괴로움을 더하게 할 줄로 생각하여 순수하지 못하게 다툼으로 그리스도를 전파하느니라 그러면 무엇이냐 겉치레로 하나 참으로 하나 무슨 방도로 하든지 전파되는 것은 그리스도니 이로써 나는 기뻐하고 또한 기뻐하리라 이것이 너희의 간구와 예수 그리스도의 성령의 도우심으로 나를 구원에 이르게 할 줄 아는 고로 나의 간절한 기대와 소망을 따라 아무 일에든지 부끄러워하지 아니하고 지금도 전과 같이 온전히 담대하여 살든지 죽든지 내 몸에서 그리스도가 존귀하게 되게 하려 하나니 이는 내게 사는 것이 그리스도니 죽는 것도 유익함이라(빌 1:12-21)

이것은 무슨 믿음에 미친 사람의 고백이 아닙니다. 예수님을 증언한다는 것은 하나님이 누구신지 그리고 그 하나님에게 그가 만든 인간은 어떤 존재인지 하나님과 인간은 어떤 관계인지를 드러내는 가장 본질적이고 독특하고 대표적인 정의입니다. 그리스도가 존귀하게 된다는 것은 하나님이 우리를 자기의 형상대로 만드시고 천지를 창조하신 능력으로 인간에게 당신의 영광으로 씌우기를 원하셔서 우리의 잘못과 부족함을 간과하지 않으시고 사랑으로 장애물을 뚫고 들어오셔서 결국 우리에게 당신의 뜻을 이루셨다는 것의 증거입니다. 그래서 어찌되었든지 "전파되는 것은 그리스도니 이로써 나는 기뻐하고 또한 기뻐하리라" 하는 바울의 선언은 그가 하나님의 일하심의 영광과 그 일하심의 동기인 사랑으로 그의 인격과 성품을 채운 자로서의 고백입니다.

그는 지금 로마 감옥에 갇혀 있습니다. 그리고 빌립보 교회는 그에게 문안하고 있습니다. 그리고 걱정하고 있습니다. 물론 바울의 안위가 걱정되었을 것입니다. 그리고 바울을 위한 걱정 이상으로 자신들의 신앙과 교회를 위하여 걱정하고 있습니다. 그러나 바울은 늠름합니다. '걱정 마라. 내가 잡히자 복음이 두 배로 전파되었다. 어떤 사람들은 나를 시기해서, 내가 잡히자 그가 만일 하나님의 일꾼이었다면 왜 하나님이 잡히게 놓아두었겠느냐 하며 이 기회를 타서 자랑하고 다니면서 자신들을 증명하고 있다. 또 어떤 이들은 분해서, 내가 하나님의 종이라고, 내가 그들에게 이 복음을 전했다고 말하며 다닌다. 그래서 어떻게 되었느냐? 그리스도의 복음이 두 배로 힘 있게 증거되었다. 그 이상 바랄 것이 없다.' 이것이 바울의 증언입니다.

그래서 21절에 "이는 내게 사는 것이 그리스도니 죽는 것도 유익함이라"라는 고백이 나옵니다. 삶과 죽음을 담고도 남는 것이 그리스도의 복음이라는 것입니다. 살고 죽는 것보다 더 큰 조건과 더 큰 잣대가 우리에게는 없습니다마는 기독교인은 그것을 넘어 서 있습니다. 죽음이 중요한 판단의 조건이 될 수 없다고 이야기합니다. 그리고 이어서 아래 내용이 나옵니다.

그러나 만일 육신으로 사는 이것이 내 일의 열매일진대 무엇을 택해야 할른지 나는 알지 못하노라 내가 그 둘 사이에 끼었으니 차라리 세상을 떠나서 그리스도와 함께 있는 것이 훨씬 더 좋은 일이라 그렇

게 하고 싶으나 내가 육신으로 있는 것이 너희를 위하여 더 유익하리
라(빌 1:22-24)

죽는 것이 더 편하답니다. 살면서 늘 당하는 유혹 중의 하나 아닙니까?
'이만하면 됐다. 무슨 낙이 있다고 내가 더 살겠는가. 치사하게 굴지 않고
그만 살겠다.' 이는 우리에게 찾아오는 하나의 유혹이며 시험입니다. 바
울이 그 이야기를 하는 것입니다. '내가 죽으면 훨씬 더 편하지. 가서 주
님과 함께 있는 것이 더 편하지. 이곳에서 내가 더 할 게 있겠느냐? 그러
나 내가 살아있는 것이 너희를 위하여 더 유익할 것이기 때문에 내가 고
난의 길을 감수할 수 있다. 예수 믿고 사는 것은 형통하고 보상 받는 길
이 아니고, 이렇게 묻혀서 사는 것이라는 것을 내가 증언하마. 너희는 아
직도 이런 것을 다 감당하지 못할 거다. 그러나 너희에게 복음을 전한 하
나님의 종인 내가 어떤 고난과 억울한 길을 걷고 있는지를 본다면 너희
가 거기에서 힘을 얻을 것이다.'
　그것은 더 올라가 예수님 자신의 성육신과 이어지는 이야기 아닙니
까? 아버지의 기쁘신 뜻을 위하여 우리를 섬기러 오시는 것입니다. 우리
는 제대로 이해하지 못했지만 예수님의 오심은 우리를 위하여 오시는 것
이고, 결국 우리의 영생과 우리의 구원과 진정한 하나님의 영광을 결실
하게 하는 찾아오심이었습니다. 그가 오시지 않았다면 인류와 역사는 그
냥 허무하게 끝나는 것이었습니다. 신자의 삶, 신자의 존재도 이와 동일
합니다. 우리가 보이지 않는 모습으로 있다거나 자랑할 것이 없는 조건으
로 있다는 것이 결코 문제가 되지 않습니다. 이 세상은 결국 정황밖에 되
지 않기에, 우리가 있음으로써 그 속에 본문으로 서서 주님께서 이야기

하신 대로 과연 세상의 빛이고 소금입니다.

세상은 이렇게 묻습니다. '저 사람은 누군가? 저 사람은 삶의 근거와 의미를 어디에서 찾는가?' 심지어 여러분이 여러분 자신에게 묻는 질문마저도 얼마나 유익한 것인지 생각해 보십시오. '그 꼴을 하고 예수는 왜 믿느냐?' 중요한 질문입니다. 말이 안 되는데도 예수님을 믿습니다. '그 꼴로 살려고 예수를 믿느냐? 관둬라.' 여기에는 도덕적, 경제적, 사회적 모든 조건이 들어갑니다. '예수를 믿는다면서 어떻게 화투 칠 때마다 그렇게 속이냐?' '그렇게 열심히 예수 믿고 헌금하는데, 왜 너희는 그렇게 빚에서 벗어나지 못하느냐?' 중요한 질문입니다. 바울이 그것을 증명하고 있습니다. '내가 사는 것이 너희에게 유익하다.' 고린도 교회가 계속해서 받은 도전은 바울에게 '네가 과연 신의 사도라면 왜 그 모양 그 꼴이냐?' 하는 것이었습니다. 신의 종이라면 우리보다는 나은, 신과 인간의 중간쯤의 영광은 있어야 되지 않느냐는 것이었습니다. 중요한 공격이었습니다.

성령이 주도하다

그런데 이 모든 일을 성령이 하십니다. 신약 성경이 강조하는 부분입니다. 사도행전 20장 22절을 다시 보시면, 이 모든 일은 이렇게 시작됩니다.

> 보라 이제 나는 성령에 매여 예루살렘으로 가는데 거기서 무슨 일을 당할는지 알지 못하노라 오직 성령이 각 성에서 내게 증언하여 결박과 환난이 나를 기다린다 하시나(20:22-23)

두로에 왔을 때도 마찬가지입니다.

> 제자들을 찾아 거기서 이레를 머물더니 그 제자들이 성령의 감동으
> 로 바울더러 예루살렘에 들어가지 말라 하더라 (21:4)

가이사랴에서도 아가보라 하는 한 선지자가 유대로부터 내려와 이야기
합니다.

> 우리에게 와서 바울의 띠를 가져다가 자기 수족을 잡아매고 말하기
> 를 성령이 말씀하시되 예루살렘에서 유대인들이 이같이 이 띠 임자
> 를 결박하여 이방인의 손에 넘겨 주리라 (21:11)

성령이 등장하여 이 일을 명하고 또 고난을 말합니다. 신약 성경에서 성
령이 등장하는 이유는, 사도행전 초두부터 여러 번 반복하듯이 예수 그
리스도의 부재 때문입니다. 예수 그리스도의 부재라는 것은 예수 그리스
도께서 임재하셨는데 세상이 쫓아냈다는 의미에서의 부재입니다. 처음
부터 없었다는 것이 아니라 원래 오셨는데 세상이 죽여서 내쫓았다는
것입니다. 어디로 가셨습니까? 부활하여 승천하셨습니다. 그리하여 아버
지께 구하여 성부 하나님께서 성령 하나님을 보내십니다.

　그래서 신약에서 성령을 이야기할 때는 언제나 그 앞에 전제되어 있
는 것이 있습니다. 우리를 위하여 오셨던 예수, 그 예수를 죽인 인류, 그러
나 그 죽음을 통하여 그 인류를 하나님의 능력으로 부활시킨 하나님의
구원의 완성과 예수 그리스도의 사역의 영광이 성령의 임재를 가져왔다

는 것입니다. 이 긴 내용이 성령이라는 이름이 거론될 때마다 거기에 함
축되어 있습니다. 그 성령이 우리에게 명령하고 예수께서 걸으신 길로 우
리를 인도하는 것이 환난입니다. 예수님의 길의 영광, 하나님이 하시는
방법, 거기에서 만들어지는 것들에 대한 증거의 대표자가 성령이십니다.

> 우리 곧 나와 실루아노와 디모데로 말미암아 너희 가운데 전파된 하
> 나님의 아들 예수 그리스도는 예 하고 아니라 함이 되지 아니하셨으
> 니 그에게는 예만 되었느니라(고후 1:19)

여기서 "예"는 예스(yes)입니다. '그래' 하고 '아니라' 함이 되지 아니하셨
으니 그에게는 '그래'만 되었느니라. 하나님의 약속은 언제든지 그리스도
안에서 '그래'만 됩니다.

> 하나님의 약속은 얼마든지 그리스도 안에서 예가 되니 그런즉 그로
> 말미암아 우리가 아멘 하여 하나님께 영광을 돌리게 되느니라(고후
> 1:20)

성령이 오셨다는 것은 예수님 안에서의 승리의 결과입니다. 예수님을 믿
는 자에게 이렇게 말씀하시는 것입니다. '예수 안에서 하나님이 이루신
부활의 승리에서 벗어날 수 있는 것은 없다. 그러니 걱정 말고 환난을 감
수하라. 그것은 너희에게 손해가 아니다. 결코 밑지는 일 없다. 하나님이
예수 안에서 일으킨 부활의 영광이 너희 모두에게 주어지는 길로서 부
름을 받고 있다. 너희 자신을 위하여 주께서 오셔서 하신 일처럼 너희로

인하여 세상 앞에서 증언하는 하나님의 은혜와 구원을 위하여 복되게 그 길을 걸어라.' 이것이 성경 말씀입니다. 그래서 빌립보서 4장의 이 말씀이 우리에게 와 닿습니다.

> 끝으로 형제들아 무엇에든지 참되며 무엇에든지 경건하며 무엇에든지 옳으며 무엇에든지 정결하며 무엇에든지 사랑 받을 만하며 무엇에든지 칭찬 받을 만하며 무슨 덕이 있든지 무슨 기림이 있든지 이것들을 생각하라 너희는 내게 배우고 받고 듣고 본 바를 행하라 그리하면 평강의 하나님이 너희와 함께 계시리라(빌 4:8-9)

바울은 자랑스럽게 나를 본받으라고 하는데, 그 '나'인 바울의 인생은 고단합니다. 사도행전 끝에 가서 보듯이 로마 감옥에 갇혀 세든 집에서 제자들을 가르치고 있는 모습으로 사도행전은 끝이 납니다. 그다음에 어떻게 되었는지는 모릅니다. 그것을 구체화해서 8절에서와 같이 '무엇에든지'가 나오는 것입니다. 무엇에든지 참되며 무엇에든지 경건하며 무엇에든지 옳으며 무엇에든지 칭찬받을 만하며 무슨 덕이 있든지 무슨 기림이 있든지.

여러분이 거부하는 사소하고 범상한 것, 싫어하는 것, 가난한 것이든지 억울한 것이든지, 여러분의 한계든지 눈물이든지 후회든지, 무엇이든지 거기에 다 넣으십시오. 그 모든 일에 참되시고 경건하시고 정결하며 사랑받을 만하게 하십시오. 큰 일, 보란 듯한 일로 하나님이 당신의 영광을 드러내시거나 채우시지 않는다고 이야기합니다. 그러니 큰일 한 번 해서 책임과 보상을 얻어가려는 생각을 버리시고 여러분 각각의 존재와 각각에게 허락된 조건과 인생이 귀한 것임을 알아야 합니다. 아무도 대신할 수 없는 여러분만의 유일하고 독특한 존재와 실존을 사십시오.

울고, 한숨 쉬고, 기도하고, 안타까워하고 하는 그 모든 일에서 참되고 진실하십시오. '하나님이 일하신다. 이것으로 나를 만드신다. 그리고 세상에서 일하신다. 우리가 모르는 사람이 보고 있다' 하는 확인이 없으면 신앙생활은 현실에서 도망을 가게 됩니다. 자기에게서 도망갈 수 없고, 자기 인생에서 도망갈 수 없다는 것은 자명합니다. 나와 내 실존에서 나의 믿음이 작동하지 않는다면 그 믿음은 거짓입니다. 그러니 물으십시오. 그리고 살아내시고 자랑하시고 감사하는 여러분의 인생이 되십시오.

기 도

하나님 아버지, 은혜를 감사합니다. 우리 각자의 고귀한 가치와 인생의 위대함을 확인합니다. 바울에게 드러났던 신자의 영광은 우리 모두의 것이요, 예수님 안에서 허락된 것입니다. 예수님 안에서 허락된 이 신앙은 모든 것이 가능한 것입니다. 아무것도 예수님 안에 있는 하나님의 사랑에서 우리를 끊을 수 없으며, 우리의 부족이 하나님의 능력을 방해할 수 없습니다. 그러니 이제 우리의 인생을 살아내게 하십시오. 힘들다고, 안 된다고 도망가지 말고, 힘든 것과 안 되는 것까지 묶어 하나님이 주신 인생으로 감당하게 하사 기적을 보는 우리의 믿음 되게 하여 주시옵소서. 예수님의 이름으로 기도합니다. 아멘.

32.

삶에서 하나님이 드러난다

사도행전 21:27-36

28_외치되 이스라엘 사람들아 도우라 이 사람은
각처에서 우리 백성과 율법과 이 곳을 비방하여 모든
사람을 가르치는 그 자인데 또 헬라인을 데리고 성전에
들어가서 이 거룩한 곳을 더럽혔다 하니

사도행전 21장 27절 이하의 기록은 바울이 체포되어 죄수의 신분으로
로마 황제 앞에 재판을 받기 위해 로마로 압송되는 과정을 담고 있습니
다. 이 내용이 28장까지 이어집니다. 예수님을 믿고 복음을 전하면 세상
에서 핍박을 받고 반대에 부딪칩니다. 그것은 안 믿는 이들이 보기에 자
기네가 가진 어떤 소유들이나 자랑들에 심각한 위협이 되기 때문일 것입
니다. 그래서 보통 교회사 속에서 교회가 받는 위협은 정치적인 것이었습
니다.

차별화하는 죄

그런데 오늘 본문을 보시면, 바울을 잡는 것이 로마가 아니라 유대인이

었습니다. 27-28절을 보면 아시아로부터 유대인들이 와서 성전에 있는 바울을 잡고 있습니다. 여기에서 말하는 아시아는 오늘날 지명으로는 터키 지역입니다. 당시 기독교는 터키 지역에 먼저 전파되고, 그다음에 아가야와 마게도냐, 요즘 지명으로는 그리스 지역으로 넘어갑니다. 바울이 그 지역을 다니며 복음을 전했던 사람이고, 바울에 의해 교회들이 세워 졌습니다. 이 아시아에서 온 사람들이 무엇에 격분하고 있는지 보십시다.

> 외치되 이스라엘 사람들아 도우라 이 사람은 각처에서 우리 백성과 율법과 이 곳을 비방하여 모든 사람을 가르치는 그 자인데(21:28상)

여기서 "우리 백성"은 이스라엘입니다. 그들이 바울을 이스라엘과 율법과 성전을 비방하는 자 혹은 훼방하는 자라고 지칭해서 그를 반대하는 명분을 제시하고 있습니다. 유대인들은 독특한 차별화된 우월감을 가지고 있습니다. 하나님의 선민이라는 의식과 하나님께서 친히 율법을 주셨다는 것과 하나님을 모시는 성전을 가지고 있다는 것이 그런 것입니다. 그런데 바울이 전하는 복음에 의해서 그런 것들이 다 무가치한 것이 되었습니다. 그래서 그들은 분노하고 있습니다.

복음은 누구든지 예수를 믿으면 아브라함의 후손이 된다고 합니다. 유대교에서는 아브라함의 후손이 되려면 유대인으로 태어나거나 혹은 유대인의 종교에 동참하기를 바라서 할례를 받고 율법을 지키고 성전에 나와 제사를 드려야만 합니다. 후자의 일이 더러 있기는 하지만 유대교라는 것은 구십구 프로가 이스라엘 백성에게만 허락된, 태어나면서부터 가진 특권입니다. 이런 특권이 바울에 의해 도전받고 있는 것입니다.

우리는 유대인이 아니고 예수 믿는 사람들이니까 우리와는 상관없는 이야기로 보일 것입니다. 그러나 사실 교묘하게 기독교 신앙 내에서도 이런 차별화라는 문제가 반복적으로 신앙의 내용을 왜곡시키고 우리를 속이곤 합니다. 그 문제를 사도행전 말미에서 아주 중요한 주제로 다루고 있는 셈입니다. 로마서 3장 23절을 보시면 복음을 이런 식으로 설명했습니다.

> 모든 사람이 죄를 범하였으매 하나님의 영광에 이르지 못하더니 그리스도 예수 안에 있는 속량으로 말미암아 하나님의 은혜로 값 없이 의롭다 하심을 얻은 자 되었느니라 이 예수를 하나님이 그의 피로써 믿음으로 말미암는 화목제물로 세우셨으니 이는 하나님께서 길이 참으시는 중에 전에 지은 죄를 간과하심으로 자기의 의로우심을 나타내려 하심이니 곧 이 때에 자기의 의로우심을 나타내사 자기도 의로우시며 또한 예수 믿는 자를 의롭다 하려 하심이라 (롬 3:23-26)

예수로 인한 화해, 예수로 말미암은 정의, 예수로 말미암은 하나님의 자기 증명, 이것이 복음이랍니다. 예수로 인한 의라는 것은 하나님과의 관계에 관한 것입니다. 하나님과의 관계의 정상화입니다. 예수로 말미암은 하나님의 자기 증명은, 하나님이 용서하는 분이시라는 것입니다. 그것이 복음입니다. 이렇게 복음을 설명할 때는 항상 그 앞에 예수로 말미암아 죄를 속하시는 하나님의 은혜와 그 크기에 대한 우리의 감동이 당연히 있습니다. 그러나 그것이 각자의 경험과 확인에만 머무르는 것이 아니라 이 복음을 통해 하나님께서 우리 마음에 있는 생각을 부서뜨리고 있는가, 격파하고 있는가를 아셔야 합니다.

> 그런즉 자랑할 데가 어디냐 있을 수가 없느니라 무슨 법으로냐 행위
> 로냐 아니라 오직 믿음의 법으로니라 (롬 3:27)

자랑할 수 없다는 것은 교만하지 말라는 이야기가 아닙니다. 여기에서는 그보다 훨씬 중요하게 하나님이 인류에 대해 가진 하나님의 목적과 성의에 대하여 말하고 있습니다. 자신이 원하는 수준에 이르는 것으로 만족하려는 인간과 하나님은 타협하지 않으십니다. 하나님이 목적한 인간을 만들고야 말겠다는 것입니다. 이것이 23절 이하에서 본 바와 같이 "모든 사람이 죄를 범하였으매 하나님의 영광에 이르지 못하더니"입니다.

이것은 도덕성이 타락했다든가, 어떤 능력이 잘못되었다든가 하는 문제가 아닙니다. 하나님만이 해줄 수 있는 것들을 하나님과의 관계가 끊어져서 이제는 이룰 수 없게 되었다는 의미에서 죄입니다. 따라서 죄로 인해 나타나는 분명한 현상은 하나님의 영광에 이르지 못하는 것입니다. 우리가 최선을 다해서 하는 모든 가장 고급한 가치들, 어떤 대의, 어떤 헌신, 어떤 희생, 어떤 진심이라도 그것이 하나님과 단절되어 있다면 인간이 죄인이라는 한계를 벗어날 수 없다고 가르칩니다.

오늘 본문으로 돌아와서 사도행전에서 말하는 유대인들의 분노는 자신들의 자랑 혹은 자기 영광이 결국은 이방인과의 차별화 정도에 불과하다는 것을 드러내는 것입니다. 하나님을 모르는 자들, 율법도 없고 성전도 없는 자들이라고 이방인을 지칭함으로써 자신들은 그들보다 비교 우위에 서 있는 것으로 스스로 만족하고 있고, 그것이 다라고 생각해서

하나님이 하시는 일을 막고 있습니다. 유대인들에게 '유대인들은 바보다' 이렇게 이야기하면, 유대인들이 '우리만 하나님의 구원을 받은 백성이다' 라고 말하는 것과 똑같이 이해합니다.

유대인을 하나님이 제사장 나라로 불렀듯이 유대인이 저지르는 모든 죄는 인류 모두가 공히 가지고 있는 본성입니다. 그래서 유대인의 자랑이 기독교에서는 유대인을 괄시하는 것으로 나타났습니다. 모두가 죄를 범했고 예수님은 모두를 구원하기 위하여 오셨습니다. 그런데 유대인은 스스로를 자랑함으로써 은혜 바깥에 머물렀습니다. 마찬가지로 기독교인도 자신들이 예수님을 믿었다는 어떤 선택이나 결단을 강조해서 기독교 신앙을 폐쇄적으로 만들었습니다. 그래서 모두를 향해 열린 문을 닫아 버리고 '나는 믿었고 너는 안 믿었다'라고 차별함으로써 유대인이 바울에게 대드는 것과 동일한 자리에 서게 되었습니다. 이것이 성경이 말하려는 이야기입니다.

은혜로 구원하심

형제들아 너희를 부르심을 보라 육체를 따라 지혜로운 자가 많지 아니하며 능한 자가 많지 아니하며 문벌 좋은 자가 많지 아니하도다 그러나 하나님께서 세상의 미련한 것들을 택하사 지혜 있는 자들을 부끄럽게 하려 하시고 세상의 약한 것들을 택하사 강한 것들을 부끄럽게 하려 하시며 하나님께서 세상의 천한 것들과 멸시 받는 것들과 없는 것들을 택하사 있는 것들을 폐하려 하시나니 이는 아무 육체도 하나님 앞에서 자랑하지 못하게 하려 하심이라 (고전 1:26-29)

우리 대부분은 각각 아무것도 아닌 사람입니다. 사실 우리는 있으나마
나 한 존재로 살고 있습니다. 아무것도 아닌 사람입니다. 그렇다고 해서
우리가 아무런 가치도 없는 존재라는 것이 아닙니다. 지금 여기에 기록
되어 있는 것처럼 아무것도 없는 자를 불러서 하나님이 하시는 일을 자
랑하고 계시다고 합니다. 이 아무것도 아닌 것이 사실은 굉장히 센 것입
니다. 이 아무것도 아닌 자를 세운 이유가 무엇입니까? 우리는 하나님의
은혜에 붙들려 하나님의 자녀가 된 것이지, 우리가 최선의 노력을 기울
여 종교를 확보하고 그 내용을 가짐으로써 그렇지 않은 자와 우리를 차
별화할 실력을 가진 자들이 아니라는 것을 확인하라는 것입니다.

　여러분이 예수 믿는다는 것을 여러분 친구들이 인정할 때는 이렇게
이야기할 것입니다. "쟤는 교회 나가는데, 원래 예수 안 믿어도 천국 갈
애야." 그런데 어떤 사람이 교회 간다 그러면 깜짝 놀라면서 그럽니다.
"야, 쟤가 예수 믿는단다. 말이 되냐?" 원래 믿을 만하다고는 안 그럽니다.
믿을 만하면 "쟤는 원래 예수 안 믿어도 천국 갈 애야" 그렇게 말합니다.
여기에 우리 모든 인류가 보편적으로 가진 종교에 대한 본성적 오해가
있습니다. 잘잘못에 대한 보상 말입니다. 잘 믿는 것은 잘나서 잘 믿는 것
이고, 예수를 믿는 것도 현명해서 선택한 것이라고 생각한다는 것입니다.
하나님이 은혜로 불렀다는 것을 모르는 것입니다. 그래서 하나님이 일을
어떻게 하신다고 합니까? 꼭 절대다수를 못난 자로 채우십니다. 이것이
오늘 성경이 하려는 이야기입니다.

　이는 아무 육체도 하나님 앞에서 자랑하지 못하게 하려 하심이라(고
　전 1:29)

자랑할 수 없는 것은 그것이 보상으로 받은 것이 아니라 은혜로 받은 것이며, 내가 한 최선의 것이 아니라 하나님만 하실 수 있는 은혜를 입은 것이기 때문입니다. 그래서 바울의 행보가 이해됩니다. 그는 자신을 다른 것으로, 다른 어떤 힘이나 권력이나 상식으로 변명하지 않습니다. 다만 그 기회를 모두 '내가 예수를 믿으면 구원을 받는다는 소리를 해서 여기에 잡혀와 있다'는 이야기를 하는 데 사용합니다. 나중에 바울이 예루살렘에서 잡힌 다음에 아그립바와 베스도 앞에서 설교하고, 그다음에 이런 내용이 나옵니다. 그가 로마 황제에게 호소하지 않았으면 놓아줄 수도 있었을 텐데 로마 시민권자로서 황제 앞에서 재판을 받겠다고 하니 할 수 없이 그를 황제 앞으로 보내기로 했다는 것입니다. 다른 것으로는 시비를 걸 게 없었습니다. 그렇다고 그 사람이 바울이 한 이야기를 믿은 것도 아닙니다.

> 무릇 육체의 모양을 내려 하는 자들이 억지로 너희에게 할례를 받게 함은 그들이 그리스도의 십자가로 말미암아 박해를 면하려 함뿐이라 할례를 받은 그들이라도 스스로 율법은 지키지 아니하고 너희에게 할례를 받게 하려 하는 것은 그들이 너희의 육체로 자랑하려 함이라 그러나 내게는 우리 주 예수 그리스도의 십자가 외에 결코 자랑할 것이 없으니 그리스도로 말미암아 세상이 나를 대하여 십자가에 못 박히고 내가 또한 세상을 대하여 그러하니라(갈 6:12-14)

예수께서 십자가에 못 박혔다는 것은 은혜 안에 있는 것과 자랑 안에 있는 두 세계가 결코 타협할 수 없음을 보여주는 것입니다. 십자가를 건너지 않고는 세상은 진리와 생명에 대하여 알 도리가 없습니다. 죽어야만 갈 수 있는 자리입니다. 그래서 은혜를 입은 자들이 이 세상에 자신이 가진 내용을 증거하려고 할 때 십자가 외에는 다른 어떤 수단도 가지지 못했다는 뜻입니다. "너 예수 믿냐?" "응. 난 믿어. 너도 좀 믿었으면 좋겠어." "그런데 왜 믿냐?" 여기에서 우리가 답으로 내밀 것이 십자가밖에 없습니다.

십자가란, 세상이 예수를 거짓이라고 하여 죽인, 그가 진리도 아니고 메시아도 아니고 하나님은 없다고 내린 판결입니다. 그것이 십자가입니다. 그래서 그 길로 나가야 합니다. 십자가만 자랑하겠다는 것은 이제는 억울할 수 있다는 이야기입니다. 자랑할 것이 있는데 그 자랑이 받아들여지지 않음으로 생기는 억울함이 있지 않습니까? 우리가 다 이해하는 억울함입니다. 은혜 안에 들어오면 그 억울함이 예수님 안에서 다 해결되었습니다. 그 억울함으로 하나님이 부활을 만들어내셨으니 우리는 억울함을 사람들에게 풀거나 사람들에게 해결을 요구하거나 그 대가를 요구할 필요 없이 십자가 안에서 짊어지는 것입니다. 은혜를 구한다는 것은 우리의 억울함이 예수님 안에서 얼마든지 보상을 받았다는 만족과 속깊은 자랑으로서의 신자의 자세이며 내용입니다. 그렇지 않으면 이 갈라디아서 6장 14절에 나오는 "내게는 우리 주 예수 그리스도의 십자가 외에 결코 자랑할 것이 없"다는 말을 할 도리가 없습니다.

못난 사람을 위한 종교

처음으로 돌아와서 유대인들이 바울을 우리 백성과 율법과 이 성전을 비방한 사람이라는 죄목을 걸어 잡아가는 모습 속에서 보아야 할 것이 있습니다. 제삼자인 독자 입장에서 우리는 유대인들이 자기네 자랑을 지키기 위하여 하는 행동과 복음을 전하는 자 바울이 하는 태도 사이에 있는 대조에 대해 중요한 이해가 있어야 합니다. 보상받는 쪽에 속하는 것이 좋은가, 은혜가 필요한 쪽에 서는 것이 더 좋은가 하는 것입니다. 예수를 보내어 하나님이 무조건적인 은혜를 베풀기를 원하셨습니다. 그래서 죄인들을 부르셨습니다. 죄인들을 부르셨다는 사실이 감사한 일입니까 아니면 싫습니까? 언제나 질문해야 합니다.

인생을 살면 이것이 억울할 때가 한두 번이 아닙니다. 우리는 예수 믿은 죄밖에 아무것도 없습니다. 예수 믿은 죄가 뭐냐면 보복하지 않고 자랑하지 않는다는 것입니다. 그러니까 우리는 자주 하나님 앞에 와서 '하나님, 정의를 실현해주십시오' 하고 구하게 되는 것입니다. '그러면 십자가는 어떻게 하고?' 여기에서 할 말이 없어야 합니다. 잘난 사람만 거두어들이는 종교는 얼마든지 있습니다. 기독교만 못난 사람을 위한 종교입니다. 스스로가 못난 것을 아는 것이 구원이요 믿음이요 은혜인 줄 우리는 압니다. 그러나 우리는 조금만 믿음이 좋아지면 차별화라는 이 죄의 속성에 도전을 받습니다. 유대인들처럼 말입니다. '우리가 아무것도 아니라고?' 참을 수가 없습니다. 세상적인 것으로 확인되어야 한다고 생각합니다. '저 사람은 저렇게 모든 것을 가졌는데도 예수를 믿고 봉사를 한다.' 이런 소리를 들어야 멋있다고 생각한다는 말입니다.

그런데 우리가 봉사하는 것은 멋있어서 하는 것이 아닙니다. 그것이 우리 인생에 부과된 짐인 줄을 아는 것입니다. 외면할 수 없는 현실입니다. 내 이웃이 내 가족인 줄 아는 것입니다. 마음을 다하고 뜻을 다하고 성품을 다하여 주 너의 하나님을 사랑하고 네 이웃을 네 몸같이 사랑하라, 하시는 명령을 따르는 것이 아니라 그렇게 해야 하는 자리에 묶여 있습니다. 도망갈 수 없는 책임입니다. 가족, 조국, 그 시대, 여기에서 도망갈 수 있는 사람은 아무도 없습니다. 우리가 쉽게 현실이라고 이야기하는 것들입니다. 나라가 어떻고 경제가 어떻고 하면서 얼마든지 이야기할 수 있지만, 그것은 다 분을 내는 것입니다. 그런 모든 억울함 때문에 내가 손해를 보는 것이 억울해서 그렇습니다. 우리는 어떻습니까? 우리의 인생이 예수 믿은 죄로 어렵다고 할지라도 바울이 그랬던 것같이 억울해하지 않습니다. 어떻게 억울해하지 않을 수 있습니까? 은혜 안에 불러 하나님이 일하신다는 중요한 약속에 대해 내가 항복했기 때문입니다. 예수님을 믿는다는 것은 이런 것입니다. 성경에서는 이것을 어떻게 표현하고 있나 살펴봅시다. 로마서 14장입니다.

그런즉 우리가 다시는 서로 비판하지 말고 도리어 부딪칠 것이나 거칠 것을 형제 앞에 두지 아니하도록 주의하라 내가 주 예수 안에서 알고 확신하노니 무엇이든지 스스로 속된 것이 없으되 다만 속되게 여기는 그 사람에게는 속되니라 만일 음식으로 말미암아 네 형제가 근심하게 되면 이는 네가 사랑으로 행하지 아니함이라 그리스도께서 대신하여 죽으신 형제를 네 음식으로 망하게 하지 말라 그러므로 너희의 선한 것이 비방을 받지 않게 하라 하나님의 나라는 먹는 것과 마시는 것이 아니요 오직 성령 안에 있는 의와 평강과 희락이라 이로써 그리스도를 섬기는 자는 하나님을 기쁘시게 하며 사람에게도 칭찬을 받느니라 그러므로 우리가 화평의 일과 서로 덕을 세우는 일을 힘쓰나니 음식으로 말미암아 하나님의 사업을 무너지게 하지 말라 만물이 다 깨끗하되 거리낌으로 먹는 사람에게는 악한 것이라 고기도 먹지 아니하고 포도주도 마시지 아니하고 무엇이든지 네 형제로 거리끼게 하는 일을 아니함이 아름다우니라 네게 있는 믿음을 하나님 앞에서 스스로 가지고 있으라 자기가 옳다 하는 바로 자기를 정죄하지 아니하는 자는 복이 있도다 의심하고 먹는 자는 정죄되었나니 이는 믿음을 따라 하지 아니하였기 때문이라 믿음을 따라 하지 아니하는 것은 다 죄니라(롬 14:13-23)

죄를 이야기할 때, 옳고 그른 것보다 더 큰 기준이 있답니다. 믿음을 따라 하지 않는 것이 죄라고 합니다. 믿음이란 예수님 안에서 허락된 하나님의 일하시는 방법입니다. 하나님이 일하시는 목적과 연결되지 않는 것은 다 죄입니다. 무시무시한 일입니다. 그리고 고마운 일입니다. 예수님 외에 다른 것을 가지고 자기를 증명하지 말라는 것입니다. 무법해도 좋다는 이야기는 물론 아닙니다. 그것보다 훨씬 큽니다. 당연히 상식을 넘어서고 윤리와 도덕을 넘어서서 하나님의 거룩한 명령에 자신을 묶어야 하는 것입니다. 그리고 그것이 하나님의 백성이 가지는 영광인 줄 알아야 합니다. 그런 자랑과 기쁨이 없으면 신앙생활은 불가능합니다.

오직 예수로 말미암아

요한복음 14장 8절을 보겠습니다. 우리가 마땅히 생각해야 할 성경의 깊은 이해가 이렇게 나타나 있습니다.

빌립이 이르되 주여 아버지를 우리에게 보여 주옵소서 그리하면 족
하겠나이다 예수께서 이르시되 빌립아 내가 이렇게 오래 너희와 함께
있으되 네가 나를 알지 못하느냐 나를 본 자는 아버지를 보았거늘 어
찌하여 아버지를 보이라 하느냐 내가 아버지 안에 거하고 아버지는
내 안에 계신 것을 네가 믿지 아니하느냐 내가 너희에게 이르는 말은
스스로 하는 것이 아니라 아버지께서 내 안에 계셔서 그의 일을 하시
는 것이라 내가 아버지 안에 거하고 아버지께서 내 안에 계심을 믿으
라 그렇지 못하겠거든 행하는 그 일로 말미암아 나를 믿으라 (요 14:8-
11)

빌립이 왜 예수님에게 아버지를 보여 달라고 했겠습니까? 예수님만으로
는 부족했던 것입니다. 하나님은 상상할 수 없는 큰 힘을 가진 영광의 존
재인데, 예수님은 너무 평범합니다. 아니, 평범 이하입니다. 아무런 권력도
없고 아무런 힘도 없고, 그래서 불만이었던 것입니다. 그래서 예수님이 어
떻게 답을 하셨습니까? "내가 이렇게 오래 너희와 함께 있으되." 굉장합니
다. 하나님께서 우리를 찾아와 우리의 형편에 동참하고 동고동락하시며
어려움을 함께 감수하고 짐을 나누고 계시는데 아버지를 아직도 못 봤느
냐는 말입니다. 예수님을 믿는다는 것은 여러분에게 주어진 조건으로 여
러분의 시대를 살아내는 것입니다. 하나님이 이렇게 오래도록 모두에게
베푸시는 구원을 위하여 우리를 보내어 살게 하셨습니다. 그러니 같이 고
생하고 거기에서 사십시오. 예수님이 그렇게 하시는 것처럼 말입니다. 이
어서 나오는 말씀이 그 이야기입니다.

내가 진실로 진실로 너희에게 이르노니 나를 믿는 자는 내가 하는 일을 그도 할 것이요 또한 그보다 큰 일도 하리니 이는 내가 아버지께로 감이라(요 14:12)

예수께서 하신 일이 무엇입니까? 앞에서 빌립에게 이 대답을 하셨습니다. '내가 이렇게 너희와 함께 오래 있었는데 아직도 아버지를 못 봤다는 말이냐?' 그 답을 가지고 다니셔야 합니다. 상대방이 언제 알아볼지 모릅니다. 이것이 가장 중요한 일입니다. 그리고 이 약속을 해주십니다.

너희가 내 이름으로 무엇을 구하든지 내가 행하리니 이는 아버지로 하여금 아들로 말미암아 영광을 받으시게 하려 함이라(요 14:13)

예수님의 이름으로 구하면 다 된다는 것은 무엇이든지 예수님의 이름만 붙이면 된다는 말이 아닙니다. 예수라는 이름은 무서운 이름입니다. 그는 육신으로 오시고 고난받으시고 외면받으시고 수모를 겪으시고 폭력에 의하여 죽음의 자리에 가서 가장 치욕스러운 십자가형으로 죽으신 분입니다. 예수님의 이름으로 기도를 하려면 반드시 그 억울함을 넘어서야 합니다. 우리가 하는 모든 행보, 우리가 내리는 모든 결정, 우리가 져야 할 모든 책임에서 오직 주님의 죽으심을 믿고 감사하는 길을 통해서만 하겠다는 조건에서만 기도가 가능합니다.

여러분이 믿은 예수님은 하나님의 영광입니다. 예수 그리스도로 말미암아 하나님이 당신의 영광을 구체화하셨습니다. 그것과 마찬가지로 여러분은 여전히 일하시는 하나님의 신실하심과 의지와 그의 전능하신 능력이 여러분이라는 한 존재와 생애 속에 동참하고 있는 그런 존재입니다. 쉬운 것으로 확인하려고 하지 마십시오. 남보다 잘되는 것으로 확인하는 기독교는 없습니다. 예수라는 이름으로 말미암는 것만 있습니다. 그 안에는 모든 것이 있습니다.

　예수는 하나님께로부터 나서 의와 진리와 능력과 자랑과 기적이 되셨습니다. 이 예수로 말미암아 우리라는 보잘것없는 존재와 실존이 기적의 자리, 은혜가 넘치는 자리, 하나님이 일하시는 자리가 되었습니다. 그것이 바울의 이 마지막 여정입니다. 억울해하지 않으며, 얻어맞고 욕먹고 붙잡혀 로마로 갑니다. 우리 모두의 생애가 동일한 하나님이 일하시는 기적의 손길인 것을 기억하는 명예와 믿음과 순종과 진정한 자랑이 있기를 바랍니다.

기 도

하나님 아버지, 은혜를 감사합니다. 우리가 하나님을 모시고 살고 하나님이 우리와 함께하시며 동고동락하시며 동행하시며 붙들고 계시고 이기게 하신다는 사실 앞에 감사드립니다. 열심을 품고 주를 섬기며 우리에게 주어진 길을 걸어 예수께서 빌립에게 답하신 것같이 우리가 있는 곳에 하나님이 계시다는 사실을 증거하는 인생이 되게 하여 주시옵소서. 예수님의 이름으로 기도합니다. 아멘.

33.

하나님이 불러 보내셨다

사도행전 22:6-21

14_그가 또 이르되 우리 조상들의 하나님이 너를 택하여 너로 하여금 자기 뜻을 알게 하시며 그 의인을 보게 하시고 그 입에서 나오는 음성을 듣게 하셨으니

사도행전 21장 27절을 봅시다. 지난주에 살펴본 이 중요한 내용을 먼저 짚고 오늘 본문으로 들어가야 합니다.

그 이레가 거의 차매 아시아로부터 온 유대인들이 성전에서 바울을 보고 모든 무리를 충동하여 그를 붙들고 외치되 이스라엘 사람들아 도우라 이 사람은 각처에서 우리 백성과 율법과 이 곳을 비방하여 모든 사람을 가르치는 그 자인데(21:27-28상)

유대인들이 백성을 선동하여 바울을 해치려고 하는 장면입니다. 그들이 그렇게 바울을 적대하고 그를 처벌하려 하는 이유는 그가 이스라엘 백성과 율법과 성전을 훼방하는 자이기 때문이랍니다. 그렇게 붙잡힌 바울

이 변명하는 장면이 오늘의 본문입니다.

> 부형들아 내가 지금 여러분 앞에서 변명하는 말을 들으라(22:1)

이렇게 시작해서 오늘 본문이 나옵니다. '나도 너희와 똑같은 율법을 존중하고 우리 조상들의 하나님을 열심히 좇는 자였다. 너희와 똑같이 나도 예수 믿는 자들을 박해하고 죽이고 그들을 잡아들일 권세를 가지고 다메섹으로 가고 있었다. 그러다가 주님을 만났다.' 이것이 오늘 본문입니다.

아무도 이해하지 못한다

유대인들이 사도 바울에 대해 분노하는 이유는 그가 하나님의 선민이요 율법을 가진 자로서의 우월한 민족적 자부심에 상처를 냈기 때문입니다. 그들은 예수 그리스도로 말미암는 구원, 모든 민족에게 차별이 없는 구원을 참을 수가 없습니다. 그런데 한술 더 떠서 바울은 우리 조상의 하나님이 자기를 만나고 자기를 이방으로 보냈다고 말합니다. 바로 유대인의 분노를 사는 부분입니다.

> 후에 내가 예루살렘으로 돌아와서 성전에서 기도할 때에 황홀한 중에 보매 주께서 내게 말씀하시되 속히 예루살렘에서 나가라 그들은 네가 내게 대하여 증언하는 말을 듣지 아니하리라 하시거늘(22:17-18)

이 말을 듣고 바울이 답을 합니다.

> 내가 말하기를 주님 내가 주를 믿는 사람들을 가두고 또 각 회당에서
> 때리고 또 주의 증인 스데반이 피를 흘릴 때에 내가 곁에 서서 찬성하고
> 그 죽이는 사람들의 옷을 지킨 줄 그들도 아나이다 (22:19-20)

'내가 그들의 처지에 서 있었고, 그들이 주장하는 것을 나도 했던 사람
이었는데, 내가 이제 돌이켰으니 그들이 내 말은 들을 것입니다' 하는 뜻
입니다.

> 나더러 또 이르시되 떠나가라 내가 너를 멀리 이방인에게로 보내리라
> 하셨느니라 (22:21)

여기까지 이야기하자 유대인들이 반응합니다.

> 이 말하는 것까지 그들이 듣다가 소리 질러 이르되 이러한 자는 세상
> 에서 없애 버리자 살려 둘 자가 아니라 하여(22:22)

너무너무 분한 것입니다. 바울이 자기네와 동일한 전통과 동일한 정체성
과 동일한 정서와 동일한 신앙을 가지고 그리스도께로 돌아섰다고 하니
까 화가 난 것입니다. 하나님이 뭐라고 하셨다고 바울이 그랬습니까? '저
들은 네 말을 듣지 않을 것이다. 이방으로 가라.' 우리가 믿는 조상들의
하나님, 아브라함과 이삭과 야곱의 하나님이 유대인을 버리고 이방으로

보냈다고 이야기하니 유대인들은 참을 수가 없는 것입니다. '우리가 틀렸다는 말 아니냐?' 이렇게 된 것입니다. 이 본문의 분위기를 이해하기 위해서 마태복음 23장을 보겠습니다.

이에 예수께서 무리와 제자들에게 말씀하여 이르시되 서기관들과 바리새인들이 모세의 자리에 앉았으니 그러므로 무엇이든지 그들이 말하는 바는 행하고 지키되 그들이 하는 행위는 본받지 말라 그들은 말만 하고 행하지 아니하며 또 무거운 짐을 묶어 사람의 어깨에 지우되 자기는 이것을 한 손가락으로도 움직이려 하지 아니하며 그들의 모든 행위를 사람에게 보이고자 하나니 곧 그 경문 띠를 넓게 하며 옷술을 길게 하고 잔치의 윗자리와 회당의 높은 자리와 시장에서 문안 받는 것과 사람에게 랍비라 칭함을 받는 것을 좋아하느니라 그러나 너희는 랍비라 칭함을 받지 말라 너희 선생은 하나요 너희는 다 형제니라 땅에 있는 자를 아버지라 하지 말라 너희의 아버지는 한 분이시니 곧 하늘에 계신 이시니라 또한 지도자라 칭함을 받지 말라 너희의 지도자는 한 분이시니 곧 그리스도시니라 너희 중에 큰 자는 너희를 섬기는 자가 되어야 하리라 누구든지 자기를 높이는 자는 낮아지고 누구든지 자기를 낮추는 자는 높아지리라 화 있을진저 외식하는 서기관들과 바리새인들이여 너희는 천국 문을 사람들 앞에서 닫고 너희도 들어가지 않고 들어가려 하는 자도 들어가지 못하게 하는도다(마 23:1-13)

23장 전체가 주께서 친히 바리새인들을 저주하는 장면입니다. 우리는 이 글을 읽을 때 "맞아. 너희는 욕먹어도 싸." 이렇게 해서 바리새인들을 저쪽에 몰고 우리는 예수님 옆에 서 있곤 합니다. 그런데 지금 바울이 하는 이야기는 그 욕먹는 바리새인 속에 자기가 있었다는 것입니다. '나도 거기 있었다. 그런데 지금 여기로 돌아왔다. 너희도 거기서 나와서 이리 돌아와라.' 그런데 나머지 유대인들은 그렇게 할 수 없습니다.

여러분, 바울이 어떻게 돌아오게 되었습니까? 그가 이해를 했습니까, 아니면 납득을 했습니까? 바울은 그렇게 돌아오지 않았습니다. 그가 예수 믿는 자들을 친히 죽였고, 그들을 잡으려고 그 공문을 받아 다메섹으로 가다가 그의 길에 뛰어드신 예수님의 개입으로 그 길이 꺾였습니다. 주께서 나타나셔서 그가 고집하고 가는 길에서 그를 돌려세우고, 주를 만나게 하고, '너희 조상의 하나님이 너를 이방으로 보내노라' 말씀하셔서 지금 돌아서는 것입니다. 붙잡히고 부러져서 새 길로 붙들려가는 것입니다. 여기에는 사람이 이해할 수 있는, 납득할 수 있는 어떤 조건과 자격이 없습니다. 예수를 보내신 그 하나님 아버지가 그를 보내신 열심과 성의로 각각의 영혼을 붙잡아 그의 자녀로 붙들어 매지 않는 한 불가능한 일이 일어났다는 이야기입니다.

이 말을 유대인들은 못 알아듣습니다. 물론 바울도 전에는 못 알아들었습니다. 그런데 이제 돌아와 알게 되어 유대인들의 몰이해, 적개심, 분노를 감수하게 되었습니다. 그래서 사도 바울은 아무도 알 수 없는 길을 가는 것입니다. 설명해서 될 일이 아닌 길을 가기에, 거기에서 붙잡히고 오해받고 수모받는 것을 당연시하게 된다는 말입니다. 하나님이 나를 만나서 꺾으셨듯이 한 영혼을 꺾지 않는 한 이 길로는 열매를 맺을 수 없다는 것을 알고 이 길을 지금 걷고 있습니다. 그 내용을 사도행전 21장부터 마지막까지 다룹니다. 예수 믿는다는 것이 무엇인지 알아야 합니다. 아무도 이해를 못 합니다. 신자 자신도 이해할 수 없는 것이 예수 믿는 것입니다.

거룩함으로의 구원

> 하나님이 이 모든 말씀으로 말씀하여 이르시되 나는 너를 애굽 땅, 종되었던 집에서 인도하여 낸 네 하나님 여호와니라 너는 나 외에는 다른 신들을 네게 두지 말라 너를 위하여 새긴 우상을 만들지 말고 또 위로 하늘에 있는 것이나 아래로 땅에 있는 것이나 땅 아래 물 속에 있는 것의 어떤 형상도 만들지 말며 그것들에게 절하지 말며 그것들을 섬기지 말라 나 네 하나님 여호와는 질투하는 하나님인즉 나를 미워하는 자의 죄를 갚되 아버지로부터 아들에게로 삼사 대까지 이르게 하거니와 나를 사랑하고 내 계명을 지키는 자에게는 천 대까지 은혜를 베푸느니라 (출 20:1-6)

하나님이 우리에게 율법을 주신 것은 하나님의 거룩하심으로 우리를 부르셨다는 뜻입니다. 이 율법을 지키면 구원을 받는다는 것이 아닙니다. 구원은 하나님께서 친히 만드십니다. 그리고 하나님이 축복하는 그의 자녀들을 이 자리, 하나님의 거룩하심으로 불렀다는 것입니다. 이것을 지켜서 구원을 얻을 사람은 없습니다. 그러나 유대인들은 자신들이 율법을 가진 것을 가지고 자기네가 자격이 있고 자기네는 다르다고 생각했고, 그 다르다는 우월감이 하나님의 일하심을 막아버렸습니다. 하나님이 당신의 거룩하심으로 우리를 부르고 만들고 완성하신다는 하나님의 일하심은 놓아둔 채 하나의 규칙에 묶여 그 규칙을 지키는 스스로의 자부심과 열심과 희생에 모든 가치를 두게 되었습니다. 차별화한 우월감 외에는 아무것도 아닌 종교를 만들어버린 것입니다. 그래서 가장 중요한, 그 아들을 보내시고 모두를 부르시고 모두의 죄를 사하시고 사랑으로 묶는 하나님의 품에 들어오는 것을 거부했습니다.

　예수 믿는 사람들도 동일한 실수를 합니다. 우리의 본성이 그렇기 때문입니다. 사람을 예수 믿는 자와 믿지 않는 자로밖에는 구별할 줄을 모릅니다. '나는 믿었고 너는 믿지 않았다.' 이것만 보입니다. '하나님이 하시지 않으면 안 된다.' 이것은 안 보입니다. 하나님이 어떤 일을 하셨는가를 자신의 존재와 고백과 삶속에서 보임으로써 하나님이 일하시는 데 자기를 맡기는 것이 아니라, 감동시키고 설득하고 위협해서 하나님의 일을 막고 사람과 사람 사이의 비교밖에 만들어낼 줄 모릅니다. 이런 것은 기독교 신앙에서 언제나 커다란 적입니다. 출애굽기 20장에 주어진 십계명의 시작은 이렇습니다.

　하나님이 이 모든 말씀으로 말씀하여 이르시되 나는 너를 애굽 땅, 종 되었던 집에서 인도하여 낸 네 하나님 여호와니라 (출 20:1)

이것으로부터 그다음이 요구됩니다. 어떤 속박과 고난과 억울함에서 꺼내준 것이 다가 아니라, 무엇으로부터의 구원이 다가 아니라, 훨씬 크게 무엇을 위한 구원, 하나님의 자녀라는 영광으로의 구원입니다. '그러니 너희는 이 거룩함으로 부름받은 줄 알라. 그 일을 위하여 내가 너희를 애

굽의 종 되었던 데서 꺼내었느니라. 너희의 거룩을 위하여 나에게 순종
하라. 나의 은혜를 구하라.' 이렇게 말씀하는 것입니다. 이 문제를 이해하
기 위하여 출애굽기 3장을 보겠습니다. 하나님이 모세를 부르시는 장면
입니다.

> 모세가 그의 장인 미디안 제사장 이드로의 양 떼를 치더니 그 떼를
> 광야 서쪽으로 인도하여 하나님의 산 호렙에 이르매 여호와의 사자가
> 떨기나무 가운데로부터 나오는 불꽃 안에서 그에게 나타나시니라 그
> 가 보니 떨기나무에 불이 붙었으나 그 떨기나무가 사라지지 아니하
> 는지라 이에 모세가 이르되 내가 돌이켜 가서 이 큰 광경을 보리라 떨
> 기나무가 어찌하여 타지 아니하는고 하니 그 때에 여호와께서 그가
> 보려고 돌이켜 오는 것을 보신지라 하나님이 떨기나무 가운데서 그
> 를 불러 이르시되 모세야 모세야 하시매 그가 이르되 내가 여기 있나
> 이다 하나님이 이르시되 이리로 가까이 오지 말라 네가 선 곳은 거룩
> 한 땅이니 네 발에서 신을 벗으라 또 이르시되 나는 네 조상의 하나님
> 이니 아브라함의 하나님, 이삭의 하나님, 야곱의 하나님이니라 모세가
> 하나님 뵈옵기를 두려워하여 얼굴을 가리매 여호와께서 이르시되 내
> 가 애굽에 있는 내 백성의 고통을 분명히 보고 그들이 그들의 감독자
> 로 말미암아 부르짖음을 듣고 그 근심을 알고 내가 내려가서 그들을
> 애굽인의 손에서 건져내고 그들을 그 땅에서 인도하여 아름답고 광
> 대한 땅, 젖과 꿀이 흐르는 땅 곧 가나안 족속, 헷 족속, 아모리 족속,
> 브리스 족속, 히위 족속, 여부스 족속의 지방에 데려가려 하노라 이제
> 가라 이스라엘 자손의 부르짖음이 내게 달하고 애굽 사람이 그들을

괴롭히는 학대도 내가 보았으니 이제 내가 너를 바로에게 보내어 너에
게 내 백성 이스라엘 자손을 애굽에서 인도하여 내게 하리라(출 3:1-
10)

애굽과 이스라엘을 가르는 경계선은 무엇입니까? 애굽은 권력을 가지고
억압하는 세력이고, 이스라엘은 억울하게 고난을 당하고 가난하고 불쌍
한 집단입니까? 그래서 하나님이 그런 이스라엘을 해방시키는 것입니까?
아닙니다. 이스라엘은 하나님의 백성입니다. 그들은 그들의 조상에게 약
속한 약속의 후손들입니다. 그 백성의 진정한 복을 하나님이 약속한 대
로 하나님이 이루시기 위해서 모세를 세운 것입니다. 그러자 모세가 묻
습니다.

모세가 하나님께 아뢰되 내가 누구이기에 바로에게 가며 이스라엘 자
손을 애굽에서 인도하여 내리이까 하나님이 이르시되 내가 반드시
너와 함께 있으리라 네가 그 백성을 애굽에서 인도하여 낸 후에 너희
가 이 산에서 하나님을 섬기리니 이것이 내가 너를 보낸 증거니라(출
3:11-12)

하나님이 하시겠답니다.

모세가 하나님께 아뢰되 내가 이스라엘 자손에게 가서 이르기를 너희
의 조상의 하나님이 나를 너희에게 보내셨다 하면 그들이 내게 묻기
를 그의 이름이 무엇이냐 하리니 내가 무엇이라고 그들에게 말하리이

까 하나님이 모세에게 이르시되 나는 스스로 있는 자이니라 또 이르
시되 너는 이스라엘 자손에게 이같이 이르기를 스스로 있는 자가 나
를 너희에게 보내셨다 하라 (출 3:13-14)

"스스로 있는 자"는 예전에 설명한 대로 하나님이시기를 중단할 수 없는
분이라고 이해하시면 됩니다. '언제나 나인 분'입니다. 어떨 때는 나였다
가 또 어떨 때는 아니었다가 하실 수 없는 분입니다.

하나님이 또 모세에게 이르시되 너는 이스라엘 자손에게 이같이 이르
기를 너희 조상의 하나님 여호와 곧 아브라함의 하나님, 이삭의 하나
님, 야곱의 하나님께서 나를 너희에게 보내셨다 하라 이는 나의 영원
한 이름이요 대대로 기억할 나의 칭호니라 (출 3:15)

역사의 하나님, 성실하신 하나님, 약속을 지키시는 하나님, 복 주시기 위
하여 그의 능력을 동원하시는 하나님, 그가 사랑하는 그의 백성들을 부
르시고 축복하여 영광을 드러내시기를 기뻐하시는 하나님으로 등장합
니다. 우리에게 율법을 요구하는 것은 하나님의 거룩하심으로의 초청이
요, 거룩함은 우리의 영광입니다. 그러나 이스라엘 백성은 율법을 잘못
이해했습니다. 그것을 자신들이 가지는 하나의 신분증으로 이해했습니
다. 그래서 그것 자체로 만족했고, 그것을 다른 사람들과 차별하여 우월
감을 가지는 것으로 사용할 뿐 그 외에는 아무것도 할 줄 몰랐습니다. 하
나님이 계신 것과 하나님의 일하심을 몰랐고, 그들이 자랑하는 그들의
조상이 누구인지, 아브라함과 이삭과 야곱이 누구인지 몰랐습니다. 즉

하나님이 그들의 이름으로 자신의 뜻과 선하심과 약속을 상기시키며 기념하며 자랑하며 그것을 완성하는 분인 줄 몰랐습니다.

하나님이 일하신다

창세기 12장으로 가시면 조상들의 대표자인 아브라함의 하나님이 등장합니다.

여호와께서 아브람에게 이르시되 너는 너의 고향과 친척과 아버지의 집을 떠나 내가 네게 보여 줄 땅으로 가라 내가 너로 큰 민족을 이루고 네게 복을 주어 네 이름을 창대하게 하리니 너는 복이 될지라 너를 축복하는 자에게는 내가 복을 내리고 너를 저주하는 자에게는 내가 저주하리니 땅의 모든 족속이 너로 말미암아 복을 얻을 것이라 하신지라(창 12:1-3)

이 약속이 아브라함에게 어떻게 이루어졌는가를 봄으로써 우리는 하나님의 신실하심을 보게 됩니다. 하나님이 그냥 목청을 높이시고 어떤 하나의 기적을 이루어 당신을 증명하는 정도가 아니라, 한 인생, 그 후손들, 그렇게 만들어진 나라, 그 나라의 역사를 통하여 하나님의 신실하심을, 그가 약속한 복을 이루심을 보여주는 것이 구약성경입니다. 그리고 그 절정에 예수께서 오십니다. 그의 영광과 거룩하심과 그의 자비와 긍휼과 그의 성실과 의지를 예수님에게서 보는 것입니다.

그것이 바울을 회개시킨 것이 아니고, 바울이 그것을 보고 놀란 것이 아닙니다. 인간으로 오시고 십자가에서 죽을 수 있는 그 능력과 개입과 신실하심으로 하나님이 바울을 꺾으신 것입니다. 그리하여 바울의 말은 이런 뜻입니다. '여러분 부형들이여 내 말을 들으소서. 나도 여러분과 똑같이 굴었습니다. 하나님이 지금 일하고 계십니다. 나를 보십시오. 마음껏 죽이십시오. 그러나 하나님이 일하고 있는 것을 보십시오. 그는 우리 조상의 하나님입니다. 그는 아브라함의 하나님입니다. 이삭의 하나님입니다. 야곱의 하나님입니다.'

창세기 28장에 가셔서 야곱의 하나님을 봅시다.

야곱이 브엘세바에서 떠나 하란으로 향하여 가더니 한 곳에 이르러는 해가 진지라 거기서 유숙하려고 그 곳의 한 돌을 가져다가 베개로 삼고 거기 누워 자더니 꿈에 본즉 사닥다리가 땅 위에 서 있는데 그 꼭대기가 하늘에 닿았고 또 본즉 하나님의 사자들이 그 위에서 오르락내리락 하고 또 본즉 여호와께서 그 위에 서서 이르시되 나는 여호와니 너의 조부 아브라함의 하나님이요 이삭의 하나님이라 네가 누워 있는 땅을 내가 너와 네 자손에게 주리니 네 자손이 땅의 티끌 같이 되어 네가 서쪽과 동쪽과 북쪽과 남쪽으로 퍼져나갈지며 땅의 모든 족속이 너와 네 자손으로 말미암아 복을 받으리라 내가 너와 함께 있어 네가 어디로 가든지 너를 지키며 너를 이끌어 이 땅으로 돌아오게 할지라 내가 네게 허락한 것을 다 이루기까지 너를 떠나지 아니하리라 하신지라(창 28:10-15)

이 하나님이 예수님을 보내셨습니다. 알아들으라고, 회개하라고, 결정하라고 보낸 것이 아닙니다. 그것보다 더 크게 하나님이 책임지고 결과를 만들기 위하여 역사와 인생에 뛰어들어오신 것이 예수님입니다. 이것이 복음입니다. 바울이 기꺼이 무지와 몰이해와 거부와 분노와 적대 속을 걷는 이유입니다. 다메섹 도상에서 살기등등하여 걸어가는 바울에게 주께서 개입하셨듯이 바울이 모든 적대 행위 속을 하나님의 손길로 관통하여 그의 인생을 걸어가고 있는 것입니다. 누가 알아들을지 누가 이해할지는 전혀 그의 손에 있지 않고, 그냥 하나님이 보내시는 길을 관통하고 있습니다.

예수님을 믿는다는 것은 하나님이 그 일을 지금 하고 있다는 것을 아는 것입니다. 나에게 일하셨고, 나의 인생을 통하여 하나님이 바로 이 일을 하신다는 것을 아는 것입니다. 그래서 세상의 몰이해 속을, 아무도 알아주지 않고 설명해서 되지 않는 길을 가는 것입니다. 바울이 이 모든 일에 아무런 전통도 유산도 이해도 없는 이방으로 가듯이 우리도 아무것도 모르는 무지한 자들과 세상 속을 걸어가는 것입니다. 그것이 사도행전입니다. 로마서 5장은 이 일을 아주 멋지게 설명하고 있습니다.

우리가 아직 연약할 때에 기약대로 그리스도께서 경건하지 않은 자를 위하여 죽으셨도다 의인을 위하여 죽는 자가 쉽지 않고 선인을 위하여 용감히 죽는 자가 혹 있거니와 우리가 아직 죄인 되었을 때에 그리스도께서 우리를 위하여 죽으심으로 하나님께서 우리에 대한 자기의 사랑을 확증하셨느니라 그러면 이제 우리가 그의 피로 말미암아 의롭다 하심을 받았으니 더욱 그로 말미암아 진노하심에서 구원을 받을 것이니 곧 우리가 원수 되었을 때에 그의 아들의 죽으심으로 말

미암아 하나님과 화목하게 되었은즉 화목하게 된 자로서는 더욱 그
의 살아나심으로 말미암아 구원을 받을 것이니라 그뿐 아니라 이제
우리로 화목하게 하신 우리 주 예수 그리스도로 말미암아 하나님 안
에서 또한 즐거워하느니라(롬 5:6-11)

"기약대로", 우리가 회심해서가 아니라 기약대로입니다. 하나님이 당신의
신실하심으로, 기뻐하심으로, 그의 능력과 의지로 이 일을 하셨습니다.
그래서 우리가 있습니다. 아브라함이 아브라함이 될 수 있었던 이유가 전
적으로 하나님께 있었듯이, 예수께서 오신 이유가 전적으로 하나님의 기
뻐하심이요 능력이었듯이, 그렇게 우리가 있고 우리가 살아가는 인생 속
에서 하나님이 그 일을 하실 것입니다. 예수님의 죽으심으로 우리가 이
자리에 왔으니 그의 부활의 능력으로 우리의 삶속에서 하나님이 얼마나
더 큰일을 하시겠는가 하고 자신하는 것입니다.

　　그러나 그것은 우리의 헌신이나 능력과 같은 것들에 근거하지 않고
전적으로 하나님의 신실하심에 근거합니다. 그러니 위대한 것은 바울이
아니라 바울이 들고 가는 복음입니다. 우리는 바울을 부러워합니다. 유
대인들이 율법을 자랑한 것같이 바울을 자랑하지 말고, 바울이 들고 가
는 복음의 위대함을 아셔야 합니다. 여러분의 못남과 여러분이 더 소원
하는 것들을 다 내려놓으시고, 복음의 위대함 하나로 여러분의 존재와
인생을 기꺼이 각오하고 사셔야 합니다.

　　바울이 앞으로 벨릭스, 베스도, 아그립바 앞에서 그리고 궁극적으로
가이사 앞에까지 가서 그들이 알아들을 이야기를 하는 것이 아니라 하
나님이 일하시는 손길이 되어가는 길을 갑니다. 그가 당하는 세상의 모

든 무관심과 억울함에 대하여 그는 아무런 불평이 없게 됩니다. 그 모든 것 속에서 하나님이 일하신다는 것을 그가 유대교에서 돌아와 예수님 안에서 확인했기 때문입니다. 그가 예수님을 몰랐고, 예수님을 믿는 것을 어떻게 방해했고, 그럼에도 불구하고 하나님이 그 일을 자기에게 어떻게 결과했는가를 자기 인생에서 확인했으니 바울은 겁날 것이 없습니다. 여러분 모두가 예수님을 믿고 사는 현실에 대해 겁날 것이 없으셔야 합니다. 복음을 듣고 사는 자의 영광과 자랑을 여러분 스스로는 아셔야 합니다. 여러분을 통하여 하나님이 기적을 이루시는 줄 아셔야 합니다.

우리 조상의 하나님, 아브라함과 이삭과 야곱의 하나님, 모세와 엘리야와 다니엘과 같은 그 외에 기억나는 이름을 다 같이 붙여서 그런 위대한 사람들 말고 그들을 세워 일하신 하나님, 유명한 자와 무명한 자를 들어 일하신 하나님, 아무것도 아닌 자를 위하여 일하신 하나님, 그가 친히 일하시는 하나님, 지금도 일하시는 하나님, 우리와 함께하시는 하나님, 기적을 이루시는 하나님, 찬송을 받으시는 하나님입니다. 그 하나님을 아는 인생으로 부름 받은 기쁨이 여러분의 신앙 고백에서 커다란 자랑이 되고 기쁨이 되기를 바랍니다.

기 도

하나님 아버지, 은혜를 감사합니다. 우리가 하나님을 모를 때 우리를 부르셨습니다. 구원하셨습니다. 우리가 원하는 것이 아니라 하나님이 기뻐하시는 것으로 채우셨습니다. 우리의 위대함과 우리 인생의 귀중함을 깨닫습니다. 세상은 알 수 없습니다. 우리도 옛날에는 몰랐습니다. 그러나 하나님, 우리가 모를 때 우리를 찾아오셨고 우리를 구원하셨습니다. 세상은 우리를 모르지만 우리가 그 속에 뛰어들어 하나님의 손길이 되며 하나님의 발걸음이 되며 하나님의 초청이 되며 하나님의 축복이 되는 것을 믿습니다. 그 인생을 기꺼이 사는 우리의 믿음 되게 하여 주시옵소서. 예수님의 이름으로 기도합니다. 아멘.

34.

은혜를 누리며 나눈다

사도행전 23:12-22

12_날이 새매 유대인들이 당을 지어 맹세하되
바울을 죽이기 전에는 먹지도 아니하고
마시지도 아니하겠다 하고

바울은 잡혔고, 그에게 적개심을 가지고 그를 없애려는 적대 세력의 위협 속에 있습니다. 본문 12절에서 보듯이 "날이 새매 유대인들이 당을 지어 맹세하되 바울을 죽이기 전에는 먹지도 아니하고 마시지도 아니하겠다" 하는 가운데 있었습니다. 그래서 바울을 꼭 죽여야 하는 유대인들, 바울을 잡은 당시의 정치권력인 로마, 그리고 복음의 증인인 바울이 등장합니다.

우리는 지난주에 유대인이 바울에게 가지는 적개심의 이유를 잠시 생각했습니다. 이스라엘 민족이라는 우월감, 선민 의식, 그것을 확인하는 율법과 성전이 필요 없다는 바울이 전하는 복음을 그들은 참을 수 없었습니다. 그래서 바울을 없애기로 했습니다. 그런데 재미있는 것은 바울이 이 일에 힘으로 대응하거나 다른 어떤 방법으로 이 문제를 해결하려 들

지 않는다는 것입니다. 그는 다만 감수하고 있습니다. 그래서 극명한 대
조가 됩니다. 유대인들은 자기네의 정체성을 보장받기 위해서 적을 죽여
야만 합니다. 반면에 바울은 복음의 내용이 그런 것같이 모두를 믿게 해
서 자기의 증언의 내용을 증명해야 합니다. 굉장히 다른 입장입니다.

다만 비명이면 된다

로마서 1장에서 성경은 복음을 이렇게 정의합니다.

> 내가 복음을 부끄러워하지 아니하노니 이 복음은 모든 믿는 자에게
> 구원을 주시는 하나님의 능력이 됨이라 (롬 1:16상)

뜻밖에도 복음을 하나님의 능력이라고 합니다. 하나의 조건이거나 규칙
이거나 수단인 것이 아니라 능력이라고 합니다. 하나님의 능력이라는 뜻
은 하나님이 하신 일이라, 하나님의 능력과 의지의 소산이라고 말하는
것입니다. 우리의 반응과 결단은 그다음에 있는 문제입니다. 로마서 8장
에서는 이렇게 이야기합니다.

> 그러므로 이제 그리스도 예수 안에 있는 자에게는 결코 정죄함이 없
> 나니 이는 그리스도 예수 안에 있는 생명의 성령의 법이 죄와 사망의
> 법에서 너를 해방하였음이라 (롬 8:1-2)

세상이 가졌던 법칙, 죄와 사망의 법을 예수 그리스도 안에서 하나님이

생명과 성령의 법으로 꺾으신 것이 복음입니다. 죽는 운명을 사는 운명으로 바꾸셨습니다. '예수 안에서 세상의 법칙을 바꾸셨다.' 이것이 복음입니다. 우리는 자주 우리의 결단과 이해가 가장 중요한 문제라고 생각하는데, 그것은 우리의 이해를 위해서 그런 것입니다. 우리가 이해해서 하나님이 계시는 것이 아니고 하나님이 계시고 당신을 계시하셔서 우리가 이해를 하는 것입니다. 이해를 하면 하나님이 계시고 이해를 못 하면 하나님이 안 계신 것처럼 생각하면 안 됩니다. 복음은 믿으면 있고, 안 믿으면 없는 것이 아닙니다.

이것이 지금 바울의 사명입니다. '너희들이 믿고 안 믿고는 두 번째 문제다. 그런데 이런 일이 일어났다. 하나님이 우리를 구원하고 계시다. 일하고 계시다. 나보고 그것을 온 천하에 가서 선포하라고 하셨다. 그러나 나를 밀어내려면 밀어내라. 나는 그것은 모르겠고 나는 나한테 맡긴 일을 해야 한다.' 그는 이 무서운 증오, 위협, 권력 앞에서 자신을 변호하지 않습니다. 자기가 들고 간 이야기만 계속 합니다. 도전이 있을 때마다, 무슨 사건이 터질 때마다 그 이야기를 합니다. '예수께서 나타나셨다. 그 예수는 우리가 십자가에서 죽인 바로 그 예수였다. 그 예수의 죽음은 죽을 우리를 부활로 인도하기 위하여 온 하나님의 찾아오심이었다. 그래서 이제는 하나님이 죄와 사망의 법에서 우리를 예수 안에서 생명과 성령의 법으로 부르셨다. 온 천하에 최고의 법은 예수 안에서 이루신 하나님의 생명과 성령의 법이다.'

성경에서 예수님이 오셔서 하시는 말씀, 십자가 사건 같은 것들을 다시 한 번 생각해 봅시다. 예수님은 가난한 자의 친구가 되셨습니다. 죄인들을 위하여 오셨습니다. 그는 대접을 받으러 오신 것이 아니라 섬기러 오

셨습니다. 그는 권력을 잡으러 오신 것이 아니라 우리를 위하여 죽으러 오
셨습니다. 이것들이 다 이 법칙, 우리가 하나님께 범죄하여 결과시킨 자멸
의 법칙, 자초한 필멸의 법칙을 깨는 하나님의 개입이요 회복이요 구원이
라는 것을 알게 됩니다. 그것은 일어났고 진행 중이며 완성될 것입니다.

그래서 바울은 하나님이 일하시는 방법의 으뜸인 예수 그리스도께서
걸으신 길을 뒤쫓는 것 외에는 다른 방법을 알지 아니하기로 한 것입니
다. 살든지 죽든지 내 몸에서 그리스도가 영광을 받으시기를, 그리스도
의 영광이 나타나기를, 증거되기를 바라는 것으로 자기 삶을 살고 바친
것입니다. 로마서 10장은 바울의 사명을 이렇게 말합니다.

> 네가 만일 네 입으로 예수를 주로 시인하며 또 하나님께서 그를 죽은
> 자 가운데서 살리신 것을 네 마음에 믿으면 구원을 받으리라 사람이
> 마음으로 믿어 의에 이르고 입으로 시인하여 구원에 이르느니라 성경
> 에 이르되 누구든지 그를 믿는 자는 부끄러움을 당하지 아니하리라
> 하니 유대인이나 헬라인이나 차별이 없음이라 한 분이신 주께서 모든
> 사람의 주가 되사 그를 부르는 모든 사람에게 부요하시도다 누구든지
> 주의 이름을 부르는 자는 구원을 받으리라 그런즉 그들이 믿지 아니
> 하는 이를 어찌 부르리요 듣지도 못한 이를 어찌 믿으리요 전파하는
> 자가 없이 어찌 들으리요 보내심을 받지 아니하였으면 어찌 전파하리
> 요 기록된 바 아름답도다 좋은 소식을 전하는 자들의 발이여 함과 같
> 으니라 (롬 10:9-15)

예수를 믿으면 구원을 얻습니다. 그러나 그것이 오해되지 않도록 13절에

보듯이 "누구든지 주의 이름을 부르는 자는 구원을 받으리라"입니다. 믿는 것이 조건이 아니라 "부르는 자"라고 말합니다. 믿는 것이 진심, 이해, 납득, 헌신, 결단과 같은 조건들을 말한다면 부른다는 것은 다만 비명이면 된다는 뜻입니다. "나를 홀로 두지 마시옵소서." 이런 비명 말입니다.

"하나님이 정말 계시다면, 어떻게 좀 해주십시오." 이런 간증은 많이 있습니다. 다만 공중 앞에서 간증할 때는 이것보다 훨씬 멋있는 레퍼토리들에 밀려나서 그렇지, 사실 우리 기도 중에 가장 원색적이고 출발이 되었던 것은 그와 비슷한 것들입니다. "여태껏 믿는다고 믿었는데 어떻게 해야 할지 모르겠습니다. 어떻게 좀 해주세요. 살려주세요." 이것이면 충분하다는 것입니다. 조건이 없다는 뜻입니다. 하나님이 하신 일입니다. 그래서 어떻게 하라는 것입니까?

복음이 위대하다

> 그런즉 그들이 믿지 아니하는 이를 어찌 부르리요 듣지도 못한 이를 어찌 믿으리요 전파하는 자가 없이 어찌 들으리요 보내심을 받지 아니하였으면 어찌 전파하리요(롬 10:14)

우리 안에서 시작한 일이 아닙니다. 우리가 모르는 데서 일어난 일입니다. 나와 합의하지 않으셨습니다. 설명하지 않으셨습니다. 우리의 조건을 요구하지 않으셨습니다. 우리가 아직 죄인 되었을 때 그리스도를 보내어 하나님께서 우리를 위한 구원을 이루셨습니다. 그런 일이 일어났는데 우리가 모르는 것입니다. 그래서 보냄을 받습니다. 복음을 전하라고 말입니

다. '예수 안에서 우리를 죄와 사망의 권세에서 구원하여 생명과 성령의
법으로 우리를 지키고 계시느니라. 예수 안에서 부활로 사망을 꺾으셨느
니라.' 이렇게 선포하는 것입니다. 들으면 사실이 되고, 안 들으면 거짓이
되는 것이 아니라 일어난 사실을 선포하고 있습니다. 우주와 역사와 인생
과 인간이라는 존재의 운명에 대하여 하나님의 일하심을 선포하는 것입
니다.

> 보내심을 받지 아니하였으면 어찌 전파하리요 기록된 바 아름답도다
> 좋은 소식을 전하는 자들의 발이여 함과 같으니라(롬 10:15)

이 아름다운 발은 어떤 사람들입니까? 깨달은 사람이 아닙니다. 현자가
아닙니다. 득도한 사람이 아닙니다. 소식을 전하라고 보냄을 받는 자입니
다. '영원한 운명이 내 은혜와 능력과 자비와 성실 안에 있으니 마음 놓
거라'라고 왕이 선포하라고 해서 지금 뛰어가는 자들입니다. 그 소식을
전하는 사람에게 위대함이 있는 것이 아니라 전해야 하는 내용에 위대
함이 있습니다. 바울이 위대한 것이 아니라 바울이 들고 간 복음이 위대
하며, 그 복음이 위대하다는 것은 복음이 성립된 예수 안에서 하나님이
하신 일이 위대한 것입니다. 이사야 42장에 가시면 예수 그리스도로 말
미암아 허락하실 하나님의 구원에 대한 약속이 이렇게 구체적으로 예언
되어 있습니다.

> 내가 붙드는 나의 종, 내 마음에 기뻐하는 자 곧 내가 택한 사람을 보
> 라 내가 나의 영을 그에게 주었은즉 그가 이방에 정의를 베풀리라 그

는 외치지 아니하며 목소리를 높이지 아니하며 그 소리를 거리에 들리게 하지 아니하며 상한 갈대를 꺾지 아니하며 꺼져가는 등불을 끄지 아니하고 진실로 정의를 시행할 것이며 그는 쇠하지 아니하며 낙담하지 아니하고 세상에 정의를 세우기에 이르리니 섬들이 그 교훈을 앙망하리라(사 42:1-4)

메시아에 관한 약속입니다. 그 아들을 보내어 이루실 구원, 이것이 이방에 베푸는 정의라고 1절에 나와 있습니다. 여기서 이방은 누구일까요? 가장 조건이 없는 자들을 대표하는 것입니다. 이스라엘이 아니라는 말입니다. 이스라엘과 이방을 나누는 것은 이스라엘의 우월함을 증명하는 것 이상의 가치가 있습니다. 이방을 비교적 열등하게 있도록 하심으로써 하나님의 구원이 어떻게 은혜에 속했는가를 나타내기 위해서 이스라엘이 선민이 된 것입니다. 그리고 이스라엘의 불순종은 우리가 가진 어떤 가치도 구원을 이루어내는 조건이나 능력이 될 수 없다는 사실의 증거가 됩니다. 정말 놀라운 일 아닙니까?

그는 외치지 않습니다. 목소리를 높이지 않습니다. 공포나 위협으로 이 일을 이루지 않는다는 말입니다. "섬들이 그 교훈을 앙망하리라." 가장 외진 데까지도 다 이 혜택을 받게 된다는 것입니다. 이어서 보겠습니다.

하늘을 창조하여 펴시고 땅과 그 소산을 내시며 땅 위의 백성에게 호흡을 주시며 땅에 행하는 자에게 영을 주시는 하나님 여호와께서 이같이 말씀하시되 나 여호와가 의로 너를 불렀은즉 내가 네 손을 잡아 너를 보호하며 너를 세워 백성의 언약과 이방의 빛이 되게 하리니 네

가 눈먼 자들의 눈을 밝히며 간힌 자를 감옥에서 이끌어 내며 흑암에
앉은 자를 감방에서 나오게 하리라 나는 여호와이니 이는 내 이름이
라 나는 내 영광을 다른 자에게, 내 찬송을 우상에게 주지 아니하리
라(사 42:5-8)

하나님의 거룩하심, 유일하심, 전능하심과 영광과 위엄이 분명하게 표현
되어 있습니다. "나는 여호와이니 이는 내 이름이라 나는 내 영광을 다
른 자에게, 내 찬송을 우상에게 주지 아니하리라." 하나님은 이 일을 7절
에 있는 것같이 눈먼 자들, 간힌 자들, 흑암에 앉은 자들, 감옥에 간힌 자
들에게 행하실 것입니다. 예수님이 오셔서 실제로 그의 생애에서 보이신
것같이 가난한 자와 병든 자와 죄인들의 친구가 되시며, 저들을 고치시
고 저들을 위하여 섬기고 사시며 자기 목숨을 내어주십니다. 누구를 잡
고 무릎 꿇리고 죽여서 가지는 정체성과 승리와 극명하게 대비가 됩니
다. 복음이 가지는 힘, 복음이 가지는 정체성은 내가 죽어 상대를 살리는
생명과 성령의 법입니다.

　사실 우리는 이 사실을 평생 잘 이해하지 못합니다. 우리는 죄의 본성
상 이기는 일을 경쟁적으로, 승패를 나누는 것으로밖에는 이해하지 못
합니다. 그러나 나이가 들면 배웁니다. 나이가 든다는 것은 특별한 하나
님의 섭리입니다. 만일 우리가 죽지 않는다면 아마도 영원히 예수님을
안 믿을 것입니다. 갑자기 죽으면 안 되고, 이렇게 늙어서 죽어야 합니다.
늙어서 죽음을 앞에 두면 정말 가치 있는 것과 그렇지 않은 것에 대한
당연한 이해가 생깁니다. 세상이 거짓말쟁이라는 것을 알게 됩니다. 이렇
게 살고 저렇게 하면 평생 이길 것 같았는데 어느 날 거울을 들여다보니

거짓말이라고 쓰여 있는 것을 보게 됩니다. 내가 아는 얼굴이 아닌 얼굴이 나옵니다. 세상이 약속했던 영원한 승리, 영원한 영광, 영원한 자랑이 없습니다.

세상이 한 약속 중에 하나도 진실인 것이 없습니다. 그것은 다 우리를 죽음으로 몰아가는 것뿐입니다. 그러나 예수님 안에서는 다릅니다. 여러분, 믿음을 가진 자가 늙어서 거울을 보면 누가 나옵니까? 예수님이 나옵니다. 그게 다릅니다. 예수님이 나옵니다. 주름과 주름 사이 그늘진 어둔 골짜기마다 십자가가 서 있고, 굴곡진 피부에 부활의 빛이 반사됩니다. 죽어가기 때문에 마지막으로 붙잡는 것이 아닙니다. 죽음도 막을 수 없는 예수님 안에서의 구원의 영광을 봅니다. 기꺼이 죽을 수 있습니다. 세상에 남아있는 것이 없습니다. 아쉬울 것이 없습니다.

내가 유익해서 살아있다거나 무익해서 죽는 것이 아니라 사는 것 자체가 하나님의 자녀로서 하나님의 일이라고 느껴서 살아있는 것입니다. 살아있는 것이 책임인 줄 아는 것입니다. 바울이 그랬던 것처럼 우리 모두가 하나님의 일하심이라는 붙드심과 축복 속에 있는 줄을 알기에 살아있습니다. 오래 사시는 분은 하나님이 함께하실 일이 더 있어서 그런 것이고, 일찍 죽은 분은 그 일이 다 끝났기 때문입니다. 그것이 우리가 아는 복음에 대하여 가지는 우리의 자랑이며, 그 복음 안에 우리의 운명과 인생을 다 담아낼 수 있는 성경의 위대함입니다.

살아서 계속 고생

야곱아 너를 창조하신 여호와께서 지금 말씀하시느니라 이스라엘아 너

를 지으신 이가 말씀하시느니라 너는 두려워하지 말라 내가 너를 구속
하였고 내가 너를 지명하여 불렀나니 너는 내 것이라(사 43:1)

"야곱아." 야곱이라는 것은 부끄러운 이름입니다. 악명 높은 이름입니다.
사기꾼이라는 뜻이고, 약탈자라는 뜻입니다. "야곱아"는 누구라도 괜찮
다는 뜻입니다. 하나님과 우리 사이에는 도덕이나 능력으로 관계의 조건
이 설정되어 있지 않고, 물보다 진한 피, 그 피보다 더 진한 창조주 하나
님이 목적하셨던 그의 형상, 그의 사랑의 영광으로 묶여있기 때문입니다.
탕자가 돌아와서 아버지께 한 말이 무엇이었습니까? 아들이라는 이름을
감당할 수 없으니 종의 하나로 봐달라는 것이었습니다. 그때 아버지가 뭐
라고 답합니까? "무슨 소리냐? 너는 내 아들이다." 성경이 하는 이야기를
알아들으셔야 합니다.

하늘을 창조하여 펴시고 땅과 그 소산을 내시며 땅 위의 백성에게 호
흡을 주시며 땅에 행하는 자에게 영을 주시는 하나님 여호와께서 이
같이 말씀하시되 나 여호와가 의로 너를 불렀은즉 내가 네 손을 잡아
너를 보호하며 너를 세워 백성의 언약과 이방의 빛이 되게 하리니 네
가 눈먼 자들의 눈을 밝히며 갇힌 자를 감옥에서 이끌어 내며 흑암에
앉은 자를 감방에서 나오게 하리라(사 42:5-7)

이것이 예수님에게서 이루어졌고, 바울에 의해서 계속되었습니다. 그리
고 우리에게까지 넘어와 있습니다. 우리의 인생은 이런 인생입니다. "나
여호와가 의로 너를 불렀은즉 내가 네 손을 잡아 너를 보호하며 너를 세

워 백성의 언약과 이방의 빛이 되게 하리니 네가 눈먼 자들의 눈을 밝히 며 갇힌 자를 감옥에서 이끌어 내며 흑암에 앉은 자를 감방에서 나오게 하리라"(사 42:6-7).

　하나님은 우리가 하는 식으로 일하시지 않습니다. 그래서 우리는 우 리의 가치를 다 모르는지 모릅니다. 성경이 선포한 예수님의 오심과 그의 죽으심과 부활이 사실이었던 것같이, 예수님이 누구인가를 아는 자들의 존재와 인생과 운명은 그의 죽으심과 부활의 권능 아래에 있습니다. 죄와 사망의 법에서 불러내어 생명과 성령의 법의 은혜를 받을 뿐 아니라 그 것을 나누는 자로 서 있고 살아가고 있고 그 인생이 인도되고 있습니다. 위대하고 감사한 길입니다. 그래서 사도 바울은 기꺼이 이렇게 이야기합 니다.

　　나는 이제 너희를 위하여 받는 괴로움을 기뻐하고 그리스도의 남은 고난을 그의 몸된 교회를 위하여 내 육체에 채우노라 내가 교회의 일 꾼 된 것은 하나님이 너희를 위하여 내게 주신 직분을 따라 하나님의 말씀을 이루려 함이니라 이 비밀은 만세와 만대로부터 감추어졌던 것 인데 이제는 그의 성도들에게 나타났고 하나님이 그들로 하여금 이 비밀의 영광이 이방인 가운데 얼마나 풍성한지를 알게 하려 하심이라 이 비밀은 너희 안에 계신 그리스도시니 곧 영광의 소망이니라 우리 가 그를 전파하여 각 사람을 권하고 모든 지혜로 각 사람을 가르침은 각 사람을 그리스도 안에서 완전한 자로 세우려 함이니 이를 위하여 나도 내 속에서 능력으로 역사하시는 이의 역사를 따라 힘을 다하여 수고하노라 (골 1:24-29)

이것이 바울의 고백이고, 또한 여러분의 고백이어야 합니다. 우리 모두가 이 세상 가운데 이렇게 서 있습니다. 우리 안에 계신 그리스도, 하나님의 비밀, 하나님의 능력, 하나님의 신실하심, 하나님의 의지, 하나님이 일하시는 방법, 하나님의 영광, 하나님의 함께하심, 이런 것들이 바울의 생애였고, 모든 성도의 생애이며 현실입니다.

적대자와 세상 권력과 하나님의 증인이 함께 묶여 역사 현장에 있는데 제일 큰 힘은 누가 가집니까? 세상 권력이 제일 큰 힘을 갖고 있습니다. 실제로 주인공은 누구입니까? 바울이 주인공입니다. 바울이 유능해야 했습니까? 아닙니다. 그는 순종해야 했습니다. 그는 오래 살아야 했습니다. 오래 살아서 계속 고난을 당했습니다. 그것이 하나님이 일하시는 방법입니다. 고린도전서 15장에 오셔서 확인해야 할 것이 있습니다.

사망아 너의 승리가 어디 있느냐 사망아 네가 쏘는 것이 어디 있느냐 사망이 쏘는 것은 죄요 죄의 권능은 율법이라 우리 주 예수 그리스도로 말미암아 우리에게 승리를 주시는 하나님께 감사하노니 그러므로 내 사랑하는 형제들아 견실하며 흔들리지 말고 항상 주의 일에 더욱 힘쓰는 자들이 되라 이는 너희 수고가 주 안에서 헛되지 않은 줄 앎이라(고전 15:55-58)

죄와 사망의 법과 성령과 생명의 법을 대조하고 있습니다. "사망아 너의 승리가 어디 있느냐 사망아 네가 쏘는 것이 어디 있느냐 사망이 쏘는 것은 죄요 죄의 권능은 율법이라." 죄와 사망의 법입니다. 자기가 자기를 책임져야 하는 법 아래에서 스스로를 구원할 자는 아무도 없습니다. 그런데 우리는 어디에 와 있습니까? "우리 주 예수 그리스도로 말미암아 우리에게 승리를 주시는 하나님께 감사하노니." 이김을 주십니다. 승리를 주십니다. 그래서 어떻게 하라는 것입니까? "그러므로 내 사랑하는 형제들아 견실하며 흔들리지 말고 항상 주의 일에 더욱 힘쓰는 자들이 되라."

항상 잘할 수는 없습니다. 늘 잘해야 한다고 하지 않았습니다. '하나님이 사망을 뒤집어엎으실 수 있음을 기억하라. 지는 것으로 이김을 주신다는 것을 기억하라. 아무것도 아닌 데서 하나님이 그의 승리를 만들어내실 수 있는 것을 기억하라. 흔들리지 마라. 겁내지 마라.' 그리고 바울이 그랬던 것처럼 고생만 합니다. 우리는 바울을 늘 오해합니다. 나중에 유명해졌기 때문에 그렇습니다. 그러나 사실 바울은 당시에 고생만 한 사람입니다. 우리도 그렇습니다. 우리 인생이 어떤 것이었는지는 나중에 하늘나라에 가봐야 압니다. 우리로 말미암아 무슨 일이 생겼는지, 하나님이 하시는 그 큰일에서 우리가 어느 자리에 있었는지는 그때 가야 알게 됩니다. 우리가 사는 현실에서는 다만 고난과 수고뿐일 것입니다.

그러나 위대한 길입니다. 그 길에서 우리는 늙어서도 거울을 볼 수 있습니다. 거울을 보면 우리는 예수님을 만납니다. 그렇지 않다면 거짓말을 만날 수밖에 없습니다. 그러나 바울이 위대한 것이 아니라 복음이 위대하고, 복음의 위대함은 예수님 안에서의 반전입니다. 부활의 승리입니다. 이김을 주시는 하나님, 그리스도로 말미암아 우리에게 이김을 주시는 하나님을 기억하지 않으면 신앙인으로 세상을 살 다른 방법이 없습니다.

그러므로 내 사랑하는 형제들아 견실하며 흔들리지 말고 항상 주의

일에 더욱 힘쓰는 자들이 되라 이는 너희 수고가 주 안에서 헛되지 않은 줄 앎이라(고전 15:58)

기 도

하나님 아버지, 은혜를 감사합니다. 우리가 걷는 길이 암담해 보이고, 실패 같고, 아무것도 아닌 것 같고, 허허로울 때조차도 하나님이 함께하시고 일하시는 십자가의 신비요 부활의 길임을 믿습니다. 우리에게 필요한 것은 자랑이 아니고, 더 높은 자리에 서는 것이 아니고, 더 많은 힘을 가지는 것이 아니고, 하나님의 자비로우시고 신실하시고 거룩하심에 순종하는 것입니다. 그 막막한 길을 걸어갈 믿음과 순종과 위대함과 약속에 의한 충성을 허락하옵소서. 우리 자신과 우리의 인생에서 하나님의 일하심을 보게 하옵소서. 예수님의 이름으로 기도합니다. 아멘.

35.
하나님은 끝없이 기다리신다

사도행전 24:10-23

21_오직 내가 그들 가운데 서서 외치기를 내가 죽은
자의 부활에 대하여 오늘 너희 앞에 심문을 받는다고 한
이 한 소리만 있을 따름이니이다 하니

바울이 선교여행을 마치고 예루살렘에 돌아왔다가 유대인들의 박해와
공격에 몰리게 되었습니다. 이때 바울을 구출한 것은 로마 군인들이었습
니다. 그러나 죄인으로 생각하여 그를 결박하여 가두어 놓았습니다. 그
리고 무엇 때문에 유대인들이 바울을 박해하는지 확인하기 위해 벨릭스
총독 앞에 대제사장과 바울이 서게 되었습니다. 바울이 하는 답은 정치
적, 사회적 또는 법률적, 도덕적 죄를 범한 것이 하나도 없다는 것이었습
니다. 그리고 14절에서 이야기합니다.

그러나 이것을 당신께 고백하리이다 나는 그들이 이단이라 하는 도를
따라 조상의 하나님을 섬기고 율법과 선지자들의 글에 기록된 것을
다 믿으며 그들이 기다리는 바 하나님께 향한 소망을 나도 가졌으니

곧 의인과 악인의 부활이 있으리라 함이니이다(24:14-15)

바로 '부활이 있으리라'는 말 때문에 반대를 받고 어려움을 겪고 있다고
말합니다. 21절에 같은 내용이 또 나옵니다.

오직 내가 그들 가운데 서서 외치기를 내가 죽은 자의 부활에 대하
여 오늘 너희 앞에 심문을 받는다고 한 이 한 소리만 있을 따름이니이
다(24:21)

부활로 인해

왜 이 부활이 이렇게 큰 문제가 되었을까요? 우리는 사도행전 21장 이후
에 바울이 로마로 압송되는 과정에 나오는 등장인물 셋을 봅니다. 바울
과 그를 대적하는 유대인들 그리고 권력을 행사하는 로마입니다. 로마는
이 문제에 관심이 없습니다. 그들은 이미 권력을 얻은 자들이고 누리는
자들이기 때문입니다. 그들에게는 현 세상이 전부입니다. 죽은 다음의
이야기에는 관심이 없습니다.

유대인들은 바울과 같은 전통을 가지고 있는데, 바울에게 화를 냅니
다. 지금까지 우리가 알아봤듯이 그들이 가진 우월감을 바울이 훼손했
기 때문입니다. 그들은 선민이고 율법을 가지고 있고 성전을 지었는데,
바울은 그것이 아무것도 아니라고 하고, 유대인이나 이방인이나 똑같이
예수를 믿어야 하는 죄인이고, 그렇게 해야 하나님의 백성이 될 수 있다
고 말하기 때문입니다. 그래서 억울합니다. 유대인들이 택한 방법이 무엇

이었습니까? 바울을 죽이는 것이었습니다. 그 싸움입니다. 거기에 바울이 묶여 있습니다.

우리는 이렇게 물어볼 수 있습니다. 하나님께서 왜 거기에 답을 주시지 않느냐고 말입니다. 오늘 본문에 나오는 벨릭스부터 회개시키고 유대인들을 다 죽이면 되지 않겠느냐는 질문 말입니다. 이 질문 자체에 답이 내재되어 있습니다. '죽이고', '회개시키고' 하는 강제력을 쓰지 않으십니다. 부활이란 기독교가 가지는 중요한 신앙의 기둥입니다. 예수님으로 인한 복음입니다. 예수님을 믿는다는 말에는 죄의 용서와 죄인의 승리가 들어있는데, 그 내용은 죄인으로서 가지는 승리가 아니라 죄인이고 심판 받아야 하는 자에게 주는 용서를 넘어 그 용서 후에 가져오는 영광을 약속하는 것입니다. 그것이 부활입니다.

찬송하리로다 하나님 곧 우리 주 예수 그리스도의 아버지께서 그리스도 안에서 하늘에 속한 모든 신령한 복을 우리에게 주시되 곧 창세 전에 그리스도 안에서 우리를 택하사 우리로 사랑 안에서 그 앞에 거룩하고 흠이 없게 하시려고 그 기쁘신 뜻대로 우리를 예정하사 예수 그리스도로 말미암아 자기의 아들들이 되게 하셨으니 이는 그가 사랑하시는 자 안에서 우리에게 거저 주시는 바 그의 은혜의 영광을 찬송하게 하려는 것이라 우리는 그리스도 안에서 그의 은혜의 풍성함을 따라 그의 피로 말미암아 속량 곧 죄 사함을 받았느니라 이는 그가 모든 지혜와 총명을 우리에게 넘치게 하사 그 뜻의 비밀을 우리에게 알리신 것이요 그의 기뻐하심을 따라 그리스도 안에서 때가 찬 경륜을 위하여 예정하신 것이니 하늘에 있는 것이나 땅에 있는 것이 다

그리스도 안에서 통일되게 하려 하심이라(엡 1:3-10)

예수 믿는 사람치고 이 구절을 읽으면서 무슨 뜻인지 모르는 사람은 없습니다. 창조주 하나님이 예수님 안에서 그의 백성을 용서하시고 구원하시고 영광스러운 역사를 약속하셨고 이루실 것입니다. 다 알고 있는 내용입니다. 그러나 한 번 더 자세히 보시기 바랍니다. 우리는 성경을 자주 평면적으로 보곤 합니다. 시간을 멈추어놓고 본다는 말입니다. 시간이라는, 시작과 끝이라는 길이를 놓치고 마치 지금이 다인 것처럼 생각하고 봅니다. 그래서 이 말씀을 중요하게 세 주제로 나누어서 보겠습니다.

예수님 안에서의 구원과 영원한 영광을 누가 주신다고 합니까? 전부 하나님입니다. 우리가 아닙니다. 우리의 느낌과 우리의 체험과 우리의 감격과 우리의 헌신과 우리의 열심이 만들어내는 것이 아니라 하나님이 주십니다. "찬송하리로다 하나님 곧 우리 주 예수 그리스도의 아버지께서"(3절), "그리스도 안에서 우리를 택하사"(4절), "그 기쁘신 뜻대로 우리를 예정하사"(5절), "그 뜻의 비밀을 우리에게 알리신 것이요 그의 기뻐하심을 따라 그리스도 안에서 때가 찬 경륜을 위하여 예정하신 것이니"(9절), "하늘에 있는 것이나 땅에 있는 것이 다 그리스도 안에서 통일되게 하려 하심이라"(10절). 전부 하나님의 주권, 그분만이 가지는 시작, 그분만이 가지는 뜻으로 되어 있습니다. 하나님께 주권이 온전히 돌려지고 있습니다.

그리고 그 일이 어떤 방법으로 이루어졌느냐 할 때는 계속 예수입니다. "그리스도 안에서 하늘에 속한 모든 신령한 복을 우리에게 주시되"(3절), "창세 전에 그리스도 안에서 우리를 택하사 … 거룩하고 흠이 없게 하시려고"(4절), "그리스도로 말미암아 자기의 아들들이 되게 하셨으니"(5

절), "그가 사랑하시는 자 안에서 … 그의 은혜의 영광을 찬송하게 하려는 것이라"(6절), "그리스도 안에서 그의 은혜의 풍성함을 따라 … 죄 사함을 받았느니라"(7절), "그리스도 안에서 때가 찬 경륜을 위하여 예정하신 것이니"(9절), "하늘에 있는 것이나 땅에 있는 것이 다 그리스도 안에서 통일되게 하려 하심이라"(10절). 그 많은 것들, 복, 사랑, 아들 됨, 은혜, 죄 사함, 비밀, 통일이 모두 예수 안에서 이루어집니다. 예수님은 하나님의 성실하심의 구체적 증거요, 그 뜻을 이루시는 하나님의 의지와 능력을 보여주는 분이십니다. 예수님은 죄를 사하러 오신 분이요 우리의 죄를 씻기 위하여 우리에게 자기의 목숨을 내어주신 분이요 우리가 만든 죽음을 반전시켜 영광의 부활을 만드신 하나님의 뜻을 이루신 하나님의 능력입니다.

면제되지 않음

거기에 시간이 있습니다. 자기의 죄가 무엇인지 모르고 그 죄를 고스란히 하나님께 터뜨린, 그리하여 예수님을 십자가에 못 박은 역사적 사실, 씻을 수 없고 돌이킬 수 없는 시간 속에서 일으킨 사건을 모조리 받아들여 그 죽음을 끌어안아 그것을 새 생명으로, 부활로 반전시킨 역사적 기적이 있습니다. 말로 하는 것이 아니고 눈물로 하는 것이 아니고 고함을 질러서 하는 것이 아니고 벼락을 쳐서 하는 것이 아닙니다. 고스란히 시간과 공간 속에서 우리가 아는 식으로, 우리가 고집한 대로 따라와 만들어낸 예수 안에서의 승리입니다. 그 이야기를 합니다.

　우리는 이미 바울의 행보가 심상치 않음을 보았습니다. 바울이 아니라 바울이 전하는 복음이 위대하다는 말을 계속 해왔습니다. 복음은 하나님이 예수 안에서 우리 모두를 용서하셨다는 것입니다. 예수 안에서의 복음입니다. 아무나 오라는 것입니다. 바울이 위대한 것이 아니라 바울이 들고 다니면서 보여주고 외치는 그 내용, 복음이 위대합니다. 우리는 그 위대함을 어떻게 알게 됩니까? 역사적 사건, 예수 그리스도의 십자가, 그의 죽음과 부활을 통해서입니다. 그것은 공허한 이야기가 아닙니다. 어디에나 있는 고상한 이야기, 어떤 소원이나 치성과 같은 이야기가 아닙니다. 그것은 십자가 이야기입니다. 십자가, 두 개의 막대기를 엇갈려 놓은 것 자체로는 아무 의미가 없습니다. 그런데 거기에 의미가 있는 것은 그것이 하나의 사건을 가리키기 때문입니다. 거기에서 죽은 이, 예수 그리스도 말입니다. 바울이 그것을 가리켜 결정적으로 무엇을 증거한다고 합니까? 부활입니다.

하나님이 예수 안에서 우리 모두를 구원하셨습니다. 바울은 자신의 회심을 어떻게 설명했습니까? '나는 알지 못했고, 소원하지 않았고, 기대하지 않은 식으로 주를 만났습니다. 내가 가서 예수를 붙잡은 것이 아니라 주께서 뛰어들어와 나를 붙잡으셨습니다.' 이것이 바울이 증언하는 복음입니다. 열심을 내면 받는 보상, 내가 먼저 죄를 씻으면 주는 구원이 아니고, 우리가 죄인이었을 때에 뛰어들어오시고 우리를 붙잡으신 하나님의 능력과 은혜의 손길을 말하는 것입니다.

그래서 바울은 고함지르지 않습니다. 지금 이기는 싸움이 아니라는 것을 압니다. 예수 안에서 하나님이 그리하셨던 것처럼 주님이 다시 오시는 그날 모두의 승리를 위하여 지금은 일하는 때라는 것을 아는 것입니다. 하나님이 일하고 계십니다. 바울은 그 일에 부름을 받았습니다. 그래서 정말 밋밋하게 합니다. 붙잡히면 잡히고, 맞으면 터지고, 기회가 있으면 이야기합니다. 어떤 과장된 제스처, 울고 호소하고 간절하게 하는 것이 없습니다. 복음에는 우리가 어떤 것을 더 가져다 붙이고, 우리의 힘을 보탤 것이 없습니다. 요한복음 5장에서 주께서 친히 이런 말씀을 하십니다.

> 나는 사람에게서 영광을 취하지 아니하노라 다만 하나님을 사랑하는 것이 너희 속에 없음을 알았노라 나는 내 아버지의 이름으로 왔으매 너희가 영접하지 아니하나 만일 다른 사람이 자기 이름으로 오면 영접하리라 너희가 서로 영광을 취하고 유일하신 하나님께로부터 오는 영광은 구하지 아니하니 어찌 나를 믿을 수 있느냐(요 5:41-44)

우리는 예수님의 영광은 구하지 않습니다. 하나님께로부터 오는 영광을 구하지 않으므로 무엇을 모르게 됩니까? 예수님을 믿을 수가 없습니다. 예수님은 보이는 영광이 아니기 때문입니다. 기독교는 보이는 것으로 증명되지 않습니다. 예수님을 믿는 것이 복이라는 것을 증거하기 위해 하나님이 여러 가지 표적을 쓸 수 있습니다. 병이 낫고, 귀신이 쫓겨나가고, 가난한 자가 부자가 되는 그런 표적들을 쓰실 수 있습니다. 예수님의 생애에 이런 많은 기적이 있었지만 자기의 책임을 면제받는 기적은 없었습니다. 그는 죽으셔야 했습니다. 백성이 놀랐던 것은 죽은 자를 살리고 바다를 잠잠케 하는 이가 죽었다는 사실입니다. 예수께서 십자가에 달리실 때 백성들이 하는 말이 '네가 하나님의 아들이어든 내려와 봐라'였지 않습니까? 바로 이 이야기를 하는 것입니다. 내가 하나님의 아들이라서 바로 이 길을 간다는 것입니다.

이것이 기독교 역사 내내 큰 시험이 되었습니다. 예수님을 믿으면 승리했다고 할 때 이 승리는 어떤 승리입니까? 보이는 승리입니다. 예수님을 믿어서 좋은 학교 간 것, 예수님을 믿어서 좋은 직장 가진 것, 예수님을 믿어서 헌금 많이 한 것, 예수님을 믿어서 선한 일 많이 한 것들입니다. 이런 것들이 잘못되었다는 것이 아니라 그것이 기독교의 본질이 아니라는 이야기입니다. 본질은 예수의 죽으심입니다. 우리는 기도할 수 있고 복을 받을 수 있고 소유할 수도 있고 빼앗길 수도 있습니다. 그런데 우리는 늘 은혜 아래에 있고 복 아래에 있고 하나님의 자녀라는 명예 안에 있다는 것을 알아야 합니다. 그래서 억울할 수 있습니다.

깊이 물어보는 자리

바울은 억울합니다. 그런데 비분강개하지 않습니다. 우리가 보기에 사도행전의 마지막 부분은 시시합니다. 하지만 시시한 것이 아니라 무시무시한 것입니다. 그것이 바로 십자가의 길이요 영광의 길이요 능력의 길이요 하나님의 깊으심의 길이기 때문입니다. 그러나 우리가 보기에는 시시합니다. 하나님이 기다리시는 것을 가장 우선하시기 때문입니다. 기다리십니다. 돌아오기까지 기다리십니다. 우리가 항복하고 납득할 시간을 주십니다. 이것을 우리는 모릅니다. 우리는 한마디 해서 뒤집어 놓고 싶고, 고함 한 번 질러서 항복을 받아내고 싶습니다.

그래서 우리가 제일 많이 하는 것이 "너 지금 죽어도 천국 갈 확신이 있어?" 하고 시비를 겁니다. 오늘 죽으면, 오늘 밤에 죽는다면, 그래서 오늘 하루만 산다면 우리는 마지막으로 무엇이든지 할 수 있습니다. 문제는 그 확신이 있어도 오늘 데려가시지 않는다는 데 있습니다. 오늘 밤에 데려가야 오늘의 확신이 빛이 나는데, 아무리 확신을 해도 무시무시한 내일이 옵니다. 안 데려가십니다. 시간이 지나면서 고함도 사라지고 눈물도 메마르고 감동도 없어지고 넋이 빠진 사람이 되어서 내가 지금 믿는 사람이 맞는지, 어떻게 해야 하는지 모르는 그런 상태가 되고 맙니다. 하나님이 무엇을 하고 계시는지 몰라서 그렇습니다.

하나님은 기다리고 계십니다. 문을 열어놓고 있습니다. 열린 문입니다. 바람이 불면 삐거덕대는 묶어놓지 않은 문입니다. 언제 돌아와도 좋다고 하시며 열어놓은 문입니다. 그래서 늘 바람에 흔들려 삐걱거립니다. 우리는 그것이 싫습니다. 차라리 떼어버리거나 잠가버리는 게 더 쉽지 계속 삐걱거리고 덜커덩거리는 것이 거슬립니다. 이를 위해 하나님이 무엇을 하십니까? 쓸모 있게 고치시는 것이 아니라 기다리고 계십니다. 가만히 기다리고만 있는 것이 아니고 일하고 계십니다. 답이 없는 세상, 거짓말뿐인 세상에서 우리가 지치고 절망하고 드디어 깊이 물어보는 자리까지 인도하고 계십니다.

집 나간 탕자의 비유에서 자기 마음대로 살면 행복할 것 같고, 소유하기만 하면 답이 있을 것 같아서 자기 몫을 받아서 나간 자식처럼 우리가 살고, 방탕하게 허비한 모든 세월 동안 하나님이 옆에서 동행하시며 기다리십니다. 그 길이 아니라는 것을 점점 깨달아가면서 끝에 가서야 생각이 납니다. 그리고 은혜를 받습니다. '내 아버지 집에서는 종들도 이보다는 낫다. 돌아가자.' 아버지가 기다리고 있습니다. 탕자가 말합니다. "아버지, 저를 아들로 대접하지 마시고 종들의 하나로 보소서." "무슨 소리냐?"

"얘들아, 소를 잡아라. 신발을 신겨라. 반지를 끼워라."

우리는 돌아오면 될 것 아니냐고 쉽게 말합니다. 그런데 돌아오는데 오래 걸립니다. 하나님은 우리에게 독재자가 아닙니다. 당신의 뜻을 억지로 끼워 맞추거나 힘으로 굴복시키지 않습니다. 그래서 우리가 보기에 이해가 가지 않는, 모든 세계의 역사가 하나님이 누군지 모르고 행하는 그 많은 거역과 신성모독과 불순종과 무지에도 불구하고 하나님은 일하고 계십니다. 하나님이 기다리십니다. 그러니 여러분, 오래 사셔야 합니다. 사도행전 23장 11절을 봅시다. 바울이 막 붙잡혀서 감옥에 갇혀있을 때입니다.

> 그 날 밤에 주께서 바울 곁에 서서 이르시되 담대하라 네가 예루살렘에서 나의 일을 증언한 것 같이 로마에서도 증언하여야 하리라 하시니라 (23:11)

그래서 로마에 갈 때까지는 죽을 수도 없습니다. 이렇게 말씀드리면 여러분이 지리적으로 생각하게 되니까 예를 바꾸겠습니다. 증손자를 볼 때까지는 죽을 수 없다는 말씀입니다. 바울이 붙잡혀서 로마에 갈 때까지 그 모든 과정에 사도로 서 있습니다. 아무것도 아닌 자 같으나 모든 것을 가진 자로서 영광과 욕됨으로 말미암는 자리를 지키는 것입니다. 죄수의 신분으로 갑니다. 아무도 그가 누군지 모릅니다. 그러나 하나님이 그와 함께 일하십니다. 언제까지입니까? 증손자 볼 때까지입니다. 그러니 오래 사십시오. 쉽게 일찍 도망갈 생각은 하지 마십시오.

형제들아 내가 당한 일이 도리어 복음 전파에 진전이 된 줄을 너희가 알기를 원하노라 이러므로 나의 매임이 그리스도 안에서 모든 시위대 안과 그 밖의 모든 사람에게 나타났으니 형제 중 다수가 나의 매임으로 말미암아 주 안에서 신뢰함으로 겁 없이 하나님의 말씀을 더욱 담대히 전하게 되었느니라 어떤 이들은 투기와 분쟁으로, 어떤 이들은 착한 뜻으로 그리스도를 전파하나니 이들은 내가 복음을 변증하기 위하여 세우심을 받은 줄 알고 사랑으로 하나 그들은 나의 매임에 괴로움을 더하게 할 줄로 생각하여 순수하지 못하게 다툼으로 그리스도를 전파하느니라 그러면 무엇이냐 겉치레로 하나 참으로 하나 무슨 방도로 하든지 전파되는 것은 그리스도니 이로써 나는 기뻐하고 또한 기뻐하리라 이것이 너희의 간구와 예수 그리스도의 성령의 도우심으로 나를 구원에 이르게 할 줄 아는 고로 나의 간절한 기대와 소망을 따라 아무 일에든지 부끄러워하지 아니하고 지금도 전과 같이 온전히 담대하여 살든지 죽든지 내 몸에서 그리스도가 존귀하게 되게 하려 하나니 이는 내게 사는 것이 그리스도니 죽는 것도 유익함이라 그러나 만일 육신으로 사는 이것이 내 일의 열매일진대 무엇을 택해야 할는지 나는 알지 못하노라 내가 그 둘 사이에 끼었으니 차라리 세상을 떠나서 그리스도와 함께 있는 것이 훨씬 더 좋은 일이라 그렇게 하고 싶으나 내가 육신으로 있는 것이 너희를 위하여 더 유익하리라(빌 1:12-24)

죽는 것이 훨씬 낫습니다. 그런데 살아서 하나님이 하시는 일에 순종해야 한답니다. "나의 간절한 기대와 소망을 따라 아무 일에든지 부끄러워 아니하고"(빌 1:20상). 그가 가는 길은 사람들이 이해하지 못하는 길입니다. 치사한 길을 가야할 수도 있고, 사람들이 경멸하는 길을 갈 수도 있다는 것입니다. 그런데 더 살아서 그 길을 가야 한다면 기꺼이 살 것이라고 합니다.

예수 믿는 것이 왜 이렇게 어렵습니까? 보이는 증거와 보이는 권력을 안 주시기 때문입니다. 그러면 우리는 어떻게 살아야 할까요? 입 다물고 사는 것입니다. '방법이 없구나. 하나님이 일하신단다. 부활이 있단다. 역전이 있단다.' 믿고 사는 것입니다. '너는 틀리고 나는 맞다' 하는 싸움에 말려들지 말고, 다른 사람을 쫓아다니며 '넌 왜 그렇게 사니?' 그러지 말고, 조용히 각자의 인생을 살며, 하나님이 세상과 이웃 앞에서 일하신다는 것을 믿기로 하는 것입니다. 비명 지르지 말고, 도망가지 말고, 각자의 삶을 살아내는 것입니다. 여러분에게 맡기신 일이 다 다릅니다. 그 일을 하십시오. 하나님이 일하신다는 것을 놓치지 않으셔야 합니다. 그래야 우리의 길을 갈 수 있습니다. 변명하지 않게 되고, 고함지르지 않고 윽박지르지 않게 되며, 한숨 짓지 않게 됩니다. 그래서 하나님이 무엇을 하시는지 보십시다.

기 도

하나님 아버지, 은혜를 감사합니다. 믿음과 충성과 기적을 오늘 확인했습니다. 하나님이 어떻게 일하시는지 다시 생각했습니다. 예수를 믿는다는 것은 하나님의 일하시는 영광을 믿는 것입니다. 우리의 못난 존재와 인생이 너무나 귀한 하나님의 손길인 것을 알았으니 나 좋게 하자고 떠밀지 말게 하옵소서. 떠밀리고 오해받

고 그 속에서 충성하는 순종과 인내를 구합니다. 허락하여 주옵소서. 하나님의 기

적을 보게 하여 주시옵소서. 예수님의 이름으로 기도합니다. 아멘.

36.
무의미한 시간은 없다

사도행전 25:13-22

19_오직 자기들의 종교와 또는 예수라 하는 이가 죽은
것을 살아 있다고 바울이 주장하는 그 일에 관한 문제로
고발하는 것뿐이라

사도행전 25장은 "베스도가 부임한 지 삼 일 후에"로 시작합니다. 24장
에서 총독은 벨릭스였습니다.

> 이태가 지난 후 보르기오 베스도가 벨릭스의 소임을 이어받으니
> 벨릭스가 유대인의 마음을 얻고자 하여 바울을 구류하여 두니
> 라(24:27)

바울이 전도여행을 마치고 예루살렘으로 돌아와 유대인의 고소를 받습
니다. 천부장이 그 소란에서 바울을 구해주기는 했지만, 그를 중대한 범
인으로 여겨 구금해 두었습니다. 바울의 변명을 들었지만, 바울이 그 문
제를 예루살렘에서 해결하지 않고 로마에 가서 가이사 앞에 서겠다고

함으로써 현재 감금되어 있는 것입니다. 그렇게 미결수 신분으로 이태가 지납니다.

새로 부임한 베스도는 바울이 누구인지, 죄목이 무엇인지 사실(査實)해본 것으로 보입니다. 25장 18절을 보시면 아그립바 왕에게 이야기한 대목에서 이런 것을 볼 수 있습니다.

> 원고들이 서서 내가 짐작하던 것 같은 악행의 혐의는 하나도 제시하지 아니하고 오직 자기들의 종교와 또는 예수라 하는 이가 죽은 것을 살아 있다고 바울이 주장하는 그 일에 관한 문제로 고발하는 것뿐이라(25:18-19)

또 25절에서도 "내가 살피건대 죽일 죄를 범한 일이 없더이다"라고 베스도가 사실한 내용을 이야기합니다. 이 일이 우리에게는 많은 생각을 불러일으킵니다. 이 중요한 복음의 사자가, 하나님의 일을 이룰 특별한 소임을 받은 바울이 무고한 죄인으로 구금되어 골방에 버려져 있는 채로 이태가 그냥 흘렀습니다. 바울은 아무것도 못 하고 앉아 있고, 로마는 점점 강성하고 계속 총독이 바뀝니다. 그 나라는 쇠퇴할 기미도 없고, 바울의 사건 같은 것은 안중에도 없습니다. 그들이 사실해 보니 오직 자기들의 종교와 예수의 부활 같은 하찮은 일뿐이더랍니다. 중대하지 않고 별것 아닌 일로 치부되고 있습니다.

도망갈 수 없는 자리

이와는 반대로 이해되어야 하는 것 아닙니까? 성령이 오시고, 앉은뱅이
가 일어나고, 예수님이 부활하신 증거가 어디서나 명백해야 하지 않겠습
니까? 주님의 마지막 약속, '하늘과 땅의 모든 권세를 내게 주셨다. 그러
므로 너희는 가서 모든 민족을 제자로 삼아라. 내가 세상 끝날까지 너희
와 항상 함께 있으리라' 말씀하신 우렁찬 약속과 선전들은 다 어디로 갔
습니까? 어떻게 교회는 아무것도 아니고 바울도 아무것도 아니고, 더 큰
권력과 권세로 무찔러야 할 세상은 전혀 영향을 받지 않고, 도리어 큰소
리치고 있고, 바울은 공격의 대상으로도 대접해주지 않고 그냥 뒷방에
버려둔 신세가 되었는가 하는 생각이 들지 않습니까? 이것이 대부분 신
자들의 인생과 방불한 모습입니다.

> 우리는 그리스도 안에서 그의 은혜의 풍성함을 따라 그의 피로 말미
> 암아 속량 곧 죄 사함을 받았느니라 이는 그가 모든 지혜와 총명을 우
> 리에게 넘치게 하사 그 뜻의 비밀을 우리에게 알리신 것이요 그의 기
> 뻐하심을 따라 그리스도 안에서 때가 찬 경륜을 위하여 예정하신 것
> 이니 하늘에 있는 것이나 땅에 있는 것이 다 그리스도 안에서 통일되
> 게 하려 하심이라(엡 1:7-10)

하늘과 땅을 통일하시고 모든 존재의 운명을 그의 손에 쥐고 계시는데
어떻게 바울은, 교회는, 신자들의 현실은 이렇게 아무런 관심의 대상이
되지도 않을까요? 이것이 바로 사도행전이 증언하는 하나님이 일하시는

방식입니다. 우리가 주도권을 가지지 않습니다. 우리가 더 큰 세력이 되어 믿음과 하나님의 약속 안에 세상을 다 담아내는 권세와 지위를 가지지 않습니다. 여전히 세상은 지위와 권세를 가지고 모두를 그 앞에 무릎 꿇리며 우리로 하여금 그 속에서 피해 다녀야 하고 숨어다녀야 하는 식으로 일하십니다. 대표적인 것이 마태복음 6장의 이 말씀입니다.

> 공중의 새를 보라 심지도 않고 거두지도 않고 창고에 모아들이지도 아니하되 너희 하늘 아버지께서 기르시나니 너희는 이것들보다 귀하지 아니하냐 너희 중에 누가 염려함으로 그 키를 한 자라도 더할 수 있겠느냐 또 너희가 어찌 의복을 위하여 염려하느냐 들의 백합화가 어떻게 자라는가 생각하여 보라 수고도 아니하고 길쌈도 아니하느니라 그러나 내가 너희에게 말하노니 솔로몬의 모든 영광으로도 입은 것이 이 꽃 하나만 같지 못하였느니라 오늘 있다가 내일 아궁이에 던져지는 들풀도 하나님이 이렇게 입히시거든 하물며 너희일까 보냐 믿음이 작은 자들아 그러므로 염려하여 이르기를 무엇을 먹을까 무엇을 마실까 무엇을 입을까 하지 말라 이는 다 이방인들이 구하는 것이라 너희 하늘 아버지께서 이 모든 것이 너희에게 있어야 할 줄을 아시느니라(마 6:26-32)

우리는 33절을 알기 때문에, 거기에 묶여서 그 앞에 놓인 이 말씀의 뜻을 자주 놓칩니다. "그런즉 너희는 먼저 그의 나라와 그의 의를 구하라 그리하면 이 모든 것을 너희에게 더하시리라." 그래서 우리는 우리가 바쳐야 하는 하루를 하나님의 자녀로 믿음을 가지고 열심히 헌신합니다.

매일 성경 읽고 기도하고 전도하고 신실하게 삽니다. 그런데 본문은 그것보다 더 큰 이야기를 합니다. 우리에게 주어진 정황, 주어진 도전 앞에 서 있다는 것을 잊지 말라는 것입니다. 하나님이 만들어놓은 도전이요, 공중의 새를 먹이시며 백합화를 입히시고 오늘 있다가 내일은 아궁이에 던져지는 들풀도 입히시는 하나님이 정해놓은 정황입니다. 거기에서 하나님이 일하시는 방법과 콘텍스트 속에서, 그 요구와 도전 속에서 우리의 인생을 바치라는 것입니다.

신실하게 살라는 것보다 이 관계를 이야기합니다. 이 세상은 다만 적대적으로 우리가 공격하고 항복시키고 무찔러야 하는 대상이 아니라, 유일한 주인이신 하나님에 의해 준비된 정황이라고 이야기합니다. 그 속에 우리가 보냄을 받고 있으니, 더 큰 힘이 되는 것으로, 말하자면 정황을 텍스트화하는 것으로 답하지 말라는 것입니다. 대통령이 예수 믿고 국회의장이 예수 믿고 대법관이 예수 믿고, 국회의원들이 모이면 회개하고 학교에 가면 성경 읽고 시작하고 어떤 다툼이 있을 때 성경을 들이대면 항복하는 식으로, 우리가 가지고 있고 우리가 믿고 있는 텍스트가 콘텍스트가 되는 식으로 일하지 않으십니다.

'세상은 계속 죄를 지을 것이다. 그들이 전부인 것 같은 오해와 거부와 무지 속에 있으나 힘을 갖고 계속 반대하며 살아갈 것이다. 그 속에 내가 예수를 보냈듯이 너희를 보내노라.' 그 이야기를 하십니다. 도망갈 수 없는 관계성 속에서의 위치, 씨줄과 날줄 속에 묶여 있는 자리, 누구의 아내이고 누구의 남편이고 누구의 자식이고 누구의 부모이고 누구의 이웃인 자리, 도망갈 수 없는 그 자리가 하나님의 일하심의 손길과 섭리 안에 있는 줄 알고 믿음으로 잘 감수하라고 합니다. 이런 정황을 모두 기독교라는 이름으로 바꾸어 천국을 건설하는 것이 신앙이 아닙니다. 하나님이 예수 안에서 일하신 것처럼 우리의 증언과 인생과 삶이라는 구체성 속에 전달되는 전도라는 방법으로, 살아내는 산 제사로 하나님은 일하십니다.

> 그러므로 형제들아 내가 하나님의 모든 자비하심으로 너희를 권하노니 너희 몸을 하나님이 기뻐하시는 거룩한 산 제물로 드리라 이는 너희가 드릴 영적 예배니라(롬 12:1)

여기에서 "산 제물"은 죽은 제물과 대비되는 것이 아니라 삶으로 드리는 제물, 이상이나 소원이나 논리가 아니라 내 몸으로 드리는 제사입니다. 그래서 어떻게 하라고 합니까?

> 너희는 이 세대를 본받지 말고 오직 마음을 새롭게 함으로 변화를 받아 하나님의 선하시고 기뻐하시고 온전하신 뜻이 무엇인지 분별하도록 하라(롬 12:2)

우리가 왜 이런 분별을 해야 합니까? 왜 새롭게 해야 합니까? 우리가 어떤 정황 속에 있는데, 그 정황은 하나님을 거부하는 정황이기 때문입니다. 하나님을 거부하는 현실 속에서 우리가 "산 제물"을 삶으로 살아내야 합니다. 그러한 모든 도전과 위협과 시험 앞에서 말입니다. 바로 그 자리에서 마음을 새롭게 함으로 변화를 받으라고 합니다. 그것은 생각만 변하라는 것이 아니라 그 바뀐 것을, 그 고백을 우리 몸으로 살아내라는 것입니다.

오늘 본문에서 바울은 잡혀 있습니다. 잡혀서 기다리고 있습니다. 이 태를 그렇게 있는데, 앞으로 어떻게 될지는 모릅니다. 그것이 신앙생활입니다. 우리에게는 매우 어려운 이해입니다. 이렇게 수동적이고 잡혀있는 것이라고는 아무도 생각하지 않습니다. 신앙이 좋으면 날아가고 정복하고 크고 위대해질 것으로 생각하지, 잡혀있고 한계에 부딪치고 뒷골방에 묻혀있을 것이라고는 꿈도 꾸지 않는다는 말입니다. 그러나 하나님은 그렇게 일하신다고 하십니다.

거룩함으로 가야 함

아내들이여 자기 남편에게 복종하기를 주께 하듯 하라(엡 5:22)

남편들아 아내 사랑하기를 그리스도께서 교회를 사랑하시고 그 교회를 위하여 자신을 주심 같이 하라 이는 곧 물로 씻어 말씀으로 깨끗하게 하사 거룩하게 하시고 자기 앞에 영광스러운 교회로 세우사 티나 주름 잡힌 것이나 이런 것들이 없이 거룩하고 흠이 없게 하려 하심이라(엡 5:25-27)

우리는 결혼할 때 당연히 행복을 기대합니다. 결혼하는 가장 큰 이유는 사랑하고 행복하기 위해서입니다. 그런데 우리 중에 평생 행복한 사람은 없습니다. 살아가면서 아주 잠깐씩만 행복합니다. 결혼하신 분들께 아직 사랑하느냐고 물어보면 안 됩니다. 사랑의 정의가 변했기 때문입니다.

사랑이 아니라 운명이라 여기게 됩니다. 에베소서 말씀은 더 무시무시합니다. '아내들이여 자기 남편에게 복종하십시오.' '남편들아 아내 사랑하기를 그리스도께서 교회를 위하여 자신을 주심 같이 하라.' 무슨 뜻일까요?

부부는 둘이 선택하고 둘이 합의해서 되는 것이 아니라 하나님이 짝 지어주시는 것입니다. 내가 기대한 사람과 다릅니다. 내가 기대한 가정생활과 다릅니다. 놀랄 일입니다. 거기에서 하나님이 우리가 기대하지 않았던 일을 하십니다. 상상하지 않았던 일을 하십니다. 사랑에 불타고 행복에 겨워서 눈물 나게 기쁜 일을 하시는 것이 아니라 말도 못하는 깊은 속을 가지게 하십니다. 세상에서 어떤 사람을 만나더라도 내 마누라보다는 낫습니다. 세상의 어떤 바보도 내 남편보다는 낫습니다. 화를 낼 수가 없고 뭐라고 말을 할 수도 없게 됩니다. 부부는 그런 것입니다. 견딜 수밖에 없습니다. 못 견디고 서로 다투는 날도 있습니다. 그렇게 하면서 배웁니다. 무엇을 배웁니까? 소용이 없더라는 것을 배웁니다.

인생에 대한 회의가 들기도 하고 그러면서 나도 모르는 새 커갑니다. 드디어 허깨비 같고 지푸라기 같던 것이 나무 같고 돌 같고 산 같고 바다 같고 하늘같이 됩니다. 우리가 상상하지 않았던 것을 하나님이 만드십니다. 나이가 들면 누구나 훌륭합니다. 어떤 직업을 가져도 나이가 들면 위대해집니다. 무엇을 하더라도 자기가 모르는 인내와 겸손이 쌓입니다. 모두가 공통적으로 가지는 하나님의 은혜에 의한, 짐승과 다르고 무생물과 다른 인간의 존엄함을 결실하게 됩니다. 하나님이 하시는 방법입니다. 로마서 11장에서는 이 일을 이렇게 설명합니다.

> 너희가 전에는 하나님께 순종하지 아니하더니 이스라엘이 순종하지
> 아니함으로 이제 긍휼을 입었는지라 이와 같이 이 사람들이 순종하
> 지 아니하니 이는 너희에게 베푸시는 긍휼로 이제 그들도 긍휼을 얻
> 게 하려 하심이라(롬 11:30-31)

30절에서 "너희"는 이방입니다. 31절에 "이 사람들"은 유대인들이고, 그
다음에 나오는 "너희"는 이방인들이고, "그들"은 유대인들을 말합니다.
이스라엘이 제사장직에 실패하는 바람에 그들에게 갈 구원이 이방에게
넘어갔다고 합니다. 그러면 이스라엘은 버리신 것입니까? 아닙니다. 이
방에게 넘어간 것이 조건이 없고 이유가 없었던 것처럼 이스라엘의 실패
도 이 은혜를 방해할 수 없다고 합니다. 그러면 모든 사람을 순종하지 아
니한 가운데 가둔 이유는 무엇입니까? 왜 이방은 처음부터 선택 바깥에
있었고, 이스라엘은 순종하지 않게 내버려두셨습니까? 하나님이 이렇게
답하십니다.

> 하나님이 모든 사람을 순종하지 아니하는 가운데 가두어 두심은 모
> 든 사람에게 긍휼을 베풀려 하심이로다(롬 11:32)

모두를 불순종 가운데 가둔 것은 모든 사람에게 은혜를 베풀기 위해서
랍니다. 혹시 생색을 낸다는 기분이 들지 않으십니까? 그런 뜻이 아닙니
다. 이해하지 못하는 것을 주기 위해서라는 것입니다. 그러면 그들이 불
순종한 까닭은 무엇입니까? 이해가 안 돼서 그랬습니다. 그들은 하나님
께 풍년, 건강, 평화, 부국과 같은 것들을 구했습니다. 그런데 하나님은 그

런 것을 주는 것으로 타협하시지 않으십니다. 그리고 거룩함으로 끌고 가십니다. 당신의 사랑을 받으라고 하십니다. 그러자 그들이 따라오지 않았습니다. 그럼에도 하나님은 거기에서 타협하시지 않고, 그렇다고 그들을 외면하시지도 않으셨습니다. 그들의 불순종과 몰이해를 뛰어넘어 기어코 그의 은혜를 베푸셨습니다. 그래서 세상이 우리를 모르고, 우리를 반대하고, 하나님의 일에 대해 무지하고, 그 외에 우리가 알 수 없는 중에 당하는 모든 일들에 대해 우리는 할 말이 없습니다.

하나님의 아들로 드러남

먼저 아는 자가 가져야 할 것은 하나님의 위대함입니다. 우리의 소원보다 큰 하나님의 거룩하심과 영광됨으로의 부름을 아는 자의 기쁨, 그것을 증거하며 그것을 가지고 사는 자의 자랑을 모르면 우리는 하루도 살 수 없습니다. 그 삶을 살라는 것입니다. 다시 말해 죽으라는 것입니다. 신앙을 지키기 위해 죽으라는 말이 아닙니다. 어차피 죽어나가는 인생 속에서, 허우적거리는 현실 속에서 우리는 가진 자의 넉넉함이 있어야 한다는 말입니다.

> 깊도다 하나님의 지혜와 지식의 풍성함이여, 그의 판단은 헤아리지 못할 것이며 그의 길은 찾지 못할 것이로다 누가 주의 마음을 알았느냐 누가 그의 모사가 되었느냐 누가 주께 먼저 드려서 갚으심을 받겠느냐(롬 11:33-35)

우리는 하나님께 '하나님, 제가 이렇게 하였으니 이렇게 보상해 주십시오' 하고 구합니다. 거기에 대해 바울이 하는 말이 무엇입니까? 하나님이 어떻게 그런 정도로 그치겠느냐는 것입니다. 너희의 생각보다 하나님의 생각이 더 크시다, 너희가 못 쫓아와서 모르는 것이지 사실 하나님은 지금 너희가 기대하는 것보다 더 큰 일을 하고 계시다는 것입니다. 여러분, 성경에서 제일 많이 요구하는 신앙생활의 규범이 무엇입니까? 순종입니다.

> 이는 만물이 주에게서 나오고 주로 말미암고 주에게로 돌아감이라 그에게 영광이 세세에 있을지어다 아멘(롬 11:36)

이렇게 하는 것입니다. 그러나 에베소서 5장을 보시면 이 일을 아주 구체적으로 설명합니다.

> 그런즉 너희가 어떻게 행할지를 자세히 주의하여 지혜 없는 자 같이 하지 말고 오직 지혜 있는 자 같이 하여 세월을 아끼라 때가 악하니라 그러므로 어리석은 자가 되지 말고 오직 주의 뜻이 무엇인가 이해하라(엡 5:15-17)

자세히 주의하라. 지혜를 가져라. 세월을 아끼라. 어리석지 마라. 이런 말들이 우리에게 왜 필요할까요? 우리가 지금 그럴 수 있는 정황 속에 있다는 말 아닙니까? 속을 수 있는, 잘못 갈 수 있는 그런 위협과 흐름 속에 우리가 있다는 말입니다. 그 속에 살면서 가만히 있으면 떠밀려 간다는 뜻입니다. 그래서 깨어 있으라, 지혜를 가져라, 분별하라, 주의 뜻이 무엇인가 이해하라고 하는 것입니다.

오늘 본문에서는 주의 뜻이 어떻게 나타났습니까? 사도 바울이 이태 동안 감옥에 있었습니다. 사도 바울은 무엇을 하고 있었을까요? 조마조 마하고, 불안 불안하고, 한숨만 푹푹 쉬고, 기도도 많이 하고, 응답은 없 고, 희망찬 소식이라고는 하나도 없는 시간을 보냈을 것입니다. 거기에서 듣는 소식이라고는 로마 관리들의 관심사만 무성했을 것입니다.

> 술 취하지 말라 이는 방탕한 것이니 오직 성령으로 충만함을 받으 라(엡 5:18)

술 취한다는 것은 방탕한 것이라고 했습니다. 방탕하다는 것은 도덕적인 이야기가 아니라 쓸려가는 것, 다시 말해 시간을 허비하는 것입니다. 세 상이 흘러가는 대로 자신을 맡겨서 시간을 보내는 것이 방탕한 것입니 다. 성령 충만은 깨어있는 것입니다. 하나님의 일을 기억하는 것입니다. 그래서 매일의 도전과 시험 속에 깨어 있으라는 것입니다. 하나님이 이 방법으로 일하신다는 것을 알고, 답 없는 길을 믿음을 가지고 가는 것입 니다. 술에 취해서 가는 자와 방불해 보이는 현실을, 세상 사람들은 쉽게 가는 길을 깨어서 가는 것입니다.

'하나님이 일하고 계신다. 나와 함께하고 계신다. 나는 모르지만 이것 으로 무엇인가를 하신다. 이 날들에 무의미한 시간은 없다. 아무것도 아 닌 삼십 년, 아무것도 아닌 육십 년이 아니라 다 의미가 있다. 이유가 있 다. 하나님이 무언가 큰일을 하고 계신다.' 이렇게 깨어있는 정신으로 하 루하루를 믿음을 가지고 아슬아슬하게, 조마조마하게 비명을 삼키고, 분노를 삼키고 그렇게 살아가십시오. 여러분이 바울입니다. 복음을 안에 품고, 믿음을 안에 품고 하나님을 아는 자로, 그의 자녀로 아무 이름 없이 숨어 살아가고 있는 것입니다.

나중에는 누군가 이렇게 말할 것입니다. "저 사람이 누구 아들이래." 여기서 '누구'는 세상이 모르는 누구였는데, 나중에 알게 될 것입니다. "저 사람은 하나님의 아들이래." "저 사람은 하나님의 딸이래." 그런 인생을 사는 것입니다. 그것이 사도행전입니다. 하나님이 이 세상에서 일하시는 방식이요 그의 크기요 그의 능력이요 그의 지혜요 그의 은혜요 그의 넉넉하심입니다.

기 도

하나님 아버지, 은혜를 감사합니다. 우리의 눈물과 한숨과 막막함과 절망 속에서 하나님을 아는 믿음을 가지고 감수하게 하옵소서. 우리의 눈물과 한숨이 만들어 내는 열매를 보게 하옵소서. 우리는 잡혀 있으나 복음은 묶일 수 없으며, 하나님을 막을 자가 없음을 알게 하사 넉넉하게 하옵소서. 충성되게 하옵소서. 순종하고 인내하여 하나님의 뜻을 품고 사는 귀한 길을 걷게 하옵소서. 예수님의 이름으로 기도합니다. 아멘.

37.

예수를 품고 한계 속에 산다

사도행전 26:24-29

29_바울이 이르되 말이 적으나 많으나 당신뿐만 아니라 오늘 내 말을 듣는 모든 사람도 다 이렇게 결박된 것 외에는 나와 같이 되기를 하나님께 원하나이다 하니라

오늘 본문은 베스도 총독과 유대인의 분봉왕이었던 아그립바 앞에서 바울이 행한 자기변호입니다. 바울은 지금 억울하게 잡혀있습니다. 잘못한 일 없이, 실제로는 신앙 문제로 동족들의 반발과 소송에 의해 잡혀있는 셈입니다. 그런데 사도행전에 나온 바울의 자기변호 내용은 매우 특이합니다. 그는 비분강개하지 않습니다. 어떤 논리성을 가지고 상대방을 압도하려는 의도도 없습니다. 감동으로 주장하지도 않습니다. 이 내용을 기록한 누가도 마찬가지로 매우 담담하게 기술하고 있습니다.

선포적 신앙

기독교 신앙의 힘은 논리성이나 열정에 있는 것이 아닙니다. 진리와 사실

에 있습니다. 추상적인 개념으로의 진리가 아니라 역사적 사실, 지금도 일어나고 있고 결국 완성될 하나님의 일하심이라는 사실 위에 서 있습니다. 그래서 바울은 지금 드라마틱하게 굴지 않습니다. 매우 밋밋합니다. 남자들이 군대에서 고생할 때 이런 말을 합니다. '거꾸로 매달아도 국방부 시계는 돌아간다.' '기차 소리 요란해도 옥수수는 잘도 큰다.' 지금 바울이 이런 마음으로 서 있는 것입니다.

신앙생활은 내가 누군가를 설득하고 내가 버텨야 하는 것보다 더 크고, 하나님의 일하심에 대한 개인적인 확신과 각오보다 훨씬 더 큽니다. 아무것도 거스를 수 없는 하나님의 진정성을 가지는 것입니다. 논리적이거나 감동적인 것이 아니라 선포적입니다. 오늘은 이 선포적이라는 말의 뜻을 본문 내용을 통해 여러분과 나누려고 합니다. 우리가 선포적이라고 하면, 어떤 사실을 선언하고 공포하고 알리는 것을 의미한다고 알고 있습니다. 그런데 오늘 살펴보려는 선포적이라는 말은, 좀 더 성경에 입각해서 볼 때 더 깊고 굉장히 현실적이라는 것을 나누려는 것입니다. 사도 바울의 사역에 나타난 선포적이라는 특징은 우리 모든 성도들이 동일하게 순종해야 할 현실이요 자세입니다.

「벤허」 이야기를 다시 한 번 보겠습니다. 「벤허」의 결론은 이것입니다. 예수님이 십자가에서 '아버지여, 저들을 사하여 주옵소서. 저들이 자기가 하는 일을 알지 못하나이다' 말씀하시는 것을 본 벤허가 가슴에 품고 있었던 칼을 내려놓게 됩니다. 그리고 벤허의 얼굴이 밝게 빛나면서 영화가 끝납니다. 그런데 신앙생활은 거기서부터 시작입니다. 마음에 칼을 품고 살았던 사람이 예수를 품고 살게 되는 것, 그것이 신앙생활입니다.

예수를 품고 산다는 것이 무슨 뜻일까요? 칼을 품고 살았을 때 벤허가 살았던 내용을 다시 한 번 돌아보십시오. 가장 친했던 친구 멧살라가 로마의 관리가 되면서 민족적 적대감의 자리에서 서로 원수가 됩니다. 벤허의 어머니와 여동생의 무고함을 충분히 알 수 있었는데도 외면하는 모습에 벤허는 개인적인 원한을 품게 됩니다. 이에 멧살라는 그 세력을 꺾으려고 벤허를 귀양 보냅니다. 벤허는 노예선에서 분노와 증오로 자기 인생을 견딥니다. 오직 복수의 칼날을 가는 것으로 그의 생애가 다 지나 가고, 드디어 자유의 몸이 됩니다. 사령관 아리우스의 양자가 되면서 큰 세력을 배후에 가지게 됩니다. 그리고 돌아와서 멧살라와 전차 경주를 통해 복수합니다. 그러나 시원하지 않습니다. 상대방을 죽인 것으로 답 이 되지 않는 것입니다. 어떻게 할지 몰라 쩔쩔매고 있을 때 중요한 장면 이 나옵니다. 그의 아내가 이 말을 합니다. "당신이 멧살라 같아요." 그리 고 가족을 구해내고 예수님을 만나고 돌아와 자기 가슴에 품었던 칼을 놓게 되었다고 이야기하고 영화는 끝이 납니다.

그러나 실제 생활은 거기서부터 시작입니다. 예수를 품고 사는 것입 니다. 예수를 품고 산다는 것은 그다음부터 그가 형통하게 되었다거나 멋있어졌다는 이야기가 아닙니다. 동화는 왕자와 공주가 결혼하면 끝입 니다. 왜냐하면 그 이상은 이야기해줄 수 없기 때문입니다. 그다음부터 는 나이가 들어야 알 수 있는 내용입니다. 결혼식을 올리면 신랑과 신부 의 친구들이 와서 환호하고 축하합니다. 하지만 어른들은 와서 침묵하고 있습니다. 결혼생활이 무엇인지 알기 때문입니다. '너희가 지금 어느 길 로 들어섰는지 알기는 아느냐?' 하는 표정이 모두에게 있습니다. 똑같습 니다. 칼을 품고 살았을 때와 방불한 인생을 살 것입니다. 억울하고, 쫓기 고, 이해할 수 없는 인생을 살 것입니다. 그가 칼을 품고 살던 존재에서 예수를 품고 사는 존재로만 바뀐 것입니다. 나머지는 바뀌지 않습니다.

　시원한 인생은 없습니다. 벤허가 자기의 억울한 인생을 오직 복수 하나를 위해서 견디었듯이 예수를 믿고 난 후의 인생은 오직 예수로 인하여 견디는 것입니다. 그러나 다릅니다. 죽어서 보상을 받는 인생이 아니라 지는 인생이 되는 것입니다. 여기에서 많은 신앙인들이 시험에 듭니다. 옛날에는 나쁘게 살아서 보상을 받지 못했다면 지금은 최소한 신앙을 따라 성실하고 멋지게 사는데 왜 보상이 없느냐는 것입니다. 보상의 문제가 아니라는 것을 기억하십시오. 전과 동일한 조건의 인생을 삽니다. 다만 칼을 품고 사는 삶과 예수를 품고 사는 삶이 다르다는 것이 우리의 존재와 인생과 실존을 통해 선포되는 것입니다. 보상받는 권력, 해결, 능력, 지위, 가진 것으로가 아니라 '예수를 믿는다는 이름 하나로 감수하지 못할 것이 없다'는 것으로 하나님은 예수 안에서의 구원, 하나님의 뜻, 하나님이 누구신지를 선포하십니다. 이것을 우리는 선포라고 합니다.

한계 속에 살다

　너희를 박해하는 자를 축복하라 축복하고 저주하지 말라 즐거워하는 자들과 함께 즐거워하고 우는 자들과 함께 울라 서로 마음을 같이하며 높은 데 마음을 두지 말고 도리어 낮은 데 처하며 스스로 지혜 있는 체하지 말라 아무에게도 악을 악으로 갚지 말고 모든 사람 앞에서 선한 일을 도모하라 할 수 있거든 너희로서는 모든 사람과 더불어 화목하라 내 사랑하는 자들아 너희가 친히 원수를 갚지 말고 하나님의 진노하심에 맡기라 기록되었으되 원수 갚는 것이 내게 있으니 내가 갚으리라고

주께서 말씀하시니라 네 원수가 주리거든 먹이고 목마르거든 마시게
하라 그리함으로 네가 숯불을 그 머리에 쌓아 놓으리라 악에게 지지 말
고 선으로 악을 이기라 (롬 12:14-21)

선으로 악을 이기라는 말은 선하게 굴면 악한 자가 회개한다는 뜻이 아
닙니다. 선한 일을 하여 감동을 주라는 이야기도 아닙니다. 선으로 악을
이기라는 말은 악한 자가 악한 길을 가듯이 선한 자는 선한 길을 가는
것으로 자기 인생을 살라는 말입니다. 악을 갚고, 오해를 풀고, 문제를 해
결하는 데 인생을 허비하지 말라는 것입니다. 악의 도전과 시험에 맞대
응하는 데 낭비하지 말고 너희에게 준 길을 가라는 말입니다. 그래서 너
희를 박해하는 자를 축복하라는 것입니다. 박해하는 자를 쫓아다니면
서 축복하라는 이야기가 아닙니다. '그가 그렇게 하는 것이 하나님의 크
신 뜻 안에서 어떤 이유가 있을 것이다. 내버려두고 너는 네 길을 가라.'
이런 의미입니다.

　사회악을 제거하고 어떤 사람의 약점을 다 제거하는 것이 신앙이 아
닙니다. 그 약함과 한계 속에서 자기 길을 가는 것입니다. 쩔쩔매며 엎어
지고 자빠지면서 선한 길을, 하나님이 우리에게 원하시는 예수 안에서
사는 길을 갑니다. 기도를 다 응답받지 않습니다. 우리가 하는 기도를 다
응답하시면 세상이 박살이 납니다. 그렇게는 할 수 없습니다. 그러나 기
도하셔야 합니다. 기도한다는 것은 역사와 내 인생과 존재의 주인이 하나
님이시라는 것을 믿는 행위이기 때문입니다. 내가 원하는 것을 다 들어
달라는 기도는 응답받을 수가 없다는 말입니다.

　즐거워하는 자들과 함께 즐거워하고 우는 자들과 함께 울라고 합니

다. 지혜 있는 체하지 말라고 합니다. 다 이해하고, 다 설명하려고 하지 마십시오. 우리가 모르는 것이 한두 가지가 아닙니다. 왜 저런 아이가 내 자식으로 태어났는지, 왜 내가 이 나라에 태어났는지 우리는 이해할 수 없습니다. 그것은 하나님의 손 안에 있습니다. 그런 것은 하나님께 맡기시고 자기 길을 가야 합니다. 그것이 선포입니다. 선포란 타협한 것도 아니고, 합의한 것도 아니고, 상대방이 이해해야 효과가 있는 것도 아닙니다. 상대방이 방해한다고 해서 소멸되는 것도 아닙니다. 그것은 하나님이 자신의 뜻과 의지와 목적을 우리의 인생과 존재로 증언하시는 예수 안에서의 하나님의 진정성입니다. 그 길을 걸으셔야 합니다. 고린도후서 4장에 가면 이 선포가 길게 소개되고 있습니다.

> 우리는 우리를 전파하는 것이 아니라 오직 그리스도 예수의 주 되신 것과 또 예수를 위하여 우리가 너희의 종 된 것을 전파함이라 어두운 데에 빛이 비치라 말씀하셨던 그 하나님께서 예수 그리스도의 얼굴에 있는 하나님의 영광을 아는 빛을 우리 마음에 비추셨느니라 우리가 이 보배를 질그릇에 가졌으니 이는 심히 큰 능력은 하나님께 있고 우리에게 있지 아니함을 알게 하려 함이라(고후 4:5-7)

보배를 질그릇에 가졌다는 말을 유진 피터슨 목사님이 풀어서 번역한 『메시지』 성경에는 "이 보배를 일상이라는 질그릇에 담았으니"라고 번역해 놓았습니다. 일상이란, 누구에게나 있는, 반복되는 별것 아닌 매일의 삶입니다. 이 보배를 그 일상에 넣으셨답니다. 왜 하나님께서 그렇게, 이 보배를 삶에 넣으셨을까요? 우리는 사실 예수님을 보고서도 처음에는 이해하지 못했습니다. 하나님의 약속을 성취할 메시아를 그토록 바라던 유대인들은 메시아가 오셔서 기적을 행하고 큰일을 행하는 것은 다 이해를 하는데, 메시아가 죽어야 한다는 데에는 모두가 경악했습니다. 우리를 구원해주실 자가 스스로 죽는다는 데 누가 그를 따르겠습니까? 실제로 예수님은 십자가를 지고 오해와 고통과 수치 속에 죽습니다.

누군가 이런 표현을 썼습니다. '십자가에 달린 신을 믿는 종교가 어디 있는가?' 십자가에 달렸다는 것은 당시의 권력에서 진 존재요, 당시 윤리와 법에서 죄인이 된 자로 무력한 자요, 존경을 받을 수 없는 한낱 중죄인으로 죽어간 존재입니다. 어느 종교가 십자가에 달린 신을 믿겠습니까? 우리가 믿었습니다. 그런데 그렇게 믿고 나서는 예수님에게 십자가를 휘둘러달라고 합니다. 우리가 무엇을 믿었는지를 놓치고 있습니다. 여기서도 그 이야기를 합니다.

벤허를 다시 생각해 보면, 그가 억울할 때, 그가 노예가 되었을 때, 그가 절망 속에 있을 그때 예수님을 품고 살았더라면 어떻게 되었을 것 같습니까? 사태가 호전되었을까요? 그것은 모릅니다. 그것은 "어두운 데에 빛이 비치라 말씀하셨던 그 하나님께서 예수 그리스도의 얼굴에 있는 하나님의 영광을 아는 빛을 우리 마음에 비추셨느니라"(고후 4:6) 말씀처럼 창조의 역사로만 일어나는 변화입니다. 따라서 예수님을 믿으면 그전과는 달리 일이 잘 풀린다는 것이 아닙니다. 멧살라가 회개하고 변했을지, 또 그랬다면 벤허는 쫓겨 가지 않았을지, 그런 것은 모릅니다.

어느 자리까지인지는 모르지만 자기가 가게 된 위치에서 무엇을 품고 살 것인지 묻는 것입니다. 칼을 품고 살 것인지, 예수를 품고 살 것인지 말입니다. 칼을 품고 살면, 벤허에게서 보았듯이 답이 없습니다. 멧살라를 죽인다고 평화, 행복, 명예와 같은 어떤 가치가 결실되는 것이 아닙니다. 예수를 믿자 가슴에 품은 칼을 던져버릴 수 있었다는 것이 그 영화의 가장 중요한 메시지인 것같이 우리는 예수를 품고 살라고 부름을 받은 자들입니다. 가슴에 예수를 품게 되면, 그가 어느 형편, 어느 조건에 있을지라도 이미 위대한 사람입니다.

가진 자인가 못 가진 자인가는 전혀 다른 문제입니다. 가진 자리에서 예수를 품고 사는 것은 또 다른 삶일 것입니다. 그러나 가난을 구제하는 것이 전부는 아닐 것입니다. 돈으로 만족하거나 돈에 묶이지 않는 자가 될 것입니다. 가진 자가 되면 어떻게 멋있어지는지 한번 보고 싶습니다. 하나님이 이 기도에는 응답을 안 하셔서 저는 그 문제는 잘 안 되었습니다. 건강해지면 어떻게 되는지 보고 싶습니다. 그러나 건강해야 주를 위해서 일을 더 한다는 것은 우리가 만든 왜곡입니다. 우리가 병약해서 움직이지 못하는 자리에서도 얼마든지 일할 수 있는 것이 예수를 품고 사는 삶입니다. 얼마나 배웠느냐 못 배웠느냐가 상관이 없고, 얼마나 유명하냐 무명하냐가 상관이 없습니다. 하나님이 보낸 자리에서 예수를 품고 어떻게 이해하고 어떻게 순종하느냐만 있습니다.

잘 생각해보십시오. 무엇이 불만이십니까? 믿음이 없는 것이 불만이셔야 합니다. 여러분은 다른 것이 억울하실 수 있습니다. 그런데 믿음이 부족했다고는 생각하지 않습니다. 믿음은 결국 소원을 이루는 하나의 조건에 불과하고, 좀 더 좋은 조건을 가져야 자신의 존재도 확인이 되고 자존심도 지키고, 좀 자랑하고 살고 싶은 우리의 욕심이 범벅되어 있습니다. 예수님을 믿는다는 말은 그 모든 것에 대하여 우리를 다시 생각하게 합니다. 예수님이, 하나님의 아들이 죄인을 위하여 죄인들의 손에 죽으시는 것입니다. 모욕 속에 죽습니다. '네가 하나님의 아들이거든 내려와 보라.' 우리도 동일합니다. '네가 예수를 믿는다면 네가 믿는 하나님을 증명해 보라.' 그 앞에 서 있습니다.

오늘 본문에서 바울이 이렇게 결박된 것만 빼고는 당신들이 나와 같기를 원한다고 합니다. 일부로 묶이라고 이야기하는 것은 아닙니다. 그러나 '알아들었으면 이 결박을 풀어주십시오' 하는 말은 없습니다. 그는 자기의 오해되고 억울한 형편에서 예수를 품습니다. 그래서 정상적이라면 만날 수 없는 사람들을 만났습니다. 총독과 왕 앞에서 자기가 믿는 예수님을 증거할, 다른 방법보다 더 좋은 방법을 만났다고 이해하고 있습니다. 그렇게 하셔야 합니다.

벤허가 영화 막바지에서 '아버지여, 저들을 사하소서'라는 예수님의 한마디 말씀 때문에 칼을 내려놓는 것이 감동을 주는 이유는, 그의 억울한 전반부 인생이 있기 때문입니다. 그런 것이 없이는 이 감동이 우리에게 다가오지 않습니다. 그 선포의 내용이 구체화되지 않습니다. 그냥 한낱 좋은 말에 불과해집니다. 용서, 관용 이런 말처럼 추상적이 됩니다. 이렇게 추상적이 되면 책임의 소재가 모호해집니다. 말로 할 수 있기 때문입니다. 말로 하지 말고 몸으로 해야 합니다. 삶으로 해야 합니다. 삶에 넣어 놓은 보배입니다. 우리가 직접 걸어가야 합니다. 벤허가 그 모든 모진 인생을 걸어 십자가 앞에 가서 그 용서의 뜻이 무엇인지 체득하고 자기 것으로 가지기로 한 것같이 말입니다. 그렇게 성경은 요구하고 있습니다.

십자가를 보라

우리가 가야할 길과 그것을 하나님이 어떻게 사용하시는가는 구별되어 있습니다. 우리의 곤고한 인생과 감추어진 존재가 얼마나 쓸모 있을지, 얼마나 효과 있을지 우리는 모릅니다. 그러나 하나 아는 것은 있습니다. '더 이상 칼을 품고 살지 않겠다. 예수를 품고 살겠다.' 그러면 무엇이 더 나아집니까? '그것은 내 책임이 아니다. 거기서부터는 하나님이 하시는 것이고, 나는 지지고 볶는 길을 가겠다.' 우리는 커다란 하나님의 이러한 약속을 알고 있습니다.

창세기 12장에 가시면, 하나님이 아브라함을 이렇게 부르십니다.

> 여호와께서 아브람에게 이르시되 너는 너의 고향과 친척과 아버지의 집을 떠나 내가 네게 보여 줄 땅으로 가라 내가 너로 큰 민족을 이루고 네게 복을 주어 네 이름을 창대하게 하리니 너는 복이 될지라 너를 축복하는 자에게는 내가 복을 내리고 너를 저주하는 자에게는 내가 저주하리니 땅의 모든 족속이 너로 말미암아 복을 얻을 것이라 하신지라 (창 12:1-3)

이것이 우리의 존재입니다. 아브라함은 고향과 친척과 아버지의 집을 떠납니다. 이 세상이 가지는 어떤 기반, 어떤 인정, 어떤 자리, 어떤 권력, 어떤 영향에서 쑥 빠져나옵니다. 하나님이 일하시는 방법에 자신의 인생을 내어놓아야 합니다. 부자가 안 되고, 유명한 자가 안 되는 것이 아닙니다. 이런 것이 우리에게는 동일한 조건입니다. 가지면 가져서 생기는 유혹이

있고 시험이 있습니다. 못 가지면 못 가진 억울함이 있고 불만이 생깁니
다. 유명하면 유명한 대로 자랑이 있고, 무명하면 무명한 대로의 때가 있
습니다. 동일한 조건들입니다. 예수를 품고 산다는 것은 이런 것에 좌우
되지 않는 것입니다. 이런 것들에 의해 도움을 받지도 않고, 그것 때문에
손해를 보지도 않습니다.

사람들은 묻습니다. '그러면 어떻게 사회에서 정의를 구현할 것인가?'
예수 믿는 사람들이 도처에 있어야 합니다. 억울함을 견디며 가진 것으
로 자랑하지 않는 사람들이 이 세상에서 특별한 역할을 해서, 아우성치
고 칼질밖에 할 줄 모르는 사람들의 전쟁을, 파멸을 막는 것입니다. 나서
서 막는 것이 아니라, 거기에서 칼집이 되고 방패가 되고 그러는 것입니
다. 이것이 하나님이 일하시는 우리의 위대한 존재와 지위입니다. "내가
너로 큰 민족을 이루고 네게 복을 주어 네 이름을 창대하게 하리니 너는
복이 될지라"(창 12:2). 이것은 우리 모든 신자에게 허락된 하나님의 선포
입니다. 물어보지 않으셨고, 이해시키지 않으셨고, 타협하지 않으셨고, 하
나님 홀로 이것을 작정하셨습니다. 그래서 인간이 된다는 것은 대단한
것이요, 하나님의 자녀와 백성으로 부름을 받는다는 것은 대단한 위대
함, 명예와 영광이 됩니다. 우리를 축복하는 자는 하나님께 복을 받고 우
리를 저주하는 자는 하나님께 저주를 받을 것입니다. 우리는 복입니다.
그것을 모르면 우리의 얼굴은 펴질 날이 없습니다.

창세기 22장에 가면 이 문제와 연결해서 놀라운 선언이 나옵니다. 창
세기 22장은 하나님이 아브라함에게 백 살에 준 이삭을 잡으라고 하시
는 장면입니다. 이삭을 잡으라는 것은 매우 무시무시한 시험입니다. 아브
라함에게 많은 민족의 조상이 되게 하리라, 하늘의 별 같고 바다의 모래

같은 자손을 주리라 약속하셔놓고는 자식을 안 주셨습니다. "네게 뭘 주라?" "후사를 주십시오. 후사가 없는데 어떻게 많은 족속의 아비가 되겠습니까?" 아브라함이라는 이름의 뜻이 많은 민족의 조상이 된다는 것입니다. 그렇게 되려면 일단 아이가 있어야, 후사가 있어야 할 것 아닙니까? 결국 아브라함이 백 살이 되었을 때 주셨습니다. 그런데 그 자식을 잡으라는 것입니다.

하나밖에 없는 이 아이를 잡으면 하나님의 약속이 불가능해지는 것 아닙니까? 일단 아이가 하나라도 있어야, 그 후손이 하늘의 별같이 많아질 것 아닙니까? 그런데 그 자식을 잡으라는 것입니다. 아브라함이 많이 고민했을 것입니다. 그러나 드디어 이해했을 것입니다. '하나님은 우리와 일하시는 방법이 다르고 능력이 다르다.' 그래서 잡았습니다. 그리고 하나님이 막으셨습니다. 말하자면 돌려준 셈입니다. 그리고 이렇게 약속하십니다.

> 여호와의 사자가 하늘에서부터 두 번째 아브라함을 불러 이르시되 여호와께서 이르시기를 내가 나를 가리켜 맹세하노니 네가 이같이 행하여 네 아들 네 독자도 아끼지 아니하였은즉 내가 네게 큰 복을 주고 네 씨가 크게 번성하여 하늘의 별과 같고 바닷가의 모래와 같게 하리니 네 씨가 그 대적의 성문을 차지하리라 (창 22:15-17)

"내가 나를 가리켜 맹세하노니"는 하나님의 진정성을 가리킵니다. 그의 신실하심과 능력과 거룩하심으로 하는 맹세입니다. 그래서 하신 맹세가 네게 큰 복을 주고 네 씨가 크게 번성하여 하늘의 별과 같고 바닷가의 모래와 같게 하리니 네 씨가 그 대적의 성문을 차지하게 하시겠답니다. 이것이 하나님이 일하시는 방법입니다. "네 아들 네 독자라도 아끼지 아니하였은즉"은 무슨 뜻일까요? '네가 원하지 않는 길을 가기로 내 앞에 항복하였으니 이 길로 네게 내가 복을 주리라. 네 씨가 번성하고 네 씨가 대적의 문을 얻으리라.' 이것이 신자의 현실입니다.

우리는 볼 줄 모르니까 가진 것으로 예수 믿는 것을 확인하고 싶어 합니다. 우리는 무엇을 보아야 할까요? 하나님이 우리에게 무엇을 주려 하시는지를 보아야 합니다. 그런데 그것을 어디에서 확인했느냐 하면, 우리가 어디에서 안심할 수 있느냐 하면 바로 십자가입니다. 십자가가 바로 아브라함이 이삭을 잡는 장면에서 예표된 일입니다. 하나님의 일하심의 놀라움, 부활의 능력, 무한한 은혜, 그의 약속의 신실함, 그것이 십자가보다 더 잘 나타날 수는 없습니다.

그러니 우리는 우리의 길을 기꺼이 가야 합니다. '하나님이 이 길을 통해 이 보잘것없는 나를 써서 십자가의 기적과 능력과 은혜를 잇고 계시다.' '네 씨가 하늘의 별 같고 바닷가의 모래 같으리라.' 믿으셔야 합니다. 다 이 길로 와야 합니다. 그것이 우리가 살아서 그 길로 걸어 하나님의 선포에 참여하는 방법입니다. '누구 잘하는 사람 하나 데려다가 가게 하면 되지 않습니까?' 아닙니다. 한 사람이 두 인생을 살 수 없습니다. 동시에 두 군데 있을 수 없습니다. 각자의 자리는 다 고유하고 특별합니다. 대신할 수 없습니다. 그러니 명예를 가지고 자신의 자리를 지키십시오. 세상은 우리를 모릅니다. 그러나 예수님 안에서 우리가 확인한 대로 우리는 경이로운 복된 존재요, 기적의 삶을 사는 존재입니다. 이 사실을 아는 위대함으로 말없이 바보가 되고 삼킨바 된 우리의 삶을 걸어가기로 합시다.

기 도

하나님 아버지, 은혜를 감사합니다. 우리의 길과 존재의 가치를 예수님 안에서 확인합니다. 십자가와 그 부활의 권능에서 확인합니다. 하나님이 우리를 부르사 우리와 함께하시며 그 크신 이름, 하나님의 자녀라는 이름을 주셨으니 더 바랄 것이 없습니다. 감사와 순종으로 우리의 삶을 하나님의 약속과 거룩하신 선포로 믿고 위대한 길을 걷기로 합니다. 축복하여 주시옵소서. 예수님의 이름으로 기도합니다. 아멘.

38.

믿음으로 현실을 가로지른다

사도행전 27:39-44

44_그 남은 사람들은 널조각 혹은 배 물건에 의지하여 나가게 하니 마침내 사람들이 다 상륙하여 구조되니라

오늘 우리가 생각할 본문은 사도 바울이 로마로 압송되는 과정을 담고 있습니다. 성경에 이렇게 여러 지면을 할애해서 이 일을 자세히 기록해야 하는가 싶을 정도로 별로 중요하지 않은 이야기로 27장과 28장을 채우고 있습니다. 가이사랴에서 배를 타고 구브로를 끼고 돌아서 가다가 맞바람에 어려움을 겪고, 그다음에 유라굴라라는 태풍을 만나 배가 파선하여 멜리데라는 섬에 내리는 내용이 27장입니다.

전부를 걸어라

성경에 이런 기사를 싣는 것은 지난주에 생각했던 26장과 연결해서 보면 매우 자연스럽습니다. 지난주에 우리는 우리의 신앙이 설득이거나 권

력이거나 감동이기 이전에 근본적으로 선포라고 이야기했습니다. 선포란 고함 한번 지르고 정답 한번 이야기하고 마는 것이 아니라 자기가 믿는다고 이야기한 것에 자기의 인생을 맡기는 것입니다. 고함을 질러 어떤 내용을 전하면 되는 것이 아니라 거기에 우리 자신을 맡겨야 한다는 말입니다.

예를 들면 결혼과 같은 것입니다. 결혼식을 하면 서약을 합니다. 그 서약은 서약을 했다고 해서 그 책임을 면제받는 것이 아닙니다. 그것은 하나의 선언이고, 그다음부터는 살아야 합니다. '나는 이 사람을 아내로 맞아 기쁠 때나 슬플 때나 형통할 때나 고난이 닥칠 때나 마음에 들 때나 들지 않을 때나 영원히 함께할 것을 서약합니다.' 그리고 살아야 합니다. 그래서 기가 막힌 인생을 삽니다. 그것이 선포입니다.

또 세례가 그렇습니다. '나는 예수를 믿고 하나님의 백성이 된 것을 선언합니다.' 이것이 예수의 이름으로 받는 세례입니다. 어느 곳에서나 어떤 형편에서나 내가 살아있는 한 나는 예수 믿는 자로 살겠다는 선포가 세례입니다. 그러나 어느 시대나 마찬가지지만 오늘날 우리 시대에는 더욱 더 이 세례가 하나의 예식이나 결심이나 진심처럼 모호한 하나의 추상적인 언어로 대치되어 버렸습니다. 그래서 실제로 자기가 믿는다거나 자기가 선포한 신앙에 자신을 맡기는 일들은 보기가 힘듭니다. 빌립보서 2장을 보면, 하나님이 우리의 생애를 통해 하나님이 하신 일을 선포하신다, 우리가 우리의 믿음을 선언한 대로 살아낸다는 것이 무슨 뜻인지 잘 설명되어 있습니다.

그러므로 그리스도 안에 무슨 권면이나 사랑의 무슨 위로나 성령의 무슨 교제나 긍휼이나 자비가 있거든 마음을 같이하여 같은 사랑을 가지고 뜻을 합하며 한마음을 품어 아무 일에든지 다툼이나 허영으로 하지 말고 오직 겸손한 마음으로 각각 자기보다 남을 낫게 여기고 각각 자기 일을 돌볼뿐더러 또한 각각 다른 사람들의 일을 돌보아 나의 기쁨을 충만하게 하라 너희 안에 이 마음을 품으라 곧 그리스도 예수의 마음이니 그는 근본 하나님의 본체시나 하나님과 동등됨을 취할 것으로 여기지 아니하시고 오히려 자기를 비워 종의 형체를 가지사 사람들과 같이 되셨고 사람의 모양으로 나타나사 자기를 낮추시고 죽기까지 복종하셨으니 곧 십자가에 죽으심이라(빌 2:1-8)

무슨 이야기일까요? 좋은 일을 할 때, 특별히 이 서신은 교회에 보내는 것이니까, 신앙적인 어떤 유익이나 은혜를 나누고자 할 때 너희는 그리스도의 마음을 본 받으라는 것입니다. "너희 안에 이 마음을 품으라 곧 그리스도 예수의 마음이니." 여기 나오는 '마음'과 같은 단어들이 오늘날 우리가 사는 시대에는 자주 막연해지고 추상화되고 책임지지 않는 명분이 되고 있습니다. 여기에서 말하는 마음이란 각오라고 이해하셔야 합니다. '너희가 믿음의 유익을 나누고 싶은가? 그 은혜를 나누고 싶은가? 그러면 예수의 생애를 각오하라.' 이렇게 이해하셔야 합니다.

그러면 예수님의 생애가 어떠했기에 이런 말을 할까요? 그는 근본 하나님의 본체시나 하나님과 동등됨을 취할 것으로 여기지 아니하시고 오히려 자기를 비워 종의 형체를 가지셨습니다. 그래서 어떻게 하셨다고 합니까? 사람들과 같이 되십니다. 사람의 모양으로 나타나셔서 자기를 낮추시고 죽기까지 복종하셔서 십자가에서 죽으셨습니다. 구체적으로 살아가셨습니다. 그 길을 걷는 것입니다. 말로 때우지 않습니다. 구름 위에 나타나서 영광된 모습으로 일갈하시는 것이 아닙니다. 회개를 촉구하시지 않습니다. 복음서에 그토록 강조되었다시피 우리를 위해 이 땅에 오시고 죄인과 가난한 자의 친구가 되시며 그늘진 땅에 오사 빛으로 우리를 찾으십니다.

그러니 구체적으로 그렇게 살아야 합니다. 이것은 우리가 복음을 선포해야 한다, 우리의 고백을 선포해야 한다는 말과 일치하는 삶입니다. 우리가 우리의 생애와 우리의 운명과 우리라는 존재를 이 고백과 예수 안에 있는 하나님의 찾으심 속에 내어 맡기지 않는다면 우리는 우리의 신앙고백을 스스로가 믿지 않는 것입니다. 거기에는 아무런 힘이 없습니다. 아무런 가치도 아무런 능력도 아무런 효과도 없습니다. 우리의 인생을 내어맡기지 않으면서 믿는다고 이야기하는 것은 거짓말입니다. 그 이야기를 합니다. 어떤 좋은 마음을 가져야 하는가, 어떤 거룩한 이상을 가져야 하는가, 이런 것으로 속지 말라는 것입니다. 그것에 당신의 모든 것을 맡길 수 있는가를 물으십니다.

예수께서 그리하신 것처럼, 근본 하나님의 본체시나 하나님과 동등됨을 취하는 그 편안한 자리, 영광의 자리를 놓고 자기를 비우고 종의 형체로 아버지의 뜻을 따라 사람이 되어 찾아오십니다. 인생을 걸으십니다. 이것이 성경이 우리에게 촉구하는 신앙입니다. 그것은 명분으로 때울 수 없는 실체여야 합니다. 매일매일의 고난이어야 합니다. 예수의 생애가 그러했던 것처럼 말입니다. 빌립보서 2장은 갑자기 돌출된 권면이 아닙니다. 1장에서 바울은 자신이 감옥에 갇힘으로써 복음에 오히려 진전되었다는 고백을 합니다.

> 나의 간절한 기대와 소망을 따라 아무 일에든지 부끄러워하지 아니하고 지금도 전과 같이 온전히 담대하여 살든지 죽든지 내 몸에서 그리스도가 존귀하게 되게 하려 하나니 이는 내게 사는 것이 그리스도니 죽는 것도 유익함이라(빌 1:20-21)

부끄러워하지 않는다고 말하는 것은 사도 바울이 지금 부끄럽게 오해받을 수 있는 현실에 있다는 이야기 아닙니까? 하나님의 종이 왜 그렇게 사느냐고 조롱받을 수 있는 처지에 있지만 부끄러워하지 않는다는 것입니다. 왜냐하면 살든지 죽든지 내 몸에서 그리스도가 존귀하게 되게 하려는 자이기 때문입니다. '내 몸에서'라는 말을 기억하십시오. 추상적인 것이 아닙니다. 소원과 이상과 명분이 아닙니다. 몸으로 사는 것입니다. 그래서 내게 사는 것이 그리스도니 죽는 것도 유익한 것입니다. 그리고 이렇게 이어집니다.

> 그러나 만일 육신으로 사는 이것이 내 일의 열매일진대 무엇을 택해야 할는지 나는 알지 못하노라 내가 그 둘 사이에 끼었으니 차라리 세상을 떠나서 그리스도와 함께 있는 것이 훨씬 더 좋은 일이라 그렇게 하고 싶으나 내가 육신으로 있는 것이 너희를 위하여 더 유익하리라(빌 1:22-24)

바울이 살아있으면 무슨 도움이 된다고 합니까? 죽으면 주님께 부름 받아 고난이 끝나서 좋습니다. 그렇지만 살아있는 것이 너희에게 유익하다고 합니다. 왜 유익할까요? 살아있어야 예수님을 믿는다는 것이 무엇인가가 구체적으로 더 연장됩니다. '내가 너희를 위하여 이 고난의 삶을 더 살 마음이 있다. 그래서 이 선포가 구체적으로 연장되기 위해서라면 내가 기꺼이 고난의 길을 택하겠다.' 그리고 2장으로 넘어오게 된 것입니다. 조금 더 분명하게 확인하기 위해 고린도전서 2장으로 가보겠습니다.

> 형제들아 내가 너희에게 나아가 하나님의 증거를 전할 때에 말과 지혜의 아름다운 것으로 아니하였나니 내가 너희 중에서 예수 그리스도와 그가 십자가에 못 박히신 것 외에는 아무 것도 알지 아니하기로 작정하였음이라 내가 너희 가운데 거할 때에 약하고 두려워하고 심히 떨었노라 내 말과 내 전도함이 설득력 있는 지혜의 말로 하지 아니하고 다만 성령의 나타나심과 능력으로 하여 너희 믿음이 사람의 지혜에 있지 아니하고 다만 하나님의 능력에 있게 하려 하였노라(고전 2:1-5)

사도 바울이 처음으로 고린도 교회의 교인들을 만나 복음을 전할 때, 그리하여 저들을 회심시키고 교회를 세울 때 무엇을 걱정했다고 합니까? 예수 그리스도와 그가 십자가에 못 박히신 것 외에는 아무것도 알지 아니하기로 작정했다고 합니다. 설득하고 납득시켜서 공감한 자들을 불러내는 것이 아니라 하나님이 일하신다는 것을 믿고 들어갔다는 것입니다. 그렇게 하나님이 일하신다는 사실을 믿고 들어갔는데, 그때 하나님이 바울에게 준 것은 아무것도 없었다는 것입니다. 정말 맨몸으로, 하나님의 보내심을 받아 아무것도 손에 든 것이 없이, 마치 그리스도가 그리하신 것처럼 영광과 권세를 놓고 우리와 방불한 모습으로, 그저 보잘것없는 한 인생이 되어 들어와 세상 권력에 붙잡혀 죽어나간 것같이 그렇게 들어왔다는 것입니다.

그렇게 하면 일이 되니까 그렇게 한다는 말이 아닙니다. 일이 되고 안 되고는 하나님의 손에 있고, 우리가 하는 이 선포, 복음을 인하여 보내심을 받은 그대로 순종하기 위해 뛰어들어갔다고 이야기하는 것입니다. 그의 진심이 결과를 만들거나 그가 가진 믿음이 무엇을 만든 것이 아니라 하나님이 만들고 계십니다. 아무것도 없고, 아무 무기도 없고, 아무 근거가 없는 맨몸으로 어디로든지 보내지는 곳이라면 내가 갈 수 있다고 이야기하는 것입니다. 더 분명하게 하기 위해 조금 더 앞으로 가봅시다.

십자가의 도가 멸망하는 자들에게는 미련한 것이요 구원을 받는 우리에게는 하나님의 능력이라 기록된 바 내가 지혜 있는 자들의 지혜를 멸하고 총명한 자들의 총명을 폐하리라 하였으니 지혜 있는 자가 어디 있느냐 선비가 어디 있느냐 이 세대에 변론가가 어디 있느냐 하나님께서 이 세상의 지혜를 미련하게 하신 것이 아니냐 하나님의 지혜에 있어서는 이 세상이 자기 지혜로 하나님을 알지 못하므로 하나님께서 전도의 미련한 것으로 믿는 자들을 구원하시기를 기뻐하셨도다 유대인은 표적을 구하고 헬라인은 지혜를 찾으나 우리는 십자가에 못 박힌 그리스도를 전하니 유대인에게는 거리끼는 것이요 이방인에게는 미련한 것이로되 오직 부르심을 받은 자들에게는 유대인이나 헬라인이나 그리스도는 하나님의 능력이요 하나님의 지혜니라 하나님의 어리석음이 사람보다 지혜롭고 하나님의 약하심이 사람보다 강하니라(고전 1:18-25)

우리가 다 아멘으로 받는 내용입니다. 조금 더 보시면 이 뜻이 더 분명해집니다.

> 형제들아 너희를 부르심을 보라 육체를 따라 지혜로운 자가 많지 아니하며 능한 자가 많지 아니하며 문벌 좋은 자가 많지 아니하도다 그러나 하나님께서 세상의 미련한 것들을 택하사 지혜 있는 자들을 부끄럽게 하려 하시고 세상의 약한 것들을 택하사 강한 것들을 부끄럽게 하려 하시며 하나님께서 세상의 천한 것들과 멸시 받는 것들과 없는 것들을 택하사 있는 것들을 폐하려 하시나니 이는 아무 육체도 하나님 앞에서 자랑하지 못하게 하려 하심이라 (고전 1:26-29)

예수를 믿는 사람들이 어떤 사람들입니까? 여기에 다 나와 있습니다. 지혜롭지 않고, 문벌 좋지 않고, 미련하고, 약하고, 천하고, 멸시 받는 사람들이 믿습니다. 여러분을 여기에 다 포함시키니까 유쾌하시지 않으실 것 같은데, 조금 더 나은 예를 들어보겠습니다. 목사를 그렇게 세우십니다. 우리가 현실적으로 한국교회를 보면, 교회가 욕을 먹는 것이 아니라 목사들이 욕을 먹고 있습니다. 뭐라고 욕을 먹느냐 하면 '목사가 되어서 왜 그것도 못하나?'입니다. 여기에 제가 변명할 말이 하나 있습니다. "그러니 당신이 했어야지요. 당신이 공부 잘해서 딴 데로 새는 바람에 그 책임이 우리한테 왔지요. 이제 와서 왜 그러냐고 그러면 당신 흉보는 것밖에 더 되겠습니까?" 이 이야기를 하는 것입니다.

　하나님이 하십니다. 우리는 목숨을 내어놓아도 좋고, 이 세상에서 망해도 좋습니다. 그러나 확실한 것은 내 목숨을 맡길 만하다는 것입니다.

"저 사람은 저 꼴에 무슨 목사냐?" 그 사람은 자기 운명과 자기 인생을 걸었습니다. 그런데 말도 안 되는 소리를 합니다. 한심할 것입니다. 그러나 그는 자기 인생을 걸고 있는데, 그 앞에서 심사위원 하시면 안 됩니다. 심사위원 하지 마시고 자기 인생을 거십시오. 그것이 성경이 말하는 선포입니다.

만물의 찌꺼기같이

자기가 인생을 걸은 것에 대해서 너무 보상이 없다는 불만이 혹시 있으십니까? 내가 내 인생을 걸면 하나님이 어느 정도는 보여주시는 것이 있어야 되지 않는가 하는 불만 말입니다. 고린도전서 4장에서는 이렇게 이야기합니다.

형제들아 내가 너희를 위하여 이 일에 나와 아볼로를 들어서 본을 보였으니 이는 너희로 하여금 기록된 말씀 밖으로 넘어가지 말라 한 것을 우리에게서 배워 서로 대적하여 교만한 마음을 가지지 말게 하려 함이라 누가 너를 남달리 구별하였느냐 네게 있는 것 중에 받지 아니한 것이 무엇이냐 네가 받았은즉 어찌하여 받지 아니한 것 같이 자랑하느냐 너희가 이미 배 부르며 이미 풍성하며 우리 없이도 왕이 되었도다 우리가 너희와 함께 왕 노릇 하기 위하여 참으로 너희가 왕이 되기를 원하노라 내가 생각하건대 하나님이 사도인 우리를 죽이기로 작정된 자 같이 끄트머리에 두셨으매 우리는 세계 곧 천사와 사람에게 구경거리가 되었노라 우리는 그리스도 때문에 어리석으나 너희는 그리스도 안에서 지혜롭고 우리는 약하나 너희는 강하고 너희는 존귀하나 우리는 비천하여 바로 이 시각까지 우리가 주리고 목마르며 헐벗고 매맞으며 정처가 없고 또 수고하여 친히 손으로 일을 하며 모욕을 당한즉 축복하고 박해를 받은즉 참고 비방을 받은즉 권면하니 우리가 지금까지 세상의 더러운 것과 만물의 찌꺼기 같이 되었도다(고전 4:6-13)

진심을 바치면, 인생을 바치면, 운명을 걸면 하나님이 마땅한 것으로 보상하느냐 하면 그렇지 않다는 것입니다. 세상의 더러운 것과 만물의 찌꺼기같이 취급될 수 있다고 합니다. 이것이 선포의 어려움입니다. 명분이 제일 쉽습니다. 명분은 '마땅한 도리'라는 뜻입니다. 여기에서 '마땅'이 매우 위험합니다. 마땅해서 모두가 알아듣는 소리를 하고 그것으로 끝입니다. 더 이상 다른 증거가 필요 없습니다. 정직해야지, 성실해야지, 훌륭해야지 하는 것은 마땅한 이야기입니다. 누가 하든지 똑같은 이야기입니다. 그러나 살아내는 것은 다릅니다. 각자의 기가 막힌 자기 인생을 살아야 합니다. "너는 왜 그렇게 지지리도 못 사느냐?" 하는 소리를 들어야 하고, "너는 그 꼴로 무슨 예수를 믿느냐?" 하는 소리를 들으면서 걸어야 합니다. 마땅하지 않습니다. 설명할 수 없고 변명도 할 수 없습니다.

9절에서 우리를 죽이기로 작정된 자같이 끄트머리에 두었다고 말합니다. 로마가 융성했던 시절에 다른 나라들을 정복하고 로마로 들어올 때, 그 전투에서 이긴 군대가 로마 시민의 환영을 받으며 개선 행진을 합니다. 지휘관과 군인들이 주인공이고 서로 환호를 받으며 영광된 행진을 합니다. 그리고 그들 뒤로 전리품이 따라옵니다. 그 전리품 속에 적국의 군사들, 지휘관들과 왕족들이 포함되어 있습니다. 부끄러운 자리입니다. 이 자리가 끄트머리입니다. 죽이기로 작정된 자같이 미말에 서는 것, 우리가 그렇게 인생을 삽니다.

"저건 평생 허리 한 번 못 펴고 끝나는 인생 같다." 만물의 찌꺼기 같은 길을 가면서, 예수님을 믿는다는 것이 그 자리로 우리를 순종하게 할수 없다면 우리의 신앙고백은 사기입니다. '국가의 정치가 안정을 찾고, 사회에 상식이 생기고, 경제가 부흥하고'라고 거기에 조건을 달면 그것이 사기입니다. 그렇게 되면 잘살 것이고, 아니면 못 살겠다고 이야기한다면 그것은 예수님을 믿는 것이 아닙니다. 가장 좋은 사회, 가장 좋은 조건에서도 예수님이 없다면 살 마음이 없다는 것을 알게 되는 것이 예수 믿는 것입니다. 저는 여러분이 언제나 신앙이 좋고, 언제나 이 일을 잘할 수 있다고 이야기하는 것은 아닙니다. 다만 여러분이 하는 고민, '내가 뭘 잘못해서 내 인생이 고단한가'를 풀어주기 위해서입니다. 여러분이 잘못해서 그렇게 된 것이 아닙니다. 고린도전서 4장 1절은 이렇게 시작합니다.

사람이 마땅히 우리를 그리스도의 일꾼이요 하나님의 비밀을 맡은 자로 여길지어다 그리고 맡은 자들에게 구할 것은 충성이니라 너희에게나 다른 사람에게나 판단 받는 것이 내게는 매우 작은 일이라 나도 나를 판단하지 아니하노니 내가 자책할 아무 것도 깨닫지 못하나 이로 말미암아 의롭다 함을 얻지 못하노라 다만 나를 심판하실 이는 주시니라 그러므로 때가 이르기 전 곧 주께서 오시기까지 아무 것도 판단하지 말라 그가 어둠에 감추인 것들을 드러내고 마음의 뜻을 나타내시리니 그 때에 각 사람에게 하나님으로부터 칭찬이 있으리라(고전

4:1-5)

중요한 내용입니다. 내가 무엇을 잘못해서 고단한 인생을 사는 것이 아닙니다. 맡은 자에게 구할 것은 충성이라고 하였습니다. 여러분이 맡은 것은 무엇입니까? 현실적으로 보십시오. 누구의 아내이고, 누구의 남편이고, 누구의 부모이고, 누구의 자식인 그것입니다. 이 나라에 살고, 이 시대에 살고, 이 환경 속에서 사는, 여러분이 지긋지긋해하는 여러분 각자의 실존 말입니다. 그것이 여러분이 맡은 것입니다. 거기에 충성하십시오. 예수 믿는 사람으로 그 인생을 사십시오. 한숨과 함께 기도하시고, 응답 없는 기도를 포기하지 마시고, 하나님께 책임 돌리지 마시고, 이웃과 사회에 분노하지 마시고, 여러분에게 준 자리를 지켜내십시오. 그것이 충성입니다.

"나도 나를 판단하지 않노라." 무슨 뜻이었겠습니까? 바울이 고린도 교회에 보낸 편지의 가장 중요한 주제는 고린도 교회가 도전한 이 시험입니다. '네가 신의 사자가 맞긴 한거냐? 네가 주장하는 유일한 신의 사자라면 네 꼴이 그게 뭐냐?' 여기에 대한 답입니다. '내가 맡은 것은 충성이다. 하나님이 일하시는 것에 대해 내가 다 알지 못한다. 하나님이 나를 사용하셔서 이 길로 무엇을 만드시는지는 모르지만, 십자가에서 그 비밀과 능력을 보았다. 그러니 나 그대로 밀고 들어간다. 내게 가라 하시는 그 길을 간다.' 그 길을 어떻게 갑니까? 세상의 더러운 것과 만물의 찌꺼기같이 되어서 들어갑니다. 그렇게 선언하는 내용입니다.

손해 보지 않는다

한 가지 의문이 더 남습니다. 어떻게 이 어려움에서 이 각오를 유지하면 서 신앙으로 승리할 수 있겠느냐 하는 점입니다. 이것을 안다고 해도 현실의 어려움이 우리를 낙심하게 하고, 타협하게 하고, 곁길로 가게 하는 것은 어떻게 견딥니까? 고린도전서 15장 55절 이하를 보시면 답이 나옵니다.

> 사망아 너의 승리가 어디 있느냐 사망아 네가 쏘는 것이 어디 있느냐 사망이 쏘는 것은 죄요 죄의 권능은 율법이라 우리 주 예수 그리스도로 말미암아 우리에게 승리를 주시는 하나님께 감사하노니 그러므로 내 사랑하는 형제들아 견실하며 흔들리지 말고 항상 주의 일에 더욱 힘쓰는 자들이 되라 이는 너희 수고가 주 안에서 헛되지 않은 줄 앎이라(고전 15:55-58)

죄와 부활을 비교하고 있습니다. 죄의 권능은 율법입니다. 율법은 인과법칙을 말합니다. 잘하면 복 받고, 못하면 벌 받는 것입니다. 그러나 부활은 예수 그리스도로 말미암아 하나님이 승리를 주신다고 약속합니다. 우리의 잘못이 잘못으로 끝나지 않는다고 이야기합니다. 우리가 걸어야 하는 선포적인 신앙인의 삶 속에서 세상이 우리를 몰라보는 것을 각오하는 일과 우리의 신실하지 못한 더 중요한 시험, 믿음을 다 지켜내지 못하는 것, 그 실패와 타협과 배신과 비겁함으로 끝나지 않으니 걱정하지 말라는 것입니다.

> 그러므로 내 사랑하는 형제들아 견실하며 흔들리지 말고 항상 주의
> 일에 더욱 힘쓰는 자들이 되라 이는 너희 수고가 주 안에서 헛되지
> 않은 줄 앎이라 (고전 15:58)

어떻게 알 수 있을까요? 교회를 세우시는 예수님의 약속 속에 나옵니다. 시몬 베드로가 주는 그리스도시요 살아계신 하나님의 아들이십니다, 이 신앙고백을 하자 예수님이 이렇게 답을 하십니다.

> 바요나 시몬아 네가 복이 있도다 이를 네게 알게 한 이는 혈육이 아니
> 요 하늘에 계신 내 아버지시니라 또 내가 네게 이르노니 너는 베드로
> 라 내가 이 반석 위에 내 교회를 세우리니 음부의 권세가 이기지 못
> 하리라 내가 천국 열쇠를 네게 주리니 네가 땅에서 무엇이든지 매면
> 하늘에서도 매일 것이요 네가 땅에서 무엇이든지 풀면 하늘에서도
> 풀리리라 (마 16:17-19)

누구에게 하는 말이냐 하면 베드로에게 하는 말입니다. 조금 있다가 세 번이나 부인할 베드로에게 말입니다. '음부의 권세가 이기지 못하며 네 가 매고 푸는 대로 하늘에서도 그리하리라. 네 배신의 길이 끝이 아니고, 배신의 결과로 끝나지 않으리라.' 유다에게도 사실은 이 말을 한 셈입니 다. '유다야, 네가 나 팔아먹은 것으로 끝나지 않는다. 거기까지도 내 영 역이다.' 어떻게 이렇게 과감하게 이야기할 수 있느냐고요? '네가 만일 하 나님의 아들이어든 내려와 보라'에 대한 예수님의 답을 보십시오. '아버 지여, 저들을 사하소서. 저들이 자기가 하는 일을 알지 못하나이다.' 그렇

다면 '우리가 걸어야 하는 길이 세상에 어떻게 비치느냐'와 '나 스스로 가 얼마만큼 할 수 있느냐'라는 두 가지 시험, 두 가지 걱정이 예수 안에서 다 끌어안아 그의 품안에 있는 것을 발견하게 됩니다.

그러니 내 사랑하는 형제들아 견실하며 흔들리지 말며 항상 주의 일에 더욱 힘쓰는 자들이 되라. 할 수 있는 만큼 하십시오. 열심히 하시고, 넘어지시면 거기가 끝이 아닌 줄 알고 돌아오십시오. 혹시 예수님을 파셨습니까? 그 자리가 끝이 아니라는 것을 예수 안에서 확인하십시오. 그리고 제정신이 돌아오면 돌아오십시오. 사도행전 27, 28장이 이렇게 길게 설명하는 바가 그것입니다. 우리가 배 타고, 어디 가서 풍랑을 만나고, 어디에 가서 무엇이 되고 하는 모든 일을 가지고 하나님이 일하십니다. 우리의 충성과 미련과 게으름과 비겁함과 최선과 억울함과 눈물과 한숨 모두를 가지고 하나님이 일하십니다. 그리고 우리가 자랍니다. 손해 보는 일은 없습니다. 이것이 예수님을 믿는 자의 자랑이요 영광입니다.

더 믿음이 좋고 담력이 있으면 물론 좋을 것입니다. 그러나 믿음은 변명하라고 준 것이 아닙니다. 모든 현실을 가로지르라고 준 것입니다. 세상이라는 현실만이 아니라 그것을 가로질러야 하는 나를 가로지르라고 준 것입니다. 가십시오. 삐뚤삐뚤 가십시오. 비명 지르고 가십시오. 울면서 가십시오. 가셔야 합니다. 살아야 합니다. 예수님을 믿는 자로 존재하는 그 모든 경우, 그 모든 지위, 그 모든 형편이 하나님의 손길인 것을 기억하십시오. 그래서 어느 날 주의 부활이 가진 영광과 능력을 확인할 날이 올 것입니다. 그것이 우리가 보는 바울서신들입니다. 그리고 우리의 영광된 현실입니다. 누가 더 억울할 것도, 누가 더 나을 것도 없습니다. 하나님의 일하심이 성경에 기록된 대로 우리의 모든 생애와 존재 속에 있음을 기억하는 오늘의 말씀이요, 여러분의 신앙고백 되게 하십시오.

기 도

하나님 아버지, 은혜를 감사합니다. 우리가 얼마나 귀하고 중요한 존재이며 하나님이 함께하시는 인생을 사는 것인가를 확인했습니다. 충성하게 하시옵소서. 믿음 갖게 하시옵소서. 편하게 살 생각 하지 말게 하시고, 스스로의 한계로 포기하지 말게 하옵소서. 우리의 못난 것을 갖고도 일한다고 성경이 증언하고 있고 우리가 흘린 모든 눈물이 헛되지 않다고 하나님이 약속하셨으니 예수님의 죽으심과 부활이 가지는 신비와 능력을 기억하고 각각 자기 짐을 지어 하나님의 일을 드러내어 우리와 우리 가정과 이 나라와 이 사회 앞에 하나님의 일하심을 증거하는 우리 모두가 되도록 축복하여 주시옵소서. 예수님의 이름으로 기도합니다. 아멘.

39.

위대한 것은 복음이다

사도행전 28:16-22

16_우리가 로마에 들어가니 바울에게는 자기를 지키는
한 군인과 함께 따로 있게 허락하더라

바울은 드디어 로마에 갔습니다. 그리고 사도행전 28장은 이렇게 끝납
니다.

> 바울이 온 이태를 자기 셋집에 머물면서 자기에게 오는 사람을 다 영
> 접하고 하나님의 나라를 전파하며 주 예수 그리스도에 관한 모든 것
> 을 담대하게 거침없이 가르치더라(28:30-31)

사도행전의 저자가 보는 바울의 행적을 보면 그는 기독교 신앙을 자기 성
취의 어떤 요건으로 삼고 있지 않습니다. 예수님을 믿으면 행복해진다거
나 어떤 문제가 해결되는 것에 전혀 관심이 없습니다. 바울을 통해서 보
듯이, 여러분의 실제적인 신앙생활에서 보듯이 예수님을 믿어서 문제가

풀리는 것이 아니라 도리어 예수를 만나 문제가 생깁니다. 그것을 벗어버
릴 수가 없습니다. 사도 바울은 이 고난의 인생에 대해 그것이 자신의 신
앙 이해라고 말하고 있는 셈입니다.

예수님의 고난

어느 시대나 교회에서는 예수님을 믿으면 모든 문제가 해결된다고 하는
데, 그때 말하는 모든 문제는 궁극적인 것입니다. 그리고 예수님 안에 있
는 하나님의 목적과 연결되어 있습니다. 고단한 현실에 대해 어떤 해결책
을 제시하는 약속은 없습니다. 빌립보서 3장에 가면, 사도 바울의 복음
이해, 신앙 이해는 이렇게 기록되어 있습니다.

> 내가 그리스도와 그 부활의 권능과 그 고난에 참여함을 알고자 하여
> 그의 죽으심을 본받아 어떻게 해서든지 죽은 자 가운데서 부활에 이
> 르려 하노니(빌 3:10-11)

"죽은 자 가운데서"가 현실입니다. 믿음의 시작이며 믿음의 여정입니다.
궁극적으로 부활의 자리에 갈 것입니다만, 그것은 우리의 인생이 끝난
다음이거나 주님이 다시 오셔서 시작되는 종말에 실현될 것입니다. 이러
한 사도 바울의 복음 이해, 신앙 이해는 예수님이 가지셨던 것과 동일한
것입니다. 누가복음 24장을 보겠습니다. 예수님이 부활하셔서 제자들을
만나 자신의 죽음을, 고난을 설명하는 대목입니다.

우리는 이 사람이 이스라엘을 속량할 자라고 바랐노라(눅 24:21상)

예수님이 해방자요, 구원자라고 생각했다는 말입니다.

이뿐 아니라 이 일이 일어난 지가 사흘째요 또한 우리 중에 어떤 여자
들이 우리로 놀라게 하였으니 이는 그들이 새벽에 무덤에 갔다가 그
의 시체는 보지 못하고 와서 그가 살아나셨다 하는 천사들의 나타남
을 보았다 함이라 또 우리와 함께 한 자 중에 두어 사람이 무덤에 가
과연 여자들이 말한 바와 같음을 보았으나 예수는 보지 못하였느니
라 하거늘(눅 24:21하-24)

살아나셨다는 이야기는 들었는데, 직접 보지는 못 했다고 합니다.

이르시되 미련하고 선지자들이 말한 모든 것을 마음에 더디 믿는 자
들이여 그리스도가 이런 고난을 받고 자기의 영광에 들어가야 할 것이
아니냐 이에 모세와 모든 선지자의 글로 시작하여 모든 성경에 쓴 바
자기에 관한 것을 자세히 설명하시니라 그들이 가는 마을에 가까이 가
매 예수는 더 가려 하는 것 같이 하시니(눅 24:25-28)

예수께서 고난을 받고 영광의 자리에 들어가야 한다고 말씀하십니다. 고
난은 필수라는 것입니다. 실제로 성경에 나온 메시아에 관한 모든 예언
은 고난의 종으로 메시아를 그리고 있습니다. 대표적인 것이 이사야 53
장입니다.

그가 곤욕을 당하여 괴로울 때에도 그의 입을 열지 아니하였음이여
마치 도수장으로 끌려가는 어린 양과 털 깎는 자 앞에 잠잠한 양 같
이 그의 입을 열지 아니하였도다 그는 곤욕과 심문을 당하고 끌려갔
으나 그 세대 중에 누가 생각하기를 그가 살아있는 자들의 땅에서
끊어짐은 마땅히 형벌 받을 내 백성의 허물 때문이라 하였으리요(사
53:7-8)

예수님의 대속 사건, 그가 우리 죄를 대신해서 이 고난을 받았다는 것은
이 본문이 가르치는 중요한 내용입니다. 그런데 그것 때문에 이 말씀의
또 다른 중요한 가르침이 외면을 받곤 합니다. 바로 그가 이 대속을 위하
여 곤욕과 심문을 당하셨다는 것입니다. 어떤 세력이, 어떤 권세가 하나
님의 아들을 끌어가고 심문하고 처형할 수 있다는 말입니까? 그런데 당
하셨습니다. 이것이 고난입니다. 예수께서 오신 세상은 하나님을 거부하
고 하나님을 반대한 커다란 힘입니다.

　　오늘날 우리가 보는 바와 같이 그것은 모든 죄인된 인간들의 공통된
본성이기도 하고, 합심하여 가지는 하나님 없이 살자는 의욕이기도 하
고, 소원이기도 합니다. 예수님을 믿고 살아야 한다는 것은 이런 죄악
된 세상 속에서는 인간의 참된 권리와 명예를 외면하는 것으로 치부되
곤 합니다. 그것이 고난입니다. 예수께서 오셨으나 세상은 그들이 가졌던
힘, 하나님을 거부하는 힘으로 예수님을 배척하고 억압했습니다. 그래서
죽었습니다. 대표적으로 시편 2편은 이 메시아의 고난을 세상이 가진 힘
에 의한 고난으로 이렇게 잘 그리고 있습니다.

어찌하여 이방 나라들이 분노하며 민족들이 헛된 일을 꾸미는가 세
상의 군왕들이 나서며 관원들이 서로 꾀하여 여호와와 그의 기름 부
음 받은 자를 대적하며 우리가 그들의 맨 것을 끊고 그의 결박을 벗어
버리자 하는도다(시 2:1-3)

하나님의 뜻과 하나님의 권세에 정면으로 대항합니다. 모르고 하는 것
입니다. 하나님의 일하심, 하나님의 영광, 하나님만이 가지신 우리를 향
한 뜻, 이런 것과 무관하게, 뭐가 뭔지 모르고 오직 욕심에 휘둘린 죄악
된 인생길을 걷는 그 세상의 포악이 역사 내내 하나님의 뜻에 대한 반대
와 불순종과 무지로 얼룩져 있습니다. 그래서 예수님이 공생애를 시작
하실 때 맨 처음에 해야 했던 일은 이 두 길, 하나님을 거역하는 권세와
하나님의 뜻을 이루어야 하는 순종 사이에서 당신의 사역을, 신분을, 자
리를, 책임을 공포하셔야 했습니다. 이것이 마태복음 4장에 이렇게 그려
져 있습니다.

그 때에 예수께서 성령에게 이끌리어 마귀에게 시험을 받으러 광야로
가사 사십 일을 밤낮으로 금식하신 후에 주리신지라 시험하는 자가
예수께 나아와서 이르되 네가 만일 하나님의 아들이어든 명하여 이
돌들로 떡덩이가 되게 하라 예수께서 대답하여 이르시되 기록되었으
되 사람이 떡으로만 살 것이 아니요 하나님의 입으로부터 나오는 모
든 말씀으로 살 것이라 하였느니라 하시니(마 4:1-4)

이 본문의 이해를 돕기 위해 한 가지 비유를 들어보겠습니다. 사탄이 우

리에게 '자, 이 차를 줄 테니 휘발유를 채워서 이 차를 가지도록 하게' 이야기하면 여러분은 '그 차를 주신 것은 고마운데, 기름도 주시죠' 하지 말고 예수님처럼 '이 차는 기름이 필요한 것이 아니라 누가 운전하느냐가 더 중요합니다' 이렇게 답을 하라는 말입니다.

> 이에 마귀가 예수를 거룩한 성으로 데려다가 성전 꼭대기에 세우고 이르되 네가 만일 하나님의 아들이어든 뛰어내리라 기록되었으되 그가 너를 위하여 그의 사자들을 명하시리니 그들이 손으로 너를 받들어 발이 돌에 부딪치지 않게 하리로다 하였느니라 예수께서 이르시되 또 기록되었으되 주 너의 하나님을 시험하지 말라 하였느니라 하시니 (마 4:5-7)

사탄이 다시 이렇게 시험합니다. '이 차를 타고 절벽을 뛰어내려 보라. 이 차가 얼마나 견고한지 보자. 절대 다치지 않을 것이다.' 예수께서 답하십니다. '이 차는 하나님이 부르시는 장소까지 타고 갈 차이지 절벽에서 뛰어내리는 것을 목적으로 만들어진 차는 아닙니다.' 아멘입니다.

> 마귀가 또 그를 데리고 지극히 높은 산으로 가서 천하 만국과 그 영광을 보여 이르되 만일 내게 엎드려 경배하면 이 모든 것을 네게 주리라 이에 예수께서 말씀하시되 사탄아 물러가라 기록되었으되 주 너의 하나님께 경배하고 다만 그를 섬기라 하였느니라 (마 4:8-10)

사탄이 네가 나에게 절만 한다면 내가 모든 것을 너에게 주겠다, 하니까 예수님이 답합니다. '이 자동차를 타고 내가 하고 싶은 것을 다 하면 되는 것이 아닙니다. 이 자동차는 우리 아버지께서 사랑하사 내게 준 선물입니다. 이 차를 가지고 내가 아버지 뜻에 맞는 은혜롭고 선하고 의롭고 귀한 일을 해야만 합니다. 우리 아버지를 섬기고 그의 뜻대로 순종할 것입니다.' 이렇게 마치는 것입니다.

고난을 야기하는 현실

그런데 이 시험의 배경이 무엇입니까? 이 세상의 왕이 사탄이라는 것입니다. 그래서 계속 무엇을 시험합니까? 하나님을 찾지 말라는 것입니다. 자기에게 요구하면 자기가 다 채워줄 테니까 하나님은 찾지 말라는 것입니다. 마지막 결론은 이것입니다. "주 너의 하나님께 경배하고 다만 그를 섬기라." 그것이 예수 그리스도의 선택입니다. 그 선택이 얼마나 어려운 선택이었는가 하면, 그것이 고난으로 묘사됩니다. 아담의 선택은 에덴동산에서 일어났습니다. 아담은 아무런 위협도, 아무런 어려움도 없는 곳에서 스스로 하나님과의 관계를 끊었습니다. 그 일을 회복하기 위하여 하나님께서 그 거역한 시대, 거역한 인류, 거역한 바로 그 자리에 그 아들을 보내십니다. 어떻게 할지 아직 결정되지 않은 상태가 아닌 거역한 세상, 거역한 인류 앞에 그를 보냄으로써 위협과 반대와 거부와 왜곡과 무지 속에서 하나님의 편을 들어 이 죄악된 세상, 하나님을 거절한 이 인류의 한복판, 죽음의 자리에서 새로운 반전을 이룬 것입니다.

누구를 구하러 오십니까? 반대하는 자들입니다. 그 반대가 어디까지였습니까? 예수님을 십자가에 못 박는 자리까지입니다. 그 못 박는 자리의 반대편에 오셔서 그들을 구원해야 하는 순종으로 인해, 세상의 반대와 하나님의 뜻에 대한 순종의 길이 맞물려, 우리가 볼 때는 이해할 수 없는 십자가 구원이라는 것을 만드셨습니다. 빌립보서 3장으로 돌아가셔서 사도 바울이 이해했던 신앙의 진정한 내용을 이해해야 합니다.

> 내가 그리스도와 그 부활의 권능과 그 고난에 참여함을 알고자 하여 그의 죽으심을 본받아 어떻게 해서든지 죽은 자 가운데서 부활에 이르려 하노니(빌 3:10-11)

사도 바울은 복음이 어느 자리에서, 누구를 위하여 만들어졌는지를 알고 있습니다. 적국에 들어가야 하고, 적군 속에 들어가 내가 누구인지를 밝혀 그들의 칼을 받고 그들의 총에 맞아야 합니다. 고난은 필수입니다. 적대적 상황에 뛰어 들어가야 하니까 고난은 당연합니다. 그 고난 속에서 무엇을 합니까? 자비와 긍휼과 용서와 기적을 이루는 하나님의 뜻에 순종하여 그 속에서 죽습니다. 예수가 그랬고, 바울이 그랬고, 우리에게도 요구되는 인생입니다. 여러분, 여러분의 현실이 그렇지 않습니까? 하루하루가 하나님 말씀대로 살 것인가, 세상의 거짓된 위협에 굴복할 것인가 사이에 서 있는 자리입니다. 우리는 거의 늘 실패합니다. 그 실패 속에 무슨 희망이 있습니까? 하나님이 여러분을 놓지 않고 있다는 것을 여러분이 알게 됩니다.

우리가 누구인지, 우리가 고백한 신앙고백이 무엇인지, 그것이 그렇게 만만하지 않다는 것을 알기까지는 오래 걸립니다. 처음에는 세상과 하나님 사이를 전혀 모릅니다. 세상이 전부입니다. 주일에 교회 오면 예배 보고, 나가면 세상 사람입니다. 아무런 갈등도, 아무런 차이도, 아무런 부끄러움도 없습니다. 그러나 조금씩 알게 됩니다. 세상이 거짓되기 때문입니다. '이 원수들은 늘 속이는구나.' '세상에서의 성공은 성공이 아니구나.' 이렇게 하나씩 알게 됩니다. 그래서 드디어 하나님의 약속과 성경의 약속의 값이 무엇인가를 하나씩 새삼스레 배우게 됩니다.

그러면 언제쯤 용감해질까요? 예순은 넘어야 합니다. 우리 안에 있는 죄의 깊이가 너무 커서 그렇게 쉽사리 이겨내지 못합니다. 어떤 한 가지 명분이나 어떤 하나의 사명에서 승리하는 적은 있지만 자기 자신의 존재와 인생이 무엇인가를 알아 하나님의 사람으로 자기를 맡기는 데는 대단히 오랜 시간이 걸립니다. 그것도 사도행전 28장이 이야기하려고 하는 결론입니다. 히브리서 5장을 보겠습니다.

> 그는 육체에 계실 때에 자기를 죽음에서 능히 구원하실 이에게 심한 통곡과 눈물로 간구와 소원을 올렸고 그의 경건하심으로 말미암아 들으심을 얻었느니라 그가 아들이시면서도 받으신 고난으로 순종함을 배워서 온전하게 되셨은즉 자기에게 순종하는 모든 자에게 영원한 구원의 근원이 되시고 하나님께 멜기세덱의 반차를 따른 대제사장이라 칭하심을 받으셨느니라 (히 5:7-10)

예수 그리스도의 대제사장직의 완성, 완벽함을 무엇으로 설명하느냐 하면, "그가 아들이시면서도 받으신 고난으로 순종함을 배워서"라고 설명하고 있습니다. 우리가 있는 자리, 반역하고 도망간 자리, 하나님을 대적하고 거스르는 자리에 찾아오셔서 거기서 아버지의 뜻을 순종하여 아버지의 일하심, 용서, 끌어안음으로 하나님의 뜻을 이루십니다. 그는 우리 모두의 구원의 근원이 되십니다.

　하나님이 우리에게 손 내밀면 잡아주겠다고 하는 것이 구원이 아닙니다. 도망간 우리를 쫓아 들어와 죽음의 자리에 앉은 우리에게 부활의 문을 열어 우리를 끌고 들어가는 그것이 바로 구원입니다. 우리의 실상, 우리가 사는 세상은 고난을 야기할 수밖에 없는 곳입니다. 거기에서 하나님의 크신 은혜를 예수님 안에서 받아 예수께서 열어놓은 부활의 길로 들어서는 일이, 바로 매일매일 예수님으로 인하여 우리를 붙잡아 부활의 길로 우리를 넘기시며, 붙들어 부활의 완성으로 인도하시는 줄 아는 예수님을 믿는다는 고백입니다.

복음을 담은 질그릇

　하나님이 우리에게 주신 것은 두려워하는 마음이 아니요 오직 능력과 사랑과 절제하는 마음이니 그러므로 너는 내가 우리 주를 증언함과 또는 주를 위하여 갇힌 자 된 나를 부끄러워하지 말고 오직 하나님의 능력을 따라 복음과 함께 고난을 받으라(딤후 1:7-8)

"복음과 함께 고난을 받으라." 사도 바울의 전도 여행에서 그의 죽음은 성경에 명시되지 않습니다. 왜 그렇겠습니까? 복음은 바울로 인하여 완성되었거나 바울로 인하여 도움을 받고 있지 않습니다. 바울은 다만 복음을 담은 한 그릇에 불과했던 것입니다. 중요한 것은 복음입니다. 복음은 예수 그리스도의 고난과 순종과 승리입니다. 하나님이 그렇게 일하고 계십니다. 바울의 죽음을 성경이 기록하지 않음으로써 그가 있어서 기독교가 얼마나 유익을 얻었는지에 관심이 없다는 것을 보여줍니다. 바울이 있어야 되었던 일이 아니고, 없으면 손해 보는 일이 아닙니다. 그것은 전적으로 처음부터 끝까지 예수님 안에서만 시작되고 완성된 것입니다. 바울이 아니면 다른 누구를 통하여 되었을 것입니다. 그리고 바울이 아니더라도 누군가를 통하여 전파되었을 그 일들에서 우리가 열매가 되고 수단이 되는 것입니다. 그러니 여러분의 인생을 가볍게 보시면 안 됩니다.

"그러므로 너는 내가 우리 주를 증언함과 또는 주를 위하여 갇힌 자 된 나를 부끄러워하지 말고." 여러분, 예수 믿는 데 걸림돌이 무엇입니까? 여러분 자신이 예수 믿는다고 말하는 게 부끄러운 것 아닙니까? 가진 것도 없고, 배운 것도 없고, 쓸모도 없는데 예수 믿는다는 말을 해서 예수님에게 누를 끼칠 수는 없다고 하는 것은 여러분의 희한한 논리일 뿐입니다. 성경이 지금 그 이야기를 하는 것입니다. '너 같은 것 있어도 좋고 없어도 좋다. 네가 얼마만큼 이해하고 알고 붙들고 함께 사느냐가 네 복이다. 남에게 자랑하라는 것도 증거하라는 것도 아니다. 나를 빼놓고 네 인생이 가치가 있고 의미가 있는 것이 무엇인지를 제대로 알기 바란다.' 기다리고 기다리고 기다리고 기다리십니다. 그리고 기억하십니다.

> 하나님이 우리를 구원하사 거룩하신 소명으로 부르심은 우리의 행위대로 하심이 아니요 오직 자기의 뜻과 영원 전부터 그리스도 예수 안에서 우리에게 주신 은혜대로 하심이라 (딤후 1:9)

이 말씀이 여기에 등장하는 이유는 바울의 능력, 충성, 어떤 덕목도 조건이 아니라는 이야기를 하는 것입니다. 그 그릇에 이 복음이 담겨있는 것입니다. 고린도후서에서는 그것을 질그릇이라고 표현했습니다.

> 우리가 이 보배를 질그릇에 가졌으니 이는 심히 큰 능력은 하나님께 있고 우리에게 있지 아니함을 알게 하려 함이라 (고후 4:7)

예전에 제가 어렸을 때는 소고기가 대단히 귀한 선물이었습니다. 그런데 그것을 어디에 싸서 보내느냐면, 신문지에 싸서 보냈습니다. 그러면 신문지에 피가 벌겋게 배어 나왔습니다. 그렇게 복음을 질그릇에 가졌다는 것입니다.

하나님이 일하셔서 나한테까지 복음이 왔다, 내 입술의 고백을 만들어내셨다는 것을 기억하셔서 담대하게 사십시오. 할 수 있는 것만큼 하십시오. 여러분이 빛날 필요가 없습니다. 매주일 교회에 와서 신문지에 페인트칠 하고 가지 마십시오. 여러분이 무엇을 가졌든지, 무엇을 하시든지, 어떻게 하시든지 간에 두려움과 부끄러움을 벗고 하나님의 일하심의 신비와 능력과 기적을 기억하십시오. 예수 그리스도를 당대 사람들이 알아보지 못했던 것처럼 그는 다만 죄인이었고 잘못해서 무력하게 죽어가는 이에 불과했다는 세상적인 이해가 아닌, 진정한 믿음을 가진 자가 가지는, 예수님이 누구신가를 아는 그 고백이 여러분의 인생에 작용해야 합니다.

이 나라, 이 땅, 이 시대, 우리 민족 이런 것 갖다 붙이지 마시고, 여러분이 우선 잘 사십시오. 체념하지 말고 포기하지 말고 잘난 것으로 확인하려 들지 마시고, 아무것도 아닌 인생 같지만 그것이 위대한 신앙의 길인 줄 알고 잘 사십시오. 예수 믿는 자랑과 기쁨이 그 당사자에게 있지 않다면 힘을 쓸 다른 방법이 없습니다.

기 도

하나님 아버지, 은혜를 감사합니다. 예수님을 믿는다는 놀라운 고백을 가졌고, 우리 인생이 얼마나 중요한 것인지 알게 되었습니다. 예수님을 품고 살기 때문입니다. 그러니 무슨 길로 가든지, 어떤 형편에 처했든지 주와 함께하는 줄 아는 깊은 믿음과 순종으로 우리가 서 있고 보내졌고 맡았고 품은 자리와 인생을 우리 믿음의 주인이시요 우리를 사랑하시는 예수 그리스도로 말미암아 충성으로 바치는 귀한 일들이 일어나 예수님을 믿는 자랑과 축복과 영광이 우리를 지켜보는 이 세상과 저 어두움과 저 거스르는 세대 속에 빛을 발하고 거기 반전이 있고, 용서가 있고, 구원이 있게 하여 주시옵소서. 예수님의 이름으로 기도합니다. 아멘.